U0924263

普通高等教育经管类专业“十三五”规划教材

管 理 学

李玉米　张成龙　方计国　主编

清华大学出版社

北　京

内容简介

本书分为两部分，即管理概述和管理职能。第一部分管理概述包括第一章至第四章，介绍了管理与管理学、管理思想和管理理论、管理者与管理工作、企业道德与社会责任等内容；第二部分管理职能是本书的主体内容，包括第五章至第十五章，介绍了计划、计划工作方法、决策、决策方法、组织设计与组织变革、人力资源管理与组织文化、领导、激励与沟通、控制、企业危机控制、创新管理等内容。

本书在内容上强调对管理学中基本概念的领悟和对管理技术方法的应用，系统地总结、展现了管理的思想与理论；在案例选取上，多取材于国内外企业家及企业的管理实践，案例新颖且具有较强的可读性和趣味性。

本书语言简洁，内容丰富，同时，为便于读者加强对知识点的理解和巩固，各章节精心设计了综合练习题，部分章节还设有实训模块。本书可作为高等院校经济管理类及相关专业管理学课程的教材，也可作为企事业单位管理人员和研究人员学习管理学的参考书。

图书在版编目(CIP)数据

管理学 / 李玉米，张成龙，方计国 主编. —北京：清华大学出版社，2018（2021.7 重印）
(普通高等教育经管类专业“十三五”规划教材)
ISBN 978-7-302-51747-4

Ⅰ. ①管… Ⅱ. ①李… ②张… ③方… Ⅲ. ①管理学－高等学校－教材 Ⅳ. ①C93

中国版本图书馆 CIP 数据核字(2018)第 271375 号

责任编辑：王　定
封面设计：周晓亮
版式设计：孔祥峰
责任校对：牛艳敏
责任印制：杨　艳

出版发行：清华大学出版社
网　　址：http://www.tup.com.cn，http://www.wqbook.com
地　　址：北京清华大学学研大厦 A 座　　邮　　编：100084
社 总 机：010-62770175　　邮　　购：010-62786544
投稿与读者服务：010-62776969，c-service@tup.tsinghua.edu.cn
质 量 反 馈：010-62772015，zhiliang@tup.tsinghua.edu.cn
印 装 者：三河市龙大印装有限公司
经　　销：全国新华书店
开　　本：185mm×260mm　　印　　张：18.5　　字　　数：498 千字
版　　次：2018 年 12 月第 1 版　　印　　次：2021 年 7 月第 2 次印刷
定　　价：58.00 元

产品编号：080992-01

前　言

管理是一门科学，也是一门艺术。管理是一定组织中的管理者通过决策与计划、组织、领导、控制等职能，优化配置和协调相关资源，高效实现组织目标的活动过程。管理学是一门兼具科学严谨性和艺术审美性的综合性的交叉学科，是适应现代社会化大生产的需要产生，研究现有条件下，如何通过合理地组织和配置人、财、物等因素，以提高生产力的水平。现代科学技术高速发展，管理科学也因此发生了深刻的变革，管理在功能、组织、方法和理念上发生了根本性的变化。

本书在编写过程中使用了大量描述性的语言，以浅入深、循序渐进地介绍管理工作的实质、过程，以及管理各项职能的原理和方法。全书采集和编排的案例大多来自近年来的国内外企业家及企业的管理实践，具有鲜明的时代性和典型性；这些案例不少为读者在日常生活中所熟悉甚至经历过，增加了文本的可读性、趣味性和真实情境感。本书可作为高等院校经济管理类及相关专业管理学课程的教材，也可作为企事业单位管理人员和研究人员学习管理学的参考书。

本书参与撰写人员分工如下：

李玉米编写第二章、第四章、第七章、第十四章、第十五章；李玉米与方计国合编第六章、第八章；张成龙编写第一章、第三章、第五章、第九章至第十三章。李玉米负责全书的导入案例编排。

本书在编写过程中得到诸多专家、领导和同行的指导和支持，广东培正学院管理学院院长任俊生教授、工商管理系主任张士副教授为我们的编写工作提供了便利和指导；清华大学出版社的编辑们更是从开始编写到出版，给予全程指导与支持。此外，在编写中，还受到了来自同事们和行业朋友们的指导与支持，对于他们的帮助，谨此致谢！

衷心希望采用本书的老师和学生在使用过程中对书中的不足多提宝贵意见，以便在今后的修订过程中加以改进。

我们会在从教道路上牢记使命，不忘初心!

本书课件和习题参考答案下载：

课　件

习题参考答案

广东培正学院管理学院　李玉米

2018 年 8 月 28 日

目　　录

第一部分　管理概述

第一部分　管理概述

第一章
管理与管理学

【学习目标】

1. 掌握管理的含义；
2. 掌握管理的主要职能；
3. 理解管理的属性；
4. 熟悉管理学研究的对象、方法；
5. 熟悉管理环境的内容。

【导入案例】

诸葛亮是不是一个合格的管理者？

诸葛亮可谓是一代英杰，其智力超群，忠勇非凡。在舌战群儒、赤壁之战、七擒孟获等交锋场面之中，诸葛亮尽展其无人企及的智慧和谋略。但其日理万机，事必躬亲，乃至“自校簿书”，以致操劳过度，星坠五丈原，“长使英雄泪满襟”。而蜀国也最终后续乏力，亡国灭种，徒留下“此间乐，不思蜀”的千年笑柄，令人唏嘘不已。

从现代管理科学的角度看，我们认为诸葛亮并不是一个成功的管理者。诸葛亮虽然高风亮节，“鞠躬尽瘁，死而后已”“事无巨细，必定亲力亲为”，但这种管理做法带来严重的后果及后患：一者致其自身积劳成疾，国失栋梁；再者“凡事非其不可”的管理做法导致其下属和同僚失去信任感，丧失谋事的积极性，管理最后发展成一言堂；最后，诸葛亮的管理导致蜀汉政权人才断层，造成了“蜀中无大将，廖化作先锋”的被动局面，这也成为蜀汉走向灭亡的重要因素。

问题：(1) 你认为诸葛亮是合格的管理者吗？为什么？

(2) 如果你是诸葛亮，你会怎么做？

(3) 思考管理的本质是什么？

第一节　管理的基本概念

人类文明程度与社会发展到一定阶段便出现了管理，随着社会分工和社会化大生产的发展，管理的重要性日益显现。管理是一切组织正常发挥作用的前提，任何一个有组织的集体活动，只有在管理者对它加以管理的条件下，才能按照所要求的方向进行。在现代社会中，组织活动的绩效和管理工作密不可分，发展生产力、扩大企业规模、优化配置资源和组织生产等各环节都要求高水平的管理。

一、管理的必然性

管理这一概念现已被人熟悉，小到家庭，大到国家，任何群体都涉及管理。针对中国国有企业的调查显示，80%以上的亏损企业是由于管理不善所导致的。企业的改革与发展，必须依赖于现代财务管理、人力资源管理、生产质量管理和市场管理等科学管理制度，只有踏踏实实做好管理，才能顺应现代市场经济的竞争。

管理是共同劳动的产物。在多个人进行集体劳动的条件下，为使劳动有序进行，获取劳动成果，必须进行组织与协调，这就是管理。因此，管理是共同劳动的客观要求。

管理在社会化大生产条件下得到强化和发展。随着生产力发展，生产社会化程度的提高，企业规模的扩大，资源配置越来越复杂，生产各环节的相互依赖性越来越强，这些都要求更高水平和更大强度的管理。因此，管理在社会化大生产条件下迅速得到强化与发展。

管理广泛应用于社会的一切领域。在管理理论研究中，管理是被置于“组织”的背景之下进行的，组织是使管理工作过程和管理原理具有普遍实用价值的领域；在实践中，组织是管理者从事管理活动的主要场所。作为名词意义上的组织是指一种由两个或两个以上的人组成的，具有明确目的和系统性结构的实体。凡有组织的地方都需要管理。从原始社会，到现代社会，从企业到政府机关、事业单位及其他一切组织；从治国安邦到生产经营，无不存在管理，无不需要管理，无不依赖管理。因此，管理具有必然性。

二、管理的定义

自 19 世纪末 20 世纪初以来，中外学者对管理(management)的定义，如表 1-1 所示。中外管理学者从不同角度阐述了管理内涵的某些属性，虽然研究方法不同，但都具有独特的价值，丰富了管理的内涵。我们从基本要素对管理的定义出发进行归纳：①管理主体，即管理者；②管理客体，即管理对象，包括人、财、物、技术和信息等；③管理职能，综合运用决策、计划、组织、指挥、协调、控制、创新等职能；④管理目标，组织发展方向和预期达到的目标。

表 1-1　中外学者对管理的定义

代表人物	定义
弗雷德里克·泰勒 (Frederick W.Taylor)	管理是确切地知道要做什么，并使人们用最好、最经济的方法去做
亨利·法约尔 (Henri Fayol)	管理是以计划、组织、指挥、协调和控制等职能为要素组成的活动过程
哈罗德·孔茨 (Harold Koontz)	管理就是设计并保持一种良好环境，使人在群体里高效率地完成既定目标的过程
赫伯特·西蒙 (Herbert A.Simon)	管理就是决策
斯蒂芬·P. 罗宾斯和库尔塔 (Stephen P.Robbins and Coulter)	管理就是与其他人一起，并且经由其他人切实、有效地完成活动的过程
福莱特(Follett)	管理是通过其他人来完成工作的艺术
徐国华	管理是通过计划、组织、控制、激励和领导等环节来协调人力、物力和财力资源，以期更好地达成组织目标的过程

（续表）

代表人物	定义
杨文士和张雁	管理是组织中的管理者通过实施计划、组织、人员配备、指导与领导、控制等职能来协调他人的活动，使他人同自己一起实现既定目标的活动过程
周三多	管理是组织为了达到个人无法实现的目标，通过各项职能活动，合理分配、协调相关资源的过程

从管理的基本要素出发，我们将管理定义为：管理是组织为了达到个人无法实现的目标，通过计划、组织、领导、控制、创新等职能，优化配置和协调相关资源，高效实现组织目标的活动和过程。

对这一定义的进一步解释如下：

(1) 管理的主体是具有专门知识技能的管理者，管理的载体是组织。组织包括企事业单位、国家机关、政治党派、社会团体及宗教组织等。

(2) 管理的对象是相关资源，包括原材料、人员、资金、土地、设备、顾客和信息等。

(3) 管理的本质是合理分配和协调各种资源的过程。

(4) 管理是多阶段、多项工作的综合过程，涉及计划、组织、领导、控制、创新等职能。

(5) 管理的目的是高效地实现组织既定的目标。

三、管理的属性

1. 管理的二重性

生产过程包括物质资料的生产和生产关系的再生产，因此对生产过程的管理存在两重性：与生产力相联系的自然属性，与生产关系相联系的社会属性。

管理的自然属性是指由共同劳动的社会化性质决定，与生产力相联系、不以人们的意志为转移，也不因社会制度不同而改变的一种客观存在的性质。

管理的社会属性是指由共同劳动所采取的社会结合方式的性质决定的，与生产关系直接联系，并由维护社会生产关系和实现社会生产目的决定的一种性质。

2. 管理的科学性与艺术性

管理是由一系列概念、原理、原则和方法构成的知识体系，反映了管理活动的科学性；艺术性就是强调管理的实践性，没有实践，也就无所谓艺术。

3. 管理的普遍性与目的性

管理普遍存在于各种活动之中，这决定了管理的普遍性。管理是人类一项有意识、有目的的协作活动，是为实现组织既定的目标而进行的，这体现了管理的目的性。

第二节　管理职能

管理作为一个工作过程，管理者在其中要开展的活动构成了管理者的职能，通常称之为管理职能，最早由亨利·法约尔提出。管理的基本职能是管理活动所包含的几类基本活动内容，主要是计划、组织、领导和控制。

一、管理职能研究沿革

人们针对人类活动的基本职能问题进行了长期的研究，并形成了管理职能的理论框架，但关于管理职能的研究众说纷纭。

最早系统提出管理职能的是法国的法约尔(Fayol)。他最早提出管理的职能包括计划、组织、指挥、协调、控制五个职能，其中计划职能为他所重点强调。他认为，计划是指预测未来并制定行动方案。组织活动就是为企业的经营提供所有必要的原料、设备、资本、人员。指挥的任务是要分配给企业各种不同的领导人，每个领导人都承担各自单位的任务和职能。协调是指企业的一切工作都要和谐地配合，以便于企业经营的顺利进行，并且有利于企业取得成功。控制是要证实是否各项工作都与已定计划相符合，是否与下达的指示及已定原则相符合。

在法约尔之后，许多学者根据社会环境的新变化，对管理的职能进行了进一步的探究，有了许多新的认识，但大体上没有超出法约尔的范围。

古利克(Gulick)和厄威克(Urwick)就管理职能的划分，提出了著名的管理七职能，即计划、组织、人事、指挥、协调、报告、预算，较早地增加了人事、报告、预算等职能。

孔茨(Koontz)把管理的职能划分为计划、组织、人事、领导和控制。除了强化人事职能的关键作用外，还较早地区分了管理和领导的不同，将领导职能突出作为一个独立的职能。

诺贝尔奖获得者西蒙(Simon)等人在解释管理职能时，突出了决策职能。他认为组织活动的中心就是决策，决策贯穿于管理过程的各个方面，管理的核心是决策。

我国国内学者周三多等人，在坚持计划、组织、控制等主要职能的基础上，又突出强调了决策、创新等职能。

二、管理职能的内容

管理职能是管理过程中各项活动的基本功能，也是管理原则和管理方法的具体体现。从管理职能的研究沿革来看，尽管这些研究存在差异，但可以清楚地看出，管理的基本职能主要是决策、计划、组织、领导和控制等。决策是管理工作的出发点；计划是决策问题的具体实施，任何计划都是实施决策的工具；组织是管理的载体，是组织所有管理活动的保证和依托；领导是主要通过激励和沟通等方式来确保决策的实施；控制是为了使组织的具体活动符合计划的规定。本书将管理的职能分为决策与计划、组织、领导和控制四种职能，具体内容如下。

1. 决策与计划

决策是对实现组织目标的各种方案比较之后择优的过程。决策贯穿于管理的全过程，决定了整个管理活动的成败。决策理论的代表人物西蒙教授认为，管理的实质是决策，并强化了决策在管理活动中的关键作用。

计划是指管理者对将要实现的目标和应采取的行动方案做出选择及具体安排的活动过程，简言之，就是预测未来并制定行动方案，包括组织目标的选择和确立，实现组织目标方法的确定和抉择，计划原则的确立，计划的编制及计划的实施。计划是全部管理职能中最基本的职能，也是

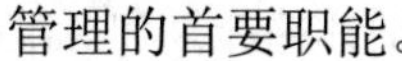

管理的首要职能。

2. 组织

组织是指管理者根据既定目标，对组织中的各种要素及人们之间的相互关系进行合理安排的过程，简言之，就是建立组织的物质结构和社会结构。其主要内容包括设计组织结构、建立管理体制、分配权力、明确责任、配置资源、构建有效的信息沟通网络等。

3. 领导

领导是指管理者为了实现组织目标而对被管理者施加影响的过程。管理者在执行领导职能时，一方面要调动组织成员的潜能，使之在实现组织目标过程中发挥应有作用；另一方面要促进组织成员之间的团结协作，使组织中的所有活动和努力统一和谐。其具体途径包括激励下属、对下属的活动进行指导、选择最有效的沟通渠道解决组织成员之间及组织与其他组织之间的冲突等。

4. 控制

在执行计划的过程中，由于环境的变化及其影响，可能导致人们的活动或行为与组织的要求或期望不一致，出现偏差。为了保证组织工作能够按照既定的计划进行，管理者必须对组织绩效进行监控，并将实际工作绩效与预先设定的标准进行比较。如果出现了超出一定限度的偏差，则需及时采取纠正措施，以保证组织工作在正确的轨道上运行，确保组织目标的实现。管理者运用事先确定的标准，衡量实际工作绩效，寻找偏差及其产生的原因，并采取措施予以纠正的过程，这就是执行管理的控制职能的过程。简言之，控制就是保证组织的一切活动符合预先制订的计划。

三、管理各职能之间的关系

管理的四项基本职能，决策与计划、组织、领导、控制之间是相互联系、相互制约的关系。管理职能的相互关系如图 1-1 所示。

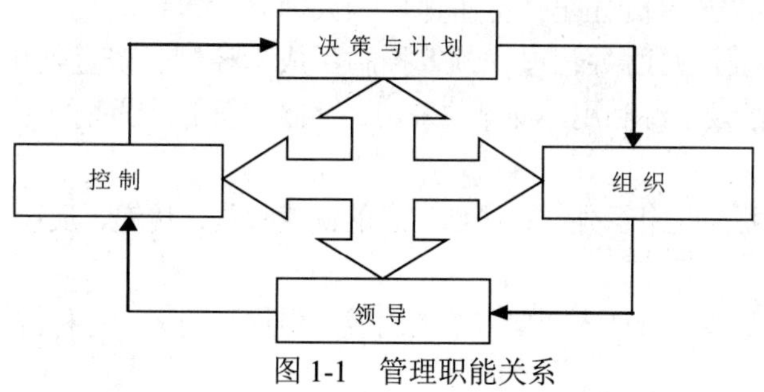

图 1-1　管理职能关系

从图 1-1 可知，管理职能共同构成一个有机的整体，其中任何一项职能出现问题，都会影响其他职能的发挥乃至组织目标的实现。正确认识四项职能之间的关系应当把握以下两点。

(1) 从理论上讲，这些职能是按一定顺序发生的。计划职能是首要职能，因为管理活动首先从计划开始，而且计划职能渗透在其他各种职能之中，或者说，其他职能都是为执行计划职能即实现组织目标服务的。为了实现组织目标和保证计划方案的实施，必须建立合理的组织机构、权力体系和信息沟通渠道，因此产生了组织职能；在组织保证的基础上，管理者必须选择适当的领导方式，有效地指挥、调动和协调各方面的力量，解决组织内外的冲突，最大限度地提升组织效率，于是产生了领导职能；为了确保组织目标的实现，管理者还必须根据预先制订的计划和标准对组织成员的各项工作进行监控，并纠正偏差，即实施控制职能。可见，管理过程是先有计划职能，之后才依次产生了组织职能、领导职能和控制职能，体现出管理过程的连续性。

(2) 从管理实践来考察，管理过程又是一个各种职能活动周而复始地循环进行的动态过程。例如，在执行控制职能的过程中，往往为了纠正偏差而需要重新编制计划或对原有计划进行修改完善，从而启动新一轮管理活动。

总之，管理过程是一系列的决策和管理活动，它涉及决策与计划、组织、领导和控制四种管理职能，它们有各自的职能范围，但又相互渗透。从管理职能在时间方面的逻辑关系看，它们通常按照一定的先后顺序发生，管理过程始于计划，通过组织、领导和控制，结束于计划的检查，然后又开始一个新的计划，表现为计划—组织—领导—控制—计划的管理过程。

第三节　管理对象与管理环境

管理都有特定的对象，包括人、财、物、信息、技术、时间、社会信用等。任何组织的管理活动都是在特定的环境中进行的，管理环境分为内部环境和外部环境。

一、管理对象

1. 管理对象的定义

管理对象也称管理客体，是指管理者实施管理活动的对象。在一个组织中，管理对象主要是指人、财、物、信息、技术、时间、社会信用等一切资源，其中最重要的是对人的管理。

2. 围绕管理对象的具体内容

对人的管理主要涉及人员分配、工作评价、人力开发等。

对资金的管理主要涉及财务管理、预算控制、成本控制、资金使用、效益分析等。

对物的管理主要涉及资源利用，物料的采购、存储与使用，设备的保养与更新，办公条件和办公设施等。

对信息的管理主要涉及组织外部、内部信息的快速收集、传递、反馈、处理与利用、发展趋势的准确预测等。

对技术的管理主要涉及新技术和新方法的研发、引进与使用，各种技术标准和工作、方法的制定与执行等。

对时间的管理主要是如何合理安排工作时间并提高工作效率，在最短的时间内达到组织目标等。

对社会的管理主要是如何通过组织的实践活动、媒体宣传和从事公益事业等手段，树立组织良好的社会声誉和社会地位，为组织目标的实现创造良好的环境。

二、管理环境

任何组织都是在一定环境中从事活动的，任何管理也都要在一定的环境中进行，这个环境就是管理环境。管理环境制约和影响管理活动的内容和进行。管理环境的变化要求管理的内容、手段、方式、方法等随之调整，以利用机会，趋利避害，更好地实施管理。

1. 管理环境的定义

管理环境被斯蒂芬·P. 罗宾斯定义为对组织绩效起着潜在影响的外部机构或力量。管理环境是组织生存发展的物质条件的综合体，它存在于组织界限之外，并可能对管理当局的行为产生直接或间接影响。

管理环境是指实施管理过程中的各种外部条件和因素的总和。

2. 管理环境的内容

管理环境分为外部环境和内部环境。外部环境一般有政治环境、社会文化环境、经济环境、技术环境和自然环境。内部环境有人力资源环境、物力资源环境、财力资源环境及内部文化环境。

(1) 外部环境。外部环境是组织之外的客观存在的政治、经济、社会等因素的总和。它是不以组织的意志为转移的，是组织管理必须面对的重要影响因素。

对组织来说，政治环境包括一个国家的政治制度、社会制度、执政党的性质和政府的方针、政策、法规法令等。文化环境包括一个国家或地区的居民文化水平、宗教信仰、风俗习惯、道德观念、价值观念等。经济环境是影响组织(特别是企业)的重要环境因素，它包括宏观和微观两个方面。宏观经济环境主要指一个国家的人口数量及其增长趋势、国民收入、国民生产总值等，通过这些指标能够反映国民经济发展水平和发展速度。微观经济环境主要指消费者的收入水平、消费偏好、储蓄情况、就业程度等因素。科技环境反映了组织物质条件的科技水平。科技环境除了直接相关的技术手段外，还包括国家对科技开发的投资和支持重点、技术发展动态和研究开发费用、技术转移和技术商品化速度、专利及其保护情况等。自然环境，包括地理位置、气候条件及资源状况，地理位置是制约组织活动一个重要因素。

不同的组织有一般的共同环境，同时也要在一定的特殊领域内活动。一般环境对不同类型的组织均产生某种程度的影响，而与具体领域有关的特殊环境则直接、具体地影响着组织的活动。如企业需要面对的特殊环境包括现有竞争对手、潜在竞争对手、替代品生产情况及用户和供应商的情况。外部环境与管理相互作用，一定条件下甚至对管理有决定作用。外部环境制约管理活动的方向和内容。无论什么样的管理目的，管理活动都必须从客观实际出发。脱离现实环境的管理是不可能成功的。“靠山吃山，靠水吃水”一定程度上反映了外部环境对管理活动的决定作用。同时，外部环境影响管理的决策和方法，当然，管理对外部环境具有能动的反作用。

(2) 内部环境。内部环境是指组织内部的各种影响因素的总和，它包含人力、物力、财力、文化等要素。内部环境是随组织产生而产生的，在一定条件下是可以控制和调节的。人力资源对于任何组织都始终是最关键和最重要的因素，人力资源的划分根据不同组织、不同标准有不同的类型，比如企业人力资源根据他们所从事的工作性质的不同，可分为生产工人、技术工人和管理人员三类。物力资源是指内部物质环境的构成内容，即在组织活动过程中需要运用的物质条件的拥有数量和利用程度。财力资源指的是组织的资金拥有情况、构成情况、筹措渠道、利用情况等。财力资源是一种能够获取和改善组织其他资源的资源，是反映组织活动条件的一项综合因素。财力资源的状况决定组织业务的拓展和组织活动的进行等。文化环境是指组织的文化体系，包括组织的精神信仰、生存理念、规章制度、道德要求、行为规范等。

内部环境随着组织的诞生而产生，对组织的管理活动产生影响。内部环境决定了管理活动可选择的方式、方法，而且在很大程度上影响到组织管理的成功与失败。

第四节 管理学

管理学是以各种管理工作中普遍适用的原理和方法作为研究对象的，它是研究管理活动过程及其规律的科学，是管理实践活动的科学总结。管理学是现代化、社会化和各门学科日益发展的产物，横跨自然科学、社会科学和工程技术等各个领域，包括生产力、生产关系及上层建筑的各个方面。

一、管理学的研究内容

管理学的研究内容很广泛，大体可分为生产力、生产关系和上层建筑三个层次。

(1) 生产力。管理学研究生产力诸要素之间的关系，即合理组织生产力；研究如何配置组织中的人、财、物，使各要素充分发挥作用；研究如何根据组织目标的要求和社会需要，合理地使用各种资源，以获得最佳的经济效益和社会效益的问题。

(2) 生产关系。管理学研究如何正确处理组织中人与人之间的相互关系；研究如何建立和完善组织机构及各种管理体制等问题；研究如何激励组织内部成员，从而最大限度地调动各方面的积极性和创造性，为实现组织目标而服务。

(3) 上层建筑。管理学研究如何使组织内部环境与外部环境相适应的问题；研究如何使组织规章制度与社会的政治、经济、法律、道德等上层建筑保持一致的问题，从而维持正常的生产关系，促进生产力的发展；着重从历史的方面研究管理实践、思想与理论的形成、演变和发展，知古鉴今；着重从管理者出发研究管理过程，主要包括管理活动中有哪些职能，这些职能涉及哪些要素；研究执行职能应遵循哪些原理，采取哪些方法、程序、技术等。

二、管理学的研究方法

管理学和其他许多社会科学一样，其研究方法基本上有三种：第一种是归纳法，第二种是试验法，第三种是演绎法。

1. 归纳法

归纳法是通过对客观存在的一系列典型事物(或经验)进行观察，从掌握典型事物的典型特点、典型关系、典型规律入手，进而分析研究事物之间的因果关系，从中找出事物变化发展的一般规律，这种从典型到一般的研究方法也称为实证研究。由于管理过程十分复杂，影响管理活动的相关因素极多并且相互交叉，人们所能观察到的往往只是综合结果，很难把各个因素的影响程度分解出来，所以大量的管理问题都只能用归纳法进行实证研究。

2. 试验法

对于管理中的许多问题，特别在微观组织内部，关于生产管理、设备布置、工作程序、操作方法、现场管理、质量管理、营销方法及工资奖励制度、劳动组织、劳动心理、组织行为、商务谈判等许多问题都可以采用试验法进行研究，即人为地为某一试验创造一定条件，观察其实际试验结果，再与未给予这些条件的对比试验的实际结果进行比较分析，寻找外加条件与试验结果之间的因果关系。如果做多次试验，而且总是得到相同结果，那就可以得出结论，即存在某种普遍适用的规律性。

试验法可以得到接近真理的结论。但是，管理中也有许多问题，特别是高层的、宏观的管理问题，由于问题的性质特别复杂，影响因素很多，不少因素又是协同作用的，所以很难逐个因素孤立地进行试验。并且，此类管理问题的外部环境和内部条件特别复杂，要想进行人为的重复是不可能的，例如，投资决策、生产计划、财务计划、人事管理、资源分配等许多问题几乎是不可能进行重复试验的。

3. 演绎法

演绎法或称演绎推理，是指人们以一定的反映客观规律的理论认识为依据，从服从该认识的已知部分推知事物的未知部分的思维方法。演绎法是由一般到个别的认识方法。演绎法是认识“隐性”知识的方法。

三、学习管理学的重要性

学习管理学的重要性主要有以下几点。

(1) 管理的重要性决定了学习管理学的必要性。管理是有效组织共同劳动所必需的活动。随着生产力和科学技术的发展，人们逐渐认识到管理的重要性。从历史上看，管理学经过了两次转折，才逐步形成并发展起来。第一次转折是泰勒的科学管理理论的出现，意在加强生产现场管理，使人们开始认识到管理在生产活动中所发挥的作用。第二次转折是第二次世界大战后，人们意识到不依照管理规律办事，就无法使企业兴旺发达，因此要重视管理人员的培养，这进一步促进了管理学的发展。

管理也日益表现出它在社会中的地位与作用。管理是促进现代社会文明发展的三大支柱之一，它与科学和技术三足鼎立。管理是促成社会经济发展的最基本的、关键的因素。先进的科学技术与先进的管理是推动现代社会发展的“两个轮子”，二者缺一不可。管理在现代社会中占有重要地位。经济的发展，固然需要丰富的资源与先进的技术，但更重要的还是组织经营能力，即管理能力。从这个意义上说，管理本身就是一种经济资源，作为“第三生产力”在社会中发挥作用。先进的技术，要有先进的管理与之相适应，相反，落后的管理不能使先进的技术得到充分发挥。因此，管理在现代社会的发展中起着极为重要的作用。

(2) 学习管理学是培养管理人员的重要手段之一。判定管理是否有效的标准是管理者的管理成果。通过实践可验证管理是否有效，因此，实践是培养管理者的重要环节。而学习、研究管理学也是培养管理者的一个重要环节。只有掌握扎实的管理理论与方法，才能很好地指导实践，并可缩短或加速管理者的成长过程。目前，我国的管理人才，尤其是合格的管理人才是缺乏的。因此，学习、研究管理学，培养高质量的管理者成为当务之急。

(3) 学习、研究管理学是未来的需要。随着社会的发展，专业化分工会更加精细，社会化大生产会日益复杂，而日新月异的社会将需要更科学的管理。因此，管理在未来的社会中将处于更加重要的地位。

综 合 练 习

一、名词解释

管理　计划职能　组织职能　领导职能　控制职能

二、单项选择题

1. 与生产力相联系的管理的属性是(　　)。
   A. 科学性　B. 艺术性　C. 自然属性　D. 社会属性
2. 与生产关系相联系的管理的属性是(　　)。
   A. 科学性　B. 艺术性　C. 自然属性　D. 社会属性
3. 管理是由一系列概念、原理、原则和方法构成的知识体系，这反映了管理活动的(　)。
   A. 科学性　B. 艺术性　C. 自然属性　D. 社会属性
4. 反映了管理的实践性的是(　　)。
   A. 科学性　B. 艺术性　C. 自然属性　D. 社会属性
5. 管理的主体是(　　)。
   A. 组织　B. 制度　C. 管理者　D. 领导者
6. 最早系统提出管理职能的是(　　)。
   A.孔茨　B. 泰勒　C. 罗宾斯　D. 法约尔
7. 预测未来并制定行动方案的职能是(　　)。
   A. 计划　B. 组织　C. 领导　D. 控制
8. 建立组织的物质结构和社会结构的职能是(　　)。
   A. 计划　B. 组织　C. 领导　D. 控制
9. 为了实现组织目标而对被管理者施加影响的过程是指(　　)职能。
   A. 计划　B. 组织　C. 领导　D. 控制
10. 对组织绩效进行监控，并将其与标准比较，如有偏差则要纠正的职能是(　　)。
   A. 计划　B. 组织　C. 领导　D. 控制

三、多项选择题

1. 管理的二重性是指(　　　　)。
   A. 科学性　B. 艺术性　C. 自然属性　D. 社会属性
2. 管理的基本职能包括(　　　　)。
   A. 计划　B. 组织　C. 领导　D. 控制
3. 属于管理对象的是(　　　　)。
   A. 人　B. 财　C. 信息　D. 技术
4. 管理学的研究内容包括的层次是(　　　　)。
   A. 社会关系　B. 生产力　C. 生产关系　D. 上层建筑
5. 管理学的研究方法有(　　　　)。
   A. 归纳法　B. 试验法　C. 演绎法　D. 评估法

四、简答题

1. 如何理解管理的定义？
2. 管理的属性有哪些？
3. 如何理解管理基本职能之间的关系？
4. 管理环境包含的内容有哪些？
5. 管理学的研究方法有哪些？

五、论述题

试论述学习管理学的意义。

六、案例分析题

谁之过？

某公司设备部经理王威吩咐领班刘江带一班人马去安装一套新的燃气系统。在安装过程中，因工期紧张，刘江没有找到接受过正规培训具有上岗证的工人，只在马路边找了几个平时做散活的民工，问他们会不会安装燃气系统，这几个民工说会。于是，刘江把他们带去公司安装燃气系统，来到公司后刘江因有事去忙其他的事情，由民工自行在现场安装，民工安装好就离开了公司。公司在使用燃气系统时，却发现这套系统出现渗漏。王威的上司认为，王威必须对此负责，哪怕系统安装的时候王威正出差在外。同样，王威认为刘江必须对此负责，哪怕刘江从来不拿工具干活。

(资料来源：https://wenku.baidu.com/view/3a4faacaa1c7aa00b52acb33.html)

问题：(1) 作为管理人员，王威与刘江为什么要对这一失误负责？

(2) 他们在管理职能方面存在哪些问题？

第二章

管理思想与管理理论

【学习目标】

1. 掌握儒家、道家、法家管理思想的基本内容；
2. 熟悉国外管理思想的贡献；
3. 掌握古典管理理论的观点；
4. 掌握人际关系学说的基本观点；
5. 熟悉战略管理理论；
6. 理解学习型组织理论。

【导入案例】

丁渭修皇宫

宋代科学家沈括在《梦溪笔谈》中曾记载过这样一个故事：在我国北宋真宗年间，首都汴京(即今开封)发生大火灾，皇宫被烧为灰烬。大臣丁渭受命主持皇宫修复工程。皇帝的命令是必须执行的，否则，即为抗旨。

丁渭接到圣旨后，诚惶诚恐，立即对皇宫废墟进行了勘察，发现这项“皇宫修复工程”存在三大难题：第一是取土困难，即找不到适当的地方取土烧制大量的砖瓦；第二是运输困难，因为除砖瓦外还有大量的建筑材料需要运到皇宫建筑工地，运输量很大，当时最好的运输方式是水路船运，可皇宫离汴水河岸还有一段距离，材料通过汴水运到汴京后还得卸货上岸，改由陆路用车马运到皇宫工地，既劳神费力又可能延误工期；第三是清墟排放的困难，即大量的皇宫废墟垃圾及修建完皇宫后的建筑垃圾如何排放。

丁渭找到了主要矛盾之后，广泛征集解决这三大困难的方案。他从众多方案中综合出了一个最佳方案，这个最佳方案使丁渭走向成功，提前完成了“皇宫修复工程”并使他名垂青史。这项方案是这样设计和进行的：沿着皇宫前门大道至最近的汴水河岸的方向挖道取土，并将大道挖成小河道直通汴水，挖出的土即用来烧砖瓦，解决“取土困难”；挖成河道接通汴水后，建筑材料可由汴水通过挖出的小河道直运工地，解决“运输困难”；皇宫修复后，将建筑垃圾及废料填充到小河道中，恢复原来的大道，解决了“清墟排放”的困难。

(资料来源：https://wenku.baidu.com/view/b6498d4db52acfc789ebc9de.html)

问题：(1) 探讨丁渭修皇宫的举措体现了什么样的管理思想？

(2) 从这个案例中，你收获了什么？

第一节　中外早期管理思想

在中国 5000 多年文明发展的过程中，自从出现了有组织的人类活动，就有了管理活动，早在最古老的组织——部落和王国出现时，就有了管理。到公元前 17 世纪开始的商周时代，中国已经形成了严密的奴隶制，随后的近 2000 年的封建帝国，更是形成了秩序井然的封建制国家组织，早期的中国已经出现了从中央到地方、高度集权、等级森严的金字塔式权力结构。在这些管理活动中，为了能利用稀缺资源有效地实现组织目标，实践者们有意或无意间形成了一些朴素或零散的管理思想，为后人提供了借鉴作用。

一、中国早期管理思想

1.《周礼》中的管理思想

中国传统的制度形成路径是“因俗以制礼”，对中国传统价值观念起到奠基作用的是西周的礼治。所谓周礼，是指西周时期的一整套社会制度，而不仅仅是《周礼》这本古籍。后人以周朝的管理实践，特别是周公姬旦的管理活动为基础，写成《周礼》一书，提出了国家行政管理的理想模式。在这一模式中，国家的管理事务被划分为六个主要方面的职能，分别由不同的官员掌管。其中，天官居于首要的辅政位置；地官主要管理民政事务，特别以土地和农业生产为主；春官主要管理文化及祭祀事务；夏官主要管理军队及国防事务；秋官主要管理法规与刑罚事务；冬官主要管理工程及工业制造事务。每一个主官下面有属官，属官下面又有属员，累计共有五万余人。每一个官员都有明确的分工、具体的职责。

《周礼》一书不仅涉及政治，对经济、财政、教育、军事、司法和工程等方面，都有阐述。该书对封建国家的经济管理的论述和设计都达到了相当高的水平。

2. 儒家管理思想

儒家的创始人是孔子(公元前 551—公元前 479 年)。儒家的主要经典著作有《论语》《周易》《礼记》《春秋》《诗经》《乐经》和《尚书》。儒家思想是中国传统文化的主流，对中国及亚洲其他国家有着深远的影响。儒家管理思想的主要内容有“仁爱”“礼治”“中庸”“和”。

(1) “仁爱”。

儒家思想的核心是“仁爱”。从字面上理解：“‘仁’，从二从人，相偶之义也”(《仁学》)，即“仁”是指人和人之间的相互关系。儒家哲学实际是把人及人际关系作为自己的理论出发点的。孔子最早看到人际关系的重要性，强调对“人”的研究，并由此提出“仁”的思想，奠定了东方人文社会文化的基础。

要实现“仁爱”就必须先了解人，掌握人的本质，因而有孟子的“性善论”和荀子的“性恶论”。儒家主张“民为贵，社稷次之，君为轻”，提倡“德治”，用“仁”的思想感化人。

儒家提倡的仁爱思想是现代以人为本思想的基础。首先，仁爱思想对管理者提出了基本的道德要求；其次，仁爱是为人最基本的道德素养；再者，仁爱思想是企业履行社会道德的直接表现；最后，仁爱之心是增强企业内部凝聚力的强有力法宝。

(2) “礼治”。

儒家思想强调对人的管理要齐之以礼。古代社会中的“礼”内涵十分丰富，包括规章制度、社会规范等多方面的内容，礼于个人，“不知礼，无以立”；对于国家，“礼，经国家，定社稷，序民人，利后嗣者也”。“礼”可以用来治理国家，安定社稷，提供社会生活秩序。统治者通过“礼”来约束人的行为，正是不同阶级和层次的人按照“礼”所规定的范围行事，从而保障了社会秩序的稳定。

“礼”和“仁”作为核心，在儒家思想中占据重要的地位，两大核心密切相关，相辅相成。孔子提出“以仁释礼”，揭示了两者之间的内在联系。“仁”是“礼”的内在实质，“礼”是“仁”的外在表现，缺乏实质内涵的礼不能称之为“礼”。

“礼”在现代社会及企业管理中，代表道德准则和行为规范，对提升现代管理效率有着重要作用。第一，“礼”能约束组织成员的行为；第二，“礼”能帮助管理者和被管理者提升自律能力；第三，“礼”能够提升自尊和尊重他人的觉悟，促使组织内部和谐发展。

(3) “中庸”。

中庸是孔子和儒家管理思想的基础。“中”很像亚里士多德的“黄金中道”的观念。有人可能把它理解为做事不要彻底，这就完全错了，“中”的真正含义是既不太过，又无不及。“庸”字，意思是普通或平常。中庸的本意是指对事物不偏不倚，折中调和。

根据“中庸”的含义，一个组织得很好的社会，是一个和谐的统一；各种才能、各种职业的人都有适当的位置，发挥适当的作用；人人都同样感到满意，彼此没有冲突的社会。《中庸》认为：“万物并育而不相害，道并行而不相悖，……此天地之所以为大也”，这就要求管理者必须掌握合适的度。

中庸之道对于现代管理的启示在于要求管理者把握过犹不及和适度的原则，在管理过程中注意分寸，适可而止，既要对被管理者进行管控，又要留有余地调动他们的自主性。

(4) “和”。

儒家认为“君子和而不同，小人同而不和”，所谓“和”是指保持矛盾对立但同时很和谐，同是指单纯忽视矛盾对立面的差异而达成一致。和谐包含了三个层面的思想：第一，人自身的和谐；第二，人与人，即人与社会之间的和谐；第三，强调人与自然的和谐。“和”对管理的启示之一为管理者应提高自身修养，达到表里如一；启示之二为管理过程中，管理者与被管理者要建立“和而不同”的关系，将管理活动作为一个可协调的过程，不断磨合调整，坚持原则的同时达到组织内部的和谐和组织效率的提升；启示之三为人类的活动要与自然共存，不能以破坏人与自然的共存为前提，尊重自然的规律。

3. 道家管理思想

道家管理思想的核心在于强调“常”的系统辩证思维，崇尚“道”，追求“无为”。

(1) 循“道”。

《老子》第一章中说：“道可道，非常道；名可名，非常名。无名天地之始，有名万物之母。”《老子》第四十二章中说：“道生一，一生二，二生三，三生万物。”第三十二章说：“道常无名。”因为道无名，不可言说，我们能够说的只有一点，“道”是万物的本源，它先于天地万物而存在，是万物的基础，产生了天地万物，又是天地万物运行发展的基本规律。正因为“道”是万物的基础，它必然不是万物中之一物，因为它若是万物中之一物，它就不能同时是万物的基础。

《老子》第二十五章中“人法地，地法天，天法地，道法自然”，反映了道家认为人应该遵循“道”的自然法则。所谓自然并非指大自然界，而是对事物发展的自然状态和趋势的描述，强调尊重事物发展的天然状况，以及事物由自然运行而形成的规律和法则。

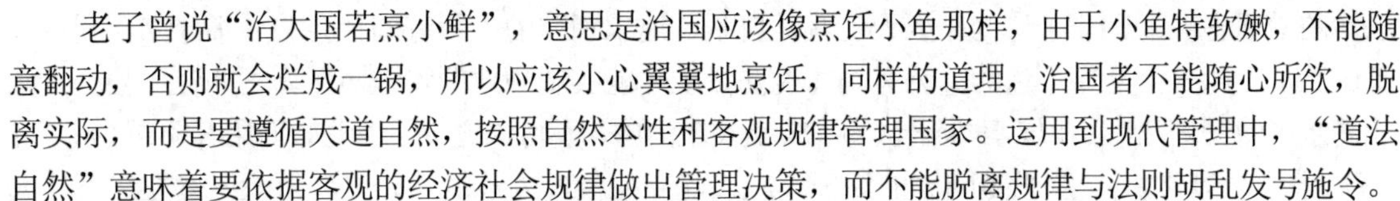

老子曾说“治大国若烹小鲜”，意思是治国应该像烹饪小鱼那样，由于小鱼特软嫩，不能随意翻动，否则就会烂成一锅，所以应该小心翼翼地烹饪，同样的道理，治国者不能随心所欲，脱离实际，而是要遵循天道自然，按照自然本性和客观规律管理国家。运用到现代管理中，“道法自然”意味着要依据客观的经济社会规律做出管理决策，而不能脱离规律与法则胡乱发号施令。

(2) “无为”。

“无为，而无不为”，这是道家的一个貌似矛盾的说法。《老子》第三十七章中说：“道常无为而无不为。”道是万物生长的基础，道本身不是一物，所以它不能像万物那样有“为”。道，让万物作它自己能做的事，按照道家的说法，国君应该效法“道”，他也应该无为，应该让人民自己做他们能做的事。《老子》第五十七章中说：“我无为而民自化。我好静而民自正。我无事而民自富。我无欲而民自朴。”君主首先应该消除乱天下的一切根源，然后，再无为而治。

所以，“无为”的意义，实际上并不是完全无所作为，它只是要为得少一些，不要违反自然任意地为。按照“无为”的思想，一个人应该把他的作为严格限制在必要的、自然的范围之内。

“无为”代表按照自然规律来实施管理，是利用最小的管理投入来实现最大的管理绩效的一种管理艺术，对现代管理具有重大的指导意义。管理者应该处理好与被管理者的关系，一方面提升自己的管理效率，另一方面通过分权或授权等方式激发被管理者的能动性和创造性。

(3) 遵“常”。

“常”就是不变。虽然万物永远可变并且一直在变，但是万物所遵循的规律本身不变。所以《老子》里的“常”字表示永远不变的东西，或可以认为是定规的东西。万物变化所遵循的规律中最根本的是“物极必反”，《老子》第四十章中说“反者道之动，弱者道之用”，意思是说，任何事物的某些性质如果向极端发展，这些性质一定转变成它们的反面，因而不要因为处于弱势而悲观失望，而要顺应现状，努力运用“道”的规律转弱为强。

老子警告我们：“不知常，妄作凶。”道家的中心问题本来是全生避害，躲开人世的危险，认为谨慎地活着的人，必须柔弱、谦虚、知足。柔弱是保存力量成为刚强的方法，谦虚与骄傲相反，如果说骄傲是前进到了极限的标志，谦虚则是极限远远没有达到的标志。知足使人不会过分，因而也不会走向极端，所以老子说：“知足不辱，知足不殆。”

道家这种守“常”的辩证思想对于管理实践有着重要的借鉴作用：提醒管理者要深谙以静制动的技巧，以不变应万变；提倡以柔克刚，提示管理者在管理过程中，不能一味依赖强硬手段来达到目的，在合适的情况下应该恰当地示弱，通过委婉的手段和方式来达到更好的管理效果；提示管理者要居安思危，以应对内部环境和外部环境的变化，采用柔性管理方法让企业更具有灵活性。

4. 法家的管理思想

法家的管理思想对于组织内管理制度与秩序的建立有着重要的借鉴作用。法家的管理思想主要体现为三点。

(1) 强调法治，反对人治。

法家思想认为“仁义不足以治天下”“圣王者，不贵义而贵法”，而且必须做到“法必明，令必行”，以及“刑无等级”“不失疏远，不违亲近”。法家认为在国家管理中，法律是国家的根本，只有建立了完善的法律制度，国家管理才能有序进行。法律应当处于明确、崇高的地位，不受私人干涉，不以人的意志为转移，在民众中树立威信。

最早提出“法治”的法家代表人物是商鞅。韩非子基于“人性好利”的理念，进一步完善了法治的治理思想。韩非子认为：人天生就是自私、追求利益的，所有的社会关系都建立在利益的基础上，所以人治是靠不住的。只有高才能的贤主才能实现高效的管理，而真正的贤主很少，因此高水平的管理很难实现。韩非子认为“夫圣人之治国，不恃人之为吾善也，而用其不得为非也”(《韩非子·显学》)，意思是国家的治理不应该建立在世人为善的基础上，而应该建立在不让人为非的基础上。因此，需要通过法律制度来管理国家，建立相关的法治体系，管理者只需按照法律规定来管理国家。韩非子强调实施“法治”时必须坚持四个原则：第一，法律不能“一而固”，法律不能一旦确定就恒久不变，要因时、因地做出调整，与时俱进；但同时也不能变得过快，法律变化过于频繁很容易导致混乱。第二，法律面前一视同仁，不能因为身份地位而区别对待，以维护法律的公正与权威。第三，要做到赏罚分明，对于有功的人要给予奖赏，对于有罪的人要施以惩处，进行引导和纠正民众的行为。第四，要广泛宣传传播法律，确保每个人都了解法律规定，这是“法治”的重要基础。

值得说明的是法家提倡的“法治”和现代意义上的依法治国是截然不同的，它指的是一种集权式、专制性的管理。韩非子认为人好利，缺乏理性和情感，单纯追求利益，所以必须进行强制性的管理，这种对人性的看法是有失偏颇的。但法家的“法治”的管理思想博大精深，它打破了人治的惯例，对中国历代管理思想的演变产生了重大影响，对现代企业管理也有着重要的指导作用。

(2) 提出用人与奖罚制度。

除了“法”外，法家还强调“术”和“势”。“术”是在位者私下秘密掌握的技能。韩非子认为，君王不必事必躬亲，应该“治吏而不治民”，正确地做到选人、防人，实现以人治人。具体来说，在位者在选人时，应该选聘德才兼备的人，按照法规而非个人偏好来选人，并让人从事自己擅长的职位。当然在注重选聘的同时也要关注对人的防范。在用人标准方面，法家主张“所举者必有贤，所用者必有能”，即被选拔的人必须有好的品德，被任用的人必须有优秀才干。

为了确保“法”和“术”的有效进行，法家管理思想认为还应依靠“势”。“势”的核心思想是维护在位者的权力，确保君主的绝对权威。韩非子认为“人设之势”比“自然之势”更为重要，君主可以通过“刑”和“德”两种手段来获得“人设之势”，借助刑罚和奖赏恩威并施，让臣下服从并专心效忠。

法家的“法”“术”“势”相结合的思想，给现代管理中的管理条例、管理技巧和管理权威的形成提供了较多的启示。

(3) 主张创新。

法家思想还强调“不法古，不循今”，即强调创新。呼吁变法是商鞅最重要的政治主张，商鞅认为“圣人苟可以强国，不法其故；苟可以利民，不循其礼”(《商君书·更法》)，意思是，圣明的人治理国家，如果可以让国家强大，就不会去沿用旧有的法度；如果百姓得到好处，就不会去遵循旧有的礼制。韩非子也说“故事因于世，而备适于事”，强调情况因时代不同会发生变化，而措施一定要适合当时的情况。

法家主张创新的思想为现代企业中的技术创新和经营管理创新提供了指导思想。

二、外国早期管理思想

西方早期管理思想的萌芽源于文明古国的思想发展，古埃及、古巴比伦、古罗马、古希腊等古代国家发展的同时也伴随着管理思想的萌芽和发展，早期的西方管理思想还未形成体系或学说，

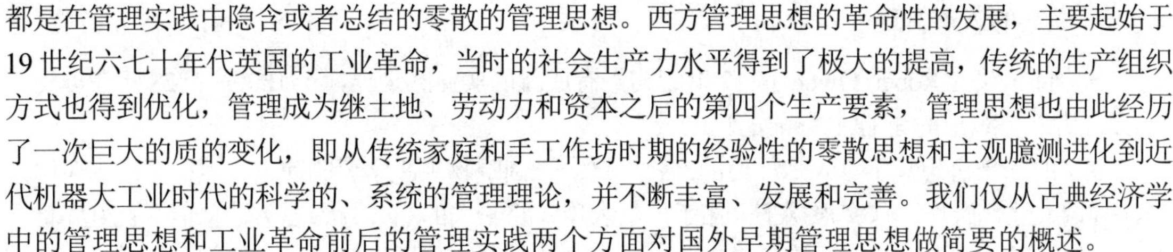

都是在管理实践中隐含或者总结的零散的管理思想。西方管理思想的革命性的发展，主要起始于19世纪六七十年代英国的工业革命，当时的社会生产力水平得到了极大的提高，传统的生产组织方式也得到优化，管理成为继土地、劳动力和资本之后的第四个生产要素，管理思想也由此经历了一次巨大的质的变化，即从传统家庭和手工作坊时期的经验性的零散思想和主观臆测进化到近代机器大工业时代的科学的、系统的管理理论，并不断丰富、发展和完善。我们仅从古典经济学中的管理思想和工业革命前后的管理实践两个方面对国外早期管理思想做简要的概述。

1. 亚当·斯密的劳动分工观点

随着英国工业革命的大爆发，使得各个行业的生产摆脱了人力和自然条件的限制，解放了生产力，创造了巨大的社会财富。生产力的大力发展也推动了生产组织方式的变化，工厂制度取代了工场手工业的组织形式，成为工业革命之后资本主义社会主要的生产形式。工厂的诞生，也带来一系列管理、效率、控制等问题，由此促进了古典管理思想的产生。

古典管理思想萌芽时期最有影响力的是亚当·斯密(Adam Smith)，他本来不是重农主义者，但是他受到了重农学派关于经济有其自然协调性观点的影响；他是英国古典经济学的开创者，他的著作《国富论》有着深远的影响。

亚当·斯密对管理思想的发展的贡献是他的分工观点，他认为分工是增进劳动力的重要因素，原因如下：

(1) 分工可以使劳动者专门从事一种单纯的操作，从而提高熟练程度、增进技能。

(2) 分工可以减少劳动者的工作转换，节约由一种工作转到另一种工作所损失的时间。

(3) 分工可以使劳动简化，使劳动者的注意力集中在一种特定的对象上，有利于发现比较方便的工作方法，促进工具的改良和机器的发明。

亚当·斯密的分工观点适应了当时社会对迅速扩大劳动分工以促进工业革命发展的要求，成为资本主义社会管理的一条基本原理。

亚当·斯密在研究经济现象时，还提出了“共同利益”的观点。他认为经济现象是基于具有利己主义目的的人们的活动所产生的，人们在经济行为中，追求的完全是私人的利益。但是，每个人的利益又被其他人的利益所限制，这就迫使每个人必须顾及其他人的利益。由此，就产生了相互的共同利益，进而产生和发展了社会利益，社会利益正是以个人利益为基础的而形成的。这种观点对以后西方经济理论中“经济人”和“社会人”假说的提出以及诸学派的发展都具有深远的影响。

2. 马萨诸塞州车祸推动所有权与管理权分离

1841年10月5日，在美国马萨诸塞至纽约的西部铁路上，两列火车迎头相撞，造成近20人伤亡。事件发生后，舆论对铁路公司老板低劣的管理工作进行了猛烈的抨击。为了平息公众的怒气，在马萨诸塞州议会的推动下，这个铁路公司不得不进行管理改革。老板交出了企业管理权，只拿红利，另聘具有管理才能的人员担任企业领导。这是历史上第一次在企业管理中实行所有权和管理权的分离。这种分离对管理具有以下重要的意义：

(1) 独立的管理职能和专业的管理人员正式得到承认，管理不仅是一种活动，还是一种职业。

(3) 随着所有权和管理权的分离，横向的管理分工开始出现，这不仅提高了管理效率，也为企业组织形式的进一步发展奠定了基础。

(3) 具有管理才能的人员掌握了管理权，直接为科学管理理论的产生创造了条件，为管理学的创立和发展准备了前提。

3. 欧文的人事管理

罗伯特•欧文(Robert Owen)是19世纪初最有成就的实业家之一，于1800—1828年在苏格兰自己的几个纺织厂内进行了空前的试验。

欧文的管理思想基于“人是环境的产物”这一法国唯物主义学者的观点。他在工厂内废除惩罚，强调人性化管理。欧文根据工人在工厂的表现，将工人的品行分为恶劣、怠惰、良好和优质四个等级，用一个木块的四面涂上黑、蓝、黄、白四色分别表示。每个工人的前面都有一块，部门主管根据工人的表现进行考核，厂长再根据部门主管的表现对部门主管进行考核。考核结果摆放在显眼位置上，员工一眼就可以看到各人木块的不同颜色。这样，每人目光一扫，就可以知道对应的员工表现如何。刚开始实行这项制度的时候，工人表现恶劣的很多，而表现良好的却很少。但随着时间推移，表现恶劣的次数和人数逐渐减少，而表现良好的工人却不断地增多。为了保证这种考核的公正，欧文还规定，无论是谁认为考核不公，都可以直接向他进行申诉。这种无惩罚的人性化管理，在当时几乎是一个奇迹；另外，部门主管考核员工，经理考核部门主管，同时辅之以越级申诉制度，开创了层级管理的先河，也有利于劳资双方的平等沟通和矛盾化解。

欧文还采用多种办法致力于改善工人的工作环境和生活环境。在工厂里，欧文通过改善工厂设备的摆设和搞好清洁卫生等方法，为工人创造出一个在当时看来尽可能舒适的工作场所。他还主动把工人的工作时间从每天13～14小时缩短到10.5小时。欧文很注重绿化环境，在工人住宅的周围，树木成荫，花草成行，这对工人的身心健康有着十分积极的效应。为了使工人的闲暇时间有正当向上的娱乐和学习，消除酗酒斗殴等不良风气，欧文还专门为工人建造了供他们娱乐的地方——晚间文娱中心。欧文开创了在企业中重视人的地位和作用的先河，因此有人称他为“人事管理之父”。

4. 沃顿的管理教育思想

约瑟夫•沃顿(Joseph Wharton)是美国的金融家和企业家。他对管理思想发展的贡献主要在于他认识到科学管理和管理教育的重要性，并予以大力支持。

当时美国的高等学院只是训练少数人从事专业工作(如医生、律师、牧师等)，沃顿认为这是不够的，还应该建立一种进行较高级的管理教育的学院。在这种学院中，应开设有关罢工问题、协作原则、工商法、演说术、票据交换所业务、经济恐慌和货币危机的原因分析、股票和债券有关的工商教育课程。为了实现这种想法，他于1881年向宾夕法尼亚大学提供了10万美元，建立培训工商和财务管理人员的沃顿学院。这一学院是美国和世界上第一所管理学院，而且作为唯一的一所管理学院存在了17年。直到1898年，美国芝加哥大学和加利福尼亚大学才各自建立起工商管理学院。到1911年，美国已有30所工商管理学院。

虽然中国和西方国家在这一时期主要的、有代表性的管理实践和管理思想已经明确地体现和阐述了管理的原则，但它们还只是支离破碎的观点，没有形成完整的管理思想体系。然而，早期管理思想催发了管理理论的诞生，面对竞争性和充满变化的环境，发展和建立一套关于如何充分利用资源、提高效率的管理知识体系变得很有必要。

第二节　古典管理理论

古典管理理论形成于19世纪末20世纪初的欧美，它包含了科学管理理论和一般管理理论、行政组织理论三大分支理论。

一、科学管理理论

公认的科学管理理论的代表人物主要是弗雷德里克·泰勒(Fredenick W. Taylor，1856—1915)，以及其追随者亨利·劳伦斯·甘特(Henry Laurence Gantt，1861—1919)和吉尔布雷斯夫妇(Frank B. Gilbreth，1868—1924；Lillian M.Gilbreth，1872—1972)等。科学管理理论的中心内容是如何提高工人的生产率。

1. 泰勒的科学管理思想

泰勒是科学管理理论的创始人，被称为“科学管理之父”，其代表作为《科学管理原理》。1856 年，他出生于美国宾夕法尼亚州一个富有的律师家庭。1874 年，考入哈佛大学法律系，不久，因眼疾辍学。1875 年，他进入一家工厂当模具工和机工学徒。1878 年，转入费城米德维尔钢铁公司工作，从机械工人做起，历任车间管理员、小组长、工长、技师等职，他在该厂一直干到 1890 年。1898 年，他以顾问身份进入伯利恒钢铁公司，此后在伯利恒进行了著名的“搬运生铁块试验”和“铁锹试验”，此外泰勒还对每一套动作的精确时间作了研究。1901 年，他离开伯利恒钢铁公司，不再同任何工业公司来往，只从事不收取报酬的管理咨询、写作和演讲工作，推广科学管理。1911 年，他发表《效率的福音》，同年正式出版《科学管理原理》。1915 年，泰勒去世。在管理思想史上，泰勒被誉为“可行管理之父”，这个称号被刻在他的墓碑上。泰勒的科学管理理论主要包括以下几个方面。

(1) 工作定额。泰勒认为科学管理的中心问题是提高劳动生产率。他通过在生产现场的观察，发现工人都是各自按自身的经验和体会来开展工作，无标准方法可言。他认为工人的劳动生产率有很大的提高空间，为了科学确定工人的“合理日工作量”，他把工人的劳动过程分解出不同的动作，再测量工人完成这些基本动作所需要的时间。同时选择合适的工具，保留最必要的操作动作，将多余动作消除，并将这一连续性操作过程固定下来成为标准过程，同时考虑了必要的休息时间和其他延误时间，得出完成这样一个标准操作所需要的标准时间，由此来确定一个工人的“合理的日工作量”，这就是所谓的工作定额原理。这种方法极大地提高了劳动生产率，有利于管理层对工人工作的监督与考核，也为工人的工作提供了指导。

1898 年，泰勒在伯利恒钢铁厂进行了有名的“搬运生铁块试验”。这个工厂的原材料是由 75 名工人搬运的，工人每天挣 1.15 美元，每个工人每天搬运的生铁块重量为 12～13 吨，对工人的奖励或惩罚的方法就是找工人谈话或者开除，有时也可以选拔一些较好的工人到车间里做等级工，并且可得到略高的工资。泰勒通过长期观察，从这些搬运工中挑出了四个工人，调查了他们的背景、习惯和抱负，最后挑了一个叫施密特的人。泰勒要求他进行试验，试验搬运的姿势、行走的速度、持握的位置等，每天给他 1.85 美元的报酬。通过长时间的观察试验，如果劳动时间和休息时间很好地搭配起来，这个工人每天的工作量可以提高到 47~48 吨，同时并不会感到太疲劳，并且他也拿到了高达 1.85 美元的工资。于是，其他工人也渐渐按照这种方法来搬运了，劳动生产率提高了很多。

(2) 挑选、配备“第一流的工人”。泰勒认为要达到标准定额的要求，管理部门要为生产作业提供“第一流的工人”。第一流的工人是指同时具有完成某项工作的意愿和能力的人。管理部门应该按照这个标准细致地挑选工人，并对他们进行专门的培训，使他们能够按照规定的标准工作方法进行操作，提高生产劳动的效率。

(3) 标准化。泰勒主张用科学的方法对工人的操作方法、使用的工具、劳动和休息的时间，以及机器设备的安排和作业环境的布置进行分析，消除各种不合理的因素，将最好的因素结合起来，从而形成一种标准的作业条件。泰勒认为：只有实行标准化，才能达到最高的劳动生产率。

泰勒在伯利恒钢铁公司还进行了著名的“铁锹试验”来探索工具标准化。“铁锹试验”首先是系统地研究工人使用不同的铁锹的负载应为多大的问题；其次研究各种材料能够达到标准负载的铁锹的形状、规格的问题。此外，泰勒还对每一套动作的精确时间做了研究，从而得出了一个“一流工人”每天应该完成的工作量。这一研究的结果是非常出色的，堆料场所需的劳动力从400~600 人减少至 140 人，平均每人每天的操作量从 16 吨提高到 59 吨，每个工人的日工资从 1.15 美元提高到 1.88 美元。

(4) 实行有差别的计件工资制。相比于以前实施的计时工资制与工资平均化的普通计件工资制，泰勒提出了一种新的报酬制度——差别计件工资制，即计件工资率随完成定额的程度而上下浮动，如果工人完成或超额完成定额，则定额内的部分连同超额部分都按比正常单价高 25%数额计酬；如果工人完不成定额，则按比正常单价低 20%的数额计酬，而且应该按照工人的实际表现而不是职位计酬。

差别计件工资制与工时研究、标准化、工人培训密不可分，必须结为一体。泰勒认为，要成功地实行差别计件工资制，必须使工时研究科学化；必须使所有机器设备和工具都维修得很好，并完全标准化；必须对工人进行培训，完不成定额任务首先追究计划室和领班的责任。否则，差别计件工资制就会失败。

(5) 区分管理者和工人各自的工作和责任。泰勒建议将管理工作与操作工作分工，对管理工作也应按具体的职能进行细分。第一，把计划职能同执行分开，由专门的计划部门承担计划职能，实现“脑体分工”。第二，实行职能工长制，如“脑体分工”后，企业共设立 8 个职能工长，其中 4 个设在计划部门，负责工艺流程、指示卡片、工时成本、纪律；另 4 个设在车间，负责工作分派、工作速度、修理、检验。

(6) 管理控制上实行例外原则。泰勒说：“在例外原则之下，经理只接受有关超出常规标准的例外情况——特别好或特别坏的情况，概括性的、压缩性的和比较性的报告。”规模较大的企业组织和管理，必须应用例外原则，即企业的高级管理人员把例行的一般事务授权给下级管理人员去处理，自己只保留对例外事项的决定和监督权。这种以例外原则为依据的管理控制原理，后来发展成为管理上的分权化原则和事业部制的管理体制。

泰勒的科学管理理论，首次突破了管理研究的经验途径这一局限性视野，首次提出要以效率、效益更高的科学型管理来取代传统小作坊式的经验型管理，使人们认识到在管理上引进科学研究方法的重要性和必要性，开辟了管理学的新纪元。他的思想对于组织的构建、制度规范的设定都具有重大的意义。但我们也必须看到，泰勒的科学管理起始于工厂现场作业试验，过于重视技术，强调个别作业效率，却忽视了人的动机与情感需求及企业的整体功能。

2. 泰勒的追随者们的贡献

与泰勒同时代对科学管理改革做出过贡献的还有吉尔布雷斯夫妇、亨利·甘特、亨利·福特等。

吉尔布雷斯曾经是一位建筑承包商，在一次聆听了泰勒的演讲后，他放弃了自己的建筑事业，全身心地研究科学管理。他的妻子是一位心理学家，他们对工作进行细致研究，以消除低效率的手部和躯体动作。他们进行了砌砖实验，通过拍相片来记录工人的操作动作，并分析哪些动作合理要保留下来，哪些动作是多余的要省掉，哪些动作是可以调换次序的，并制定标准的操作程序。他们将砌外墙砖的动作数量从 18 个减少到 5 个，将砌内墙砖的动作数量从 18 个减少到 2 个。使用吉尔布雷斯的技术，一位砌砖工人可以提高自己的生产率，并且在每天工作结束时感觉不那么疲劳。有意思的是，作为 12 个孩子的父母，吉尔布雷斯夫妇还运用科学管理原则和技巧来管理他们的大家庭。他们的两个孩子后来撰写了一本很有名的书《儿子一箩筐》(*Cheaper by the Dozen*)，其中描述了这对效率大师夫妇和孩子们的生活趣事。

亨利·甘特的主要贡献如下：

(1) 发明了“甘特图”，这是一种用线条表示的计划图。在早期，他用水平线条图说明工人完成任务的进展情况，每天把每个工人是否达到标准和获得奖金的情况用水平线条记录下来，达到标准的用黑色加以标明，未达到标准的用红色加以标明。这种图表对管理部门和工人本人都有帮助，因为图表上记载了工作的进展情况及工人未能得到奖金的原因。管理部门能够根据图表指出缺点所在，并把进展情况的资料告诉工人；而工人则能直观地看到自己的工作成效。由于这种绘图办法提高了工作效率，甘特又进一步扩大了这种图表的范围，在图表上增加了许多内容，包括每天生产量的对比、成本控制、每台机器的工作量、每个工人实际完成的工作量及其与原先对工人工作量估计的对比情况、闲置机器的费用，以及其他项目，使这种图表发展为一种实用价值较高的管理工具。后来，所有控制生产的图表和表格几乎都从甘特最初的工作中得到了启发。现代网络技术中的关键线路法和计划评审技术，仍然以计划和控制时间与成本的原则为基础，其基本思想就是源于甘特图。

(2) 提出了“计件奖励工资制”，即对于超额完成定额的工人，除了支付给他日工资，超额部分还以计件方式发放奖金；对于完不成定额的工人，工厂只付给他日工资。另外，每一个工人达到定额标准，其工长可以拿到一定比例的奖金，一名工长领导下的工人完成定额的人数越多，工长的奖金比例就越高。这种工资制度可使工人感到收入有保证，劳动积极性因而提高，而且更有利于人际关系的发展。

亨利·福特(1863—1947)在泰勒单工序动作研究的基础上，为提高企业的竞争能力，进而对如何提高整个生产过程的生产效率进行了研究。他充分考虑了大批量生产的特点，规定了各个工序的标准时间，使整个生产过程在时间上协调起来，创造了第一条流水生产线——汽车流水生产线，从而提高了整个企业的生产效率，并使成本明显降低。福特为了利于企业向大量生产发展，进行了多方面的标准化工作，包括以下几点：①产品系列化——减少产品类型，以便实行大批量生产；②零件规格化——以提高零件的互换性；③工厂专业化——不同的零件分别由专门的工厂或车间制造；④机器及工具专用化——以提高工作效率，并为自动化打下基础；⑤作业专门化——使各工种的工人反复地进行同一种简单的作业。

泰勒及其他同期先行者的理论和实践构成了泰勒制，可以看出泰勒制着重解决的是用科学的方法提高生产现场生产效率问题。所以，人们称以泰勒为代表的这些学者所形成的学派为科学管理学派。

二、一般管理理论

与泰勒等人主要研究基层的作业管理不同，一般管理理论站在高层管理者角度研究整个组织的管理问题。该理论的创始人是亨利·法约尔(Henri Fayol，1841—1925)。他是法国一家大矿业公司的总经理。以自己在工业领域的管理经验为基础，法约尔于1916年出版了《工业管理与一般管理》。他认为，他的管理理论虽是以大企业为研究对象，但除了可应于工商企业外，还可应用于政府、教会、慈善机构和军事组织等。法约尔被公认为是第一位概括和阐述一般管理理论的管理学家。他的理论贡献在于提出了企业经营的六种基本活动、适用于各类组织的五大管理职能和管理的十四项原则。

1. 企业经营的六种基本活动

法约尔对“经营”和“管理”进行了区分，他认为，任何企业都存在以下六种基本活动。

(1) 技术活动，指生产、制造和加工活动。

(2) 商业活动，指采购、销售和交换。

(3) 财务活动，指资金的筹措、运用和控制。

(4) 安全活动，指设备的维护和人员的保护。

(5) 会计活动，指货物盘点、成本统计和核算。

(6) 管理活动，指计划、组织、指挥、协调和控制。

2. 组织的五大管理职能

法约尔把管理活动提炼出来，进一步得到了普遍意义上的管理定义，即“管理是一种普遍的单独活动，有自己的一套知识体系，由计划、组织、指挥、协调、控制五项职能构成，管理是通过完成各项职能来实现目标的一个过程。”他对管理的五项职能做了较为详细的论述。

(1) 计划职能。计划是指为探索未来制订的行动计划，它是每个企业最重要也是最难的工作。制订计划的根据是企业的资源、所经营业务的性质、重要性及未来的趋势。一个好的行动计划应体现统一性、持续性、灵活性与准确性四个特征。要制订一个好的计划需要：①领导者应该是能干的，不怕辛劳、不怕责任的，是能从来自下级的热忱、上级的信息中肯定自己的管理者；②领导者要不断注意年度预测、十年预测和特别预测；③领导者要有勇气制订组织的计划，即使有时会受到多方面的批评；④领导者应该稳定；⑤领导者具有一定的专业能力；⑥领导者具有处理事务的一般知识。

(2) 组织职能。组织建立企业物质和社会的双重结构，它为企业的经营提供所有必需的原料、设备、资本和人员。在法约尔看来，组织职能就是创设达到组织机构预定目标所需一切条件的活动。它主要是指组织结构的建立、职工的招募、评价和训练，以及规章制度的建立等。

(3) 指挥职能。指挥就是使组织的人员发挥作用。它要将任务分配给企业的各种不同的领导人，每个领导人都承担各自单位的任务和职责。对每个领导者来说，指挥的目的是根据企业的利益，使得单位里的所有人做出最好的贡献。这要求领导者深入了解员工，淘汰没有工作能力的人，深入了解企业与职工之间的协定，以便公正地办事，对组织进行定期检查。

(4) 协调职能。协调就是连接、联合、调和所有的活动及力量。法约尔要求企业的一切工作都要和谐的配合，以便企业经营的顺利进行，并有利于企业取得成功；要求企业的技术工作、贸易工作、财务工作等都注意其工作对企业所有职能应承担的责任；要求财政开支和财政收入成比例；要求企业的工厂不要太大也不要太小。

(5) 控制职能。控制就是注意是否一切都按已制定的规章和下达的命令进行。控制的目的在于指出工作中的缺点和错误，以便加以纠正并避免重犯。对人、对物、对行动都可以进行控制，控制应确保企业有计划并执行计划，而且还要及时加以修订，确保组织完整、人员才能得到应用、指挥工作符合原则和协调会议定期举行。

3. 管理的十四项原则

法约尔认为，管理的成功不完全取决于个人的管理能力，更重要的是管理者能够灵活地贯彻管理的一系列原则。

(1) 劳动分工。法约尔认为，实行劳动的专业化分工可提高雇员的工作效率，从而增加产出。管理工作也需要分工。

(2) 权责对等。即管理者必须具有命令下级的权力，但这种权力又必须与责任相匹配，不能责大于权或者权大于责。

(3) 纪律严明。雇员必须服从和尊重组织的规定，领导者以身作则，使管理者和员工都对组织规章有明确的理解，并实行公平的奖惩，这对于保证纪律的有效性都非常重要。

(4) 统一指挥。组织中的每个人都应该只接受一个上级的指挥，并向这个上级汇报自己的工作。

(5) 统一领导。每一项具有共同目标的活动都应当在一位管理者和一个计划的指导下进行。

(6) 个人利益服从整体利益。个人利益和小集体的局部利益不能超越组织的整体利益。当二者不一致时，主管人员必须使它们一致起来。

(7) 报酬合理。对员工的劳动必须支付公平合理的报酬。

(8) 集权。集权反映下级参与决策的程度。决策制定权是集中于管理层还是分散给下属，这只是一个适度的问题，管理层的任务是找到在每一种情况下最合适的集权程度。

(9) 等级链。等级链是指“从最高的权威者到最低层管理人员的等级系列”。它表明权力等级的顺序和信息传递的途径。为了保证命令的统一，不能轻易违背等级链，请示汇报要逐级进行，指令下达也要逐级进行。但如果沿着这条等级链沟通会造成信息的延误，为了解决这个问题，法约尔设计了一种“跳板”(Fayol Bridge，也叫法约尔桥，如图 2-1 所示)，便于同级之间的横向沟通。但在横向沟通前仍要请示各自上级的意见，并且事后要立即向各自上级汇报，从而维护统一指挥原则。

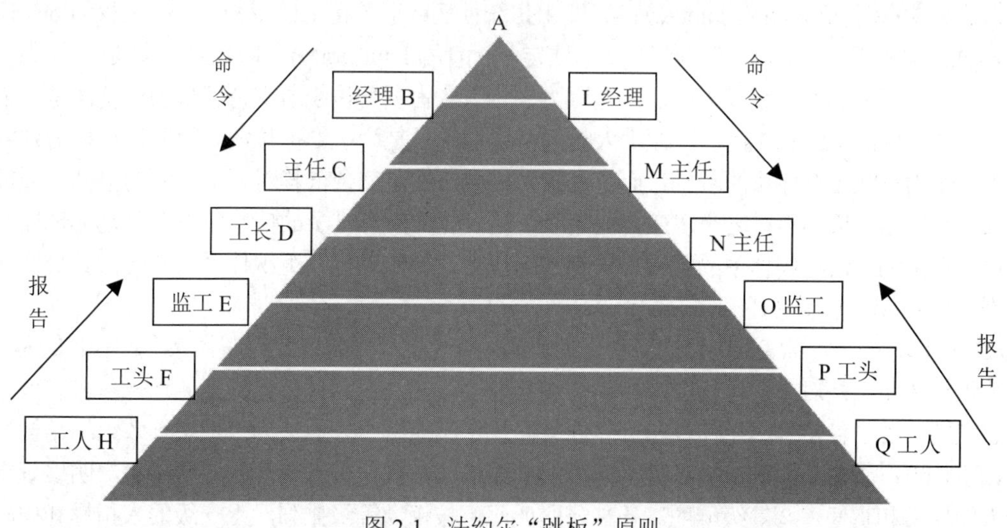

图 2-1　法约尔“跳板”原则

图 2-1 中的字母分别表示组织的各个等级与层次。A 代表这个组织的最高领导，假如 F 向 P

发出和传递信息，必须先由F沿着指挥链上报给A，A再沿着指挥链传递给P。信息传递不仅慢，而且容易失真。法约尔设想，可以在不同等级之间(如图中F、P)建立一条连线，即所谓的“法约尔桥”，允许F与P之间可以直接商议解决问题，再分头上报。这种横向沟通的形式，不仅维护了统一指挥的原则，而且大大地提高了组织的工作效率。

(10) 秩序。无论是物品还是人员，都应该在恰当的时候处于恰当的位置。维持完善的秩序要求让适当的人从事适当的工作，因此要根据工作的要求和人的特点来分配工作。

(11) 公平。管理者应该友善和公正地对待下属。

(12) 人员稳定。每个人适应自己的工作都需要一定的时间，高级管理人员不要轻易流动，以免影响工作的连续性和稳定性。管理者应制订规范的人事计划，以保证组织所需人员的供应。

(13) 首创性。管理人员不仅自己要有首创精神，而且还要尽可能地鼓励和发展员工的首创精神。高明的管理者可以牺牲自己的荣誉心去满足下属的荣誉感和责任心。

(14) 集体精神。集体的团结是企业的巨大力量，为了实现团结，管理人员应避免使用可能导致分而治之的方法。此外，法约尔还认识到，人员间的思想交流特别是面对面的口头交流有利于增强团结，因此，他认为应该鼓励口头交流，反对滥用书面联系。

法约尔提出的一般管理的要素和原则奠定了在20世纪50年代兴起的管理过程研究的基本理论基础。

三、行政组织理论

马克斯·韦伯(Max Webber，1864—1920)，是德国的社会学家、经济学家、管理学家和哲学家，是与泰勒和法约尔同时代的人，是古典管理理论在德国的代表人物。因为他对古典组织理论的杰出贡献，被称为“组织理论之父”。

韦伯曾在军队服役，受过3次军事训练，因而对德国的军事生活和组织制度有相当的了解，这对他的行政组织理论研究有很多帮助。韦伯的思想主要有以下内容。

(1) 任何组织都必须以某种形式的权力作为基础。韦伯认为人类社会存在三种为社会所接受的权力：①传统权力(traditional authority)，即由传统惯例或世袭得来的权力；②超凡权力(charisma authority)，来源于别人的崇拜与追随；③法定权力(legal authority)，即由法律规定的权力。

韦伯认为，人们对传统权力的服从是因为领袖人物占据着传统所支持的权力地位，是一个在习惯义务领域内的个人忠诚而已，领袖人物的作用似乎只是为了维护传统，因而这种权力效率较低，不宜作为行政组织体系的基础；而超凡权力的合法性，完全依赖对领袖人物的信仰，领袖人物必须不断创造奇迹和英雄之举以赢得追随者，这种权力带有过多的情感色彩并且是非理性的，所以也不宜作为行政组织体系的基础；只有法定权力才能作为行政组织体系的基础，其最根本的特征在于它提供了慎重的公正。

(2) 主张建立一个高度结构化的、正式的、非人格化的“理想行政组织体系”。韦伯认为“理想行政组织体系”是对个人进行强制控制的最合理手段，是达到目标、提高劳动效率最有效的形式，它在精确性、稳定性、纪律性和可靠性方面优于其他组织。他认为“理想行政组织结构”应具有如下特点：①分工明确。把各种工作分解成简单、常规化并且明确的各项任务，明确规定每一个人的权力和责任。②等级鲜明。各种公职或职位按权力等级排列，上一级的人指挥和控制下一级。③正式的选拔。根据通过教育和训练所获得的技术资格或通过正式考试来挑选组织中的所有成员。④规章制度。制定明确的规章制度以规范管理人员和员工的行为，以确保统一性。⑤非

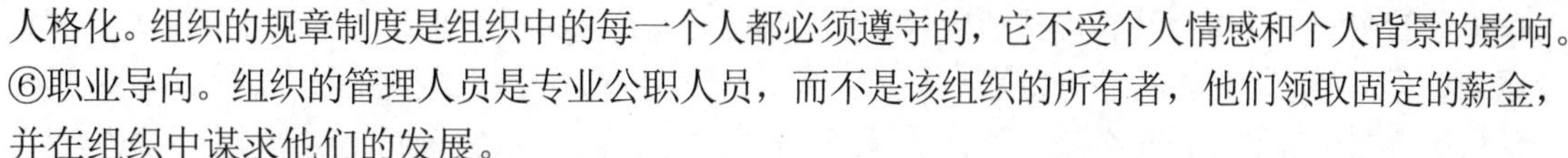

人格化。组织的规章制度是组织中的每一个人都必须遵守的，它不受个人情感和个人背景的影响。⑥职业导向。组织的管理人员是专业公职人员，而不是该组织的所有者，他们领取固定的薪金，并在组织中谋求他们的发展。

总而言之，韦伯认为高度集中的、正式的、非人格化的“理想行政组织体系”适用于一切组织。韦伯的理论是对泰勒、法约尔理论的一种重要补充，是古典管理理论的重要组成部分。

第三节　行为管理理论

古典管理理论对提高经济组织的劳动生产率起到了积极的作用，但由于对人的认识始终停留在“经济人”假设上，把人看作简单的生产要素，即像机器一样的“工具人”，只考虑如何利用人来达成组织的目标，认为只要通过工资、福利及工作环境的改善就可以提高劳动生产率，所以在科学管理理论后期，这种理论的局限性就充分显露了出来，无法进一步提高劳动生产率，也无法缓解劳资双方之间的矛盾。正是基于此，20 世纪 20 年代中期以后产生的人际关系学说和行为管理理论开始将目光聚焦于对人的研究，从人的角度出发来看待管理问题，开辟了管理研究的新领域。

行为管理理论首先是从人际关系理论开始发展，后期发展为行为科学，即组织行为理论。

一、霍桑试验与人际关系学说

1924—1932 年，在芝加哥西屋电气公司霍桑工厂，霍桑试验被分为四个阶段进行，试验主要是在美国行为科学家乔治·埃尔顿·梅奥(George Elton Mayo，1880—1949)的主持下完成，其研究结果推翻了古典管理理论的工人是“经济人”的观点，为提高劳动生产率提供了新的研究视角。

1. 霍桑试验的过程与发现

第一阶段：照明试验(1924—1927 年)。研究工作条件与劳动生产率之间的关系，具体是研究照明度对生产率的影响。西屋电气公司的工业工程师成立了试验组和对照组，调整试验组不同的照明强度，而对照组则保持原有的照明强度不变。他们发现当试验组的亮度增加时，两个组的产量都增加了，且当试验组亮度水平下降时，两个组的生产率继续提高。事实上，只有当光线亮度降至月光的水平时，试验组的生产率才有所下降。研究人员对此结果感到茫然，失去了信心，从 1927 年起，以梅奥教授为首的一批哈佛大学心理学工作者将实验工作接管下来，继续进行。

第二阶段：继电气装配室试验(1927—1928 年)。研究人员依次改变各项工作条件，如加大工间休息的频率和长度、缩短工作日、提供工间单位休息时间并提供食品等，当改善了这些条件时，工人的产量得到了上升，但当工作条件恢复为实验开始时的状态时，员工的日产量和周产量超过了所有先前各期的记录。这表明生产的增加不能仅仅归因于工作条件的逐步改变，当物质环境要素变化时也能引起某种重要的变化。

第三阶段：大规模访谈(1928—1931 年)。研究者在工厂中开始了访谈计划。最初是预约谈话，但这种规定好的访谈得不到员工真实的看法。访谈者了解到这一点，及时把访谈计划改为事先不规定内容，每次访谈的平均时间从 30 分钟延长到 1~1.5 小时，多听少说，详细记录工人的不满和意见。访谈计划证实了人格的社会因素对生产和管理的重要影响。

第四阶段：对接线板工作室的研究(1931—1932 年)。梅奥等人在这个试验中选择 14 名男工人在单独的房间里从事绕线、焊接和检验工作，对这个班组实行特殊的工人计件工资制度。试验者原来设想，实行这套奖励办法会使工人更加努力工作，以得到更多的报酬。但观察的结果发现，产量只保持在中等水平，每个工人的日产量平均都差不多。这一试验表明，在正式的组织中存在着自发形成的非正式群体，这种群体有自己特殊的行为规范，对人的行为起着调节和控制作用，由此研究人员提出了“非正式群体”的概念。

2. 人际关系学说的主要观点

梅奥对其领导的霍桑试验进行了总结，写成了《工业文明中人的问题》一书。在书中，梅奥阐述了与古典管理理论不同的观点——人际关系学说，基本观点有以下几点。

(1) 工人是“社会人”，而不是“经济人”。以泰勒的科学管理理论为代表的传统管理理论认为，人是为了经济利益而工作的，金钱是刺激工人积极性的唯一动力。而梅奥认为，人们的行为并不单纯出自追求金钱的动机，还有社会方面的、心理方面的需要，即追求人与人之间的友情、安全感、归属感和受人尊敬等。因此，不能单纯从技术和物质条件着眼，而必须首先从社会心理方面考虑合理的组织与管理。因此，梅奥的管理理论也被称为“人际关系理论”或“社会人理论”。

(2) 劳动生产率的高低取决于员工的满意度，而不是工作条件。在决定劳动生产率的诸多因素中，置于首位的因素是工人的满意度，而生产条件、工资报酬只是第二位。高的满意度来源于工人个人需求的有效满足，不仅包括物质需求，还包括精神需求。新的领导能力在于提高职工满意度，从而提高士气，提高生产率。

(3) 企业中存在着非正式组织。企业中除了存在正式组织外，还存在着非正式组织。企业成员在共同工作的过程中，相互间必然会产生共同的感情、态度和倾向，形成共同的行为准则和惯例，这种自发形成的体系被称为“非正式组织”，它以独特的感情、规范和倾向左右着其成员的行为。非正式组织不仅存在，而且与正式组织相互依存，对生产率有重要大的影响。

人际关系理论的建立，为行为科学的进一步发展奠定了基础，它强调了要重视人的行为，为行为科学理论进一步研究人的行为规律，找出产生不同行为的影响因素打开了一扇门。

二、行为科学

梅奥的研究结论让人们对组织中的“人”有一种全新认识，人际关系学说在经历了 20 世纪三四十年代的发展后，已经形成了一个庞大而复杂的学科群，吸引着来自心理学、社会学、人类学、管理学、人机工程等众多领域的研究者。1949 年在美国芝加哥大学召开了一次跨学科的科学会议，讨论了应用现代科学知识研究人类行为的一般理论，会议给这门综合性的学科定名为“行为科学”。进入 20 世纪 60 年代，为了避免同广义的行为科学相混淆，出现了“组织行为学”这一名称，专指管理中的行为科学。目前，从组织行为学的研究对象和涉及的范围来看，组织行为可以分成三个层次，即员工个体行为、员工群体行为和组织行为。相应地，组织行为学的理论也分为三个层次。

(1) 员工个体行为理论。员工个体行为理论主要包括两大方面的内容；一是有关人的需要、动机和激励方面的理论，如马斯洛的需要层次论、赫茨伯格的双因素理论、弗鲁姆的期望理论、斯金纳的强化理论等；二是有关企业中的人性假设理论，如麦格雷戈的 X-Y 理论等。人际关系学说提出了员工是“社会人”而不是“经济人”的假设，后期行为研究者进一步提出了“复杂人”“自我实现人”的假设。这些人性假设实际上是对管理者对员工采取不同管理哲学和管理措施的基础与反映。这些理论将会在第十二章“激励”中具体讲到，此处不一一介绍。

(2) 员工群体行为理论。群体层面的研究强调企业中的员工不是相互孤立的个人，而是各式各样的正式和非正式群体的成员，成员之间互相影响。因此，人在群体中的行为，与其作为独立的个人时的行为相比会表现出许多差异。有关研究主要集中于群体压力、群体中成员的互动过程、群体沟通及群体竞争与冲突等问题。

(3) 组织行为理论。组织行为理论是针对组织整体这一最高层次展开行为方面的研究。主要内容包括：一是“以人为中心”的领导理论，如领导行为理论、领导权变理论等；二是体现“人本原则”的工作设计与组织设计理论，组织发展和组织变革理论等。

三个层面的研究虽然有各自不同的侧重点，但它们是相互联系、不可割裂的，比如，对员工的人性假设不仅影响到针对个体所采取的激励措施，还影响到领导行为及其他各项管理措施。

第四节　现代管理理论

现代管理理论是继科学管理理论、行为科学理论之后，西方管理理论和思想发展的第三阶段，特指第二次世界大战以后出现的一系列学派。

第二次世界大战以后，现代科学技术迅速发展，生产力迅速提高，企业的规模越来越大，经济的国际化进程加速，这一切都给管理工作提出了许多新的问题，引起了人们对管理工作的普遍重视。随着科学技术的兴起，如运筹学、电子计算机等与管理紧密结合。除管理工作者和管理学家外，其他领域的一些专家，也纷纷从社会学、经济学、生物学、数学等角度借助各自专业领域的方法对管理进行研究，这一切都为管理理论的发展创造了极其有利的条件，出现了研究管理理论的各种学派，呈现出“百家争鸣、百花齐放”的繁荣景象。1961 年，美国管理学家哈罗德·孔茨(Harold Koontz)在发表的《管理理论的丛林》一文中，把各种管理理论划分为管理过程学派、经验主义学派、人类行为学派、社会系统学派、决策理论学派和数量管理学派六个学派。1980 年，孔茨在《再论管理理论丛林》一文中，又补充了组织行为学派、社会技术系统学派、权变学派、管理者工作学派和经营管理学派五个学派，使之达到 11 个学派。

但学术界对学派的划分有着不同的理解与标准，分法各有不同。本书只是介绍一些重点学派的思想，希冀通过介绍让大家了解基本的概况。

一、管理过程学派

管理过程学派的代表人物是哈罗德·孔茨(Harold Koontz)和西里尔·奥唐奈(Cyril O'Donnel)，他们两人合著了《管理学》。他们沿袭了法约尔的管理思想，在法约尔提出的“计划、组织、指挥、控制、协调”五种职能的基础上，提出管理是组织实现其目标的过程，管理的过程是一种程序和许多相关联的职能，这为研究管理提供了一个框架式的结构。一方面，可以对这些职能分别进行分析和研究，提出和采取有效措施更好地达到组织目标；另一方面，新的方法和新的思想可以容纳在计划、组织和控制等职能中，通过对过程的分析得出规律，建立起相应的管理理论。

管理过程学派把管理看作一种程序的观点，较适合静态和稳定的组织，不适用于动态多变的环境。因为各种性质不同、结构不同的组织的管理职能表现不同，各有差异；且不同的组织及组织内的不同层次实现组织目标的过程差别也较大。

二、社会系统学派

社会系统学派以组织理论为研究重点，将组织看作一种人与人相互之间协作的一个系统，这个系统会受到社会环境各方面因素的影响。该学派的代表人物是美国管理学家切斯特•巴纳德(Chester I. Barnard)。他出生于1886年，1906年进入哈佛大学经济系学习，1909年进入美国电报电话公司，1927年开始担任美国新泽西贝尔公司的总经理至退休，他的代表作是《经理的职能》。

他把组织分成正式组织和非正式组织。正式组织不论其规模大小和级别高低，要存在和发展必须具备三个条件：明确的目标、协作的意愿、良好的沟通。在正式组织中还存在一种因工作关系而形成的有一定的看法、习惯和准则的非正式组织，它存在于正式组织中，会给正式组织带来积极和负面的双重影响。

他认为经理的职能有三条，即建立和维持一套信息传递的系统、善于激励组织成员为实现组织目标而做出贡献、确定组织目标。

三、系统管理理论

系统管理理论产生于20世纪60年代，主要代表人物是弗里蒙特•卡斯特(Fremont E. Kast)等人，卡斯特的代表作为《系统理论和管理》。所谓“系统”是指由若干相互依存的部分以一定的形式组合而成的一个整体。每一个系统都包含以下四个方面。

(1) 投入：从周围环境中获得这个系统所需要的输入物——资源。

(2) 转换：通过技术管理等过程促进输入物向输出物的转化。

(3) 产出：向环境提供其转换处理后的输出物——产品或者服务。

(4) 反馈：环境对组织所提供的产品或服务做出反馈。

系统在一定的环境下生存，与环境进行物质、能量和信息的交换。系统从环境输入资源，把资源转换为产出物，一部分产出物为系统自身所消耗，其余部分则输到环境中。系统在投入—转换—产出的过程中不断进行自我调节，以获得自身的发展。

系统管理理论把组织看作一个由相互联系、相互依存的要素构成的系统。例如，一个企业是由生产部门、市场营销部门、采购部门、财务和人事部门等组成的。生产部门生产的产品质量的好坏会直接影响到产品在市场上销售的情况；采购部门所采购的原辅材料质量的好坏和成本的高低，会影响到生产部门的产品质量和产品成本，进而影响销售和利润等。局部最优不等于整体最优，管理人员的作用就是确保组织中各部分能得到相互协调和有机整合，以实现组织的整体目标。

运用系统观点可以提高组织的整体效率，使管理人员注重局部与整体的关系，更能放眼全局去思考和解决组织中的问题。

四、权变学派

权变学派认为在组织管理中，没有什么是一成不变、普遍适用的、最好的“管理理论和管理方法”，它们强调管理者在采取管理行动时，需要根据具体环境条件的不同而采取相应不同的管理方式。弗雷德•卢桑斯(Fred Luthans)是权变理论学派的主要代表人物之一，他的主要著作有《权变管理理论：走出丛林的道路》(1973年出版)、《管理导论：一种权变学说》(1976年出版)。

权变学派认为那种“对 X 问题，一定要采取 Y 行动”的思考方式未免过于片面和绝对。权变管理理论提倡管理者要将这种单线的思考方式转为多线的思考方式，即“对 X 问题，如果是在 f 的情况下，就采取 Y 行动，但如果是在 g 的情况下，则采取 Z 行动”。其中 f、g 就是影响管理行动的环境变量，也称为情境因素或权变因素。

这就是说，组织所处的环境(情境)决定着何种管理方式更适合于组织。比如，在经济衰退时期，由于企业面临的市场环境是供大于求，集权的组织结构可能更为适合；在经济繁荣时期，由于企业面临的市场环境是供不应求，分权的组织结构可能更为适合。

五、决策理论学派

决策理论学派的主要代表人物是赫伯特·西蒙(Herbert Simon)。该学派把第二次世界大战以后发展起来的系统理论、运筹学、计算机科学等综合运用于管理决策问题，形成了一门有关决策过程、准则、决策类型及决策方法的较完整的一套决策理论体系，其思想主要有以下几点。

(1) 管理就是决策。管理活动的全过程都是决策的过程。当组织确定目标、制订计划并选择方案时，体现的是经营目标及其计划决策；当组织进行机械设计、生产单位组织、权限分配时，涉及的是组织决策；当组织对计划执行进行检查、对产品进行控制及选择控制手段时，体现的是控制决策。

(2) 决策的过程有如下四个阶段。

① 搜集情况阶段，搜集组织所处环境中有关经济、技术、社会各方面的信息及组织内部的有关情况，为拟订方案提供依据。

② 拟订计划阶段，即在确定目标的基础上，编制行动方案。

③ 确定计划阶段，从可供选用的方案中选定一个行动方案。

④ 评价计划阶段，即在决策执行过程中，对已经选择的方案进行评价。

这四个阶段可能交叉，也可能重复。

(3) 决策的原则是“令人满意”而不是“最优化准则”。以往的经济学家和管理学家把人看作完全理性的经济人，他们以“绝对的理性”为指导，按“最优化准则”来进行决策。西蒙认为决策者在决策时会遇到主客观因素的限制，因而不可能做出“完全合理”的决策，应该用“管理人”假设代替“理性人”假设，用“令人满意”的准则取代“最优化”的准则，在决策时不需要考虑一切可能的复杂情况，只考虑与问题有关的特定情况。

(4) 决策分为程序化决策和非程序化决策。西蒙把组织活动分为两类：一类是例行活动，指一些重复的工作，如订货、材料的出入库等，对这类活动的决策是经常反复的，而且具有一定的结构，因此可以建立一定的决策程序。每当出现这类工作或问题时，就利用既定的程序来解决，这类属于程序化决策。而另一类活动是非例行活动，这些活动并不会重复出现，比如新产品的开发、生产规模的扩大、品种结构的调整、工资制度的改变等。处理这些问题没有固定的方法和程序，需要用个别方法进行处理。

六、数量管理学派

数量管理学派产生于第二次世界大战期间，它的核心是运用运筹学、统计学和计算机来管理决策和提高组织效率。通过将科学的知识和方法应用于研究复杂的管理问题，可以帮助组织确定正确的目标和合理的行动。

时代的发展要求管理人员改进他们的决策和管理方法，以便更合理地分配资源，取得更大的积极效果。因此，数量管理理论在管理决策中得到了广泛的运用，特别是辅助管理者做出计划和控制方面的决策。数量管理理论的特点是力求减少决策中的个人主观成分，依靠建立一套决策程序和数学模型来寻求决策工作的科学化；各种可行方案均以效益高低作为评判的依据，有利于实现决策方案的最优化；广泛使用计算机作为辅助决策的手段，使复杂问题能在较短时间内得到优化。但是，数量管理理论并不能准确地解释人的因素，也不能很好地预测组织成员的行为，有时还受到实际情境难以量化的限制。

七、经验主义学派

经验主义学派立足于企业管理实际，以大企业的管理经验为主要研究对象，通过研究管理实践中各种各样成功和失败的案例，经过反复学习和实践来领会和应用最有效的管理方法。这一学派的最主要特色是注重理论研究与实践的结合，重点分析成功管理者的实际管理经验并加以概括，总结出他们成功经验中所具有的共性的东西，然后使其系统化、合理化，并据此向管理人员提供实际建议。

经验主义学派最主要的代表人物是彼得•德鲁克(Peter F. Drucker)，他的思想博大精深，经久不衰，他被后人誉为“现代管理之父”。他的研究领域非常广泛，涉及事业理论、战略规划、管理沟通、创新、董事会、绩效管理等方面，同时他还是目标管理、团队合作、客户满意度、知识工作和知识工作者、扁平组织等众多经典管理理念的原创者。

德鲁克还提出了目标管理，从而综合了以工作为中心和以人为中心的管理技能和管理制度。具体内容见第六章中的“目标管理法”。

第五节　管理理论新发展

20 世纪 90 年代后，受益于计算机技术的发展，工业经济近代后期力图实现的是生产与管理的自动化，而知识经济时代则旨在利用并行网络单元计算机促进知识工作者的对等联结，即知识的网络化。在这一时期，知识或创新替代资本成为新的关键生产要素，知识联网替代管理层级制，人本主义替代理性主义，成为这个时代下新型管理模式的基本特征。企业越来越重视企业战略的运用，重视更新企业流程，重视企业学习能力和企业核心能力的培养。

一、战略管理理论

战略一词是从军事中借鉴而来的，春秋时期我国著名军事家孙武所著的《孙子兵法》就体现了战略思想。1938 年，战略被引进企业管理；1965 年，著名管理学家伊戈尔•安索夫(Igor Ansoff)系统地研究了企业战略的制定和实施，使企业战略得到了广泛的应用。战略管理学派着眼于组织的长远利益，试图通过帮助组织制定有效的进攻、退守、渗透、成长、扩张等组织战略及一系列的竞争战略来应对环境变迁和未来挑战，达到维护组织整体效益的目的。战略管理是新时代背景下管理活动日益复杂化、动态化的必然产物，迎合了各类组织在危机四伏的竞争环境中生存、发展的迫切需求，是当今社会的主流学派。

战略管理理论的发展经历了三个阶段：经典战略理论阶段、产业结构分析阶段(波特阶段)和核心能力理论阶段。

1. 安索夫对战略思想的贡献

(1) 安索夫范式。安索夫提出了成功战略的范式，明确阐述了优化企业获利能力的具体条件。此范式包括下面五个要素：

① 不存在任何放之四海而皆准的战略模式。

② 企业的成败取决于其所处环境的动荡水平。

③ 企业的经营战略必须随着环境变化而进行调整，否则企业不可能做得很成功。

④ 决定企业成功与否的是企业的管理能力是否与环境相适应。

⑤ 影响企业成功的内在变量包括认知变量、心理变量、社会变量、政治变量和人文变量。

(2) PEST 分析框架。安索夫认为，战略行为是企业对外部环境的适应，以及由此而导致的企业内部结构化的过程。因此，企业制定战略首先是评价外部环境，即采用 PEST 分析框架，评估政治法律(political & legal)环境、经济(economic)环境、社会文化(social & cultural)环境和技术(technological)环境对企业的影响，辨识企业长期的变化驱动力和外部各环境要素对企业的不同作用，从而确定关键环境因素，并以此制定企业战略，调整组织结构，使企业与环境相适应。

(3) 协同观念。安索夫首次将“协同”一词引入管理学中。所谓协同，是指相对于各独立组成部分进行简单汇总而形成的企业整体的业务表现，即形成企业之间共生互长的关系，它是在资源共享的基础上产生的。协同表达了 2+2>4 的理念，即公司整体的价值大于公司各独立组成部分价值的简单加总。

(4) 战略决策模型。安索夫提出的战略决策模型是指对公司扩张和公司业务多元化要分别处理。该模型的中心概念是差距分析，即要分析企业所处的位置，界定企业的目标，明确为实现这些目标而必须采取的行动。

(5) 安索夫矩阵。安索夫矩阵是以 2×2 的矩阵代表企业试图使收入或获利成长的四种选择，主要是指企业可以选择市场渗透、市场开发、产品延伸、多元化经营四种不同的成长战略来达到增收目的。

2. 迈克尔·波特的战略思想

(1) “五力模型”和“三大战略”。根据迈克尔·波特(Michael E. Porter)的观点，一个行业内部的竞争状态取决于五种基本竞争作用力。这五种力汇集起来决定该行业的最终利润潜力，并且最终利润潜力也会随着这种合力的变化而发生根本性的变化。五种作用力主要是指新进入者的威胁、替代产品或服务的威胁、供方议价能力、买方议价能力、现有公司间的竞争。

此外，波特还提出了企业三种基本的竞争战略：成本领先战略(overall cost leadership)、特色优势战略(differentiation)、目标集聚战略(cost-or-differentiation focus)。具体内容见第五章中的“战略性计划”内容。

(2) 钻石模型。关于产业如何获得竞争优势，波特提出的钻石模型给出的解释影响最为深远，该模型认为产业竞争优势是由需求条件、生产要素、相关支持产业和企业战略、结构、竞争对手的表现四个主要因素，以及政府与机遇两个辅助因素共同整合的结果。

① 需求条件，指本国市场对该产业所提供产品或服务的需求如何。如果国内对于一种产品或服务的需求很强，就可以使这个行业在全球竞争中抢先起跑，比如美国在保健服务行业的领先

地位源自其国内的旺盛需求。

② 生产要素，指一个国家在特定产业竞争中有关生产力方面的表现，通常的生产要素主要是指人力资源、天然资源、知识资源、资本资源、基础设施。

③ 相关支持产业，指某产业的相关产业和上游产业是否具有国际竞争力。如一个国家的某个行业的实力很强，则这个行业的周围都是些成功的相关行业。

④ 企业的战略、结构和竞争对手，指企业在一个国家的基础、组织和管理形态，以及国内市场竞争对手的表现。国内的竞争会提高该行业的发展和竞争实力。

这四个要素具有双向作用，形成钻石模型，在四大要素之外还存在两大变数：政府与机遇。机遇是无法控制的，但政府政策的影响力也不可轻视。

二、核心能力理论

1990 年密歇根大学的普拉哈拉德(C. K. Prahald)和伦敦商学院的加里•哈默(Gary Hamel)在《哈佛商业评论》中发表的《公司的核心能力》(*The Core Competence of the Corporation*)一文中首次提出核心能力理论，代表了战略管理理论在 20 世纪 90 年代的最新进展。

核心能力理论兴起的背景如下。

(1) 波特产业结构分析理论的局限性。同一产业内企业间的利润差距并不比产业间的利润差距小，在没有吸引力的产业中可以发现利润水平很高的企业，在吸引力很高的产业中也有经营状况不佳的企业。这些都是波特战略理论不能很好解释的现象。另外，波特的战略理论还往往诱导企业进入一些利润很高、但缺乏经验或与自身优势毫不相关的产业，进行无关联的多元化经营。

(2) 企业重组和再造的挫折。在 20 世纪 80 年代，日本企业的竞争力在很多产业上都超过了美国企业，取代了美国企业的领先地位。如何重建企业的竞争战略，使企业不仅在现有产业内领先，而且能够在未来产业中继续领先，保持企业的持续竞争优势成为一个亟待解决的问题。核心能力理论就是基于上述背景而提出的，一经提出，就受到理论界和企业界的广泛关注，并成为研究的热点。

按照普拉哈拉德和哈默的定义，核心能力是组织内的集体智慧，是集体学习，尤其是协调不同生产技术和整合多种多样技术流的能力。一项能力可以界定为企业的核心能力，其必须满足以下五个条件：

(1) 不是单一技术或技能，而是一簇相关技术和技能的整合。

(2) 不是物理性资产。

(3) 必须能创造顾客看重的关键价值。

(4) 与对手相比，竞争上具有独特性。

(5) 超越特定的产品或部门范畴，从而为企业提供进入新市场的通道。

三、学习型组织理论

企业如何进行自我调整和改造来适应迅速变化的环境以求得生存和发展，是企业界和管理学界普遍关注的问题。彼德•圣吉(Peter Senge)于 1990 年出版了《第五项修炼》(*The Fifth Discipline*)一书，提出一个组织要成为学习型的组织才能立于不败之地的观点。他以全新的视野考察人类群体危机最根本的症结所在，认为传统的片面和局部的思考方式及由此所产生的行为，造成了目前被切割而破碎的世界，为此需要突破线性思考的方式，排除个人及群体的学习障碍，重新对管理的价值观念、管理的方式方法进行革新。

1. 传统组织中学习上存在的问题

传统组织采用职能层级组织结构，这种结构设计的目的是使人们的合作更有效率，但由于信息沟通和管理人员能力的限制，传统组织设计将整体分割成多个职能和工作岗位。这种划分出来的职能部门，必然存在着以自己部门职能为主、自己部门利益最大化的本位主义，会造成部门子目标凌驾于总目标之上；同时，每个岗位上的工人只干自己岗位的工作，单调而枯燥的劳动使工人成为没有决策能力、没有信仰的“机器人”。这种组织体制无法满足组织成员的自尊及自我实现的高层次需要，无法发挥个人自主决策的积极性、创造力和想象力。无论部门还是个人，都表现出思维上的短视性，缺少思考的主动性。

2. 学习型组织的基本概念

彼得 • 圣吉认为：“学习型组织是这样一种组织，在其中，大家得以不断突破自己能力的极限，创造真心向往的结果，培养全新、前瞻而开阔的思考方式，全力实现共同的抱负，不断一起学习如何共同学习。”

组织学习是一个持续的过程，是组织通过各种途径和方式，不断地获取知识，在组织内传播知识并创造出新知识，以增强组织自身能力，从而带来行为和绩效的改善的过程。组织学习必须具备以下几个条件：

(1) 存在少数创新者，他们喜欢尝试并能发现和产生新知识。

(2) 存在系统的传播机制，少数人的知识必须通过系统的机制为大家共享，转化为组织共有的知识。

(3) 能不断增强组织自身能力，带来行为和绩效上的改善。

3.“学习型组织”的五项修炼

学习型组织中的每个人都投入到识别和解决问题的工作中，使组织能够不断地实验、改善、提高能力，解决问题是学习型组织的基本观念。学习能力指增强组织和个人处理无先例可循问题的能力。学习型组织的进一步突破是员工在前所未有的程度上参与战略决策，员工识别顾客的需要，因此战略形成来自于服务于客户的员工所积累的信息。由于战略反映组织的整体观点，同每个员工息息相关，因而个别小组的创新和改进对整个组织都有好处。组织中不同部分可以进行不相干的调整和变动，但都同时有利于组织目标的实现。

企业从传统型向学习型转变时，必须经历以下五项修炼。

(1) 第一项修炼——自我超越。“自我超越”的修炼使学习不断深入并加深个人的真正愿望。集中精力，培养耐心，并客观地观察现实，这是学习型组织的精神基础。自我超越需要员工不断认识自己，认识外界的变化，不断地赋予自己新奋斗目标，并由此超越过去，超越自己。个人对于学习的意愿和能力构成了组织整体对于学习的意愿和能力。但是很少有组织鼓励其成员以这种方式来学习，只有少数人能够通过学习不断发展自我。

(2) 第二项修炼——改善心智模式。心智模式是根深蒂固于心中，影响我们如何了解这个世界及如何采取行动的许多假设、成见或图像、印象。一个人的心智模式是在长期的生活实践中日积月累形成的，在不知不觉中影响个人的思维方式和行为方式。两个人以各自的心智模式去观察同一事物，会有不同的描述。同样，不同的心智模式会导致不同的概括性看法，在不同的看法指导下自然会出现不同的行为方式。但个人与组织往往不了解自己的心智模式，故而对自己的一些行为无法认识或把握。因此，该项修炼就是要把镜子转向自己，先修炼自己的心智模式。

(3) 第三项修炼——建立共同愿景。共同愿景是指组织内成员共同创造的“未来景象”。组织有一个能实现的共同意愿，就能鼓舞人心。学习型组织建立共同愿景就是将个人愿景整合为组织的愿景，目的是将成员凝聚在一起，改变成员与组织间的关系，为组织的学习提供焦点和能量。但共同愿景不能出自于高层直接做出规划或通过组织制度执行规划的过程中，必须是由组织成员间相互交换看法，充分表达自己的愿景，认真听取别人的愿景，互相启发，融汇成共同的愿景的过程，只有这样形成的愿景才能激发员工用努力去实现共同愿意。作为学习型的组织并不是要追求一个远大、动人的愿景，而是要用愿景和组织现状之间的差距来激发成员的努力。

(4) 第四项修炼——团队学习。团队学习是一种集体进行的修炼，一般采用“深度会谈”和“讨论”两种不同的团体交谈方式。在深度会谈时，每个人都抛开自己的固有思想，以各种各样的新观点来探讨复杂的问题，交换各自的想法，找出彼此间不一致的地方，增进集体思维的敏感性。而讨论是提出不同的看法并加以辩护，衡量各种可能的想法，找出一个较好的想法。

(5) 第五项修炼——系统思考。组织与人类其他活动一样是一个系统，受到各种细微且息息相关的行动的牵连而彼此影响着，因此必须进行系统思考的修炼。系统思考要求企业成员将遇到的问题放在整个组织内加以考虑，从组织整体利益出发寻找恰当的解决方法。

前四项修炼是第五项修炼的基础，通过第五项修炼能把其他各项修炼结合成一体，互相促进。融合了这五项修炼方能造就出一个学习型的组织。

四、企业流程再造理论

1. 企业流程再造的定义

为了能够适应新的世界竞争环境，企业不适宜再根据遵循亚当·斯密注重把工作分解为最简单和最基本的步骤的劳动分工思想来建立和管理企业，即企业必须摒弃已成惯例的经营模式和工作方法，以工作流程为中心，重新设计企业的经营、管理及运营方式。

1993 年，管理学家迈克尔·哈默(Michael Hammer)和 CSC 管理顾问公司董事长詹姆斯·钱皮(Jame Champy)共同出版了《再造企业——管理革命的宣言书》。根据他们的观点，企业流程再造(Business Process Reengineering，BPR)是“为了飞越地改善成本、质量、服务、速度等重大的现代企业的运营基准，对工作流程作根本的重新思考和彻底翻新”。

为进一步阐述清楚“流程”的内涵，他们列举了三个实际例子。其中一个涉及国际商用机器信用公司(IBM Credit)，该公司为 IBM 的全资子公司，专门在 IBM 出售计算机、软件或提供服务的时候向客户提供融资。对该公司而言，处理申请融资材料可以看作一个完整的而且至关重要的流程。这个业务流程主要包括五个步骤，平均每个申请走完上述五个步骤需要花费 6~7 天的时间。经过研究发现，完成处理每份申请的实际工作时间并不长，只有 90 分钟，其余的时间都耗费在从一个部门到另一个部门的公文旅行上。因此，问题并不在于任务本身和执行任务的人员，而在于整个流程本身的结构。最后的解决办法是，将其中的若干步骤进行合并，由一位被称作“综合办事员”的工作人员(所谓的通才)办理核定申请材料的全过程，而不需要再转来转去。这就是哈默和钱皮所一直倡导的恢复流程的本来面目。

2. 企业流程“再造”的核心思想

企业流程“再造”的核心思想是重组业务流程。企业流程再造理论的内容提出了对流程的不同理解，强调要打破原有分工理论的束缚，重新树立“以流程为导向”的思想。企业再造直接针对的就是被割裂得支离破碎的业务流程，其目的是重建完整和高效率的新流程。因此，在再造的过程中一定要牢固树立流程的思想，以流程为现行的起点和终点，用崭新的流程替代传统的以分工理论为基础的流程。

企业流程再造理论认为，企业再造活动绝不是一次改良运动，而是重大的突变式改革。这主要表现为以下三个方面。

(1) 企业再造对固有的基本信念提出挑战。企业在经营过程中会遵循一些事先假定式的基本信念，这些信念往往会深深植根于企业内部，影响企业各种经营活动的展开，也影响企业业务流程的设计和执行，有长期历史的企业尤其如此。企业再造需要对这些原有的、固定的思维定势进行根本性的手术，催生创造性思维，从而促进基本信念的重大转变。

(2) 企业再造需要对原有的事物进行彻底的改造。与日本企业的变革思路不同，以美国企业为主要蓝本的企业再造绝不是一次渐进式的改良措施，也不是仅仅满足于对组织的修修补补，而是努力开辟完成工作的崭新途径，就是要重建企业的业务流程，使企业产生脱胎换骨般的巨大变化。

(3) 改革要在经营业绩上取得显著的改进。企业再造不是要在业绩上取得点滴的改善或逐渐提高，而是要在经营业绩上取得显著的改进。哈默和钱皮为“显著改进”制定了一个标准：“周转期缩短 70%，成本降低 40%，顾客满意度和企业收益提高 40%，市场份额增长 25%”。

3. 企业流程再造理论的基本指导思想

(1) 以顾客为中心。传统的分工理论将完整的流程分解为若干任务，并把每个任务交给专门的人员去完成，在这种思想的影响下，工作的重点往往会落在任务上，从而忽视了最终的目标——满足顾客的需要。恢复了流程的整个面貌，带来的第一个直接好处就是使每位负责流程的人员充分意识到，流程的出现就是向顾客提供较高的价值。

(2) 以员工为中心。企业流程再造将直接导致企业组织结构发生变化，扁平化结构成为替代传统的金字塔型结构的新模式，变革后的企业中主要以流程小组为主，小组中的成员必须是复合型的人才，需要具备全面知识、综合观念和敬业精神，这一客观要求推动员工不断学习，实现挑战性的目标。

(3) 以效率和效益为中心。重组流程推动了企业生产效率和效益的提高，IBM 公司通过重组流程减少了 9 成的作业时间，并大大降低了人工成本，而且增加了 100 倍的业务量。

4. 企业流程“再造”的程序

通过对企业原来生产经营过程的各个方面、每个环节进行全面的调查研究和细致分析，企业需对其中不合理、不必要的环节进行彻底的变革。在具体实施过程中，可以按以下程序进行。

(1) 对原有流程进行全面的功能和效率分析，发现其存在的问题。根据企业现行的作业程序，绘制细致、明了的作业流程图。一般来说，原来的作业程序是与过去的市场需求、技术条件相适应的，并由一定的组织结构、作业规范为其保证。当市场需求、技术条件发生的变化使现有作业程序难以适应时，作业效率或组织结构的效能就会降低。

(2) 设计新的流程改进方案，并进行评估。为了设计更加科学、合理的作业流程，必须群策群力、集思广益、鼓励创新。在设计新的流程改进方案时，可以考虑：将现在的数项业务或工作组合，合并为一；工作流程的各个步骤按其自然顺序进行；给予职工参与决策的权力；为同一种工作流程设置若干种进行方式；工作应当超越组织的界限，在最适当的场所进行；尽量减少检查、控制、调整等管理工作；设置项目负责人(case manager)。对于提出的多个流程改进方案，还要从成本、效益、技术条件和风险程度等方面进行评估，选取可行性强的方案。

(3) 形成系统的企业再造方案。制定与流程改进方案相配套的组织结构、人力资源配置和业务规范等方面的改进规划，形成系统的企业再造方案。企业业务流程的实施，是以相应组织结构、人力资源配置方式、业务规范、沟通渠道甚至企业文化作为保证的，所以，只有以流程改进为核心，形成系统的企业再造方案，才能达到预期的目的。

(4) 组织实施与持续改善。实施企业再造方案，必然会触及原有的利益格局。因此，必须精心组织，谨慎推进。既要态度坚定，克服阻力，又要积极宣传，形成共识，以保证企业再造的顺利进行。企业再造方案的实施并不意味着企业再造的终结。在社会发展日益加快的时代，企业总是不断面临新的挑战，这就需要对企业再造方案不断地加工改进，以适应新形势的需要。

企业再造流程理论在美国和欧洲的企业中受到了高度的重视，因而得到迅速推广，带来了显著的经济效益，涌现出大批成功的范例。当然，在“企业再造”的实现过程中，也有一部分企业并未达到预期的目标。于是，在“企业流程再造理论”获得认可的同时，另一部分学者也在严肃地探讨其在企业实施中高失败率的原因。大家认为，企业流程再造理论在实施中易出现的问题在于：流程再造未考虑企业的总体经营战略思想；忽略作业流程之间的联结作用；未考虑经营流程的设计与管理流程的相互关系。总体来说，“企业流程再造”理论顺应了通过变革创造企业新活力的需要，也使越来越多的学者加入到企业流程再造的研究中来。

综 合 练 习

一、单项选择题

1. 周礼是指(　　)。
   A. 西周时期的一整套社会制度　　B. 《周礼》这本书
   C. 周武王的事迹　　D. 周公姬旦的事迹
2. 儒家的核心思想是(　　)。
   A. 礼治　　B. 中庸　　C. 和　　D. 仁爱
3. 孔子和儒家管理思想的基础是(　　)。
   A. 礼治　　B. 中庸　　C. 和　　D. 仁爱
4. 道家管理思想的核心是强调(　　)。
   A. 道　　B. 无为　　C. 常　　D. 知足
5. “不法古，不循今”是(　　)家的观点。
   A. 儒　　B. 道　　C. 兵　　D. 法
6. “知彼知己，百战不殆”是(　　)家的观点。
   A. 儒　　B. 道　　C. 兵　　D. 法
7. 促使历史上第一次在企业管理中实行所有权和管理权分离的事件是(　　)。

A. 亚当•斯密的劳动分工观点　　B. 瓦特发明蒸汽机
C. 美国马萨诸塞车祸　　D. 查尔斯•巴贝奇的作业研究和报酬制度

8. 亚当•斯密认为人是(　　)。
A. 经济人　　B. 社会人　　C. 自我实现人　　D. 复杂人

9. 亚当•斯密对管理思想发展的贡献是他的(　　)观点。
A. 经济人　　B. 劳动分工　　C. 收益分享制　　D. 复杂人

10. 被称为“人事管理”之父的是(　　)。
A. 巴贝奇　　B. 哈尔西　　C. 汤尼　　D. 欧文

11. 最早认识到科学管理和管理教育的重要性，并捐助建立世界上第一所管理学院的人是(　　)。
A. 巴贝奇　　B. 沃顿　　C. 汤尼　　D. 欧文

12. 提出计划职能与执行职能应相分离的管理理论是(　　)。
A. 科学管理理论　　B. 组织管理理论　　C. 系统管理理论　　D. 权变管理理论

13. 人际关系理论认为，人是(　　)。
A. 经济人　　B. 社会人　　C. 自我实现人　　D. 复杂人

14. 韦伯认为，作为理想组织形式基础的权威是(　　)。
A. 个人崇拜式权威　　B. 理性—合法权威
C. 传统式权威　　D. 继承式权威

15. 韦伯对管理理论的主要贡献是(　　)。
A. 提出了科学管理理论
B. 提出了一般管理理论
C. 提出了“理想的行政组织体系”的理论
D. 提出了行为管理理论

16. 法约尔把管理职能分为(　　)。
A. 计划、组织、领导、控制　　B. 计划、组织、指挥、人事、控制
C. 计划、组织、指挥、协调、控制　　D. 计划、组织、人事、领导、控制

17. 非正式组织是基于(　　)。
A. 管理者实现组织目标的要求而设立的
B. 社区特定利益目标而设立的
C. 明确的组织结构而形成的
D. 组织成员特定的心理需要而形成的

18. 着重考察有关环境变量与各种管理方式之间联系的管理理论是(　　)。
A. 行为管理理论　　B. 数量管理理论　　C. 系统管理理论　　D. 权变管理理论

19. 最早提出管理的五大职能和有效管理的十四项原则的是(　　)。
A. 泰勒　　B. 韦伯　　C. 卢桑斯　　D. 法约尔

20. 经验主义的代表人物是(　　)。
A. 泰勒　　B. 韦伯　　C. 德鲁克　　D. 梅奥

21. 企业流程“再造”的核心思想是(　　)。
A. 抛弃原来的流程　　B. 重建业务流程　　C. 建立新的流程　　D. 改良流程

二、多项选择题

1. 儒家的管理思想包括(　　　)。
   A. 礼治　　B. 中庸　　C. 和　　D. 仁爱　　E. 无为
2. 道家的管理思想包括(　　　)。
   A. 礼　　B. 无为　　C. 常　　D. 知足　　E. 道
3. 法家的管理思想包括(　　　)。
   A. 强调法治　　B. 用人与奖惩制度
   C. 反对人治　　D. 主张创新　　E. 强调“术”和“势”
4. 《孙子兵法》中的五谋是指(　　　)。
   A. 道　　B. 天　　C. 地　　D. 将　　E. 法
5. 根据巴纳德的观点，组织的形成应具备的要素包括(　　　)。
   A. 共同目的　　B. 协作的意愿　　C. 信息的沟通
   D. 制度安排　　E. 体制改革
6. 韦伯认为，传统式权威的基础是(　　　)。
   A. 先例　　B. 惯例　　C. 英雄主义
   D. 法律　　E. 发布命令的权利
7. 波特认为企业应根据各自具体情况采取的不同竞争战略包括(　　　)。
   A. 市场渗透战略　　B. 市场开发战略　　C. 成本领先战略
   D. 差异化战略　　E. 集中化战略
8. 古典管理理论包括(　　　)。
   A. 泰勒的科学管理理论　　B. 马斯洛的需要层次理论
   C. 梅奥的人际关系说　　D. 韦伯的行政组织理论
   E. 法约尔的一般管理理论
9. 钻石理论认为形成产业优势的四个主要因素是(　　　)。
   A. 企业成本　　B. 生产要素　　C. 相关和支持产业
   D. 企业战略　　E. 需求条件
10. “企业流程再造理论”的基本指导思想包含(　　　)。
   A. 以变革为中心　　B. 以员工为中心　　C. 以效率和效益为中心
   D. 以顾客为中心　　E. 以利润为中心

三、简答题

1. 儒家管理思想的主要内容是什么？
2. 道家管理思想的主要内容是什么？
3. 法家管理思想的主要内容是什么？
4. 泰勒的科学管理理论的主要观点是什么？
5. 理想行政组织结构的特点有哪些？
6. 人际关系理论的主要观点是什么？
7. 影响产业竞争优势的因素有哪些？
8. 一项企业能力成为核心能力的条件有哪些？

四、论述题

1. 论述兵家的管理思想。
2. 试论述亚当•斯密的贡献。
3. 论述法约尔的一般管理理论。
4. 论述霍桑试验及其结论。

五、案例分析题

案例一　联合邮包服务公司(UPS)的管理

联合邮包服务公司(UPS)雇用了15多万名员工，平均每天将900多万个包裹发送到美国各地和180个国家。为了实现他们的宗旨“在邮运业中办理最快捷的运送”，UPS的管理当局系统地培训他们的员工，使他们以尽可能高的效率从事工作。下面以送货司机的工作为例，介绍一下该公司的管理风格。

UPS的工业工程师们对每一位司机的行驶路线进行了时间研究，并对每种送货、暂停和取货活动都设立了时间标准。这些工程师们记录了红灯、通行、按门铃、穿院子、上楼梯、中间休息、喝咖啡时间，甚至上厕所时间，将这些数据输入计算机中，从而给出每一位司机每天工作的详细时间标准。

为了完成每天取送130件包裹的目标，司机们必须严格遵循工程师设定的程序。当他们接近发送站时，他们松开安全带、按喇叭、关发动机、拉起紧急制动，把变速器推到1档上，为送货车完美的启动离开做好准备，这一系列动作严丝合缝。然后，司机从驾驶室溜出到地面上，右臂夹着文件夹，左手拿着包裹，右手拿着车钥匙。他们看一眼包裹上的地址把它记在脑子里，然后以每秒3英尺的速度快步跑到顾客的门前，先敲一下门以免浪费时间找门铃。送完货后，他们在回到卡车上的路途中完成登录工作。

这种刻板的时间表是不是看起来有点烦琐？也许是。它真能带来高效率吗？毫无疑问！生产率专家公认UPS是世界上效率最高的公司之一。举例来说吧，联邦捷运公司平均每人每天不过取送80件包裹，而UPS却是130件。在提高效率方面的不懈努力，对UPS净利润目标的实现产生着积极的影响。

(资料来源：www.dianjiao.yzu.edu.cn)

问题：(1) 联合邮包服务公司对司机的管理反映了哪个管理学派的观点?
(2) 这个学派的主要观点有哪些?
(3) 这种管理方式有什么优点?适合哪种类型的企业?

案例二　华为的学习型组织构建

截至目前，华为公司掌握的技术专利数量已在行业内处于领先位置，这显然是组织学习与创新的结果。有人说，正是学习型组织的构建，使华为公司成长为有竞争实力的世界级公司。华为的学习型组织特色包含以下几方面的内容。

(1) 学习的主体是人。“人力资本增值的目标优先于财务资本增值的目标”一条明确写进了《华为基本法》，这也成为华为培训人才的宗旨和目标。华为强调，人力资本不断增值的目标优先于财务资本增值的目标，但人力资本的增值靠的不是炒作，而是有组织的学习。而让人力资本增值的一条途径就是培训，华为的培训体系经过多年的积累已经自成一派，主要是培养员工具备自我学习的能力。华为旨在把自己打造成一个学习型组织，为此建立了一套完善的以华为大学为主体的华为培训体系。集一流教师队伍、一流教学设备和优美培训环境于一体，拥有千余名专、兼职教师和能同时容纳 3000 名学员的培训基地。华为的培训对象很广，不仅包括本公司的员工，还包括客户方的技术维护、安装等人员；不仅在国内进行，也在海外基地开展。同时还建立了网络培训学院，培养后备军。

(2) 学习动力。华为全面推行任职资格制度，并进行严格的考核，从而形成了对新员工培训的有效激励机制。例如，华为的软件工程师可以从一级开始做到九级，九级的待遇相当于副总裁的级别。新员工进来后，如何向更高级别发展，怎么知道个人的差距，华为都有明确的规定。比如一级标准是写万行代码，做过什么类型的产品等，有明确的量化标准，新员工可以根据这个标准进行自检。华为还通过严格的绩效考核，运用薪酬分配这个重要手段，来实现“不让雷锋吃亏”的承诺，所以在华为不存在“大锅饭”问题。华为就是通过这样的方式，来识别最优秀的人，给他们更多的资源、机会、薪酬和股票，以此牵引员工不停地向上奋斗。

(3) 导师制。华为是国内最早实行“导师制”的企业。华为规定首先绩效必须好，并充分认可华为文化，这样的人才有资格担任导师。同时规定，导师最多只能带两名新员工，目的是确保成效。华为规定，导师除了对新员工进行工作上的指导和岗位知识的传授外，还要给予新员工生活上的全方位指导和帮助，包括帮助解决外地员工的吃住安排，甚至化解情感方面的问题等。

(4) 岗位轮换，人才流动。华为员工呈现“之”字形个人成长，强调干部和人才的流动，形成例行的轮岗制度，并要求管理团队不拘一格地从有成功实践经验的人中选拔优秀专家及干部，推动优秀的、有视野的、意志坚强的、品格好的干部走向“之”字形成长的道路，进而培养大量的将帅团队。

(5) 授权与决策。华为强调“让听得见炮声的人来呼唤炮火”，就是要求“班长”在最前线发挥主导作用，让最清楚市场形势的人指挥，提高反应速度，抓住机会，取得成果。

(资料来源：https://wenku.baidu.com/view/a992852d6d85ec3a87c24028915f804d2b168795.html)

问题：(1) 以华为的学习组织反映了学习型组织理论里的哪些观点？

(2) 以你对华为的了解，你对华为的学习组织还有什么改进意见吗？

第三章

管理者与管理工作

【学习目标】

1. 了解管理者的任务；
2. 掌握管理者的概念；
3. 理解管理者的能力；
4. 了解管理者的分类；
5. 掌握管理者的角色和技能。

【导入案例】

升任公司总裁后的思考

郭宁学的是工业管理，大学毕业后到一家机电产品公司工作，最初担任液压装配单位的助理监督。开始他每天手忙脚乱，经过努力学习和主管的帮助，最后胜任了工作。他经过两年多时间的努力，被公司直接提升为装配部经理，负责包括液压装配在内的四个装配单位的领导工作。

在他当助理监督时，主要负责每日的作业管理，技术性很强。在他担任装配部经理后，他发现不仅要管装配工作状况，还得做出此后数周乃至数月的规划，完成许多报告和参加许多会议，而没有多少时间去从事技术工作。在他发现原有的装配工作手册已基本过时后，花了整整一年时间去修订工作手册。虽然公司的生产工艺频繁发生变化，工作手册也经常修订，但郭宁仍都完成得很出色。几年后，他将这些工作交给助手，以便腾出更多时间用于规划和帮助他的下属、参加会议、批阅报告和完成自己向上级的工作汇报。

在他当经理6年之后，负责规划工作的副总裁辞职，郭宁主动申请担任这一职务。在同竞争者较量之后，郭宁被正式提升为负责规划工作的副总裁。上任初期，由于高级职务工作的复杂性，使他在刚接任时碰到了不少麻烦。但是，经过努力，他还是做出了成绩。后来又被提升为负责生产工作的副总裁，过去这一职位是由公司资历最深、辈分最高的副总裁担任。

到了现在，郭宁又被提升为总裁。他知道，如果一个人当上公司高管，他应该相信自己具有处理任何可能出现的问题的能力，但他也明白自己尚未达到那样的水平。想到自己明天就要上任了，今后的情况会是怎么样？他不免为此而担忧！

(资料来源：http://www.doc88.com/p-9052395316870.html)

问题：(1) 郭宁担任助理监督、装配部经理、规划工作副总裁和总裁这四个职务，需具备的管理技能各有何不同？

(2) 你认为郭宁要成功地胜任公司总裁的工作，哪些管理技能是最重要的？你觉得他现在具有这些技能吗？

第一节 管理者概述

管理者是管理行为过程的主体，管理者一般由拥有相应的权力和责任、具有一定管理能力并从事现实管理活动的人或团队组成。管理者及其管理能力在组织管理活动中起决定性作用，影响最终的管理效果。

一、管理者的定义

管理者是指在正式的组织内拥有正式职位，运用组织授予的制度权力做出决策，负责指挥别人的活动，并承担对组织实现预期目的做出贡献的责任的各类主管人员。管理者拥有组织的制度权力，并以权力为基础，对他人的活动行使管理职能。

二、管理者的类型

按照不同的依据，可将管理者划分为不同的类型。按照管理者的层次，可分为基层管理者、中层管理者和高层管理者；按照管理者职权关系的性质，分为直线管理者、职能管理者和参谋管理者；按照管理者的管理范围和职责领域，分为综合管理者和专业管理者。

1. 按管理者层次分类

(1) 基层管理者是指那些在组织中直接负责非管理类员工日常活动的人。基层管理者的主要职责是直接指挥和监督现场作业人员，保证完成上级下达的各项计划和指令。基层管理者的称谓主要有督导、团队主管、教练、轮值班长、系主任、部门协调、部门组长等。

(2) 中层管理者是指位于组织中的基层管理者和高层管理者之间的人。中层管理者的主要职责是正确领会高层的指示精神，创造性地结合本部门的工作实际，有效指挥各基层管理者开展工作，注重的是日常管理事务。中层管理者的称谓主要有部门主管、机构主管、项目经理、业务主管、地区经理、部门经理、门店经理等。

(3) 高层管理者是指组织中居于顶层或接近于顶层的人。他们对组织负全责，主要侧重于沟通组织与外部的联系和决定组织的大政方针，注重良好环境的创造和重大决策的制定。高层管理者的称谓主要有总裁、副总裁、行政长官、总经理、首席运营官、首席执行官、董事会主席等。

2. 按管理者职权关系性质分类

(1) 直线管理者也叫一线管理人员，是指有权指挥下属工作的管理者，与下级存在领导隶属关系，负责实现组织的基本目标。以一个酒店为例，酒店经理及负责生产和销售的管理人员通常都是直线管理人员。

(2) 职能管理者是指被授权通过协助和建议的方式支持直线管理人员去实现组织目标的管理者。以酒店为例，人力资源管理者就是职能管理人员，他们利用自己的专业知识和专业技术负责在招募、雇佣、薪酬等方面向直线管理人员提供帮助与建议。

(3) 参谋管理者是指某项职位或某参谋拥有辅助性职权的管理者，如提供咨询、建议，目的是为实现组织目标，协助直线人员有效工作。例如，酒店的顾问、酒店综合办公室主任属于参谋管理者。

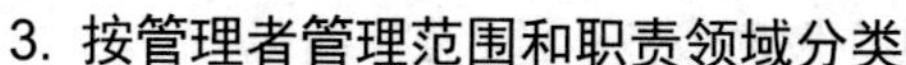

3. 按管理者管理范围和职责领域分类

(1) 综合管理者，负责管理整个组织或组织中某个事业部的全部活动的管理人员。我国的传统企业和一般的中小型企业，可能只有一个综合管理者，即厂长或总经理，他管理该组织内生产、营销、财务、投资、人力、公关和研究开发等在内的全部活动。企业集团或跨国公司，按产品类别或地区设立分部或分公司，综合管理人员包括集团(或公司)总裁(或总经理)和分部(或分公司)的总经理，他们分别管理总部和分部的全部活动。

(2) 专业管理者指专门负责组织中某一类活动或职能的管理人员。根据管理人员管理的专业领域性质不同，具体分为生产部门管理者、营销部门管理者、财务部门管理者等。我国传统企业一般分设各专业副厂长及相关科室，如主管人事的副厂长和主管销售的副厂长。在现代公司制企业中，常在不同的职能部门分设生产经理、营销经理、财务经理等，这些经理只负责某一类活动或职能的管理工作，都是专业管理人员。

三、管理者的能力

管理者在组织中直接参与和帮助他人工作，管理者通过其地位和知识，对组织负有特定的责任，因而是能够实质性地影响该组织经营及达成目标的能力者。作为一名合格管理者应具备以下能力。

1. 制定标准能力

管理者如果要提高组织的效率，首先要有具体的效率和效果标准作为衡量的依据。标准是用以比较将来、当前和过去行动的准则。确定标准的方法有很多种，管理者可以把组织的许多特征作为效率衡量的标准，包括量的、质的标准等，例如人均产值，产品平均成本及各种物品销售价格等。

制定一个科学的、能够体现效率原则的标准并非易事。管理者必须进行深入调查，透过眼前的、明显的事实找出能了解、反映眼前问题的充分信息，并对信息进行深入分析，才能正确估计他负责监管的所有设备和人员的最大能力，从而制定出符合效率原则的标准。

2. 识别差距能力

实际工作与标准比较总有一定偏差。如果没有偏差，就不需要管理。正因为有偏差存在，才需要我们去做工作。一个优秀的管理者应当能够及时了解工作的进展，必须敏锐地察觉工作水平同效率标准的差距，以便在它发展成危机前得到改进。

寻找实际工作与标准之间的偏差时，若工作有数字标准，找出并确定偏差并不是一个大问题，如产量、利润。但若对一些技术性较弱的工作，工作标准不但难以量化，甚至连评定的内容都很难确定，管理者有时不得不凭直觉和经验来判断，如管理人员的积极性、员工的精神面貌等。一名精明而有远见的主管，有时能够预见到脱离标准的偏差。如果缺乏这种能力，则应该尽早认识偏差。如果标准制定适当，又有明确地评定下属人员工作的手段，则对实际业绩或预期业绩的评价就相当容易，很快就能确定偏差存在与否。

另外，管理者通过制定科学的制度，可以在一定程度上弥补自身能力的不足。如果工作明显地偏离原定的各项效率标准，那说明一定有什么问题或哪里需要改进。管理者应当敏锐地察觉工作水平同具体标准的差距，在把握工作时不要局限于眼前的困难和问题，还应当注意那些较深远、较不明显但今后可能造成严重后果的症状，以便其在发展成危机前得到纠正。

3. 纠正偏差能力

管理者得到发生偏差的信息，认为有必要采取措施来纠正实际结果与标准结果之间的偏差时，必须矫正偏差。只要目标和成效之间存在偏差，总是有一定原因，矫正偏差应该从研究出现这种偏差的原因入手。但最先引起管理者注意的，可能往往只是一个症状，而不是问题的实质。有时，已获得的事实能提示出真正原因，并能被随后的事实检验所证实。然而，有时事实所提示的原因并非根本问题所在，或者管理者设想的原因同事实所提示的相悖。尤其在一系列表面上互不相干但是出于一个根源的迹象发生时，更容易产生这种情况。管理者应仔细考虑各种可能的原因，然后根据已获得的事实，确定哪一个是真正的原因。只有找出出现偏差的原因，才有助于确定适当的矫正行动，否则很可能南辕北辙、事倍功半。

例如，销售额未达到预定值，原因可能是计划阶段估计前提条件时出错，预测值过分乐观；可能是经理人员销售计划或销售目标不正确；也可能是员工销售方式处理不当或者市场对产品的接受度发生了变化；还可能是竞争对手改变销售策略等。管理者如果要对销售额未达到预定值这一症结进行纠偏，就必须先找出问题的实质原因，再据此进行纠偏，如主管人员可以重新制订计划或调整目标来纠偏。他们也可以运用组织职能重新委派人员或明确职责，以此纠偏。他们还可以采用增加人员，更妥善地选拔和培训下属人员，或是最终解雇、重新配备人员等办法来纠偏，或通过调整竞争策略来纠偏。

4. 学习能力

作为管理者必须增强与时俱进的学习意识，把学习摆在重要位置。学习是提高管理者知识水平、理论素养的途径。我们在工作中获得的是经验，而理论学习赋予我们的是进一步实践的有力武器。

只有不断地学习和更新知识，不断地提高自身素质，才能适应工作的需要。从实践中学习，从书本上学习，从自己和他人的经验教训中学习，把学习当作一种责任、一种素质、一种觉悟、一种修养，当作提高自身管理能力的现实需要和时代要求。

同时，学习的根本目的在于运用，要做到学以致用，把学到的理论知识充分运用到工作中，提高分析和解决问题的能力，增强工作的预见性和创造性。通过不断地学习，不断地实践积累，从而不断地提高自身的管理能力。

5. 执行能力

执行能力是管理者应具备的最基本条件，一个出色的管理者应该是一个好舵手，遭遇风浪时，临危不惧，身先士卒。执行力体现在完成公司目标的程度上，管理者必须执行公司确立的目标，使目标清晰具体落实。管理者在落实执行力上最基本的表现就是严格执行公司的既定目标与规章制度，按时完成各项工作，认真履行组织赋予的职责。

管理者的个人素质和思维方式，对执行能力会产生决定性的影响。因此，对于管理者，除了集思广益、博采众长之外，还应不断增强对整个管理过程进行规划发展、远景展望的能力，不能只停留在表面的工作点上，工作中必须有计划、有总结，这样才能保证执行的效果。执行过程中绝不能随遇而安，想如何就如何，这样只会影响管理质量。

6. 思考能力

提高思考能力，要善于从全局上观察和处理问题。“不谋万事者，不足谋一时；不谋全局者，不足谋一城。”这就要求管理者必须以开阔的眼界去思考、去观察，从事物的不断变化中掌握事物发展的内在规律，提高看问题的敏锐性，提高协调和处理各种矛盾的能力，真正做到在处理复杂问题时善于把握好“度”。很多管理者在工作中遇到同样问题时，处理的方法会不一样，有的管理者处理得恰当，而有的管理者处理得草率。那就是在遇到问题时，不要简单地急于处理，要勤于思考，对问题进行分析，把握好“度”，用最佳的方法去进行处理。作为管理者，只埋头于事务性的工作，对企业发展全局性、重要性的工作不进行思考，是很难做好管理工作的。同时，在日常工作中要注意培养观察问题和发现问题的能力，抓住管理工作的重点、热点和难点，从中掌握问题的主要矛盾，及时给予处理。

7. 沟通能力

企业内部各部门和基层单位处于相互作用、相互依存的状态，需要管理者在工作中注意协调好部门之间、基层之间、部门与基层之间的相互作用，还要注意与上级、同级、下属之间的协调和沟通。管理工作的每个步骤，都依赖于组织成员良好的沟通。成员之间良好的沟通，又依赖于领导者的管理能力。因此，良好的沟通成为实现组织行为过程成功的重要要素。

人与人之间的沟通是个人实现协作与企业达成共同目的之间的桥梁。如果没有信息的沟通，企业的共同目的就难以被所有成员了解，也不能使协作的愿望变成协作的行动。管理者最重要的功能是把企业的经营思路、经营目标等信息准确地传递到员工，并指引和带领他们完成目标。除此之外，还要经常与员工进行沟通，关心他们，鼓励他们提出一些对企业改革发展的看法及存在的问题，以便及时改善。有员工的参与才会有行动的支持。

沟通是现代管理的一种有效工具，有效的沟通可以大大提高不同层次管理者的管理能力，用好了会使管理工作水到渠成，挥洒自如。沟通更是一种技能，是“情商”高低的具体体现，这种“情商”是比某些知识能力更为重要的能力。不断提高我们的“沟通”水平，能帮助一个企业以及企业中层次不同的管理者切实提高自身的管理能力。

四、管理者的任务

管理者在组织中直接参与和帮助他人工作，管理者通过其地位和知识，对组织负有特定的责任，因而能够实质性地影响该组织经营及达成目标。管理者的具体任务如下。

(1) 设定目标。管理者设定团队目标，并且决定需要采取哪些行动来实现这些目标。

(2) 组织。管理者把任务分成可实现的项目，并且分配给合适的人员来完成。

(3) 激励与沟通。管理者通过一系列的决定来组建自己的团队，包括激励、协调及本身与团队的沟通。德鲁克通常把这个任务称为管理者的“整合”功能。

(4) 衡量。管理者设立适当的目标、尺度，并且分析、评价和说明绩效。

(5) 人员发展。随着组织员工知识水平的提升，这个任务会更为重要。在知识经济的环境下，人是公司最重要的资产，发展和提升这项资产是管理者的责任。

第二节 管理者的角色

亨利·明茨伯格(Henry Mintzberg)是经理角色学派的创始人。经理角色学派是20世纪70年代在西方出现的一个管理学派，它是以对经理所担任的角色分析为中心来考察经理的职务和工作的。明茨伯格认为，对于管理者而言，应从经理的角色出发，理解管理学的基本原理并将其应用于经理的具体实践中去。

经理角色学派的代表作，就是明茨伯格的《管理工作的实质》(*The Nature of Managerial Work*)。管理者真正做了什么？他们是怎么做的？为什么要这样做？对这些古老的问题早就有着许多现成的答案，但明茨伯格并不轻易相信这些现成答案，而是深入研究现实。当他还是博士生的时候，明茨伯格就带着秒表去记录五位分别来自大型咨询公司、教学医院、学校、高科技公司和日用消费品制造的真正的管理者在做什么，而不是听他们自己说做了什么，或者是想象他们在做什么。他花了一周时间，对五位 CEO 的活动进行了观察和研究。明茨伯格发现，在企业管理过程中，管理者很少花时间做长远的考虑，他们总是被这样或那样的事务和人物牵引，而无暇顾及长远的目标或计划。一个显而易见的事实是，他们用于考虑一个问题的平均时间仅仅只有九分钟。管理者若想固定做一件事，那这样的努力注定要失败，因为他会不断被其他人打断，总会需要他去处理其他事务。所以，明茨伯格认为，那种从管理职能出发，认为管理是计划、组织、指挥、协调、控制的说法，未免太学究气了。如果我们随便找一个经理，问他所做的工作中哪些是协调而哪些不是协调，协调能占多大比例，恐怕谁也答不上来。所以，明茨伯格主张不应从管理的各种职能来分析管理，而应把管理者看成各种角色的结合体。

明茨伯格在《管理工作的实质》中解释：“角色这一概念是行为科学从舞台术语中借用过来的。角色就是属于一定职责或者地位的一套有条理的行为。”根据他自己和别人的研究成果，得出结论：经理们并没有按照人们通常认为的那样按照职能来工作，而是进行其他的很多的工作。明茨伯格将经理们的工作分为10种角色。这10种角色分为三类，即人际关系方面的角色、信息传递方面的角色和决策方面的角色。

一、人际关系角色

(1) 代表人角色。这是经理所担任的最基本的角色。由于经理是正式的权威者，是一个组织的象征，因此要履行这方面的职责。作为组织的首脑，每位管理者有责任主持一些仪式，比如接待重要的访客、参加某些员工的婚礼、与重要客户共进午餐等。很多职责有时可能是日常事务，然而，它们对组织能否顺利运转非常重要，不能被忽视。

(2) 领导者角色。由于管理者是一个企业的正式领导，要对该组织成员的工作负责，在这一点上就构成了领导者的角色。这些行动有一些直接涉及领导关系，管理者通常负责雇佣和培训职员，负责对员工进行激励或者引导，以某种方式使他们的个人需求与组织目的达到和谐。在领导者的角色里，我们能最清楚地看到管理者的影响，正式的权力赋予了管理者强大的潜在影响力。

(3) 联络者角色。这指的是经理需要同组织以外的无数个人或团体维持关系，以建立社交网络。通过对每种管理工作的研究发现，管理者花在同事和单位之外的其他人身上的时间与花在自己下属身上的时间一样多。这样的联络通常都是通过参加外部的各种会议、参加各种公共活动和社会事业来实现的。实际上，联络角色是专门用于建立管理者自己的外部信息系统的——它可能是非正式的、私人的，但却是有效的。

二、信息传递角色

(1) 监督者角色。作为监督者，管理者为了得到信息而不断审视自己所处的环境。他们询问联系人和下属，通过各种内部事务、外部事情和分析报告等主动收集信息。担任监督者角色的管理者所收集的信息很多都是口头形式的，有时是传闻和流言，当然也有一些董事会的意见或者是社会机构的质问等。

(2) 传播者角色。组织内部可能会需要通过管理者的外部个人联系收集信息。管理者必须分享并分配信息，把外部信息传递到企业内部，把内部信息传给更多的人知道。当下属彼此之间缺乏便利联系时，管理者有时会分别向他们传递信息。

(3) 发言人角色。这个角色是面向组织外部的、管理者把一些信息发送给组织之外的人。经理作为组织的权威，要求对外界传递关于本组织的计划、政策和成果信息，使得那些对企业有重大影响的人能够了解企业的经营状况。例如，首席执行官可能要花大量时间与有影响力的人和组织周旋，要就财务状况向董事会和股东报告，还要履行组织的社会责任等。

三、决策角色

(1) 企业家角色。指的是经理在其职权范围之内充当本组织变革的发起者和设计者。管理者必须努力使组织资源适应周围环境的变化，要善于寻找和发现新的机会。而作为创业者，当出现一个好主意时，总裁要么决定一个开发项目，直接监督项目的进展，要么把它委派给一个雇员，这就是开始决策的阶段。

(2) 危机处理者。企业家角色把管理者描述为变革的发起人，而危机处理者角色则显示管理者非自愿地回应压力。管理者无法控制迫在眉睫的罢工、某个主要客户的破产或某个供应商违背了合同等情况。在危机处理中，时机是非常重要的。这种危机很少在例行的信息流程中被发觉，大多是一些突发的紧急事件。实际上，每位管理者必须花大量时间对付突发事件，没有组织能够事先考虑到每个偶发事件，因而在某种程度上依赖于管理者的预测能力。当组织面临着意外和重大的动乱时，管理者要负责制定战略，采取补救行动。

(3) 资源分配者。管理者负责在组织内分配责任，他分配的最重要的资源也许就是他的时间。更重要的是，经理的时间安排决定着他的组织利益，并把组织的优先顺序付诸实施。接近管理者就等于接近了组织的神经中枢和决策者。管理者还负责设计组织的结构，即决定分工和协调工作的正式关系的模式，分配下属的工作。在这个角色里，重要决策在被执行之前，首先要获得管理者的批准，这能确保决策是互相关联的。

(4) 谈判者角色。组织要不停地进行各种重大的、非正式化的谈判，这多半由经理带领进行。对在各个层次进行的管理工作研究显示，管理者花了相当多的时间用于谈判。一方面，因为经理的参加能够增加谈判的可靠性，另一方面因为经理有足够的权力来支配各种资源并迅速做出决定。谈判是管理者不可推卸的工作职责，而且是工作的主要部分。

上述十种角色形成了管理工作者的一个整体，它们是互相联系、密不可分的。没有哪种角色能在不触动其他角色的情况下脱离这个框架。比如，人际关系方面的角色产生于经理在组织中的正式权威和地位；信息传递方面的三个角色，使经理成为某种特别的组织内部信息的重要神经中枢；而获得信息的独特地位又使经理在组织做出重大决策(战略性决策)中处于中心地位，使其得以担任决策方面的四个角色。我们说这十种角色形成了一个完全形态，并不是说所有的管理者都给予每种角色同等的关注。在任何情形下，人际的、信息的和决策的角色都不可分离。这十种角色表明，经理从组织的角度来看是一位全面负责的人，但事实上却要担任一系列的专业化工作，既是通才又是专家。

第三节　管理者的技能

管理者的技能中“技能”一词，指的是一种能力。这种能力并非一定与生俱来，可以后天培养。判断技能娴熟的首要标准是看其能否针对不同情况采取有效的行动。美国管理学家罗伯特·卡茨(Robert L. Katz)在20世纪50年代研究时提出，有效的管理者应当具备三种技能：技术(technical)技能、人际(human)技能和概念(conceptual)技能。

一、管理者的技能概述

管理者技能是指使用某一专业领域内有关的工作程序、技术和知识完成管理任务的能力。根据罗伯特·卡茨的观点，管理者的技能类型包括以下三种。

1. 技术技能

技术技能是指对某一特殊活动——特别是包含方法、过程、程序或技术的活动的理解和熟练。它包括专门知识、在专业范围内的分析能力，以及灵活地运用该专业的工具和技巧的能力。例如，高校教师必须熟练掌握本专业的教学内容与教学方法；企业的车间主任，要熟悉各种设备的性能、使用方法、操作程序，各种材料的用途、加工工序，各种成品或半成品的指标要求等。技术技能对基层管理者来说尤为重要，因为他们的大部分时间都是指导、训练、帮助下属人员或回答下属人员的有关问题，因而必须熟悉下属人员所做的各种工作。具备技术技能才能更好地指导下属工作，更好地培养下属，成为受下级成员尊重的有效管理者。人们通常所说的“懂行”“一技之长”“才重一技”“隔行如隔山”“不熟不做”都强调了技术技能的重要性。

2. 人际技能

人际技能，是指把握与处理人际关系的有关技能，即理解、动员、激励他人并与他人共事的能力。“世事洞明皆学问，人情练达即文章。”要成为一个好的管理者，离不开良好的人际关系，包括同上级、下属、同级、他人的关系等，即在管理活动中调节人际关系的艺术，其中主要是协调同上级的关系、同级关系与下属的关系，以及同社会等方面的公共关系。

协调同上级的关系，首先必须正确认识自己的角色地位，努力完成工作而不越位，奋争而不添乱，即不该决断的时候不擅自决断，不该表态的时候不胡乱表态，不该干的工作不执意去干，不该答复的问题不随便答复，不该突出的场合不“抢镜头”等。其次，要适当调整期望、节制欲望，学会有限度地节制。但这并不是说唯上级和领导者之命是从，关键要看政策导向和领导决策是否正确合理，如有不当或者严重失误之处，也要坚持原则。要加强与上级的信息沟通和反馈，尽可能了解事情的真相，以免出现判断失误。

沟通是实现人际技能的重要方式和渠道，在人际交往中起着桥梁与纽带作用。沟通技能，是指管理者具有收集和发送信息的能力。通过书面、口头与肢体语言的媒介，明确、有效地向他人表达自己的想法、感受与态度，也能正确、较快地解读他人的信息，从而了解他人的想法、感受与态度。管理者良好的沟通技能是其优秀人际技能的前提条件。

3. 概念技能

概念技能也被称为构想技能，是指“把观念设想出来并加以处理，以及将关系抽象化的精神能力”。通俗地说，概念技能是指管理者对复杂事物进行抽象和概念化的能力。具有概念技能的管理者能够准确把握工作单位之间、个人和工作单位之间以及个人之间的相互关系，能够深刻认识组织中任何行动的后果及正确行使管理者的各种职能。具有概念技能的管理者能够理解事物的相互关联性，从而找出关键性影响因素的能力，确定和协调各方面关系的能力，权衡不同方案优劣和内在风险的能力。

二、管理者技能的特征

管理者技能是指管理者行使有效的管理职能所需要的知识、技能、能力、态度和积极性。管理者技能的特征主要体现在以下几个方面。

(1) 管理者技能主要体现在管理者行为中。它不是管理者的人格特质或风格倾向。管理者技能由一套可以被确定的活动组成，管理者通过进行这些活动可以产生出某种结果。有效的管理者技能表现是可以被观察到的。

(2) 管理者技能可控性。这些技能的表现处在管理者的控制之下，可以被管理者自身有意识地表现、实践、改善或者抑制。

(3) 管理者技能可发展性。管理者技能可以改进，它与人的智力、特定人格或气质这些相对稳定的方面不同，通过实践和反馈，各级管理者可以改善他们的技能表现，可以从较少技能进步到较多技能。

(4) 管理者技能相互联系、相互重合。把某项管理者技能从其他技能中完全分离出来是不可能的。技能不是简单的、重复性的行为，它们存在于一个复杂的系统中。有效的管理者必须依靠多种技能的有机结合以达到特定结果。

三、管理者技能与管理层次的要求

不同层次的管理者对各种技能的要求程度会有所不同。一般来说，处于高层的管理人员，需要制定全局决策，所做的决策影响范围广、影响期限长。因此，他们需要更多地掌握概念技能，进而把全局意识、系统思想和创造精神渗透到决策过程中。由于他们并不经常性地从事具体的作业活动，所以并不需要全面掌握完成各种作业活动必须具备的技术技能。但是，他们需要对技术技能有基本的了解，否则就无法与他们所主管的专业技术人员进行有效的沟通，从而也就无法对他所管辖的业务范围内的各项管理工作进行具体的指导。在现实生活中，对技术技能一窍不通的人不能成为高层管理者，但那些在某一专业领域是专家而对其他相关领域专业技术知识一无所知的人也绝对不会成为一名称职的高级管理人员。

作为基层管理人员，他们每天大量的工作是与从事具体作业活动的工作人员打交道。他们有责任检查工作人员的工作，及时解答并同工作人员一起解决实际工作中出现的各种具体问题。因此，他们必须全面而系统地掌握与本单位工作内容相关的各种技术技能。当然，基层管理人员也可能面临一些例外的、复杂的问题，也要协调好所管辖工作人员的工作，制订本部门的整体计划。为了做这些工作，他们也需要掌握一定的概念技能。

人际技能是组织各层次管理者都应具备的技能。因为不管是哪一层次的管理者，都必须在进行有效沟通的基础上，相互合作共同完成组织目标。因此，人际技能对高、中、基层管理者是同等重要的。

所以，基层管理者，主要需要技术技能；对于中层管理者而言，三种技能都很重要；处于最高层次的管理人员，最需要概念技能；人际技能对于无论是哪个层级的管理者而言都是重要的。

综 合 练 习

一、名词解释

企业家角色　管理者　管理者技能　人际技能　技术技能　概念技能

二、单项选择题

1. 管理者扮演的信息角色包括(　　)。
   A. 代表人、领导者和联络者　B. 监督者、传播者和发言人
   C. 企业家、冲突管理者和资源分配者　D. 联络者、发言人和谈判者
2. 作为资源分配者，管理者所扮演的是(　　)。
   A. 人际关系角色　B. 信息角色　C. 决策角色　D. 代表人角色
3. 根据罗伯特·卡茨的观点，对所有层次管理者的重要性大体相同的技能是(　　)。
   A. 概念技能　B. 技术技能　C. 人际技能　D. 领导技能
4. 罗伯特·卡茨的研究认为，高层管理者最重要的技能是(　　)。
   A. 技术技能　B. 人际技能　C. 决策技能　D. 概念技能
5. 管理者对复杂事物进行抽象和概念化的能力被称为(　　)。
   A. 概念技能　B. 技术技能　C. 人际技能　D. 领导技能
6. 下列选项中，属于管理者扮演的决策角色是(　　)。
   A. 企业家　B. 联络者　C. 传播者　D. 领导者
7. 下列不属于管理者扮演的人际角色是(　　)。
   A. 代表人　B. 领导人　C. 企业家　D. 联络者
8. 张三是一位领导，其技术技能、人际技能和概念技能的比例为20∶33∶47，根据罗伯特·卡茨的观点，张三应该是一位(　　)。
   A. 基层管理者　B. 中层管理者　C. 高层管理者　D. 以上皆有可能
9. 负责直接指挥和监督现场作业人员，保证完成上级下达的各项计划和指令的管理者是(　　)。
   A. 基层管理者　B. 中层管理者　C. 高层管理者　D. 以上皆有可能
10. (　　)是管理者具备的最基本条件，一个出色的管理者应该是一个好舵手，遭遇风浪时，临危不惧，身先士卒。
    A. 纠正偏差　B. 执行能力　C. 学习能力　D. 沟通能力

三、多项选择题

1.管理者扮演的信息角色包括(　　　　)。

A. 监督者角色　　B. 传播者角色　　C. 发言人角色
D. 代表人角色　　E. 联络者角色

2. 管理者扮演的三类角色是(　　　　)。

A. 人际角色　　B. 协调角色　　C. 信息角色
D. 计划角色　　E. 决策角色

3. 罗伯特·卡茨的研究认为，管理者需要具备的技能是(　　　　)。

A. 技术技能　　B. 人际技能　　C. 决策技能　　D. 概念技能

4. 下列属于管理者的决策角色的是(　　　　)。

A. 代表人　　B. 企业家　　C. 发言人
D. 谈判者　　E. 联络者

5. 属于高层管理者的称呼有(　　　　)。

A. 总裁　　B. 副总裁　　C. 行政长官　　D. 主管

四、简答题

1. 管理者有哪些类型？
2. 管理者应具备哪些能力？
3. 管理者应该具备的技能有哪些？
4. 管理者角色之间的关系如何？

五、论述题

1. 论述管理者所扮演的角色。
2. 论述管理者需具备的能力。

六、案例分析题

工厂经理的工作

李勤是一家小型器械装备厂的经理。(A)他每天做的第一件事是审查工厂各班次监督人员呈送上来的作业报告，了解这个班次开展了什么工作，发生了什么问题。看完前一天的报告后，(B)李勤通常要同他的几位主要下属人员开一个早会，(C)会上他们要决定对于报告中所反映的各种问题需分配多少人和资源去解决。(D)李勤在白天也参加一些会议，会见来厂的各方面访问者。(E)他们中有些是供应商或潜在供应商销售代表，(F)有些是来采访的新闻记者。(G)总部的职能管理人员和来自政府机构的人员也会来厂考察。当陪伴这些来访者及他自己的下属人员参观的时候，李勤常常会发现一些问题，他会将这些问题列入处理事项的清单中。李勤待处理事项的清单好像永远没有完结。李勤发现，(H)自己根本无暇顾及长期投资计划工作，(I)而这些工作是他改进工厂的长期生产效率所必须要做的。他似乎(J)总是在处理某种危机。为什么他就不能以一种使自己不这么紧张的方式工作呢？

(资料来源：https://wenku.baidu.com/view/e9ce53ee8bd63186bcebbc32.html)

试运用管理者角色理论来描述李勤的工作，并将相应代号填入下面的表格。

管理者的角色	本例中明示的活动	本例中未明示但可能发生的活动
代表人		
领导者		
联络者		
监督人		
传播人		
发言人		
企业家		
冲突管理者		
资源分配者		
谈判者		

七、实训题

访问自己所熟知的一位管理者，了解其一天的工作内容与活动，分析在这些活动中他分别扮演了什么角色，使用了什么技能，并体现了他哪些方面的能力。请撰写分析报告，报告需附上被访问者具体的公司名称、岗位名称、姓名。

第四章

企业道德与社会责任

【学习目标】

1. 掌握现代管理活动中呈现的四种道德观；
2. 熟悉影响管理者道德的因素；
3. 掌握企业社会责任的内容；
4. 了解企业价值观的类型；
5. 熟悉提高企业道德的措施。

【导入案例】

邵逸夫的慈善行为

我一直参与教育方面的捐助，因为我相信一个民族的伟大，在于他们能够掌握观念、传播观念，并且将观念付诸实践……我希望我个人的贡献，对于教育的发展能发挥一些作用。

——邵逸夫

据教育部消息，从 1985 年至 2014 年去世，邵逸夫向内地教育捐款金额近 47.5 亿港元，建设各类项目 6013 个。从邵氏慈善中，国内慈善界可以得到哪些启示？

启示 1：不唯乡邻，兼济天下

与一些富豪倾向于捐助家乡、扶持同乡的做法不同，邵氏慈善关注的重点远远超出香港和祖籍地宁波。根据《香港邵逸夫基金向内地教育事业赠款管理办法》(下称《管理办法》)，赠款由各学校向教育部申请，由教育部根据各地发展实际以及前一批邵氏赠款项目实施情况统一安排，既照顾到相对欠发达地区的需求，又兼顾平衡。此外，创立于 2002 年的“邵逸夫奖”迄今已颁发十多届，得奖者来自中国、美国、英国、加拿大等多个国家。

启示 2：专一专业，有章有法

邵氏慈善还体现出高度的专一和专业性。就其在内地的捐赠而言，教育占绝大比例，资源的集中投放，使得“逸夫楼”和“逸夫学校”形成品牌效应。同时，《管理办法》对资助对象、赠款力度、申请和审批程序、项目建设与管理等做出细致而明确的标准化规定。邵逸夫还委托国家教育部门对赠款项目进行宏观指导和管理，并确定了“逸夫楼”建筑标准可高于一般建设项目的原则。靠着这种在数千个项目中一以贯之的专业精神，邵氏真正将慈善做成事业。

启示 3：身为杠杆，以点带面

邵逸夫虽是大富豪，却不做唯一的金主，而是以企业家特有的精明和务实，发挥赠款的杠杆效应，撬动地方政府和其他途径的资源。《管理办法》明确规定，邵氏慈善所捐赠的基础教育项目，其所在省级教育行政部门必须能够提供不低于 1∶1 比例的配套资金，而在高等教育项目中，项目单位要确保能够提供不低于 1∶3 比例的配套资金。

(资料来源：http://money.eastmoney.com/news/1282,20140112352803057.html)

问题：(1) 企业承担社会责任时是否会对企业的目的产生影响？

(2) 在承担社会责任时，企业是否应该提出附加条件？

第一节 管理与道德

我们在探讨管理与道德的关系时，需前置性地探讨道德与伦理的联系与区别，不能将它们混为一谈。同时，我们还需要剖析目前企业管理道德中存在的问题，探讨道德在企业中应该有的规范作用。

一、道德与伦理的区别

“道德”与“伦理”经常连在一起使用，甚至经常作为同义词使用。“道德”在使用的时候有广义与狭义之分。广义的“道德”通常与“伦理”通用，指一切可以作善恶评价的社会道德现象，它既包括个体的品德修养，也包括社会客观的伦理关系以及伦理原则和规范。狭义的“道德”相对于“伦理”而言，仅指社会成员个体的品德修养，“伦理”则指社会客观的伦理关系以及伦理原则和规范。个体的主观道德修养以客观的社会伦理关系及伦理原则和规范为基础和内容。尽管道德与伦理在词源上相近，但二者之间实际上是有区别的。因此，把道德与伦理进行区分是十分必要的。

概括起来，道德和伦理的区别主要有以下几个方面。

(1) 伦理是客观自在的，道德是主观自为的。伦理作为不以主体意志和主观观念为转移的客观实在，它与物理现象和社会现象具有同样的性质。作为规范和原则部分的道德是个体道德认识的产物，是一种特殊的社会意识形式。

(2) 伦理是实体性的存在，道德是实体的表现。伦理是客观存在着的实体，是道德赖以存在的基础和依据。道德是伦理实体的体现，道德的东西不能脱离伦理实体而存在，必须以伦理的东西为其承担者和基础，道德是对伦理实体的把握和反映。

(3) 伦理是社会的，道德是个体的。作为客观自在和存在实体的伦理，是社会性的存在，而道德强调个体的具体践行和德性。伦理是就人类社会中人际关系的内在秩序而言，道德是就个人体现伦理规范的主体与精神意义而言；伦理侧重社会秩序的规范，而道德则侧重个人意志的选择，二者之间可以相互转化。

(4) 伦理是他律的，道德是自律的。伦理作为客观、社会性的实体和调整生活的力量，是他律的，它作为本来既有的外在客体发挥作用。而道德则是自律的，它通过主体自觉的信念、原则和理想而发挥作用，因而表现为内在化和主体化的过程。

(5) 伦理是实有、现有的，道德是应有的。伦理是实有、现有的客观存在，它与自然之理一样首先是既有的，并且具有相对的稳定性。道德则是应有的，是“应是但还不是”的善的实存状态。道德从未来的、理想的角度，一方面立足于既有的伦理实体而把伦理作为自身的依据，另一方面又超越于既有的伦理实体而对它具有批判性。

由此可见，道德与伦理是有着区别的，但是它们都是人类文明的基本因子，是评价人类行为善与恶的社会价值形态，在日常生活中具体表现为一定的行为规范和准则。对于企业而言，道德是指影响经营管理行为的一套公认准则。道德与否的判断，要看企业的决策和行为是否遵守着一套准则，但是道德标准在各种情形和各方人群面前不是稳定和唯一的。同样一件事，不同的企业有着不同的道德判断，他们所依据的道德观有可能不同。

二、企业管理中的道德问题

随着经济发展，人们动摇了循规蹈矩、安分守己、逆来顺受的做人标准，改变了重义轻利、安贫乐道的生活价值观，各种利益关系重新分化组合，人们提高了对物质需求的水平，增强对自身利益的真切感。从某种程度上，这应该可以说是一种进步，但却引发了许多道德问题，在思想和行为上也存在许多误区。

许多人认为放任是市场经济的本能，企业是一个经济实体，追求利润是它的唯一目标。这就意味着企业是一个经济动物，甚至是一台生产钞票的机器。长期以来，“企业是追求利润最大化的经济实体”被认为是天经地义的，企业在此过程中不择手段也便顺理成章。

(1) 有些企业和经营者在经济活动中不守信用、不讲商誉，以及个人在其行为中信用缺失，这是反经济道德和反伦理经营的行为。不守“诚信”，或许可“赢一时之利”，但一定会“失长久之利”。如企业利用大量虚假广告宣传，欺骗和误导消费者的行为；违反商业伦理的商业间谍活动、商业诽谤活动及商业贿赂行为；串通的招标投标行为；商品房、路桥等建筑物建设中出现的“豆腐渣”工程；经济合同中的违约、欺诈行为；企业间相互拖欠贷款，企业拖欠银行贷款逾期不还，甚至逃避银行债务；虚报注册资本、虚假出资和抽逃资金行为等。

在本该是一方净土的大学校园里，诚信问题也令人担忧。大学生考试中作弊现象严重；学生因为欲望进行高消费而不管实际还款能力进行“校园贷”，拖欠贷款的现象越来越普遍。这些反映了现代人的道德观混乱，亟需纠正。

(2) 为谋私利，许多企业和经营者从事造假和售假活动，产品或服务不能达到规定的标准，假冒伪劣商品充斥市场，农村更是各种假货横行。如产品以次充好，以假当真，以旧换新，缺斤短两；不符合执行标准的产品随处可见，尤其是食品、奶粉、疫苗、药品等直接危及消费者的生命安全，所占比重不小。这些行为不仅增加了正规生产厂家的负担，而且扰乱了正常的经济运行秩序，给国家税收也带来了巨大的流失，更为严重的是损害了消费者的权益。这些事件使消费者增加了对企业产品的不安全感和不信任感，加之企业信息披露失真，无法保障消费者的知情权，使消费者陷入极度恐慌之中。

(3) 企业经营管理者及相关机构的从业人员在经营过程中不遵守道德伦理的问题也令人担忧。我国部分国有企业的产权虚置，法定代表人或产权实际执掌机构缺乏实施产权约束的动力，致使内部人控制、在职消费和代理人腐败严重；而且有些企业治理结构不合理，信息的编制和发布不严肃、不对称，出现经理人道德风险和小股东利益受损；另外，有些企业为了达到“圈钱”的目的，与相关中介机构合谋骗取上市资格司空见惯；而更有许多上市公司及相应的中介机构违反财经纪律，编造虚假公司财务报表、伪造假账以保住上市资格。造假现象，不但影响了国家税收，而且在一定程度上导致国家经济决策与实际的经济状况偏离，严重扰乱了市场经济秩序。

(4) 许多企业和经营者只顾自身利益而漠视社会责任。如有些厂商在招聘员工时存在户籍歧视、年龄歧视、地域歧视、性别歧视、学历歧视等现象；部分厂家对同业竞争者恶意低价竞争、对消费者高价垄断和强行搭售、对债权人逃废债务和恶意负债、对国家偷税骗税和走私骗汇等。另外，有些企业忽视员工的健康和福利，如雇佣童工，员工加班不付加班费，故意拖欠员工工资，不注重员工生产安全防护，更有甚者不与员工签订劳动合同，致使员工在遇到工伤、欠薪、辞退等问题需要投诉时，找不到凭证；一些外资企业为防工人私自外出，紧锁工厂大门，住宿区也安装坚固的防盗网并且不配备必要的消防设施，保安殴打工人致残等事件也时有发生；许多厂商不顾环境保护法规的制约，超标排污，对周边社区、居民造成严重危害。

三、道德应有的规范作用

许多人认为对市场的管理与调控是政府和法律的行为，市场经济就是法制经济。所以，人们虽然深恶痛绝经济生活中的反道德、反伦理现象，但只是被动地等待着某一天市场经济能用完善的法制来规范，这实际上是放弃了至少是忽视了道德在经济活动中的作用，从而也放弃了管理过程中的道德努力。政府和法律的规范只不过是一种外在的规范，任何外在的规范都必须由人来认识、理解和执行。因此，当目前存在大量的有法不依、执法不严的现象时，就必须考虑道德和伦理的调节、教育、激励及约束作用，并通过社会舆论等将这种外在的规范内化于人的心灵深处，成为人们的内在道德自觉，并外施于人，用以引导人们进行符合社会要求的行为。在现实的经济生活中，法律和道德两种规范应该相互补充、相互促进。法律具有硬性调节作用，道德则具有软性调节的价值，只有二者兼施，才能有效地保障经济的顺利发展。

第二节　管理中的道德观

道德观是“人们对社会道德现象和道德关系的整体认识和系统看法”。人们对道德观的认识会由于角度不同而产生不同的看法。管理者在管理活动中呈现的道德观有功利主义道德观、权利主义道德观、公平主义道德观、社会契约道德观。

一、功利主义道德观

功利主义(utilitarianism)的实质是效用最大化——决策应该以大多数人的利益为基础，这是一种根据行为结果即所获得的功利来评价人类行为善恶的道德观。如果该行为能为大多数人带来最大利益，当然就可以认为该行为是善的，必然得到大多数人的支持。

这种道德观也存在问题，即在取得大多数人满意时，可能会采取不公平、不道德的方式损害少数人的利益；行为结果对大多数人有利，但可能导致利益在这些人中分配不公，导致了新的不道德。例如，当企业运行处于淡季时，接受功利观的管理者认为，解雇企业中20%的员工是正当的，因为这将增强企业的盈利能力，提高留下的80%员工的工作保障，并使投资者获得最好的收益。客观来说，一方面，功利主义能给行为影响的大多数人(80%的员工)带来利益，同时对效率和生产率有促进作用，当然就可以认为该行为是道德的，必然能得到大多数人的支持；另一方面，其也存在一些不可回避的问题：①企业为了实现利益最大化，可能采取了不公平、不道德甚至损害了他人或社会利益的手段，如没有让那些受决策影响的人参与决策。②功利观只规定了对大多数人有利，而没有规定所得利益如何在相关人员中分配，所以很可能产生利益分配不公平，一小

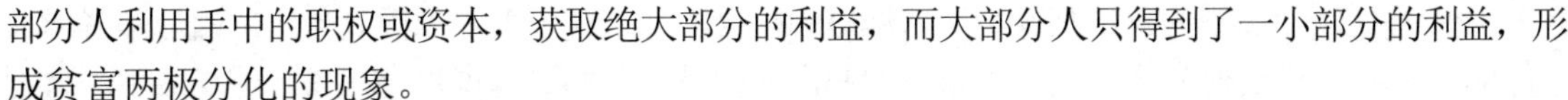

部分人利用手中的职权或资本，获取绝大部分的利益，而大部分人只得到了一小部分的利益，形成贫富两极分化的现象。

二、权利主义道德观

权利主义(right view)认为，能尊重和保护个人基本权利的行为才是善的。这些权利不是某个权威赋予的，而是人们与生俱来的(如言论自由权、受教育权、医疗保障权等)，这些基本权利能让人们自主地选择有利于自己的行为，这对社会而言也是有好处的。例如，针对雇员揭发雇主的违法行为，有的人认为这是不道德的，因为雇员要忠于雇主，但权利主义道德观认为应该尊重和保护雇员的言论自由权，雇员如果因为揭发了雇主而被人谴责时，这种谴责也是不道德的，因为雇员有言论自由的权利。

尊重人权是社会进步的思想，但权利的保障会受到社会经济发展程度的制约，过高的保障期望也会给社会经济发展带来负面效应。在实践中，个人的权利并非总是能够得到完全的保障，有时为了组织整体利益的需要，个人不得不暂时放弃某些权利，否则会危害组织的权利。

三、公平主义道德观

公平主义(justice approach)认为管理者应该平等待人，特别是在招聘、晋升、评价、考核的时候，应该重视人的能力及业务表现，而不能因种族、肤色、性别、个性、个人爱好、国籍、户籍等因素对员工区分对待。同样，在支付薪酬时的依据应当只是员工的技能、经验、绩效或职责等因素，而不是其他主观因素。例如，持公平观的管理者可能会向新来的员工支付比最低工资水平高一些的工资，因为在他(她)看来，最低工资不足以维持该员工的基本生活。

按公正公平原则行事，也会有得失。一方面，它保护了那些未被充分代表的或缺乏权力的利益相关者的利益；另一方面，它可能不利于培养员工的风险意识和创新精神，从而影响生产效率。

公平主义的出发点是很理想的，但在现实中是很难实现的。在西方，偏见与歧视在追求平等的运动中和反歧视法的作用下被压制，没有留下明显的痕迹，但在现实中是仍然存在的。例如，跨国公司在中国设立的子公司中，很少任用中国人担任公司高管，高管的职位几乎都由外国人担任。而中国的公平主义因为文化、制度和资源有限等原因，仍没有发展到理想的水平。例如，户籍制度的存在抬高了农民工的子女在异地入学的门槛；临时工和有编制的正式工之间的待遇仍存在显著差别。这些问题都需要解决，否则会影响社会的长治久安。

四、社会契约道德观

契约就是我们常说的合同、规范。这种观点主张把实证(是什么)和规范(应该是什么)这两种方法并入管理道德中，即要求决策人在决策时综合考虑实证和规范两方面的因素。通常这种道德观综合了两种契约：一种是经济参与人当中的一般社会契约，这种契约规定了做生意的程序；另一种是社区中特定数量的人当中较特定的契约，这种契约规定了哪些行为方式是可接受的，如某公司或某部门的具体规章条例。

社会契约道德观在一定程度上可以降低企业人力资源的成本，增加企业的利润，如在美国公司中国分部的员工，与美国本国的同等技能、同等绩效或同等职责的员工相比，工资待遇差别可能有 5~10 倍之多，并且中国员工在失业、医疗、休假等方面的保障往往更少，这些行为通常并不被认为不道德，而视为正常至少是可以理解和接受的。这样，美国跨国公司在中国分部就能大幅度降低企业人力资源的成本，增加企业的利润。但是，这种道德观也存在很大的局限性。因为契约是相关各方利益斗争的结果，与合理性无关；再者，如果将人格、道德、婚姻家庭等契约化，会对经济和社会带来严重的不良后果。

实证研究表明，大多数企业经营者对道德行为持功利主义态度。这并不足为奇，因为功利观与利润、效益紧密联系在一起，在追求利润最大化的过程中，可以为多数人谋取尽可能多的好处。但是，随着社会经济的增长，人们社会意识日益增强，社会生存环境备受关注，功利主义遭到了越来越多的非议，因为它在照顾大多数人利益的时候忽视了个人和少数人的利益。对个人权利和社会公平的重视，意味着管理者需要在是非功利标准的基础上建立道德准则，这对企业管理者来说，无疑是个严峻的挑战，它使管理者在多种道德标准面前感到困惑，不断发现自己处在道德困境之中。

第三节　企业道德的影响因素与提高途径

企业道德是企业行为准则与规范的总和，是在社会一般道德原则基础上建立起来的特殊的道德规范体系，它通过规范管理者和员工的行为去实现调整管理关系的目的，并在管理关系和谐、稳定的前提下进一步实现管理系统的优化，提高管理效益。只有认识了企业道德的影响因素，才能找到提高企业道德水平的针对性措施。

一、企业道德的影响因素

企业道德与管理者的道德观密切相关，而一个管理者的行为是否合乎道德，受多种因素的影响。其中，管理者个人道德发展阶段、个人特征、组织结构、组织文化和道德问题强度等是影响管理者道德行为的重要因素。一个管理者如果受到规则、政策、工作规定或强文化准则的约束，即使他是一个缺乏强烈道德感的人，他做错事的可能性也很小。反之，一个非常有道德的人，也可以被一个不良的组织结构所影响和允许或鼓励非道德行为的文化所腐蚀。此外，管理者更可能对道德强度很高的问题制定出符合道德的决策。

1. 个人道德发展阶段

国外学者的研究表明，人们的道德意识及其行为表现有一个发展过程，一般要经历三个层次，每个层次又分为两个阶段，如表4-1所示。管理者达到的阶段越高，就越倾向于采取符合道德的行为。

表 4-1　道德发展阶段

层次	阶段
前惯例层次 只受个人利益的影响。决策的依据是个人利益，这种利益是由不同行为方式带来的奖赏和惩罚决定的	(1) 遵守规则以避免受到物质惩罚； (2) 只在符合个人的直接利益时才遵守规则
惯例层次 受他人期望影响。包括对法律的遵守，对重要人物期望的反应，以及对他人期望的一般感觉	(3) 做周围的人所期望的事； (4) 通过履行允诺的义务来维持平常秩序

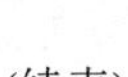

（续表）

层次	阶段
原则层次 受个人用来明辨是非的伦理准则的影响。这些准则可以与社会的规则或法律一致，也可以与社会的规则或法律不一致	(5) 尊重他人的权利，置多数人的意见于不顾，支持不相关的价值观和权利； (6) 遵守自己选择的伦理准则，即使这些准则违背了法律

道德发展的最低层次是前惯例层次，在这一层次，人们的道德选择仅受个人利益的影响，其行为特征是为避免物质惩罚而严格遵守组织规则或只在符合直接利益时才遵守规则，对道德的遵守更多是为了服从。道德发展的中间层次是惯例层次，在这一层次，人们的道德选择受他人期望影响，道德判断的标准是个人是否维持平常的秩序并满足他人的期望，个人道德行为被周围人的道德观同化。道德发展的最高层次是原则层次，在这一层次，人们的道德选择具有自主性，受自己认为是正确的个人行为准则的影响，个人试图在组织或社会的权威之外建立道德原则，这时道德观已处于内化状态。

通过对道德发展阶段的研究表明：人们以前后衔接的方式依次通过这六个阶段，而不是跳跃式地前进；道德发展随时可能中断，发展可能停止在任何一个阶段上；大部分成年人的道德水平处于第四个阶段上，他们被束缚于遵守社会准则和法律。一个管理者达到的道德阶段越高，就越倾向于采取符合道德规范的行为，例如，处在第三阶段的管理者可能制定出能得到周围人支持的决策；处于第四阶段的管理者将寻求制定尊重企业规则和程序的决策，以成为一名模范；处于第五阶段的管理者更有可能对他认为是错误的组织行为提出挑战；处于第六阶段的管理者敢于直面自己的道德选择，坚持自己的想法，如中国企业家史玉柱在巨人集团破产后东山再起时，坚持要还清法律规定可以不还的欠债。

2. 个人特征

组织中的每个人一般都会有一套相对稳定的判断是非的价值准则，它们是关于正确与错误、善与恶、勤奋与懒惰、诚信与虚假等基本信条的认识。这些认识是个人在长期生活实践中发展起来的，也是教育与训练的结果。管理者通常也有不同的个人准则，它构成道德行为的个人特征。由于管理者的特殊地位，这些个人特征很可能转化为组织的道德理念与道德准则。个人特征主要受两个变量的影响：自我强度和控制中心。

自我强度用来衡量一个人的信念强度。管理者的自我强度对管理者的道德选择至关重要。一个人的自我强度越高，克服冲动并遵守其信念的可能性越大。这就是说，自我强度高的人一般都会深信自己的判断是正确的。因而，通常都能坚持去做自己认为正确的事。我们可以推断，对于自我强度高的管理者，其道德判断与道德行为会更加一致。

罗宾斯在《管理学》中将控制中心解释为“衡量人们相信自己命运的个性特征”。它实际上是管理者自我控制、自我决策的能力。罗宾斯把控制中心分为内在和外在两个方面，具有内在控制中心的人相信他们掌握着自己的命运，而具有外在控制中心的人不相信自己，人生中发生什么事情听天由命，依赖环境的力量。控制中心作为个性特征，对道德的影响表现为：具有内在控制中心的管理者比具有外在控制中心的管理者在道德判断与道德行为之间具有更大的一致性。

3. 组织结构

组织结构对管理道德的影响体现在以下几个方面。

(1) 组织结构的关键在于减少模糊性。因为模糊性小的组织结构有助于促进管理者的道德行为。正式的规章制度、职务说明和明文规定的道德准则可以降低组织结构的模糊程度，从而可以促进行为的一致性。

(2) 上级管理行为的示范作用。上行下效，上级的行为对个人道德或不道德行为具有强有力的影响。下级关注管理者在做什么，并以此来确定上级期望的行为标准。

(3) 合理的绩效评估体系。要用科学的方法制定出切实可行的评估指标和评估程序，从客观的角度全面评价每一位员工。一个仅以成果为唯一标准的系统，会使人们在指标的压力面前“不择手段”，会助长不道德的行为。

(4) 报酬的分配方式、赏罚的标准也是影响管理者道德行为的重要因素。因为它直接与道德的一个重要标准相联系，这就是公正。公正的程度关系着人们的道德选择，也关系着人们对道德的信念和坚持。

此外，在不同的组织结构中，管理者在工作时间、竞争和成本等方面的压力也不同，压力越大，越有可能降低道德标准，从而达成妥协。

4. 组织文化

组织文化是企业在长期的经营活动中形成的，并被企业员工普遍认同和遵守的价值观念、团体意识、工作作风、行为规范和思维方式等内容。组织文化的内容、性质和强弱程度对管理道德有明显的影响。一个企业若拥有健康、开放、进取且较高道德标准的组织文化，组织成员普遍严于律己、宽以待人，将极大地防止不道德行为的发生。组织文化分为强组织文化和弱组织文化。

强组织文化对组织成员有较强的道德约束力。处在这种文化环境中，组织最有可能产生那种有较强的控制能力及风险和冲突承受能力的高道德标准的组织文化。处在这种文化中的管理者，将被激励进取和创新，会意识到不道德行为容易被发现，并且对他们认为不现实或个人所不合意的需要或期望进行自由、公开的挑战。

相反，在一个较弱的组织文化中，即使人们具有正确的道德标准，在遇到矛盾和冲突时也难以坚持原有的道德准则，从而导致管理者的非道德行为。如管理者和员工在积极创新进取时，一旦遭受挫折或失败，就会受到组织的歧视和惩罚。在这种组织文化环境下，人们做事会很保守，有时为了取得成果、取悦上级而采取不道德的行为，助长不道德管理行为的滋生与扩散。

5. 道德问题强度

影响管理者道德行为的最后一个因素是道德问题本身的强度。所谓问题强度是指该问题如果采取不道德的处理行为可能产生后果的严重程度。管理者如果比较在意道德评价，认为道德问题很重要，他就会自觉遵循道德规范和道德原则，并且会不断提高自身的道德水平；否则，就会我行我素。具体看来，道德问题强度取决于六个因素：①有多少人会受到伤害？②有多少舆论会谴责这种行为？③这种行为造成危害的概率有多大？④人们是否能直接感觉到？⑤潜在受害者与这种不道德行为距离有多近？⑥这种行为的危害是否可能集中爆发？

如果受伤害的人越多，认为这种行为是不道德的人越多，行为发生并造成实际伤害的可能性就越高，行为的后果出现得就越早，观察者感到行为的受害者与自己越相似，问题强度就越大。这六个因素决定了道德问题的严重程度。道德问题强度越大，管理者越有可能采取道德行为。

二、提高企业道德的途径

1. 员工要经过道德审查

每个人由于所处的道德发展阶段、生存环境、所接受的教育等不同，具有不同的个性特征，形成不同的价值观念和道德准则。这些不同的价值观念和道德准则可能会带到工作中去，因此组织在员工特别是管理人员的招聘过程中，就必须进行道德考察，剔除道德上不符合要求的求职者和候选人。挑选的过程，应当视为了解个人道德发展水平与道德品质的一个机会。

从某种程度上讲："有德有才是正品，有德无才是次品，无德无才是毒品。"企业一般不会录用有案底(或前科)的人，一个有过道德不良记录的人也是很难改变其态度的，"江山易改，本性难移"讲的就是这个道理。

道德考察固然重要，但道德考察真正实施起来并非易事，其困难主要来自两个方面：一是在考核标准和考核办法上。道德观本身比较抽象，道德考察的标准是模糊的，而且道德规范包括爱国守法、诚实守信、团结友爱、敬业奉献、自强自立、勤俭节约等多项内容，很难形成明确、单一的检测标准，因而无法使被考察者在道德上有明晰的数量差别。同时，现代中国的价值观念处于一个多元乃至是混乱的状态中，有时善恶是非很难有统一的标准。二是道德考察容易受到其他因素影响而发生误判。调查人和被考察人通常是在一起学习或工作的人，在此过程中，道德考察很容易变成人际关系的考察，从而极易造成人际关系水平等同于道德水平，偏离道德本身评判的要求，这种考察方法事实上很难真正对考察对象的道德品质做出客观、实事求是的评价。

2. 道德准则要清晰

在一些组织中，员工对"道德是什么"认识不清，这显然对组织不利。建立道德准则可以缓解这一问题。

道德准则是表明一个组织基本价值观念和它希望员工遵守的道德规则的正式文件。道德准则不能太笼统，要相当具体以便让员工明白以什么样的精神来从事工作，以什么样的态度来对待工作。同时，规定的内容也要相当宽泛，允许员工在不违反原则前提下有个人的见解和行动自由。因此，建立道德准则是减少道德问题、改善道德行为的一项有效的办法。

正直和高尚的道德标准要求员工努力工作、具有勇气和做出艰难选择。有时为了确定正确的行动路线，员工、高层管理人员和董事会之间进行磋商是必要的。正直和道德有时要求我们走在生意机会之前。从长期来看，我们做正确的事情比做权宜的事情能获得更好的结果。

管理者对道德准则的态度(是支持还是反对)以及对违反者的处理办法，对道德准则的效果有重要影响。如果管理者认为这些准则很重要，经常宣讲其内容，并当众给违反者指明，那么就能为道德准则提供坚实的基础。

我国虽然缺乏道德失范的统计数据，但管理先进的企业大多有道德准则或道德公约，如华为公司有《华为公司的基本法》；百度成立了职业道德委员会，是百度规范员工行为、强化价值观建设的专职机构。目前，在管理的道德准则方面，我国企业还存在着两个问题。

(1) 规则与行为脱离。部分组织尤其是企业，把公司的道德准则当作对外广告宣传的需要，或是应付外来检查的需要，在公司的活动中并不真正或认真执行。究其原因在于各级管理者长期以来只满足于提出空洞的道德口号，而没有进一步要求各行各业各组织健全道德准则，因而准则对组织行为和组织中个人行为事实上不能形成有效的约束力。道德准则对于管理来说，最重要的是“知行合一”，就是说不仅要知，而且是在行为中落实，得到真正的实行。

(2) 不合时宜。一般来说，组织的道德准则一旦制定以后便相对稳定，越是对人的行为有约束力的准则，稳定性越强。然而，在一些情况下，准则必须随着时代的变化而变化，或者赋予原有的准则以新的内涵，尤其是社会经济转型时期，这种变化尤显重要。

3. 管理者以身作示范

道德准则要求管理者尤其是高层管理者应以身作则。因此，要使组织的管理道德准则得到员工的认同与有效执行，组织的管理者必须做好以下两件事情。

(1) 言传身教。管理者应当以自己克己奉公、敬业奉献的行动和诚信友善的态度取得员工的敬佩和支持，在道德方面起模范带头作用。古人有云：“己所不欲，勿施于人”“己欲立而立人，己欲达而达人”。每一个管理者都应当推己及人，要求别人做的，首先自己要做到。只有自己廉洁自守，兢兢业业，才能要求员工为集体尽力。所谓“上行下效”“上有所好，下必甚焉”的道理就是如此。管理者通过他们的言行建立了某种文化基调，这种文化基调向员工传递和暗示了某些信息：管理者通过他们的言行建立了某种文化基调，这种文化基调向员工传递和暗示了某些信息：比如一些公司创始人虽然身家上百亿，但生活中很节俭，办公室很简朴，出行也不讲任何排场，出差甚至自己打出租车，这会对下属传递出企业价值的导向，下属也会领会这种导向并跟随和践行。

(2) 必须在人员提升和奖惩方面把好道德关。选择什么人作为提升的对象，选择什么事作为奖赏的依据，将向员工传递强有力的信息。现实生活中，有一些人擅长溜须拍马、弄虚作假，通过不正当手段博取领导信任。晋升这些人实际是对不良道德的鼓励，是对诚实正直、实事求是品德的否定，最终会伤害多数人的积极性，影响组织发展。再如，如果领导选择关系户作为提升或奖赏的对象，则表明靠拉拢关系这种不正当的方法获得好处不仅是可取的，而且是有效的，于是“关系文化”就可能盛行，人们的注意力就不可能集中在工作实绩的创造上，而是转向人际方面的钻营。

奖惩也同样如此，必须奖励真正该奖励的人，不让老实人吃亏。同时，对明显不道德行为应及时公开谴责和进行必要的行政处罚，让组织中所有人都认清后果，向组织传递这样的信息：做坏事要付出代价。抵制不道德行为，从而促进组织风气的好转。

4. 工作目标要合理

目标是行动预期要实现的结果，工作目标集中体现组织管理者对员工工作的要求。员工应该有明确和现实的目标。如果目标对员工的要求不切实际，即使目标是明确的，也会产生道德问题。如设置过低的目标，降低实现目标的门槛，减轻应尽的责任，这是不道德的；有的管理者通过降低预定目标，夸大最终成绩，谋取不正当利益。为了降低目标，有的管理者隐瞒事实，混淆视听，有的甚至上下串通，与道德规范格格不入；设置过高的目标，会把员工压得透不过气，即使是素质较高的员工也会迷惑，很难在道德和目标之间做出选择，有时为了达到目标不得不牺牲道德。

一些组织的工作目标不合理，还表现在目标体系中只有数量指标而没有或极少有质量指标，使产品质量得不到保证，最终伤害客户利益。这种管理的缺陷表现为目标不完善，实质是职业道德低，为谋求自身利益最大化而无视客户对质量的要求。而明确的目标可以减少员工的迷惑，并且能激励员工而不是惩罚他们。

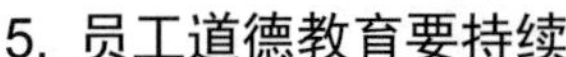

5. 员工道德教育要持续

现在，越来越多的组织意识到对员工进行适当的道德教育的重要性，他们积极采取各种方式来提高员工的道德素质，如开设研修班、组织专题讨论会等。人们对这种做法意见不一。反对者认为，个人价值体系是在早年建立起来的，成年的教育是徒劳无功的。而支持者指出，道德这种意识形态本身就是动态发展的，无论是高尚的道德品质还是低劣的道德品质，都有其形成和发展过程。进了工作单位后，员工的道德水准会因工作环境、组织文化和单位管理水平的差异而有较大的变化。另外，学者也找到一些证据，这些证据表明：

(1) 向员工讲授解决道德问题的方案，可以改变其行为。

(2) 道德教育提升了个人的道德发展阶段。

(3) 道德教育至少可以增强有关人员对职业道德的认识。

例如，在日本企业界，员工的道德训练始终是与企业命运紧密结合在一起的。许多企业悬挂着“道德进入企业，心灵进入工作场所”“在企业中要有伦理，职业上要有心”的口号，他们以“明朗、爱和、喜劳”为中心内容普遍开展道德训练，启迪和内化员工心灵。可以说，企业的发展取决于员工的业务素质，更取决于道德素质。

6. 绩效评估需包括道德指标

绩效评价全面与否，对道德建设有重要影响。许多组织的奖励之所以没有达到预期的效果，主要是绩效评价的片面性造成的。如仅以经济成果来衡量绩效，无视工作中的道德影响，人们为了取得成果就会不择手段，从而产生不符合道德的行为。如果组织想让其管理者坚持高的道德标准，它在评价的过程中必须包括道德方面的要求。在对管理者的评价中，不仅要考察其决策带来的经济成果，还要考虑其决策带来的道德后果。

因此，绩效评估必须全面而科学：既要看结果，也要看手段，看整个过程有无不道德问题发生；既要看近期经济绩效，又要看对组织长期发展的影响，防止行为短期化；既要看经济效益，又要看社会效益和生态效益，防止对社会和环境产生不利的影响。绩效评价要达到手段和结果的统一，近期和长远的统一，经济效益、社会效益和生态效益的统一。

7. 独立社会审计与监察不可缺

进行独立的社会审计与监察，是改善管理道德的重要手段。道德教育不能保证每个人都按道德准则办事，现实中总有一些道德水准差的管理者难抵利益的诱惑，利用手中的权力弄虚作假，牟取个人或小集团的私利。独立的社会审计与监察，是制止和预防这些不良行为产生的有效手段。根据组织的道德准则对管理者进行独立审计，可发现组织的不道德行为；管理者惧于社会审计的威慑力，可以降低不道德行为发生的可能性。这种措施运用了人们害怕被抓住的心理，被抓住的可能性越大，产生不道德行为的可能性就越小。

审计包括内部审计和外部审计。比较而言，内部审计因缺乏独立性而往往“走过场”，外部审计独立性强，能有效达到预期的目的。当然，也有的企业与外部审计机构建立其他业务联系，使审计机构成为企业的利益相关者。现在的法律允许一家公司为另外同一家公司既提供咨询服务又提供审计服务，这样的审计结果真实性就很容易出问题。这就相当于自己审计自己，谁能保证是真实的呢？因此，社会审计的独立性应当获得法律和行业执业条例的双重保证。

审计可以是例行的，如同财务审计；也可以是随机抽查的，并不事先通知。有效的道德计划应该同时包括这两种形式的审计。审计员应该对公司的董事会负责，并把执行结果直接交给董事会，有利于保证审计结果的客观性和公正性。

8. 公司需设立道德保护机制

当人们面临道德困境即处于两难选择时，究竟是坚持道德原则，勇于和坏人坏事做斗争，还是放弃原则，同流合污，或明哲保身，“事不关己，高高挂起”？这不仅取决于个人的道德水准，还和组织与社会是否提供正式的道德保护机制有关。正式的保护机制可以使那些面临道德困境的员工在不用担心受到斥责或报复的情况下自主行事。

例如，组织可以任命道德顾问，当员工面临道德困境时，可以从道德顾问那里得到指导。道德顾问首先要成为那些遇到道德问题的人的诉说对象，倾听他们陈述道德问题、产生这一问题的原因，以及自己的解决方法。在各种解决方法变得清晰之后，道德顾问应该积极引导员工选择正确的方法。另外，组织也可以建立专门的渠道，使员工可以放心地向政府部门或纪律检查委员会进行信访或上访。

提高管理道德是一项长期的任务，不是一朝一夕可以完成的，要贯穿于企业发展的全过程和全体员工，从而减少组织中的不道德行为发生。在以上措施当中，单个措施的作用是极其有限的，但若把它们中的多数或全部结合起来，就很可能收到较好的效果。

第四节　企业价值观与社会责任

企业的存在不能被看作一个封闭的系统，企业的生存和发展与外界环境息息相关，发展可能会受到外界的钳制，也可能会得到外界的支持。因此，企业的社会责任从以前的对利润的单一追求，到现在的因为被赋予更多的社会功能而需要承担更大的社会责任。

一、企业价值观

价值观是关于价值的一定信念、倾向、主张和态度的系统观点。而企业价值观，是指企业在追求经营成功过程中所推崇的基本信念和奉行的目标，它是企业全体或多数员工一致赞同的关于企业意义的终极判断。对于任何一个企业而言，只有当企业内绝大部分员工的个人价值观趋同时，整个企业的价值观才可能形成。与个人价值观主导人的行为一样，企业所信奉与推崇的价值观，是企业日常经营与管理行为的内在依据。

这里所说的价值是一种主观的、可选择的关系范畴。事物是否具有价值，不仅取决于它对什么人有意义，而且还取决于谁在做判断。不同的人很可能做出完全不同的判断。如一个把创新作为本位价值的企业，当利润、效率与创新发生矛盾时，它会自然地选择后者，使利润、效率让位。同样，有些企业可能认为企业的价值在于致富、企业的价值在于利润、企业的价值在于服务、企业的价值在于育人。那么，这些企业的价值观可分别称为“致富价值观”“利润价值观”“服务价值观”“育人价值观”。

价值观是企业文化的核心。菲利浦·塞尔日利克(Philip Selznick)说：“一个组织的建立，是靠决策者对价值观念的执着，也就是决策者在决定企业的性质、特殊目标、经营方式和角色时所做的选择。通常这些价值观并没有形成文字，也可能不是有意形成的。不论如何，组织中的领导者，必须善于推动、保护这些价值，若是只注意守成，那是会失败的。总之，组织的生存，其实就是价值观的维系，以及大家对价值观的认同。”企业文化是以价值观为核心的，价值观是把所

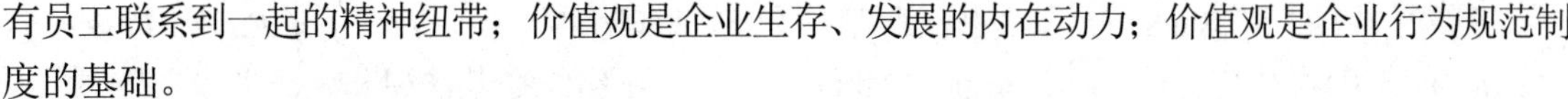

有员工联系到一起的精神纽带；价值观是企业生存、发展的内在动力；价值观是企业行为规范制度的基础。

无数例子证明，企业价值观建设的成败，决定着企业的生死存亡。因此，成功的企业都很注重企业价值观的建设，并要求员工自觉推崇与传播本企业的价值观。为了让企业员工了解企业的价值观，价值观应该用具体的语言表示出来，而不应该用抽象难懂、过于一般化的语言来表示。例如，海尔公司把价值观表示为“真诚到永远”；IBM 提出“最佳服务精神”，把为顾客提供世界上一流的服务作为最高的价值信念，等等。同时，不同的企业，其价值观应尽可能使用不同的语言来表示，避免雷同，要做到这点虽然很难，但应努力去做，使价值观能够反映一个企业的基本特征，能够把一个企业的对内对外态度和另一个企业区别开来。

在企业的发展过程中，企业价值观经历了多种形态的演变，其中最大利润价值观、经营管理价值观和社会互利价值观是比较典型的企业价值观，分别代表了三个不同历史时期企业的基本信念和价值取向。

(1) 最大利润价值观，是指企业全部管理决策和行动都围绕如何获取最大利润这一标准来评价企业经营的好坏。在工业化初期，这种价值观是主流，企业关注的仅是股东利润的最大化。

(2) 经营管理价值观，是指企业在规模扩大、组织复杂、投资巨额而投资者分散的条件下，管理者受投资者的委托，从事经营管理而形成的价值观。在工业化中期，企业除了尽可能为投资者获利以外，还非常注重企业员工自身价值的实现；在工业化后期，企业也重视除股东和员工外的消费者和供应商的利益。

(3) 社会互利价值观，这是后工业化时期流行于西方的一种企业价值观，它要求在确定企业利润水平的时候，把员工、企业、社会的利益统筹起来不能失之偏颇，即企业要追求相关利益者价值最大化，同时要保护和增进社会福利。

当代企业的价值观的一个最突出的特征就是以人为中心，以关心人、爱护人的人本主义思想为导向。过去，企业文化也把人才培养作为重要的内容，但只限于把人才培养作为手段。西方的一些企业非常强调在职工技术训练和技能训练上投资，以此作为企业提高效率、获得更多利润的途径。这种做法实际上是把人作为工具来看待，所谓的培养人才，不过是为了改进工具的性能，提高使用效率罢了。当代企业的发展趋势已经开始把人的发展视为目的，而不是单纯的手段，这是当代企业价值观的根本性变化。企业能否给员工提供一个适合发展的良好环境，能否给人的发展创造一切可能的条件，这是衡量一个当代企业或优或劣、先进或落后的根本标志。

衡量企业价值观发展阶段的最好标志，就是企业对待社会责任的态度。企业价值观越向高级阶段发展，意味着企业越重视企业的社会责任。

二、企业社会责任的内涵

企业是现代社会的产生物。现代社会基本上由四类组织所组成，即政府、企业、非营利组织、家庭。企业以外的三类组织的社会责任十分清晰，而企业的社会责任却比较模糊。在对其内涵的探索上，学者们提出了许多与企业社会责任相关的概念，对这些概念的把握有助于更深刻地理解什么是企业社会责任。

根据迈克·巴尼特(Michael Barnett)的观点，在早期社会责任被视为只求利润，后来慢慢被认为“不只是利润”，逐步转为“任何自愿的、以推进社会福利为目标的企业行为”，以及“改善社会状况或环境状况”。

巴霍尔兹(R. A. Buchholz)在其书《管理中的公共政策精要》(*Essentials of Public Policy for Management*)中将社会责任(social responsibility)定义为一个组织在其法律和经济义务之外愿意去做正确的事情，并以有益于社会的方式行事的意向。

罗宾斯等人认为一家企业应遵守相关法律并且关注股东利益，但社会责任也向企业增添了一种去做正确的事情以使社会变得更好，以及不做坏事以使社会避免变得更糟的道德要求。一个具有社会责任感的组织会去做正确的事情，因为它认为自己在伦理道德上有责任这样做。

为了进一步认识企业社会责任的内涵，我们从弗里曼(R. E. Freeman)的利益相关者角度来进一步说明。弗里曼认为影响企业目标的实现或受企业目标实现所影响的组织或个人是企业的利益相关者。企业存在于社会活动中，有些特定的个人或组织会影响企业的生存发展。比如，企业的员工、供应商、消费者、股东、债权人、政府机构等，这些个人或组织或多或少都对企业的绩效产生影响。

那么企业是否一开始就关注对全部利益相关者的责任？如果我们从实践来看，企业是不可能这样做的。企业经营者并不能总是满足所有利益相关者的期待，因为不同的利益相关者之间的期望与目标很可能有冲突。比如，员工对高薪的期待、股东对理想投资回报与客户对低价的期待是相冲突的。所以，企业经营者必须认识清楚其最重要的利益相关者。虽然不同的组织有不同的情况，但是关系企业生存的最重要的利益相关者基本是一致的。大多数企业认为，有三个利益相关者群体是必须放在最优先地位的：客户、股东和员工。这三个群体的支持一旦缺失，都是致命的。所以，当企业发展的最初或者最困难的时期，这三个群体的利益和期望都要优先得到满足；但当企业有足够的资源支持更广泛的社会责任目标时，应关注更多的利益相关者。也就是说，企业作为一个理性主体，在承担社会责任的问题上，首先会考虑自身的资源和实力，在企业不同的发展阶段，应该相应地承担不同程度的社会责任。在企业成立阶段，受资源的限制，企业更注重眼前的生存；当企业进入稳定成熟期，企业就要考虑到一些关系到组织可持续发展的因素：员工的职业发展、满意度、客户的忠诚，生态环境的保护；企业实力进一步扩张时，企业需要也应该承担更多的社会责任，如慈善活动，表达企业对社会文明发展关切与使命感。

自从利益相关者观点出现后，英国学者约翰·埃尔金顿(John Elkington)提出了企业社会责任应满足的三重底线，即经济底线、社会底线和环境底线。还有学者提出了三个同心圆和理论，从内到外，企业社会责任的内涵不断丰富，内圆是保障股东利益的经济责任，中圆是满足各方面社会需求的社会价值，外圆是更深层次的责任体现，包括消除贫困、维护社会公平等。

1979 年，阿奇·卡罗尔(A. Carrol)提出企业社会责任的金字塔模型，受到学术界的广泛认同，颇具影响力。卡罗尔将社会责任划分为四大结构成分，即“企业责任包含了在特定时期内，社会对企业经济上、法律上、伦理上和慈善上的期望”。通俗地讲，企业社会责任涵盖了经济责任、法律责任、伦理责任和慈善责任。卡罗尔认为经济责任是企业最基本、最重要的责任，但不是唯一的社会责任；法律赋予企业生产产品获得收益的权利，相应地，企业也必须履行法律规定的义务和责任；在法律之外，社会约定俗成但并未写入法规的伦理规范，也是企业社会责任的一项重要内容。此外，社会大众对企业还存在一些不可言明的期待，这些期待完全是出于企业自我判断的一些自愿行为，包括向社会捐款、救助贫困等。企业社会责任的金字塔模型如图 4-1 所示。

结合学者的观点，本书认为企业社会责任是企业追求有利于企业和社会长远目标实现的一种自愿行为，它超越了法律与经济对企业所要求的义务。

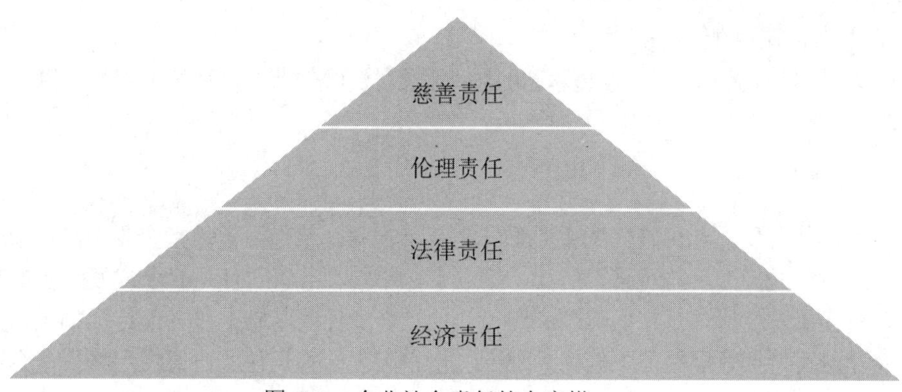

图 4-1 企业社会责任的金字塔

三、企业社会责任的内容

企业社会责任的内容非常丰富和广泛，这里依据卡罗尔的观点，将企业社会责任分为经济责任、法律责任、伦理责任、慈善责任四个部分。

1. 经济责任

米尔顿·弗里德曼(Milton Friedman)是这种观点的代表人物，他最著名的格言是："企业的社会责任是增加利润。"企业是以盈利为目的的组织，企业在履行社会责任时也必须保证其基本的社会属性，因此企业的经济责任是社会责任的基础。企业经济责任最直接的体现是盈利，目的是保护股东和债权人的权益，因此，企业在履行经济责任时，除了保证基本的盈利状况，还应该积极采取各项措施来履行对股东和债权人的责任。

2. 法律责任

遵纪守法是企业存续的基本前提，承担法律责任让企业在制度上更具有合法性，是保障企业长久存续的政治基础。法律责任是社会责任的基础环节，企业应该建立相应的管理和监督体系，确保企业行为及企业内的个人行为是合乎法规的。

3. 伦理责任

伦理责任要求企业的行为合乎情理，不损害利益相关者的权益。企业在发展的过程中要面对很多的利益相关群体，除了承担对股东的经济责任之外，对其他利益群体都有着伦理责任。比较典型的企业利益相关群体主要有消费者、员工和社区。

企业的内部管理、产品设计、制造、质量、广告用语、营销手段、售后服务、公关工作等，都应符合道德规范，对消费者和企业本身负责。

同时，企业要为员工提供符合人权的劳动环境，教育职工在行为上符合社会公德。根据国际劳工组织公约、世界人权宣言及联合国儿童权益公约于 1997 年 10 月公布的社会责任 SA8000(Social Accountability 8000)，是全球首个有关道德规范的国际标准，其宗旨是确保生产商及供应商所提供的产品皆符合社会责任标准的要求。SA8000 标准适用于世界各地、任何行业、不同规模的公司，是一套可被第三方认证机构审核的国际标准。SA8000 包括一套社会责任标准守则及一份指导性文件，它最初对企业的认证包括八个方面的内容：童工、强迫性劳工、健康与安全、组织工会的自由与集体谈判的权利、歧视、惩戒性措施、工作时间及报酬问题。随着时间的推移，SA8000

标准认证内容也在更新。

企业对社区的责任主要体现在环境方面，包括对资源的节约、环境的保护，以及开展环境公益活动等。

4. 慈善责任

企业社会责任中，慈善责任的主要形式是慈善捐赠。慈善捐赠是指企业无偿捐赠或赠送合法财产给合法对象的行为。与经济、法律、伦理责任不同，慈善责任是企业自发承担的责任。企业对于慈善责任的态度应该是在保障顺利履行其他社会责任的基础上量力而行，如果因为过度捐赠而影响企业的可持续发展便得不偿失。然而，也正因为慈善责任"自愿性"特征，企业履行慈善责任的行为不仅能改善企业的声誉，更能起到社会性的引导作用，帮助构建良好的慈善公益氛围。

综 合 练 习

一、名词解释

道德　伦理　功利主义道德观　权利主义道德观　公平主义道德观
社会契约道德观　价值观　社会责任

二、单项选择题

1. 认为"决策要完全依据其后果或结果做出"的道德观是(　　)。
   A. 权利观　B. 公平观　C. 功利观　D. 社会契约观
2. 按照道德发展的阶段，道德发展的最高层次是(　　)。
   A. 原则层次　B. 前惯例层次　C. 惯例层次　D. 后惯例层次
3. 认为支出薪酬的依据应当只是员工的技能、经验、绩效或职责等因素，而不是其他各种因素的道德观是(　　)。
   A. 权利观　B. 公平观　C. 功利观　D. 社会契约观
4. 衡量企业价值观发展阶段的最好标志是(　　)。
   A. 企业对待股东利润的态度　B. 企业对待企业利润的态度
   C. 企业对待员工利益的态度　D. 企业对待社会责任的态度
5. "做你周围的人所期望的事"的道德发展阶段所属于道德发展层次是(　　)。
   A. 原则层次　B. 前惯例层次　C. 惯例层次　D. 后惯例层次

三、多项选择题

1. 管理者道德行为的影响因素主要有(　　　　)。
   A. 道德发展阶段　B. 个人特征　C. 组织结构
   D. 组织文化　E. 问题强度
2. 从历史的观点来看，企业价值观的经典阶段有(　　　　)。
   A. 最大利润价值观　B. 经营管理价值观
   C. 社会互利价值观　D. 社会利益者价值观
   E. 相关利益者价值观

3. 国外学者研究表明，道德发展要经历的层次是(　　　　)。
A. 原则层次　　B. 前惯例层次　　C. 惯例层次
D. 后惯例层次　　E. 顺序层次
4. 企业的利益相关者包括(　　　　)。
A. 股东　　B. 员工　　C. 消费者
D. 供应商　　E. 竞争者
5. 道德发展的前惯例层次对应的道德发展阶段包括(　　　　)。
A. 遵守规则以规避受到物质惩罚
B. 在符合自己的直接利益时才遵守规则
C. 通过履行你允诺的义务来维持平常秩序
D. 做你周围的人所期望的事
E. 遵守自己选择的伦理准则，即使这些准则违背了法律
6. 企业社会责任包括(　　　　)。
A. 经济责任　B. 法律责任　C. 伦理责任　D. 慈善责任　E. 环保责任

四、简答题

1. 企业社会责任的体现有哪些?
2. 管理者道德行为的影响因素有哪些?

五、论述题

联系实际论述提高企业道德的途径。

六、案例分析题

案例一　苹果 CEO“偷偷”生病惹恼股东

乔布斯生病的时候，经常因去看病而不在岗。大众都在猜测乔布斯身体状况不容乐观。然而，苹果公司发言人一直否认这一猜测。没有公司因为未揭露其执行长健康状况而被证交会究责，不少人还赞同乔布斯有权不透露。分析师伍尔夫认为，“只要健康，他无须把身体状况公告周知。”但是，假如有哪个企业执行长有义务告知股东其身体状况，那就是乔布斯了。首先，就像伍尔夫形容的，“苹果就是乔布斯，乔布斯就是苹果”，伍尔夫甚至预估，如果乔布斯突然离开，苹果的股价会下跌 25%以上。其次，癌症是无法保证的，因此苹果必须平息他癌症复发的传言。坦白说，要苹果谈论其执行长的真实状况是不可能的。乔布斯当家时，苹果形成保密文化，这种文化确实让它活得很好：各方都会在年度的 MacWorld 会议时猜测苹果将推出什么新产品，这是一种很棒的营销手段。但它也在毒害其企业管理，例如苹果告诉分析师有关其营运的事比其他公司少很多；它也会将小事当成天大秘密，董事会常被蒙蔽却又不会受到惩罚。

(资料来源：作者搜集整理)

问题：(1) 苹果是否有义务告知投资大众乔布斯健康状况?
(2) 对大众告知乔布斯健康属于企业的哪种责任?

案例二　G 公司环境污染事件

G 公司是某市一家知名国有化工企业，拥有 1000 多名员工，每年上缴税收 2 亿多元，为该市的纳税大户，公司王总经理也被评为优秀企业家。2010 年公司决定进行技术改造，设备更新，扩大生产，企业升级。9 月技改完成并试生产，但是该公司却偷偷将氨氮含量超标数十倍的废水直接排入了旁边的河流，导致河水严重污染，下流 3 个城市 200 多万群众的饮水中断达 20 天，直接经济损失 4 亿多元。据专家评估，河流下游的生态环境遭到了严重的破坏，至少需要 5 年以上的时间才能恢复到事故前的水平。

事后，政府免去了王总经理的职务，并将 3 名企业负责人及环保负责人移交司法机关处理，另外，企业也被罚款 200 万元，用于相关赔偿。对于这个结果，王总经理不服气，他说："企业正处于发展时期，资金本来就紧张，又要进行技术改造，哪还有钱来搞废水处理？"

(资料来源：作者搜集整理)

问题：(1) 企业价值观有哪几种？本案例的价值观属于哪一种？

(2) 企业社会责任有哪些内容？本案例体现了企业应履行什么社会责任？

第二部分　管理职能

第五章

计　划

【学习目标】

1. 掌握计划的概念及作用、性质；
2. 熟悉计划的分类；
3. 了解计划编制的原理和过程；
4. 熟悉战略环境分析的内容；
5. 掌握企业战略的类型。

【导入案例】

科宁公司的计划

科宁是美国一家创建最早的公司之一，主要经营玻璃制品。科宁公司一直是由其创始人科宁家族掌管，并一直以制造和加工玻璃为其业务重点。

然而，科宁的这种经营战略也给它带来了许多问题：它的骨干产品——灯泡生产在30年前曾占领1/3的美国灯泡市场，而今天却丧失了大部分市场；电视显像管的生产也因面临剧烈的竞争而陷入困境。这两条主要产品线都无法再为公司获取利润。面对这种情况，公司既希望开辟新的市场，但又不愿意放弃其传统的玻璃生产和加工。因此，公司最高层领导制订了一个新的发展计划。计划包括三个主要方面：第一，决定缩小类似灯泡和电视显像管这样低效的生产；第二，决定减少因市场周期性急剧变化而浮动的产品生产；第三，开辟既有挑战性又具巨大潜在市场的产品。

第三方面又包括三个新的领域：一是开辟光波导器生产——用于电话和电缆电视方面的光波导器和网络系统，以及高级而复杂的医疗设备等，希望这方面的年销售量能达到40亿美元；二是开辟生物工艺技术，这种技术在食品行业方面大有前途；三是利用原来的优势，继续制造医疗用玻璃杯和试管等，并开拓电子医疗诊断设备，希望在这方面能达到全国同行业中第一或第二的地位。

科宁公司还有它的次一级的目标。例如，目前这个公司正在搞一条较复杂的玻璃用具生产线，并想在2年内向不发达国家扩展业务。很明显，科宁在进行着一个雄心勃勃的发展计划。公司希望通过提高技术，提高效率，以获得更大的利润。

但是，在进行新的冒险计划中，科宁也碰到了许多问题。例如，如果科宁真要从光波导器和生物控制等方面获得成功的话，就必须扩大其经营领域。此外，科宁给人的印象是要保持其原来的基础，而不是在于获得利润。

(资料来源：https://wenku.baidu.com/view/4830da1b33d4b14e84246884.html)

问题：(1) 什么是战略性计划和战术性计划?请指出科宁公司的战略决策和战术决策的主要内容。

(2) 依据计划涉及的时间长短不同，划分科宁公司的中期计划与短期计划。

第一节 计划概述

计划是制定组织目标并设计实现该目标的行动方案。计划在管理工作中占据重要地位，著名管理学家孔茨教授曾指出：“计划是一座桥梁，它把我们所处的这岸与我们要去的对岸连接起来，以克服这一天堑。”计划工作给组织提供了通向未来目标的明确道路，给组织、领导和控制等一系列管理工作提供了基础。

一、计划的内涵

1. 计划的定义

计划是未来行动的蓝图，是为实现组织目标而对未来行动所做的综合的统筹安排。它是未来组织活动的指导性文件，提供从目前通向未来目标的道路和桥梁。计划包括确定组织的目标、制定全局战略以实现这些目标，制定全面的分层计划体系以综合和协调各种活动。因此，计划涉及目标(做什么)，也涉及达到目标的方法(怎么做)。从词性角度讲，名词意义上的计划是指用文字和指标等形式所表述的在未来一定时期内组织以及组织内不同部门和不同成员关于行动方向、内容和方式安排的管理文件。动词意义上的计划是指为了实现决策所确定的目标预先进行的行动安排。

我们正处在一个新技术革命孕育、发生和发展的时代，变革给经济发展带来了机会，同时也带来了风险。经济的全球化使得世界范围内争夺市场和资源的斗争日趋激烈。处在这样的时代，计划职能和其他管理职能一样，成为企业生存的必要条件。计划工作就是要使企业在充分利用机会的同时，尽量使风险减到最低程度。

2. 计划的作用

管理者们为什么做计划？这是因为计划可以给出方向，减小变化的冲击，使重复、浪费减至最少，以及设立标准以利于控制。总之，计划对管理者来说是非常重要的。

(1) 计划是一种协调过程，它给管理者和非管理者指明方向。当所有有关人员了解了组织的目标和为达到目标他们必须做出什么贡献时，他们就能开始协调他们的活动，互相协作，结成团队。而缺乏计划就会走许多弯路，从而使实现目标的过程失去效率。

(2) 计划通过预见变化，促使管理者展望未来，以减少不确定性。为了制订合理的计划，管理者必须随时关注外部环境的变化，把握未来的变化趋势，并采取措施加以预防。在市场经济环境中，再好的计划也不能消除变化，因此计划是为了预测各种变化和风险，并对它们做出迅速、有效的反应。

(3) 计划有助于合理配置资源，提高管理效率，保证组织目标的实现。计划就是要对组织的有限资源，进行优化配置和使用，并对管理活动的各个方面做出周密的安排，综合平衡，从而减少重复和浪费活动。

(4) 计划设立了目标和标准便于控制。如果我们不清楚要达到什么目标，如何判断我们已经达到了目标呢？在计划中我们设立目标，而在控制职能中，我们将实际的绩效与目标进行比较，发现可能发生的重大偏差，采取必要的校正行动。所以说，没有计划也就没有控制。控制中几乎所有的标准都来自于计划。

3. 计划的要素

无论在名词意义上还是在动词意义上，计划内容都包括 5W2H。

What——做什么？目标与内容。

Why——为什么做？原因。

Who——谁去做？人员。

Where——何地做？地点。

When——何时做？时间。

How——怎样做？方式、手段。

How much——多少费用？资源。

二、计划的性质

计划的性质主要体现在以下几点。

(1) 目的性。每一个计划及其辅助计划都是为实现企业或各类组织的总目标或一定时期的目标服务的。没有计划，一个组织就不可能实现它的目标。

(2) 首位性。计划工作相对于其他管理职能处于首位。从管理过程的角度看，计划、组织、领导和控制等方面的管理活动都是为了实现企业的目标，计划工作必须先于其他管理职能。在实际工作中，所有职能交织成一个行动网络，但计划工作有它特殊的地位，因为它牵涉到整个集体去努力完成的目标。此外，主管人员必须制订计划以了解需要什么样的组织关系和人员素质，按什么方针去领导下属工作人员，以及采用什么样的控制。因此，要使其他管理职能发挥效用，必须首先做好计划。

(3) 普遍性。虽然计划工作的特点和范围随制订计划的主管人员的职位不同而不同，但它却是各级主管人员的一个共同职责。所有的主管人员，无论是总经理还是班组长，都要从事计划工作。主管人员的主要任务是做决策，而决策本身就是计划工作的核心。如果不给主管人员一定程度的自主权和制订计划的责任，他们就会养成依赖上级的习惯，失去计划工作的职能和职责，他们就不是真正的主管人员。虽然所有主管人员都做计划，但是基层管理人员的工作计划与高层主管人员制订的战略计划是根本不同的。在高层管理人员规划企业总方向时，各级管理人员必须准备好自己的计划，这样才能保证全面完成组织的目标。

(4) 效率性。计划工作的任务不仅要确保总目标的实现，而且要从众多方案中选择最优的资源配置方案，在实现总目标的过程中合理地利用资源和提高效率。计划工作的效率，是以实现企业的总目标和一定时期的目标所得到的利益，扣除制订和执行计划所花的费用及预计不到的损失之后的总额来测定的。它一般是指投入与产出之间的比率，但这一概念不仅包括了按资金、工时或成本表示的投入产出比率，而且包括了组织和个人的满意程度这一类主观评价标准。所以，只有按合理的代价实现目标，这样的计划才是有效率的。

(5) 创新性。计划工作总是针对需要解决的新问题和可能发生的新变化、新机会而做的，因而它是一个创造性的管理过程。正如一项新产品的成功在于创新一样，成功的计划也依赖于创新。

综上所述，计划工作是一项指导性、预测性、科学性和创造性很强的管理活动，同时又是一项复杂而困难的工作。在对外开放的形势下，我国企业正面临着全球市场的激烈竞争，形势要求我们必须迅速提高管理水平，而加强计划工作，提高计划工作的科学性是全面提高管理水平的关键和前提。

三、计划编制的原理

计划工作作为一种基本的管理职能活动，有自己应遵循的规律和原理。计划工作的主要原理有限定因素原理、灵活性原理、承诺原理和改变航道原理。

1. 限定因素原理

所谓限定因素，是指妨碍企业目标实现的因素。如果它们发生变化，即使其他因素不变，也会影响企业目标的实现。就好比木桶装水的水量，是受木桶壁上最短的那块木板决定的。所以，管理者在制订计划时，应尽量了解那些对目标实现起主要限制作用的因素或战略因素，防患于未然，才能有针对性地拟订各种方案，才能有效地保证计划的成功性。

2. 灵活性原理

管理者依靠预测确定计划实施预期环境，但未来的情况是无法把握的。因此，计划需要有灵活性，才有能力在出现意外时改变方向，不至于使组织遭受太大的损失，这就是计划的灵活性原理。灵活性原理在计划工作中非常重要，特别是在任务重、计划执行期限长的项目中，作用更明显。计划中体现的灵活性越大，出现意外事件时适应能力越强，计划执行中的风险越小。

但灵活性是有一定限度的，具体来讲，它的限制条件具体如下。

(1) 不能总是以推迟决策的时间来确保计划的灵活性。因为未来的不确定性是难以完全预料的，如果决策者一味等待收集更多的信息，以便尽量地将未来可能发生的问题考虑周全，当断不断，就会坐失良机，招致失败。

(2) 使计划具有灵活性是要付出代价的，甚至由此而得到的好处可能补偿不了它的费用支出，这就不符合计划的效率性。

(3) 某些情况往往根本无法使用灵活性，即存在这种情况，某个派生计划的灵活性可能导致全盘计划的改动甚至有落空的危险。例如，企业销售计划在执行过程中会遇到困难，可能实现不了既定的目标。如果允许其灵活处置，则可能危及全年的利润计划，从而影响到新产品开发计划、技术改造计划、供应计划、工资增长计划、财务收支计划等。

3. 承诺原理

计划期限的合理选择应该遵循承诺原理。长期计划的编制并不是为了未来的决策，而是通过现在的决策对未来施加影响。承诺原理是指任何一项计划都是对完成各项工作所做出的承诺，承诺越多，计划期限越长，实现承诺的可能性就越小。

承诺原理要求合理地确定计划期限，不能随意缩短计划期限，计划承诺也不能过多，致使计划期限过长。如果管理者实现承诺所需的时间比他可能正确预见的未来期限还要长，他的计划就不会有足够的灵活性适应未来的变化，而应减少承诺，缩短计划期限。

4. 改变航道原理

计划是面向未来的，而未来情况随时都可能发生变化，所制订的计划显然也不能一成不变，在保证计划总目标不变的情况下，应随时改变实现目标的进程(即航道)。管理者在紧要情况下可根据当时的实际情况做必要的检查和修订。尽管我们在制订计划时预见了未来可能发生的情况，并制订了相应的应变措施，但计划往往赶不上变化，因而在必要时要调整计划或重新制订计划。就像航海家一样，必须经常核对航线，一旦遇到情况可绕道而行，故此原理被称为“改变航道原理”。这个原理与灵活性原理不同，灵活性原理是使计划本身具有适应性，而改变航道原理是使计划执行过程具有应变能力。为此，计划工作者必须经常地检查计划，重新调整、修订计划，以达到预期的目标。

四、计划制订过程

计划是行动之前的安排，计划工作是一种连续不断的循环。计划的编制通常遵循一定的工作程序，一般包括估量机会、确定目标、确定前提条件、拟订可选择方案、评价备选方案、选择可行方案、拟订派生计划、编制预算，如图 5-1 所示。

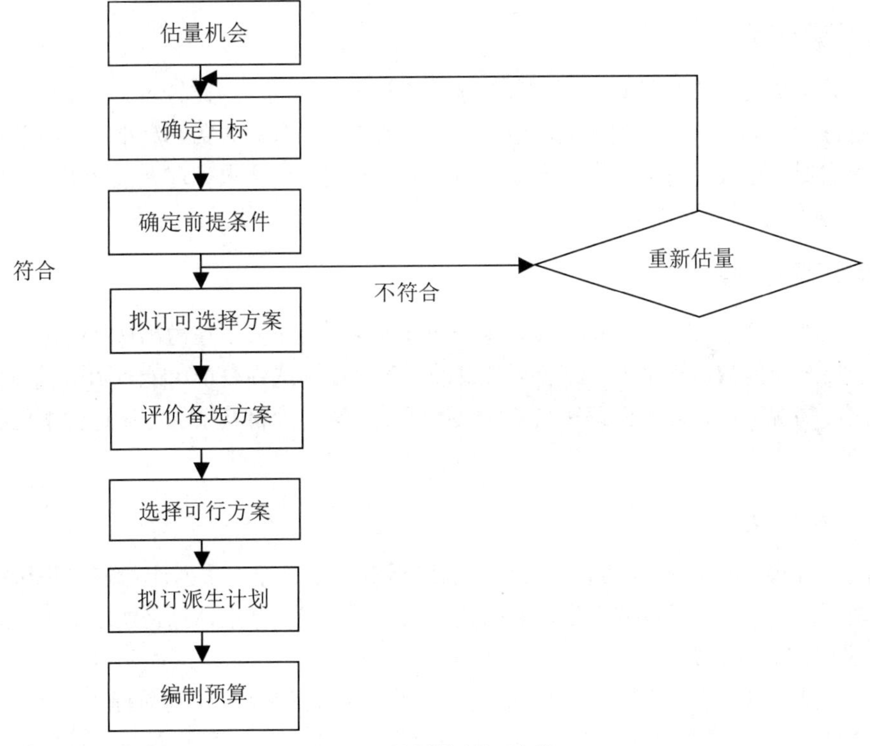

图 5-1 计划的制订过程

1. 估量机会

估量机会在实际的计划工作开始之前就着手进行，是对将来可能出现的机会加以估计，并在清楚全面地了解这些机会的基础上，进行初步的探讨。组织的管理者要充分认识到自身的优势和劣势，分析面临的机会和威胁，明确组织希望解决什么问题、为什么解决这些问题。在估量机会的基础上，确定可行性目标。

2. 确定目标

计划工作的目标是指组织在一定时期内所要达到的效果。目标是组织存在的依据，是组织的灵魂，是组织期望达到的最终结果。在确定目标的过程中，要说明基本方针和要达到的目标是什么，要告诉人们战略、政策、程序、规划和预算的任务，要指出工作的重点。

3. 确定前提条件

计划工作的前提条件是计划工作的假设条件，也是执行计划时的预期环境。确定前提条件，就是要对组织未来的内外部环境和所具备的条件进行分析和预测，弄清计划执行过程中可能存在的有利和不利条件。

4. 拟订可选择方案

明确计划的前提条件后，要拟订各种可行的计划方案供评价和选择。实际上由于认识能力、时间经验和费用等原因，管理者不可能找到所有的可行方案，只能拟订出若干个比较有利于预期目标的可行方案进行评价分析。

5. 评价备选方案

评价备选方案是指根据计划目标和前提条件来权衡各种因素，比较各个方案的优缺点，对各个方案进行评价。如有的方案利润大，但支出大，风险高；有的方案利润小，但收益稳定，风险低；有的方案对长远发展有益；有些方案对眼前形势有利。这要求管理者根据组织的目标，并结合自己的经验和直观判断能力，借助数学模型、计算机等手段评价方案。

6. 选择可行方案

选择方案是计划工作最关键的一步，也是抉择的实质性阶段。在做出抉择时，应当考虑在可行性、满意度和可能效益三个方面结合得最好的方案。在评选中发现可能有两个或多个方案是合适的，在这种情况下，管理者应该决定首先采用哪个方案，而将其余的方案进行细化和完善，作为后备方案。

7. 拟订派生方案

在选定一个基本的计划方案后，还必须围绕基本计划制订一系列计划来辅助基本计划的实施。几乎所有的基本计划都需要派生计划的支持和保证，完成派生计划是实施基本计划的基础。在这一阶段要注意以下几点。

(1) 务必使有关人员了解基本计划的目标、指导思想和内容计划前提等。

(2) 协调各派生计划，使其方向一致，以支持基本计划，防止仅追求派生目标而妨碍基本目标的实现。

(3) 协调各派生计划的工作时间顺序。

8. 编制预算

计划工作的最后一步就是编制预算，使计划数字化。预算是用数字形式表示的组织在未来某一确定期间内的计划，是计划的数量说明，是用数字形式对预期结果的表示。这种结果可能是财务方面的，如收入、支出和资本预算等；也可能是非财务方面的，如材料、工时、产量等方面的预算。预算是汇总各类计划的工具，同时也是衡量计划执行情况的重要标准。由于实际情况总在变化，所以预算在必要时应有所变化，以便能更好地指导工作。任何一个完整的计划活动都要遵循这些步骤。

第二节 计划的分类

计划是对未来行动的事先安排。计划的种类很多，可按不同的标志进行分类。最普遍的分类方法是根据计划的形式、职能、广度、时间跨度和明确性对计划进行分类。不同的分类方法有助于我们了解计划的各种类型。

一、按形式分类

哈罗德·孔茨(Harold Koontz)和海因·韦里克(Hein Weirk)按不同的表现形式，从抽象到具体，将计划分为一个层次体系：使命、目标、战略、政策、程序、规则、规划和预算等，如图 5-2 所示。

图 5-2 计划等级层次图

(1) 使命。使命指明一个组织在社会上应起的作用，所处的地位，一个组织是干什么的，应该干什么。例如，一个企业的使命是向社会提供有经济价值的产品和服务；一个大学的使命是培养社会所需要的高级专门人才；医院的使命是治病救人。

(2) 目标。一个组织的使命太抽象，它需要具体化为组织在一定时期的目标和各部门的目标。组织及其各个部门的经营管理活动在一定时期要达到一定的目标，目标是计划工作的终点，也是组织、领导和控制活动所要达到的结果。

(3) 战略。战略是为实现组织的长远目标所选择的发展方向、所确定的行动路线及资源分配方案的一个总纲。战略是指导全局和长远发展的方针，凡存在竞争且竞争获胜取决于长期准备和持续努力的场合，都需要制定战略。对一个企业来说，制定战略的根本目的是使公司有效地比竞争对手占有持久的优势。因此，企业战略就是以最有效的方式，努力提高企业相对于其竞争对手的实力。除了长期竞争需要战略外，那些涉及长远发展、全局部署的管理活动也需要制定战略。

因为从长远的要求看，选择方向、确定资源配置的优先次序要比其他各种管理工作更加重要。

(4) 政策。政策也是一种计划，它是组织在决策时或处理问题时用来指导和沟通思想与行动方针的明文规定。政策有助于将一些问题事先确定下来，避免每次重复分析相同的情况；制定政策有助于主管人员把职权授予下级。政策的种类很多，例如，公司只雇用具有硕士学位人员的政策，从公司内部提拔人员的政策，制定竞争性价格的政策等。既然政策是指导决策的，那么，政策必须允许对某些事情有酌情处理的自由，否则政策就成了规则，但是仍需要把它限制在一定的范围内。为了促使目标的实现，政策必须保持连续性和完整性，这样才能使政策深入人心，形成一种持久作用的机制。

(5) 程序。程序也是一种计划，它规定了如何处理那些重复发生的例行问题的标准方法。程序的实质是对所要进行的活动规定时间顺序，因此，程序也是一种工作步骤。制定程序的目的是减轻主管人员决策的负担，明确各个工作岗位的职责，提高管理活动的效率和质量。此外，程序通常还是一种经过优化的计划，它是对大量日常工作过程及方法的提炼和规范化。程序是多种多样的，组织中所有重复发生的管理活动都应当有程序。例如，组织的上层主管部门应当有重大决策程序、预算审批程序、会议程序等；组织的中层职能管理部门，应当有各自的业务管理程序；组织中有些工作是跨部门的，如新产品的开发研制工作，则应当有相应的跨部门管理程序。一般来说，越是基层，所规定的程序也就越细，数量也越多。例如，制造业的工艺路线就是一种程序，它明确规定某个零件的加工顺序、使用的设备、加工的方法等，对于保证零件的质量起着关键的作用。管理的程序化水平是管理水平的重要标志，制定和贯彻各项管理工作的程序是组织的一项基础工作。

(6) 规则。规则也是一种计划，只不过是一种简单的计划。它是对具体场合和具体情况下，允许或不允许采取某种特定行动的规定。规则与政策和程序不同，它与政策的区别在于规则在应用中不具有自由处置权，规则与程序的区别在于规则不规定时间顺序，我们可以把程序看作一系列规则的总和。规则和程序就其实质而言，旨在抑制思考，所以，有些组织只是在不希望他的员工运用自由处置权的情况下才加以采用规则。

(7) 规划。规划是为了实施既定方针所必需的目标、政策、程序、任务分配、执行步骤、使用的资源等而制定的综合性计划。规划一般是粗线条的、纲要性的。

(8) 预算。预算作为一种计划，是以数字表示预期结果的一种报告书，也被称为“数字化”的计划。例如，企业的财务收支预算，也可叫做“利润计划”或“财务收支计划”。预算可以帮助企业的上层和各级管理部门的主管人员，从资金和现金的角度，全面、细致地了解企业经营管理活动的规模、重点和预期结果。一个企业的财务预算包括利税计划、流动资金计划、财务收支明细计划表和成本计划等。其中，财务收支明细计划表详细地规划出企业各管理部门的主要收支项目的金额数量。

预算也是一种控制方法。预算工作的主要优点是促使人们去详细制订计划，平衡各种计划。由于预算总要用数字来表示，所以，它能使计划工作做得更细致、更精确。

二、按职能分类

按企业的职能将企业的计划分为销售计划、生产计划、采购计划、供应计划、新产品开发计划、财务计划、人事计划、后勤保障计划等。这些职能计划通常就是企业相应的职能部门编制和执行的计划。按职能分类的计划体系，一般是与组织中按职能划分管理部门的组织体系相一致的。

在一种职能计划中，通常包含着使命、目标、战略、政策、程序、规则、规划和预算这些计划形式中的一种或多种。例如，企业的年度新产品开发计划中，一般要包括：该计划所依据的企业使命、战略和基本政策的说明，年度开发目标的确定，研制项目的技术经济指标和进度规划，项目预算资金的分配，负责实施项目的部门和负责人的指定，考核规则和奖励政策的规定等。按职能将计划进行分类，有助于人们更加精确地确定主要作业领域之间的相互依赖和相互影响关系，有助于估计某个职能计划执行过程中可能出现的变化及其对全部计划的影响，并有助于将有限的资源在各职能计划间合理地进行分配。

三、按广度分类

按广度可将计划分为战略计划和战术计划。应用于整体组织的、为组织未来较长时期(通常为5年以上)设立总体目标和寻求组织在环境中的地位的计划，称为战略计划(strategic plans)。战术计划是为实现战略计划而采取的手段，它用于解决局部性、短期性及保证战略计划实现的问题。战术计划比战略计划具有更大的灵活性。战术计划一般由中层管理人员制订。规定总体目标如何实现的细节的计划称为战术计划(tactical plans)。战略计划和作业计划在时间跨度上、在范围上和是否包括已知的一套组织目标方面是不同的。战略计划趋向于覆盖较长的时间跨度，一般为5年甚至更长的时间，它包括较宽的领域，并不规定计划的具体细节。战术计划一般来说指较短时间的计划，如月度计划、周计划、日计划。战略计划的一个重要任务是设立目标；而战术计划则根据确定的目标，制定工作流程，划分合理的工作单位，分派任务和资源，确定权力和责任。

四、按时间跨度分类

按时间跨度可将计划分为短期计划(short-term plans)、中期计划(middle-term plans)和长期计划(long-term plans)。财务人员习惯于将投资回收期分为短期、中期和长期。短期是指一年以内的期限；长期一般超过5年；而中期介于两者之间。管理者往往也采用同样的术语来描述计划。大量的研究表明，长期计划工作越来越受到企业的重视。那些有长期计划的公司，其成就普遍胜过没有长期计划或只有一些非正式长期计划的公司。一个企业如果在新产品开发、技术开发、市场开发、人才开发方面没有长期规划的话，迟早会陷入困境。

计划的期限不仅可以作为计划分类的依据，而且可以作为评价计划工作难易程度的标志，因为长期计划持续时间长，计划的最后成败难以确定，因而较难掌握、需要更多控制。

五、按明确性分类

按明确性可将计划分为具体计划(specific plans)与指导性计划(directional plans)。具体计划有明确规定的目标，不存在模棱两可、容易引起误解的问题。指导性计划只规定一些一般的方针，它指出重点但不把管理者限定在具体的目标或特定的行动方案上。例如，一个增加利润的具体计划，可能具体规定在未来6个月内，成本要降低4%，销售额要增加6%；而指导性计划只提出未来6个月内计划利润增加5%~10%。指导性计划具有内在的灵活性，但是，这一优点必须与丧失具体计划的明确性进行平衡。

表5-1列出了按不同方法分类的计划类型。

表 5-1 按不同方法分类的计划类型

分类标志	类型
形式	使命、目标、战略、政策、程序、规则、规划和预算
职能	销售计划、生产计划、财务计划、新产品开发计划、人事计划等
广度	战略计划和战术计划
时间跨度	短期计划、中期计划和长期计划
明确性	具体计划和指导性计划

第三节　战略性计划

战略制定是由企业专门的组织依照特定的程序进行的，通常要收集数据进行综合分析，深入研究特定问题，通过研讨会来探索、质疑和筛选被选战略方案，最后制定出各个层次的战略。一般来说，战略制定包含三个关键步骤：愿景与使命陈述，战略环境分析，战略性计划与选择。

一、愿景与使命陈述

企业愿景又称为企业远景，简称愿景(vision)。愿景是对未来的一种憧憬和期望，是组织努力经营想要达到的长期目标，是组织发展的蓝图，是企业战略发展的重要组成部分，是对“我们代表什么”“我们希望成为什么样的企业”的持久性回答和承诺。企业愿景体现组织永恒的追求，也是组织的发展方向及战略定位的体现。

使命陈述的目的是明确企业的使命和目标，揭示企业想成为什么样的组织和要服务于哪些用户的愿景内容。一个好的企业使命陈述可以起到集中企业资源、统一企业意志、振奋企业精神的作用，从而激励企业取得出色的业绩。作为战略制定者，首要任务在于认定和表明企业的使命。

企业经营活动中必须强调企业愿景的原因主要有以下几点。

(1) 适应环境变化的需要。急剧变化的企业环境引起企业的生存危机，企业要想摆脱困境，就迫切需要重整企业愿景。特别是在大部分东南亚国家，受外部经济影响较大，在其影响下，不仅企业经营，甚至国家的运转本身也处在一种危机状况之中。如果以危机为借口，不去明确企业愿景，而是在现在状况下随波逐流，采取与企业愿景相违的行动，那么即使能获得高额利润，最终也无法取得社会认同。即使是在危机之中，企业也应在日常的企业活动之中努力遵守源于经济理论、社会道德的企业愿景。如果企业不从企业愿景出发去选择行动方案，就不可能进行真正的危机管理或对策，所以明确的企业愿景是企业活动中解决问题或进行革新活动的必要条件。

(2) 提高员工主动性的需要。要使企业员工都自觉地参与到企业经营活动之中，需要有整合了企业所有理念的企业愿景。和西欧优秀企业相比，东方企业很少有将明确的企业愿景或行动指南准确地用于教育企业员工并反映到实践当中的。当然也有重视企业愿景的企业，但毕竟是少数。这是因为东方企业往往把企业愿景当作企业原则、社训、企业精神、信条等抽象的观念或姿态，并不明确企业的使命、存在意义、经营方针、事业领域、行动方针等。此外，东方企业还一贯重视“人和”“诚实”等过于含蓄的非规定性的潜意识力量。而西欧的企业极其重视企业愿景的具体化、明确化，因为它们要融合不同民族、文化等异质要素去完成共同的目的。

当前，随着结构重组(re-structuring)、再造工程(re-engineering)和标杆学习(benchmarking)等西方管理方法的普及，终身雇佣制逐步解体，并被取而代之，个人经理的自律性受到了重视。若要在自律的基础上，企业员工充分发挥个人能力去达成企业共同的目标和愿景，同时实现自我，就必须明确企业愿景。仅仅从经济代价或交换的角度去理解个人或企业关系是不全面的。当个人能理解和参加到企业愿景中时，就能真正融进企业里。文字化的企业愿景不应是抽象的概念或只言片语，而应包含具体明确的方针。当企业提出明确的企业愿景，并传播到每个员工，激发起员工的自觉参与意识时，企业才能获得发展。

(3) 强化关系性的需要。要强化企业的关系性，就必须有企业愿景。近来在管理和营销领域，关系(relationship)概念受到普遍关注，这是企业在对大量生产、大量销售体制造成个体的人际关系衰退后进行反思产生的概念。许多学者认为这一概念对于曾坚持生产者观念的企业是必要的。关系的概念不但适用于企业和顾客的交往，也适用于企业与内部员工之间关系。经营者和员工之间关系不是指简单的劳动合同，而是指建立在相互信赖和密切联系基础上的关系，即非机械的伙伴关系。这种关系需要通过公司内部沟通创造出共同价值的“共同创造”观念。另外，这种关系的基础要求企业成员共享共同的企业愿景。有了共享的企业愿景，就能迅速正确地沟通，企业成员在同一企业愿景、共同的目标下建立关系的话，就能在相互沟通和活动中创造共享价值(shared value)。

(4) 提高知识竞争力的需要。当前企业愿景受重视的另一个理由是“知识竞争力”作为企业竞争力要素开始受到关注。传统观念的企业竞争力是由产品或服务的生产能力、销售能力、资本的调配和运营能力等与企业利润直接相关的要素决定的。但随着近来企业活动领域的巨大变化，应重新讨论企业竞争力的来源。企业竞争力由复合要素构成，价格、质量、品牌、技术含量是产品竞争力的重要因素，知识竞争力的作用越来越突出。

(5) 强化企业价值创造力的需要。企业提供的商品和服务是具有价值创造可能性的“企业价值创造物”，而非价值本身。所有商品和服务都是在人类生活的某种特定时期、场所和状况下，与其他信息结合起来创造出独特的使用价值来感动或满足人们。组织的知识、应变能力、价值创造力作为企业竞争力的新的要素有其独立作用，这些要素作用的发挥取决于企业愿景这种知识资源基础管理(Knowledge Resource-based Management)体系的确立。

二、战略环境分析

战略环境分析是指对制定投资战略时面临的外部环境和内部条件进行分析，从而寻求机会，明确风险，找出优势和劣势。这是制定投资战略的基础和前提，旨在对企业所处的内外部竞争环境进行分析，以发现企业的核心竞争力，明确企业的发展方向、途径和手段。

1. 外部一般环境

外部一般环境也称为总体环境，是在一定时空内存在于社会中的各类组织均面对的环境，所以又称之为“天”，大致可归纳为政治与法律、经济、社会文化、技术、自然五个方面。

(1) 政治与法律因素。政治因素是指国家政治形势，政府制定的方针、政策、法令、法规，政府机构的组成、办事程序和办事效率等。具体来说，政治与法律因素包括：组织所在地区和国家的政局稳定状况；执政党推行的基本政策和政策的连贯性与稳定性；政府行为对组织的影响；有关法律法规对组织的影响；各种政治利益集团对组织活动产生的影响。另外，国际政治形势及其变化、和平与战争情况也属于政治因素。

(2) 经济因素。经济因素包括宏观经济和微观经济两方面。宏观经济主要指一个国家的人口数量及其增长趋势，国民收入、国民生产总值及其变化情况，以及通过这些指标能够反映的国民经济发展水平和发展速度。微观经济环境主要指企业所在地区或所服务地区消费者的收入水平、消费偏好、储蓄情况、就业程度等因素，这些因素直接决定企业目前及未来的市场大小。

(3) 社会文化因素。社会文化因素包括一个国家或地区的居民受教育程度和文化水平、宗教信仰、风俗习惯、价值观念、审美观点等。文化水平会影响居民的消费层次；宗教信仰和风俗习惯会禁止某些活动或行为；价值观念会影响成员对组织目标、组织活动及组织存在本身的认可与否；审美观点会影响人们对组织活动内容、活动方式及活动成果的态度。

(4) 技术环境。技术环境是指社会科学技术的总概况。一般来说，对组织经营战略产生直接影响的是技术，其影响具体表现为以下四方面：一是技术进步可以提高生产技术水平，提高生产效率，降低生产耗费；二是技术进步可以产出大量新型和改进的产品，从而更好地满足消费者不断提高的需求，创造新的市场，提高市场占有率；三是技术进步可以向组织提供新型的原材料和能源，而且新能源能导致生产的变革，对组织经营产生重大影响；四是技术进步对员工、管理者的素质提出了更高的要求，工作人员要不断提高技术水平才能符合时代的要求。

(5) 自然环境。自然环境主要指企业经营所处的地理位置、气候条件和资源禀赋状况等自然因素。

2. 内部行业环境

企业总是处于特定的市场。一个特定市场中的竞争，远不止在原有竞争对手中进行。根据美国学者迈克尔•波特(Michael E. Porter)的研究，行业中存在五种基本的竞争力量，即行业竞争力取决于潜在入侵者、替代品的威胁、购买者讨价还价能力、供应者讨价还价能力和现有竞争者之间的抗衡，如图 5-3 所示。

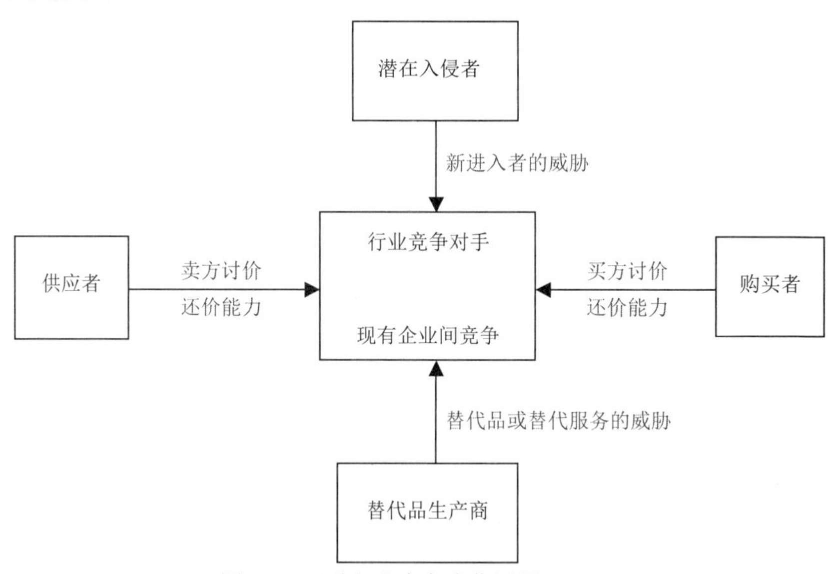

图 5-3 五种行业竞争力作用图

这五种基本竞争力量的状况及其综合强度，决定着特定市场的竞争激烈程度，决定着特定市场中获得利润的最终潜力。各种力量的作用是不同的，通常是最强的力量或是某股合力共同处于支配地位，发挥决定作用。

一个特定市场的企业，其竞争战略目标应是在此特定市场中找到一个位置。在这个位置上，该企业能较好地防御五种竞争力量，或者说，该企业能够对这些竞争力量施加影响，使它们有利于本企业发展。因此，企业在制定战略时，应透过现象抓住本质，分析每个竞争力量的来源。

(1) 潜在入侵者威胁，这种威胁被称为进入威胁。进入威胁的状况取决于进入障碍和原有企业的反击强度。决定进入障碍大小的主要因素有以下几个方面。

① 规模经济：规模经济迫使新加入者必须以大的生产规模进入，并冒着现有企业强烈反击的风险；或者以小的规模进入，但要长期忍受产品成本高的劣势。这两种情况都会使进入者却步不前。

② 产品差异优势：产品差异优势是指原有企业所具有的商标信誉和用户的忠诚度等，会对新加入者形成进入障碍。新加入者要用很大代价来树立自己的信誉和克服现有用户对原有产品的忠诚。

③ 资金需求：资金需求所形成的进入障碍，是指在这种特定市场经营的企业，不仅需要大量资金，而且风险大，进入者要在握有大量资金、冒很大风险的情况下才敢进入。

④ 转换成本：这里说的转换成本是指购买者变换供应者所支付的一次性成本，如增加新设备、重新设计产品、调整检测工具、对使用者进行再培训等发生的费用。

⑤ 销售渠道：特定市场的正常销售渠道，已经为原有企业服务，新加入者要进入该渠道，必须通过让价、合作广告和津贴等办法来使原销售渠道接受自己的产品。这又是一种进入障碍。

⑥ 退出障碍：退出障碍是指经营困难的企业在退出特定市场时所遇到的困难，这是由以下原因造成的：专业化的固定资产导致固定资产清算价值低或转换成本高，因而退出的费用高。

每个特定市场的进入障碍和退出障碍的高低是不同的，这样就会形成不同的组合。

(2) 现有竞争者之间的抗衡，其在不同的市场情境中具体表现不同。

① 当一个特定市场的企业为数众多时，必然会有一定数量的企业为了占有更大的市场份额和取得更高的利润，而突破特定市场的一致行动的限制，独立行动，采取打击、排斥其他企业的竞争手段，这势必在现有竞争者之间形成激烈的抗衡。

② 市场存在高固定成本和库存成本时，企业为降低单位产品的固定成本，势必采用增加产量的措施。企业的这种发展趋势，会使生产能力过剩，而且还会导致价格大战，从而使现有竞争者的竞争激化。

③ 产品统一性高和转换成本低时，一个特定市场的产品若差异性高，购买者必然是按照对某些特定销售者的偏好和忠诚性来购买，生产企业间的竞争就会缓和。反之，产品统一性高，购买者所选择的是价格和服务，就会使生产者在价格和服务上展开竞争，使现有竞争者之间的抗衡激化。同样，转换成本低时，购买者选择自由，也会产生相同的作用。

④ 当市场存在规模经济的要求时，在规模经济要求大量增加企业生产的特定市场，新的生产能力的不断增加就必然会经常打破特定市场的供需平衡，使特定市场产品供过于求，迫使企业不断降价销售，强化了现有竞争者的抗衡。

⑤ 当市场存在不同性质的竞争者时，任何企业都会根据自己的目标、条件制定自己的战略，并设法在竞争中取胜。竞争者的性质不同，采取的竞争方式和手段不同。

(3) 替代品的威胁。替代品是指那些与特定市场的产品具有同样功能的其他产品。替代品的价格一般比较低，它投入市场，会使特定市场产品价格的上限只能处在较低水平，这就限制了特定市场的收益。替代品的价格越有吸引力，这种限制作用也就越牢固，对特定市场构成的压力也就越大。

(4) 购买者讨价还价能力和供应者讨价还价能力。任何特定市场的购买者和供应者，都会在各种交易条件上尽力迫使对方让步，使自己获得更多的收益。在这个过程中，讨价还价的能力起着重要的作用。无论作为供应者还是购买者，其讨价还价均能力由以下因素决定。

① 特定市场的集中度：不论购买者特定市场或供应者特定市场，如果集中程度比对方高，由几家大公司控制，可以提高自己的重要地位，使对方不得不接受自己的条件成交。

② 交易量的大小；若购买量占供应者供应量的比重大，购买者讨价还价的地位就高；若供应量占购买者购买量的比重大，供应者讨价还价地位就高。

③ 产品差异化情况：如果是标准化产品，购买者确信还可能找到对自己更有利的供应者，他们就可在讨价还价中持强硬态度；如果是差异化产品，供应者知道购买者别处买不到，他们就会在交易中持强硬态度。

④ 转换供货单位费用的大小：购货单位转换供货单位的费用大，转换困难，购货单位讨价还价的地位自然就低；反之，购货单位可以轻易地转换供货单位，其讨价还价的地位自然就高。

⑤ 纵向一体化程度：若购买者已实现了后向一体化，就会使供应者处于不利地位；若供应者实现了前向一体化，就会使购买者处于不利地位。

⑥ 信息掌握程度：谁掌握的信息多，谁就会占主动地位。

⑦ 其他因素。

当供应者的产品对购买者的产品影响大时，供应者的讨价还价地位就高；当批发商、零售商能左右最终购买者的购买决策，影响其是否购买某种产品时，他们就取得了更强的讨价还价能力。

3. 竞争对手

竞争对手分析的目的是认识在行业竞争中可能成功的战略的性质，竞争对手对各不同战略可能做出的反应，以及竞争对手对行业变迁及其更广泛的环境变化可能做出的反应。

一般来讲，竞争对手可以从以下群体中辨识出来。

(1) 不在本行业但可以克服进入壁垒进入本行业的企业。

(2) 进入本行业但可以产生明显协同效应的企业。协同效应是指企业生产、营销、管理的不同环节、不同阶段、不同方面共同利用同一资源而产生的整体效应；或者是指企业并购后竞争力增强，导致净现金流量超过两家公司预期现金流量之和；又或指合并后公司业绩比两个公司独立存在时的预期业绩高。

(3) 通过战略实施自然进入本行业的企业。

(4) 通过后向或前向一体化进入本企业的买方或供方。

竞争对手分析必须回答“在行业中，我们与谁展开竞争，以及我们应采取何种行动？”“竞争对手的战略行动意味着什么，以及我们如何对付？”等问题。

4. 企业自身

波特还提出了“价值链分析法”(如图 5-4 所示)，他把企业内外价值增加的活动分为基本活动和辅助活动。基本活动涉及内部后勤、生产经营、外部后勤、市场销售，辅助活动涉及企业基础设施、人力资源管理、技术开发和采购，基本活动和辅助性活动构成了企业的价值链。不同企业参与的价值活动中，并不是每个环节都创造价值，实际上只有某些特定的价值活动才真正创造价值，这些真正创造价值的经营活动，就是价值链上的“战略环节”。企业的竞争优势实际上就是企业在价值链某些特定的战略环节上的优势。运用价值链的分析方法来确定核心竞争力，就是要求企业密切关注组织的资源状态，要求企业特别关注和培养在价值链的关键环节上获得重要的核心竞争力，以形成和巩固企业在行业内的竞争优势。企业的优势既可以来源于价值活动所涉及的市场范围的调整，也可来源于企业间协调或合用价值链所带来的最优化效益。

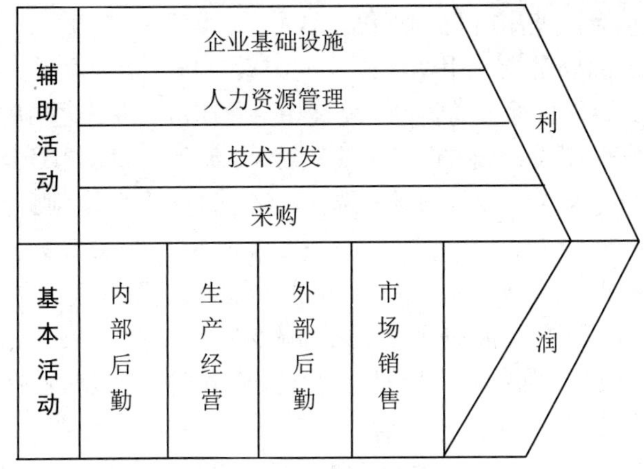

图 5-4　企业价值链

5. 顾客

企业顾客研究的主要内容包括总体市场分析、市场细分、目标市场确定和产品定位。

(1) 总体市场分析。分析市场容量，首先必须要界定地域和需求性质。根据所界定的地域和需求性质，再分析市场总需求，以及总需求中有支付能力的需求和暂时没有支付能力的潜在需求。

(2) 市场细分。市场细分(market segmentation)，是指企业按照某种标准将市场上的顾客划分成若干个顾客群，每一个顾客群构成一个子市场，不同子市场之间的需求存在着明显差别。市场细分是选择目标市场的基础。企业的市场营销活动包括细分一个或几个市场并把它作为公司的目标市场，设计正确的产品、服务、价格、促销和分销系统“组合”，以满足细分市场内顾客的需要和欲望。

① 市场细分变量。典型的消费品市场细分变量主要有以下四类。

- 地理特征因素：地形、气候、交通、城乡、行政区。
- 人口细分因素：年龄、性别、家庭人口、收入、教育程度、社会阶层，宗教信仰或种族等。
- 心理细分因素：个性或生活方式等变量。
- 行为细分因素：对消费者行为的评估，然后进行细分。

② 市场细分类型。典型的市场细分方法主要有以下五类。

- 完全市场细分。所谓完全细分就是市场中的每一位消费者都单独构成一独立的子市场，企业根据每位消费者的不同需求为其生产不同的产品。理论上说，只有一些小规模的、消费者数量极少的市场才能进行完全细分，这种做法对企业而言是不经济的。尽管如此，完全细分在某些行业，如飞机制造业等行业还是大有市场，而且近几年开始流行的“订制营销”就是企业对市场进行完全细分的结果。
- 无市场细分。无市场细分是指市场中的每一位消费者的需求都是完全相同的，或者是企业有意忽略消费者彼此之间需求的差异性，而不对市场进行细分。
- 一个标准细分的市场。一个标准细分的市场是对于通用性较大、挑选性不太强的产品，按对购买者影响最强的标准进行细分。例如，儿童图书市场，影响此市场的主要因素是年龄，可首先根据年龄把市场分为学前儿童市场、学龄儿童市场、少年图书市场。

- 综合标准细分。大多数产品都是受消费者多种因素影响的。按综合标准细分时，企业会选择两个以上标准，同时从多个角度对整个市场进行细分。例如，奶粉市场可以选择按年龄、追求的利益、使用时机进行细分。
- 多层细分。多层细分是指运用两个以上的因素，按一定顺序来逐步细分市场的方法。

(3) 目标市场确定。所谓目标市场确定，就是指企业在市场细分之后的若干“子市场”中，运用企业营销活动之“矢”瞄准市场方向之“的”的优选过程。目标市场是企业决定进入的、具有共同需要或特征的购买者集合。目标市场的选择策略，即关于企业为哪个或哪几个细分市场服务的决定，通常有以下五种模式。

① 市场集中化。企业选择一个细分市场，集中力量为之服务。较小的企业一般使用该模式专门填补市场的某一部分。集中营销能使企业深刻了解该细分市场的需求特点，采用针对的产品、价格、渠道和促销策略，从而获得强有力的市场地位和良好的声誉，但同时企业隐含较大的经营风险。

② 产品专门化。企业集中生产一种产品，并向所有顾客销售这种产品。例如，服装厂商向青年、中年和老年消费者销售高档服装，企业为不同的顾客提供不同种类的高档服装产品和服务，而不生产消费者需要的其他档次的服装。这样，企业在高档服装产品方面树立很高的声誉，但一旦出现其他品牌的替代品或消费者流行的偏好转移，企业将面临巨大的威胁。

③ 市场专门化。企业专门服务于某一特定顾客群，尽力满足他们的各种需求。例如，企业专门为老年消费者提供各种档次的服装，能在老年消费者顾客群中建立良好的声誉，但一旦这个顾客群的需求潜量和特点发生突然变化，企业要承担较大风险。

④ 有选择的专门化。企业选择几个细分市场，每一个对企业的目标和资源利用都有一定的吸引力，但各细分市场彼此之间很少或根本没有任何联系。这种策略能分散企业经营风险，即使其中某个细分市场失去了吸引力，企业还能在其他细分市场盈利。

⑤ 完全市场覆盖。企业力图用各种产品满足各种顾客群体的需求，即以所有的细分市场作为目标市场。一般只有实力强大的大企业才能采用这种策略，例如，可口可乐公司在饮料市场开发众多的产品，满足各种消费者的各种需求。

(4) 产品定位。产品定位是企业为了满足目标市场，确定产品(或服务)的功能、质量、价格、包装、销售渠道、服务方式等。与产品定位相联系的是广告(促销)定位，广告定位是使企业的产品在顾客心里占有位置。

三、战略性计划与选择

1. 企业战略概念

企业战略是对企业各种战略的统称，其中既包括竞争战略，也包括营销战略、发展战略、品牌战略、融资战略、技术开发战略、人才开发战略、资源开发战略等。企业战略是层出不穷的，例如，信息化就是一个全新的战略。企业战略虽然有多种，但基本属性是相同的，都是对企业的谋略，都是对企业整体性、长期性、基本性问题的计谋。各种企业战略有同也有异，相同的是基本属性，不同的是谋划问题的层次与角度。总之，无论哪个方面的计谋，只要涉及的是企业整体性、长期性、基本性问题，就属于企业战略的范畴。

2. 企业的战略类型

企业战略分为基本战略、成长战略和防御战略三种类型。

(1) 基本战略。基本战略包括成本领先战略、特色优势战略(差异化战略)和目标集聚战略。

① 成本领先战略。企业强调以低单位成本价格为用户提供标准化产品，其目标是要成为产业中的低成本生产厂商。成本领先战略的优势包括：可以抵御竞争对手的进攻；具有较强的对供应商的议价能力；形成了进入壁垒。

成本领先战略的适用条件：市场需求具有较大的价格弹性；所处行业的企业大多生产标准化产品，价格因素决定了企业的市场地位；实现产品差异化的途径很少；多数客户以相同的方式使用产品；用户购买从一个销售商改变为另外一个销售商时，转换成本很小，因而倾向于购买价格最优惠的产品。

② 特色优势战略(差异化战略)。企业力求就顾客广泛重视的一些方面在产业内独树一帜。企业选择被产业内许多客户视为重要的一种或多种特质，并为其选择一种独特的地位以满足顾客的要求。

③ 目标集聚战略。企业选择产业内一种或一组细分市场，并量体裁衣使其战略为该市场服务而不是为其他细分市场服务。

(2) 成长战略。成长战略包括一体化战略、多元化战略和密集型成长战略。

① 一体化战略。一体化战略包括纵向一体化战略和横向一体化战略。获得对经销商或者零售商的所有权或对其加强控制，称为前向一体化。获得对供应商的所有权或对其加强控制，称为后向一体化。获得与自身生产同类产品的企业的所有权或加强对他们的控制，称为横向一体化。横向一体化可以通过以下途径实现：购买、合并、联合。

② 多元化战略。多元化战略的类型包括同心多元化和离心多元化。同心多元化也称为相关多元化，是以现有业务为基础进入相关产业的战略。当企业在产业内具有较强的竞争优势，而该产业的成长性或者吸引力逐渐下降时，比较适宜采取同心多元化战略。离心多元化，也称为不相关多元化，采用离心多元化的目标是从财务上考虑平衡现金流或者获取新的利润增长点。

③ 密集型成长战略。密集型成长战略，也称为加强型成长战略，是指企业以快于过去的增长速度来增加某个组织现有产品或业务的销售额、利润额及市场占有率，包括三种类型：市场渗透战略(企业采取种种更积极的措施在现有市场上扩大现有产品的销售，教顾客使用产品是目前认为最好的市场渗透战略)、市场开发战略和产品开发战略。

(3) 防御战略。防御战略包括收缩战略、剥离战略、清算战略。

① 收缩战略。收缩战略是指通过减少成本和资产对企业进行重组，加强企业所具有的基本的、独特的竞争能力。

② 剥离战略。剥离战略是指企业出售分部、分公司或任一部分，以使企业摆脱那些不盈利、需要太多资金或与其他活动不相适宜的业务。

③ 清算战略。清算战略是指企业为实现其有形资产的价值而将公司资产全部或分块出售。

综 合 练 习

一、名词解释

计划　企业愿景　成本领先战略　特色优势战略　企业战略

二、单项选择题

1. 根据计划的明确性，可以把计划分类为(　　)。
   A. 长期计划和短期计划　　B. 战略计划和战术计划
   C. 具体计划和指导性计划　　D. 程序性计划和非程序计划
2. 计划是(　　)。
   A. 面向未来的　　B. 过去的总结　　C. 现状的描述　　D. 面向行动的
3. 企业将经营领域扩展到与原先完全不相关的产品生产和销售领域中，属于(　　)。
   A. 密集型策略　　B. 一体化策略
   C. 横向多角化策略　　D. 混合多角化
4. 企业发展多元化经营，最主要目的是(　　)。
   A. 降低成本　　B. 分散风险　　C. 扩大市场　　D. 增加利润
5. 企业基本战略不包括(　　)。
   A. 成本领先战略　　B. 一体化战略　　C. 特色优势战略　　D. 目标集聚战略
6. 下述管理工作中，对外部环境的依赖性最强的是(　　)。
   A. 制订发展战略　　B. 选拔一个销售经理
   C. 组建新的公司领导班子　　D. 确定对经理人员的考核指标
7. 在一个竞争激烈的行业中，企业必须根据自己在竞争中所处的特定位置制定相应的竞争策略。一般来讲，企业可以采取的竞争策略有(　　)。
   A. 追求最低成本　　B. 实行产品差异化
   C. 集中重点或专业化　　D. 以上策略皆可选择
8. 将企业经营目标集中到企业总体市场中的某一部分细分市场上，以寻求在这部分细分市场上的相对优势的战略，属于(　　)。
   A. 低成本战略　　B. 差异化战略　　C. 集中化战略　　D. 稳定战略
9. 要成功地实现成本优势战略，(　　)。
   A. 企业通常必须是本行业中唯一一个实施该战略者
   B. 满足客户对产品的多种多样的要求
   C. 将企业的资源集中运用于有限的产品生产
   D. 企业要有进有退，有所为有所不为
10. 企业一般总体战略是关于企业经营发展全局的战略，下列不属于企业一般总体战略的是(　　)。
   A. 集团化战略　　B. 多样化战略　　C. 一体化战略　　D. 集中重点战略
11. 多样化经营战略在经营战略中属于产品、市场战略，其中，虽与现有产品、市场有关系，但主要是通过开发完全异质的产品、市场来使事业领域多样化的战略是(　　)。
   A. 横向多样化　　B. 纵向多样化　　C. 多向多样化　　D. 复合多样化

三、简答题

1. 计划的作用有哪些？
2. 计划编制的原理是什么？
3. 计划制订过程是什么？

4. 企业顾客研究的主要内容是什么？
5. 企业基本战略的类型有哪些？

四、论述题

论述战略环境分析的内容。

五、案例分析题

小天鹅崛起

“小天鹅”的崛起是因为企业内部有一种巨大的精神因素在起作用，这就是“小天鹅”的企业文化和企业精神。“小天鹅”在兼并重组的过程中注重文化重组，不断探索，逐步熟悉，并针对不同文化差异采取不同的策略，把握时机，出奇制胜，创造双赢。

“小天鹅”与武汉“荷花”的合作具有中国特色，这种合作是在跨地区的国有企业之间进行的，不仅仅是一种经济行为，更有丰富的文化内涵。

武汉荷花洗衣机厂是国内十大洗衣机厂之一，近几年来由于经营不善，成为武汉市亏损大户。李建民厂长针对当时“荷花”产品的市场萎缩、品牌声誉下降、企业资金短缺等具体问题几经思考，主动找出路，谋求与有实力的企业合作。“小天鹅”想壮大，“荷花”想发展，双方异曲同工、不谋而合。但是“小天鹅”与“荷花”毕竟各自有不同的出发点，产品也不仅仅是换牌子就行的，所以双方的合作首先要了解和磨合的是企业文化而不是产品。

“小天鹅”进驻“荷花”的工作组在调研中发现：“荷花”厂缺的是质量文化。要让大家都知道：只有健康的思想才能指导健康的行动，进而保证企业健康发展。如何控制质量，这要求所有人、所有过程、所有工作都必须围绕质量来完成。按“小天鹅”5000次无故障运行的标准，他们对“荷花”产品进行测试，让“荷花”的产品接受严峻的考验，让“荷花”员工看到他们产品的问题，自然也就找到了努力的方向。工作组邀请“荷花”厂的领导一起考察市场，一起听取客户和用户的意见。“荷花”厂领导终于明白：“荷花”的出路就是在企业内部做好质量基础工作，依法治厂。

“荷花”厂抽调70名大学生和中层干部到市场感受竞争；听取用户反映，并且在厂内设立了劣质零件曝光台。产品严格按“小天鹅”的5000次无故障运行的高质量标准考核，可靠的产品质量为占领市场打下了扎实的基础。

“荷花”的员工也在合作中逐步接受“小天鹅”的质量文化：末日理念。倘若有一天，“荷花”没有了“小天鹅”对双缸机的订单，“荷花”厂将面临停产。

由于条件限制，“小天鹅”与“荷花”的产品外观相同，只有区分市场，避免冲突，才能形成一种协同作战、平等竞争的局面。如果市场冲突，同室操戈，势必影响双方合作。“小天鹅”所有的双缸机不在湖北露面。“小天鹅”信守诺言，让出部分国内市场，此举赢得了“荷花”员工的信任和当地政府的好感，为以后更大的发展打下了坚实的基础。

(资料来源：https://wenku.baidu.com/view/15eefb53f90f76c661371ade.html)

问题：

(1) “小天鹅”在进行合并时是如何进行战略性思考的？

(2) “小天鹅”与武汉“荷花”的合并属于哪一种战略？制定这一种战略需要考虑哪些因素？

第六章
计划工作方法

【学习目标】

1. 熟悉滚动计划法；
2. 理解甘特图法；
3. 掌握网络计划技术的原理与应用；
4. 熟悉目标管理法。

【导入案例】

为什么在实施目标管理后业绩却下降了？

国内一家制药公司决定在整个公司内实施目标管理。事实上，他们之前在为销售部门制定奖金制度时已经用了这种方法。公司通过对比实际销售额与目标销售额，支付给销售人员相应的奖金，这样销售人员的实际收入就由基本工资和一定比例的个人销售浮动奖金两部分所组成。

实行该项制度之后，销售大幅度提上去了，但是生产部门却叫苦不迭，原因是人手、设备、技术等方面的问题造成他们很难及时完成交货计划。销售部经常抱怨生产部不能按时交货。制药公司总经理和高级管理层决定为所有部门的经理和关键员工都设置相应的目标。为此，制药公司还在企业内推行业绩评估制度。其中，生产部门的目标包括按时交货和库存成本两个部分。

公司人力资源部在专家的指导下很快设计出了一套业绩评估制度，并对公司现有的薪酬结构和奖金制度进行了修订。该业绩评估制度与公司年度目标的实现程度密切相连。各个部门还在专家的指导下进行了组织目标设定的讨论及绩效回顾流程等。

公司总经理满心欢喜地期待着各项业务能够得到很快的发展。然而结果却出人意料，业绩不但没有上升，反而下滑了。部门间的矛盾加剧，尤其是销售部和生产部。生产部埋怨销售部销售预测准确性太差，而销售部埋怨生产部无法按时交货。每个部门都指责其他部门的问题。企业的客户满意度下降，利润也在下滑。

(资料来源：http://www.hrsee.com/?id=472)

问题：(1) 你觉得案例中出现的问题根本原因是什么？

(2) 你觉得应该如何解决这个问题？

第一节　滚动计划法

计划工作所使用的方法决定了计划工作的效率，以及所制订计划质量的高低。在人类社会早期，人类所采用的计划方法比较初级，所制订的计划比较粗糙。随着技术的进步，现代计划方法大大提高了计划工作的效率和计划的质量。现代企业管理中，常见的计划工作方法有滚动计划法、甘特图法、网络计划技术和目标管理法等。其中，滚动计划法是比较常见的一种方法，它是一种定期修订未来计划的方法。

一、滚动计划法的含义

企业外部环境的变化会对企业计划工作的实施产生深远影响，企业管理者需要根据环境的变化去修改计划，从而增强组织对环境的适应能力。滚动计划法(rolling plan technique)就是一种根据环境的变化和前期计划的执行情况，按照“近细远粗”的原则，定期修正未来计划的计划制定方法。

滚动计划法是一种动态的、定期修改未来计划的方法，是在每次编制或调整计划时，保持原计划期限不变，将计划按时间顺序向前推进一个计划期，即向前滚动、向前延伸一次。计划的不断滚动、延伸，对保证目标顺利完成具有十分重要的指导和保障作用。

二、滚动计划法的制定流程

滚动计划法根据一定时期计划的执行情况，考虑企业内外环境条件的变化，调整和修订未来的计划，并相应地将计划期顺延一个时期，进而使长期计划、中期计划与短期计划相互衔接，短期计划内部各阶段相互衔接，加强了计划的弹性，加大了计划的准确性和可操作性，提高了管理者的应变能力。

在计划编制过程中，为了能准确地预测影响计划执行的各种因素，可以采取“近细远粗”的办法，近期计划订得较细、较具体，远期计划订得较粗、较概略。

例如，在 2016 年年底制订 2017 年 1 月—3 月份三个月工程总体计划时，采用滚动计划法，到 2017 年 1 月底，根据 1 月份计划完成情况和条件的变化，对原订的三个月计划进行必要的调整，在此基础上再编制 2017 年 2 月—4 月份的三个月工程总体计划。其后依此类推，如图 6-1 所示。

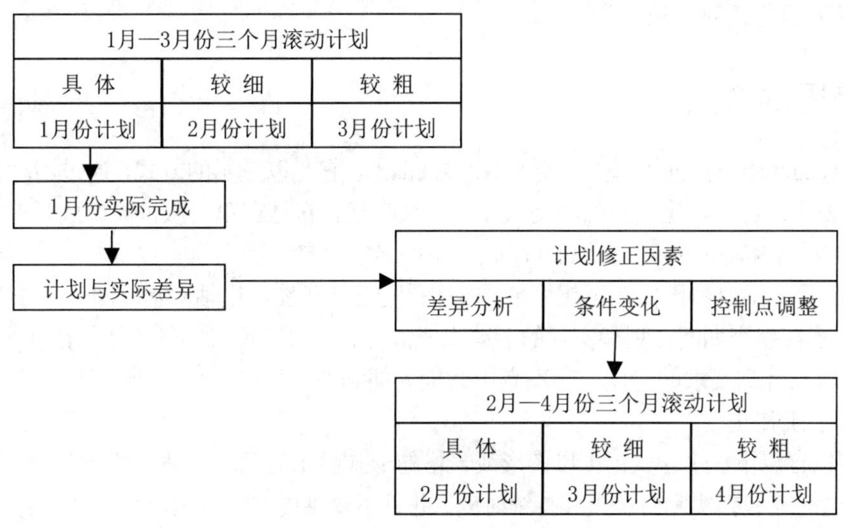

图 6-1　滚动计划法

在三个月的滚动计划中，第一个月为执行计划，第二个月为准备计划，第三个月为目标计划。每个月的月计划都是对总目标计划的分解，原则上第一个月没有完成的任务，应滚动到第二个月，以此类推。

三、滚动计划法的优点

综合起来，滚动计划法有以下优点。

(1) 采用滚动计划法，把计划期内各阶段及下一个时期的预先安排有机地衔接起来，定期调整补充，进而从方法上解决了各阶段计划与实际衔接的问题。

(2) 采用滚动计划法，较好地解决了计划的相对稳定性和实际情况的多变性这一矛盾，使计划更好地发挥指导实际的作用。

(3) 采用滚动计划法，使项目能够灵活地适应条件变化，把设计、供货、施工等环节密切结合起来，从而有利于实现项目预期的目标。

(4) 采用滚动计划法，可以根据环境条件变化和实际完成情况定期地对计划进行修订，使企业始终有一个较为切合实际的长期计划作指导，并使长期计划能够始终与短期计划紧密地衔接在一起。

需要注意的是，滚动间隔期的选择要适应企业的具体情况。如果滚动间隔期偏短，则计划调整较频繁，好处是有利于计划符合实际，缺点是降低了计划的严肃性。一般情况是，比较稳定的大量大批生产企业宜采用较长的滚动间隔期，不太稳定的单件小批生产企业则可考虑采用较短的间隔期。

第二节　甘特图法

在管理中，甘特图是通过图形的方式更直观地表现出任务安排及任务之间的关联性。甘特图可以使管理者从大量的、密密麻麻的表格中解脱出来。在管理活动早期，甘特图法是一种非常实用的、直观明了的计划方法。

一、甘特图的含义

甘特图(Gantt chart)又叫横道图、条状图(bar chart)。它是以图示的方式，通过活动列表和时间刻度形象地表示出任何特定项目的活动顺序与持续时间。它是在第一次世界大战时期发明的，以亨利·劳伦斯·甘特(Henry Laurence Gantt)先生的名字命名，因为他制定了一个完整的用条形图表进度的标志系统。甘特图内在思想简单，基本是一条线条图，横轴表示时间，纵轴表示活动(项目)，线条表示在整个期间计划和实际的活动完成情况。它直观地表明任务计划在什么时候进行，以及实际进展与计划要求的对比。管理者由此极为便利地弄清一项任务(项目)还剩下哪些工作要做，并可评估工作进度。

甘特图包含以下三个含义：①以图形或表格的形式显示活动；②是一种通用的、显示进度的方法；③构造时应包括实际日历天和持续时间，并且不要将周末和节假日算在进度之内，如图 6-2 所示(图 6-2 根据表 6-1 制作而成)。

表 6-1 时间安排表

项目	开始日期	已完成	未完成	天数	结束日期
问卷设计	2013/11/14	3	0	3	2013/11/17
问卷分发	2013/11/17	5	0	5	2013/11/22
统计反馈	2013/11/22	2	0	2	2013/11/24
产品定位	2013/11/24	6	0	6	2013/11/30
农场调研策划	2013/11/7	7	0	7	2013/11/14
调研与总结	2013/11/14	16	0	16	2013/11/30
科学商店	2013/11/21	9	0	9	2013/11/30
酵素试验	2013/11/7	23	0	23	2013/11/30

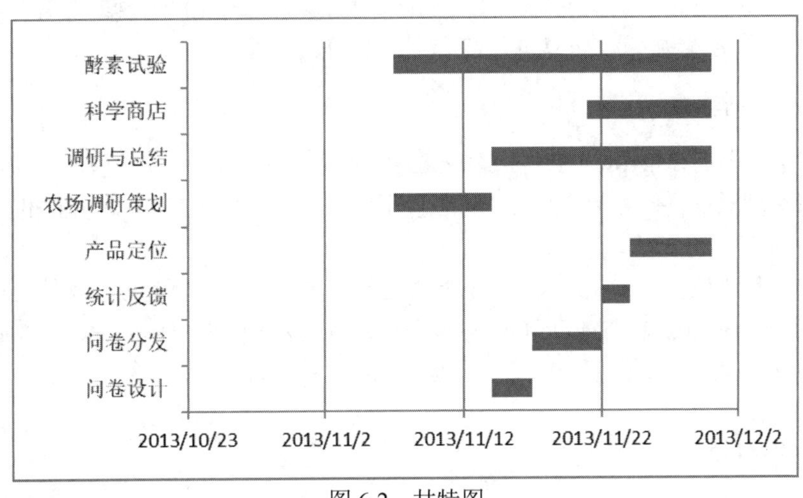

图 6-2 甘特图

二、甘特图的绘制与计算步骤

甘特图的绘制与计算包括以下环节。

(1) 明确项目涉及的各项活动、子项目，内容包括项目名称(包括顺序)、开始时间、工期、任务类型(依赖/决定性)和依赖于哪一项任务。

(2) 创建甘特图草图。将所有的子项目按照开始时间、工期标注到甘特图上。

(3) 确定项目活动依赖关系和时序进度。使用草图按照项目的类型将子项目联系起来，并安排项目进度。此步骤将保证在未来计划有所调整的情况下，各项活动仍然能够按照正确的时序进行，也就是确保所有依赖性活动能且只能在决定性活动完成之后按计划展开。

同时避免关键性路径过长。关键性路径是由贯穿项目始终的关键性任务所决定的，它既表示了项目的最长耗时，也表示了完成项目的最短可能时间。需注意的是，关键性路径会由于单项活动进度的提前或延期而发生变化。而且要注意，不要滥用项目资源。同时，对于进度表上的不可预知事件要安排适当的富裕时间(slack time)。 但是，富裕时间不适用于关键性任务，因为作为关键性路径的一部分，它们的时序进度对整个项目至关重要。

(4) 计算单项活动任务的工时量。

(5) 确定活动任务的执行人员，并适时按需调整工时。

(6) 计算整个项目时间。

三、甘特图的适用范围与软件

1. 适用范围

项目管理领域：在现代的项目管理里，甘特图被广泛应用。甘特图可能是最容易理解、最容易使用且最全面的一种管理工具。它可以预测时间、成本、数量及质量上的结果并回到开始。它也能帮助管理者考虑人力、资源、日期、项目中重复的要素和关键的部分，还能把多张各方面的甘特图集成为一张总图。以甘特图的方式，可以直观地看到任务的进展情况、资源的利用率等。

其他领域：如今甘特图不单单被应用到生产管理领域，随着生产管理的发展、项目管理的扩展，它被应用到了各个领域，如建筑、IT 软件、汽车生产等。

2. 甘特图绘制软件

微软项目管理软件(Microsoft Project 和 Excel)：在微软的 Project 软件里，把甘特图植入程序里，通过项目经理对项目任务的分配，即可直接形成甘特图。微软的 Excel 程序也可用来绘制甘特图。

相关软件：由于软件业的飞速发展，甘特图这种广泛应用于项目管理的软件已可由其他项目管理软件替代，如 Basecamp、Teamoffice(Saas 型)、趣客、易度(Saas 型)等，都可对项目进行管理，安排任务，查看进度。

四、甘特图的优缺点

简单来讲，甘特图的优点是直观明了、简单易懂、应用广泛。但同时甘特图也存在局限性，即传统甘特图的缺点是不能表示活动间的逻辑关系。甘特图主要关注进程管理，它仅仅部分地反映了项目管理的时间、成本和范围三重约束，而不能综合地反映项目本身的完成情况。

第三节　网络计划技术

网络计划是以网络图为基础的计划模型。它最基本的优点是能直观地反映工作项目之间的相互关系，使一项计划构成一个系统的整体，从而为实现计划的定量分析奠定基础。对复杂的计划或工程来说，要制订出科学的计划，网络计划技术是必不可少的。

一、网络计划技术的产生和发展

甘特图进度计划法是传统的进度计划方法，甘特图计划表中的进度线(横道)与时间坐标相对应，这种表达方式较直观，易看懂计划编制的意图。但是，甘特图进度计划法也存在一些问题，例如：工序(工作)之间的逻辑关系可以设法表达，但不易表达清楚；没有通过严谨的进度计划时间参数计算，不能确定计划的关键工序、关键路线与时差；计划调整只能用手工方式进行，其工作量较大；难以适应大的进度计划系统。

美国一个由工程师和数学家构成的小组在1956年最先致力于网络计划技术的研究。1958年，美国海军武器计划处率先将网络计划技术应用于北极星导弹工程，让该工程提前两年完工。之后，网络计划技术得到迅速发展。20世纪60年代初，网络计划技术传入我国，一些管理者将网络计划技术应用于工程项目，并取得了良好的效果。国内外的众多实践证明，在组织生产或者项目实施过程中，采用网络计划技术能让工期缩短20%左右，成本节省10%左右。

二、网络计划技术的基本模型和原理

网络图是网络计划技术的基本模型。所谓网络图，是指“由箭线和节点组成的，用来表示工作流程的有向、有序网状图形”。所谓网络计划，是“用网络图表达任务构成和工作顺序，并加注工作时间参数的进度计划”。

一个网络图表示一项计划任务。网络图中的工作是计划任务按粗细需要程度划分而成的，需消耗时间或同时也需要消耗资源的一个子项目或子任务。工作可以是单位工程，也可以是分部工程、分项工程，一个施工过程也可以作为一项工作。在一般情况下，完成一项工作既需要消耗时间、也需要消耗劳动力、原材料、施工设备等资源。但也有一些工作只消耗时间而不消耗资源，如混凝土浇筑后的养护过程和墙面抹灰后的干燥过程等。

根据上述内容，总结网络计划技术原理如下：

(1) 首先将一个项目的全部建造过程分解成若干个工序过程。

(2) 通过网络计划时间参数的计算，找出关键工序及关键线路。

(3) 利用最优化原理，不断改进网络计划初始方案，并寻求最优方案。

(4) 在网络计划执行过程中，对其进行有效监督和控制。

三、网络计划技术的优点

实践证明，网络计划技术有以下优点。

(1) 它能充分反映工序之间的相互联系和相互制约关系，工序之间的逻辑关系非常严格。

(2) 它能告诉我们各项工作的最早可能开始、最早可能结束、最迟必须开始、最迟必须结束、总时差、局部时差等时间参数，它所提供的是动态的计划概念；而甘特图只能表示出工作的开始时间和结束时间，只提供一种静态的计划概念。

(3) 应用网络计划技术，可以区分关键工序和非关键工序。在通常情况下，当计划内有10项工序时，关键工序只有3～4项，占30%～40%；有100项工序时，关键工序只有12～15项，占12%～15%；有1000项工序时，关键工序只有70～80项，占7%～8%；有5000项工序时，关键工序也只不过150～160项，占3%～4%；据说世界上曾经有过10000项工序的计划，其中关键工序只占1%～2%。因此，项目负责人和管理者只要集中精力抓住关键工序，就能对计划的实施进行有效的控制和监督。

(4) 应用网络计划技术可以对计划方案进行优化，即根据我们所要追求的目标，得到最优的计划方案。

(5) 网络计划技术是控制工期的有效工具。项目实施条件是千变万化的，网络计划技术能适应这种变化。采用网络计划，在不改变工序之间的逻辑关系，也不必重新绘图的情况下，只要收集有关变化的情报，修改原有的数据，经过重新计算和优化，就可以得到变化以后的新计划方案。这改变了使用甘特图时遇到施工条件变化就束手无策、无法控制进度的状况。

(6) 网络计划技术是在项目实施过程中对进度管理、工期控制和成本监督的有效手段，同时，网络计划可作为预付项目价款的依据。

(7) 网络计划技术能够和先进的电子计算机技术结合起来，从计划的编制、优化，到执行过程中的调整和控制，都可借助电子计算机来进行，从而为现代化的计划管理提供基础。

四、双代号网络图

网络图按照以箭线或节点表示工序的绘图表达方法的不同，分为双代号网络图和单代号网络图。双代号网络图又称箭线式网络图，它是以箭线及其两端节点的编号表示工序，用节点表示工序的开始或结束及工序之间的连接状态。单代号网络图又称节点式网络图，它是以节点及其编号表示工序，箭线表示工序之间的逻辑关系。

双代号网络图是应用较为普遍的一种网络计划技术形式，目前国内大多数项目管理中都以双代号网络图形式绘制项目进度网络图。在双代号网络图中，每一项工序都用一根有向箭线和箭线两端的两个节点来表示，每个节点都编以号码。图 6-3 就是一个典型的双代号网络图。

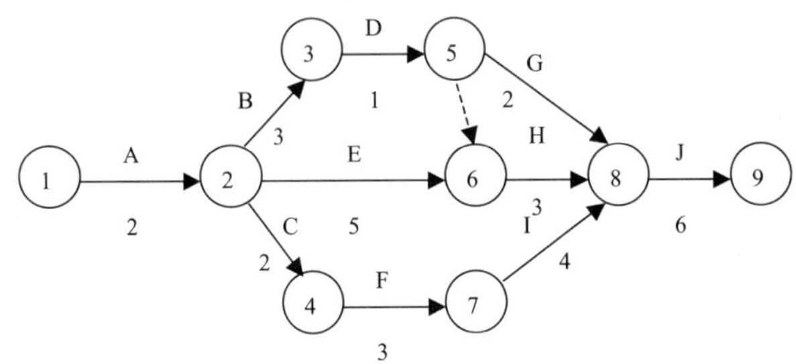

图 6-3 典型的双代号网络图

五、双代号网络图中的符号与绘制原则

1. 双代号网络图的基本符号

双代号网络图的基本符号是圆圈、箭线及编号。网络图的构成有以下几部分。

(1) “→”工序。工序亦称工作、作业、活动，它是一项工作的过程，有人力、物力的消耗，经过一段时间才能完成。工序代号在网络图中一般用大写的英文字母表示，标注在箭线的上方；完成该道工序所需的时间 t(i,j)用阿拉伯数字表示，并标注在箭线的下方，如(i)—工序代号/时间→(j)。为了便于理解网络图的关系，有必要介绍虚工序、紧前工序、紧后工序和平行工序。

虚工序：用虚线矢箭表示，虚箭线的唯一功能是用以正确表达相关工序的逻辑关系。它不消耗资源，持续时间为零。虚工序可垂直向上、向下，也可以水平方向向右，表示为(i)┄0┄→(j)。

紧前工序：在网络图中，相对于某工序而言，紧排在该工序之前的工序称为该工序的紧前工序。在双代号网络图中，工序与其紧前工序之间可能有虚工序存在。

紧后工序：在网络图中，相对于某工序而言，紧排在该工序之后的工序称为该工序的紧后工序。在双代号网络图中，工序与其紧后工序之间也可能有虚工序存在。

平行工序：在网络图中，相对于某工序而言，可以与该工序同时进行的工序即为该工序的平行工序。

(2) “○”节点。节点也称事项、事件，它是两个工序间的连接点。节点既不消耗资源，也不占用时间，只表示前道工序结束、后道工序开始的瞬间。节点用阿拉伯数字编号标注于圆圈内，节点编号要求箭尾编号小于箭头编号，并尽量按照从小到大、从左到右、从上到下的原则。编号可以连续，也可以不连续。对于某项工序来说，紧接在其箭尾节点前面的工序是其紧前工序，紧接在其箭头节点后面的工序是其紧后工序；在其箭尾节点后面的工序及在其箭头节点前面的工序和它同时进行的工序称为平行工序。

(3) 线路、关键线路和关键工序。线路是从网络始节点到终节点的通路。网络图中从起点节点开始，沿箭头方向顺序通过一系列箭线与节点，最后到达终点节点的通路被称为线路。线路既可依次用该线路上的节点编号来表示，也可依次用该线路上的工序名称来表示。

例如，图 6-3 从始点①连续不断地走到终点⑨的路线有 4 条。

即：①→②→③→⑤→⑧→⑨

①→②→③→⑤→⑥→⑧→⑨

①→②→⑥→⑧→⑨

①→②→④→⑦→⑧→⑨

在关键线路法(Critical Path Method，CPM)中，线路上所有工序的持续时间总和称为该线路的总持续时间。总持续时间最长的线路称为关键线路，应以特殊线型的箭线突出表示，如粗箭(虚)线、双箭(虚)线、彩色(虚)箭线等标出。关键线路的长度就是网络计划的总工期，如图 6-3 中的①→②→④→⑦→⑧→⑨就是关键路线。

在网络计划中，关键线路可能不止一条，而且在网络计划执行过程中，关键线路还会发生转移，但在一个网络计划中关键线路至少有一条。

关键线路上的工序称为关键工序。在网络计划的实施过程中，关键工序的实际进度提前或拖后，均会对总工期产生影响。因此，关键工序的实际进度是项目进度控制工作中的重点。

2. 双代号网络图绘制的原则

(1) 双代号网络图必须正确表达已定的工序间的逻辑关系。

(2) 双代号网络图中，严禁出现循环回路。在网络图中，如果从一个节点出发沿着某一线路又回到原出发点，这种线路称为循环回路。图 6-4 中的工序 C、F、E 和 D、G、E 分别形成了闭合回路，其表示的逻辑关系是错误的。

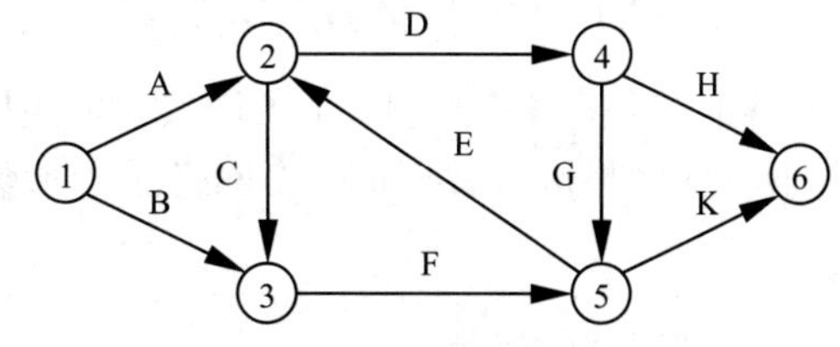

图 6-4　循环回路示意图

(3) 双代号网络图中，严禁出现双向箭头箭线和无箭头连线。

(4) 双代号网络图中，严禁出现没有箭头节点的箭线或没有箭尾节点的箭线。

(5) 双代号网络图中，任意两个节点之间只能有一条唯一的箭线，不得有两个或两个以上的箭线从同一节点出发且同时指向同一节点。

六、双代号网络图时间计算与关键线路的确定

1. 双代号网络图时间计算

双代号网络图的时间构成内容较多，现分点进行说明。

(1) 工序时间。工序时间是完成工序所需的时间。工序有工时定额时，定额即工序时间；无工时定额时，一般用三点估工法计算，设工序时间为 T，根据统计资料，完成工序最短的时间为 a，最可能的时间为 m，最长的时间为 b，则

$$T = \frac{a + 4m + b}{6}$$

(2) 节点最早开始时间。节点最早开始时间是节点后的所有工序最早开始工序的时间，计算方法为：前进，加法，挑大。即从网络图的起始节点开始(起始节点最早开始时间为0)，由左到右顺箭线方向用前一节点的最早开始时间加上工序时间计算下一节点最早开始时间，若同时有几条箭线的箭头指向某一节点，则要选取该节点按不同箭线方向计算出的诸多最早开始时间中的最大者为该节点的最早开始时间。节点最早开始时间标注于结点的左上(下)方的“□”内。

(3) 节点最迟结束时间。节点最迟结束时间是节点前的所有工序最迟的结束工序的时间，计算方法为：后退，减法，挑小。即从网络图的终止结点开始(该节点最迟结束时间等于该结点的最早开始时间)，由右到左逆箭线方向用后一结点的最迟结束时间减去工序时间计算前一节点的最迟结束时间，若同时有几条箭线从某节点指出，则要选取该结点按不同箭线方向计算出的诸多最迟结束时间中的最小者为该结点的最迟结束时间。节点最迟结束时间标注于节点的右上(下)方的“△”内，节点的最迟结束时间和最早开始时间要并列标注于节点的上方或下方。

(4) 工序最早结束时间。工序最早结束时间＝工序前一节点的最早开始时间＋本工序时间。

(5) 工序最迟开始时间。工序最迟开始时间＝工序后一节点的最迟结束时间－本工序时间。

(6) 工序时差 ΔT 。

ΔT =工序最迟结束时间-工序最早结束时间

=工序最迟开始时间-工序最早开始时间

=工序(后一节点)的最迟结束时间-工序时间-工序(前一节点)的最早开始时间

工序时差是指在不影响整个工程完成的前提下，某工序可以开工到必须开工之间的时间差，该时间是可以利用的机动时间，在网络优化时该时间影响优化方案。工序时差为0的工序即关键工序。

2. 关键线路的确定

在复杂的双代号网络图中确定关键线路有两种方法：时差法和破圈法。时差法就是计算工序时差，把工序时差为0的关键工序和节点按箭线的方向连接而成的路线就是关键路线。而破圈法首先在网络图中找一个尽量小的圈，分别计算这个圈的起始节点和终止节点之间的两条路线上的工序时间和，把工序时间和小的路线去除。将图中所有圈都按此法打破，最终留下的就是关键路线。在破圈过程中，如两条路线的工序时间和相等，可先去任意一条路线，最后再补上即可。关键线路在网络图中往往用粗线表示。

例 6-1 试计算图 6-5 网络图中节点 8 和 9 的最早开始时间和最迟结束时间，并求出关键线路。图 6-5 的每个节点的最早开始时间和最迟结束时间如图 6-6 所示，图中的粗线箭头表示关键线路。

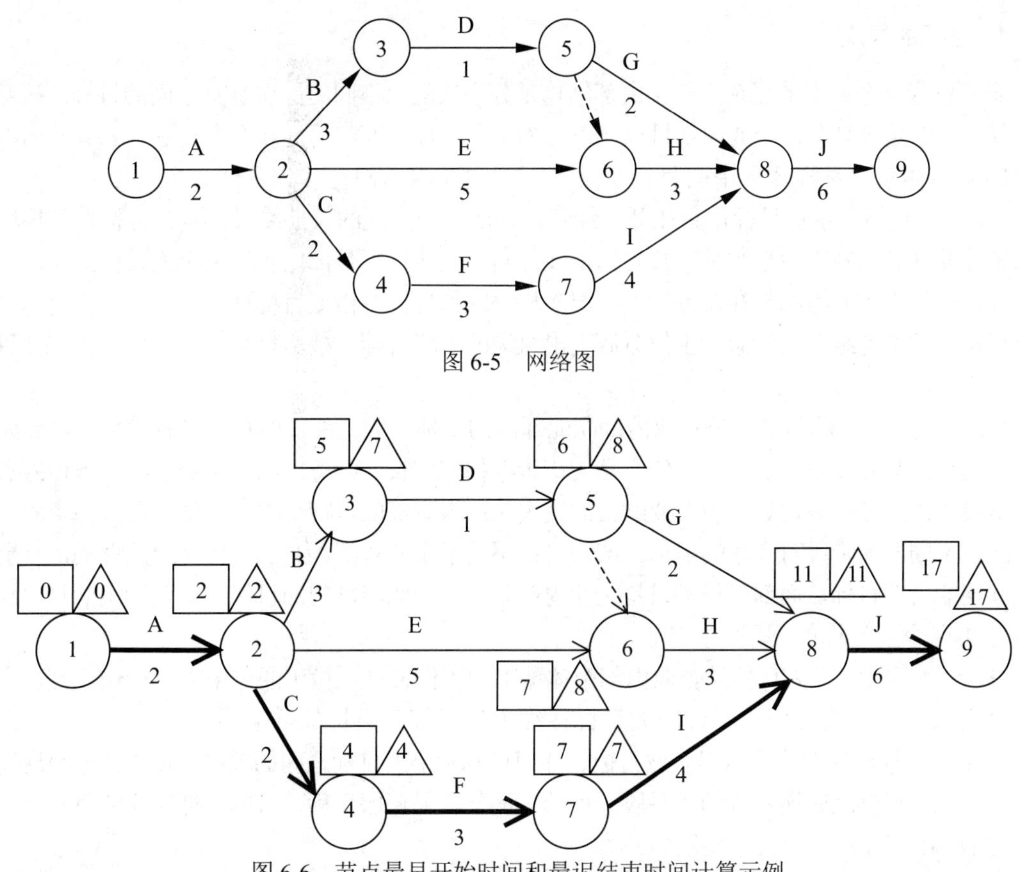

图 6-5 网络图

图 6-6 节点最早开始时间和最迟结束时间计算示例

第四节 目标管理法

目标管理以目标为导向，以人为中心，以成果为标准，从而使组织和个人取得最佳业绩。它强调在企业管理层与员工的积极参与下，确定工作目标，并在工作中实行“自我控制”，自下而上地保证目标实现。它是贯彻执行计划的一种方式，把计划的方针、任务、目的和措施逐一加以分解，提出进一步的具体要求，并分别落实到执行计划的有关部门、单位，甚至个人。

一、目标的层次和制定原则

管理目标是企业管理活动的起点，是企业内部各项管理活动的依据，同时又是企业管理活动的终点，是判断一个企业管理合理性和有效性的标准。

目标是宗旨的具体化，是一个企业在一定时期内通过努力争取达到的理想状态或所希望获得的成果，包括企业的宗旨、任务、具体的目标项目和指标等。

彼得·德鲁克(Peter Drucker)认为，一个管理成功的企业，应在诸如市场、利润、人力资源、物质和金融资源、技术进步和发展、提高生产力、职工积极性发挥和社会责任八方面有自己明确的目标。

1. 目标的层次

企业作为一个典型的复杂系统，内部结构是分层次的，不同的层次具有不同的目标。按照企业内部结构的层级划分，企业内部目标可以分为企业目标、部门目标和个人目标，三者共同构成企业的目标体系。目标体系中的目标从上到下，逐渐由模糊过渡到具体。

(1) 企业目标。企业目标是企业开展经营活动所希望实现的长期结果，是在分析外部环境和内部条件的基础上制定的全体员工共同的奋斗方向。企业目标是部门目标和个人目标的纲领。一般来说，运行正常的组织都存在着与组织层次相关联的目标网格或目标体系，形成一个目标树。在目标树的顶端是组织的使命，由使命派生出组织的战略目标，战略目标又派生出各支持性目标(具体目标)。

(2) 部门目标。部门目标是企业内部职能部门的目标。职能部门的目标具有差异性，例如，销售部的目标是开发更多的客户，使产品的销售额稳定增长；财务部的目标是及时有效地筹资、合理地投资，通过财务规划实现企业财富的最大化；人事部的目标是不断开发企业人力资源，满足企业在不同发展阶段对人才的需求。部门目标不同于企业目标，企业目标是全局性的，是全体成员共同的奋斗目标，而部门目标只是企业内部具体某一职能部门的目标。需要指出的是，部门目标是实现企业目标的手段。

(3) 个人目标。个人目标是企业内部个体员工的工作目标，员工通过个人目标认识到自己的工作任务及个人对企业的贡献，个人目标往往来自于部门目标的分解。

如果以目标树的形式表示出企业目标、部门目标和个人目标之间的关系，可以清晰地展现下层目标与上层目标之间所构成的“手段—目的”链条。上一层目标是目的，低层次的目标是实现上一层目标的手段。

例如，A 公司是一家生产各种灯泡、灯管等电光源产品的企业，该公司制定 2020 年之前的使命定位是为各种交通工具、公路加油站、隧道提供照明服务，希望通过自己的产品为在黑暗中旅行的人提供舒适和安全。该公司的目标树如图 6-7 所示。

2. 目标制定原则

(1) 理性原则。高层目标往往模糊、不确定、不可控，而低层目标要求具体、确定、可控。在制定目标时，要注意上层目标的分解和分工；同时，目标不能太多，否则执行过程中容易出现矛盾，因此设定目标要注重主次目标的轻重缓急排序。

(2) SMART 原则。较低层次的目标，往往要求符合 SMART 原则，即目标一定要是明确的(specific)，可以度量或测量的(measurable)，可以实现的(achievable)，目标之间是相互关联的(relevant)，是有时间限定的(time bound)。例如，某公司销售部由 5 名销售人员组成，部门目标是第一季度销售 30 台起重机，那么 5 名销售人员的个人目标是第一季度销售 6 台起重机。

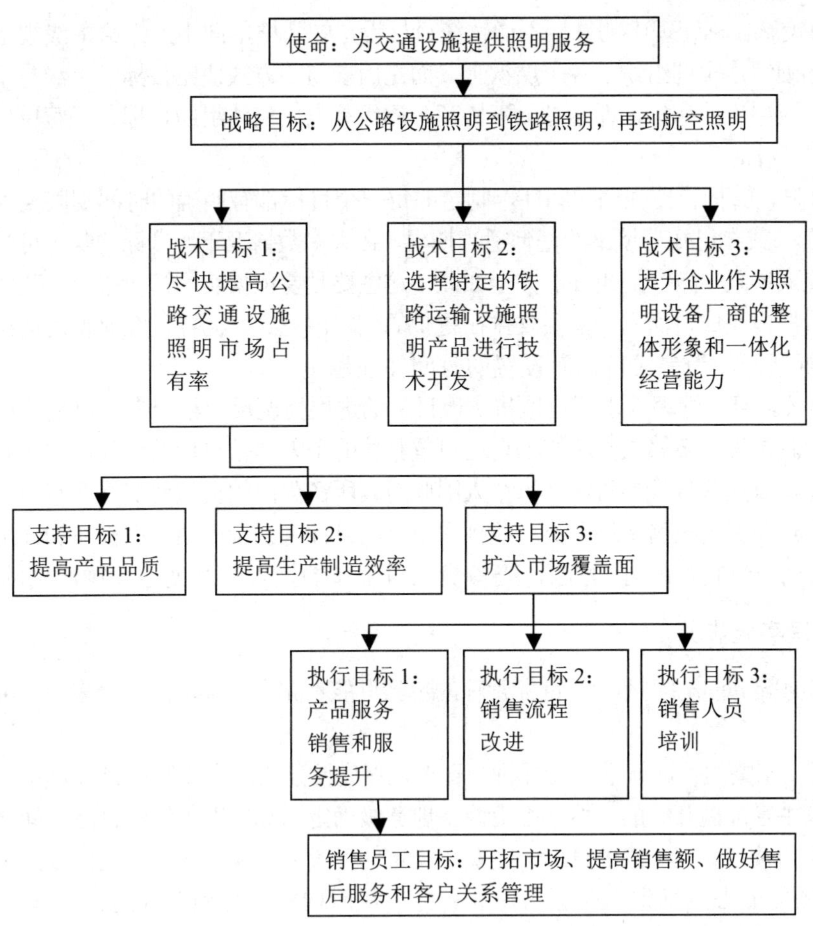

图 6-7　目标树示例

二、目标管理

目标管理(Management by Objective，MBO)是由彼得·德鲁克于 1954 年在其名著《管理实践》中最先提出的，其后他又提出“目标管理和自我控制”的主张。目标管理，就是让组织的主管人员和员工亲自参加目标的制定，在工作中实行“自我控制”，并努力完成目标的一种管理制度或方法。目标管理决定上、下级的责任和分目标，并把这些目标作为组织经营、评价和奖励每个单位和个人贡献的标准。目标管理提出以后，便在美国迅速流传，时值第二次世界大战后西方经济由恢复转向迅速发展的时期，企业急需采用新的方法调动员工积极性以提高竞争能力，目标管理的出现可谓应运而生，遂被广泛应用，并很快被日本、西欧国家的企业所效仿。

1. 目标管理的作用

目标管理的作用，主要表现在以下几个方面。

(1) 明确目标。研究人员和实际工作者早已认识到制定个人目标的重要性。美国马里兰大学的早期研究发现，明确的目标要比只要求人们尽力去做更能带来高业绩，而且高水平的业绩和更高的目标是相联系的。人们注意到，在企业中，目标技能的改善会继续提高生产率。目标制定的重要性并不仅限于企业，在公共组织中也是适用的。

(2) 参与决策。目标管理中的目标不像传统目标设定的那样单向由上级给下级规定目标，然后分解成子目标硬性落实到组织的各个层次上，而是用参与的方式决定目标，上级与下级共同参与选择设定各对应层次的目标，即通过上下协商，逐级制定出整体组织目标、经营单位目标、部门目标直至个人目标。

(3) 规定时限。目标管理强调时间性，制定的每一个目标都有明确的时间期限要求，如一个季度、1 年、5 年，或在已知环境下的任何适当期限。在大多数情况下，目标的制定可与年度预算或主要项目的完成期限一致。但也并非完全如此，这主要是要依据实际情况来定。某些目标应该安排在很短的时期内完成，而另一些要安排在更长的期限内完成。同样，在典型的情况下，在组织层次中的位置越低，为完成目标而设置的时间往往越短。

(4) 评估绩效。目标管理寻求不断地将实现目标的进展情况反馈给个人，以使他们能够调整自己的行动。也就是说，下属人员承担为自己设置具体的个人绩效目标的责任，并具有同他们的上级领导人一起检查这些目标的责任。每个人因此对其所在部门的贡献就变得非常明确。尤其重要的是，管理人员要努力吸引下属人员对照预先设立的目标来评价业绩，积极参加评价过程，用这种鼓励自我评价和自我发展的方法，鞭策员工对工作的投入，并创造一种激励的环境。

2. 目标管理实施步骤

由于各个组织活动的性质不同，目标管理的步骤可能不完全一样，但一般来说，可以分为以下四个步骤。

(1) 建立一套完整的目标体系。实行目标管理，首先要建立一套完整的目标体系。这项工作是从企业的最高主管部门开始的，然后由上而下地逐级确定目标。上下级的目标之间通常是一种“目的—手段”的关系。某一级的目标，需要用一定的手段来实现，这些手段就成为下一级的次目标，按级别顺推下去，直到作业层的作业目标，从而构成一种锁链式的目标体系。

制定目标的工作如同其他计划工作一样，通常需要事先拟订和宣传前提条件，即指导方针，只有明确的指导方针才可能让下级主管人员制定出合理的目标。此外，制定目标应当采取协商的方式，鼓励下级主管人员根据基本方针拟订自己的目标，由上级批准后再执行。

(2) 明确责任。目标体系与组织结构相吻合，从而使每个部门都有明确的目标，每个目标都有人明确负责。然而，组织结构往往不是按组织在一定时期的目标而建立的，因此，在按逻辑展开目标和按组织结构展开目标之间，时常会存在差异。其表现是，有时从逻辑上看，一个重要的分目标却找不到对此负全面责任的管理部门，而组织中的有些部门却很难为其确定重要的目标。这种情况的反复出现，可能最终导致对组织结构的调整。从这个意义上来看，目标管理还有利于梳理组织结构。

(3) 组织实施。目标既定，主管人员就应该将权力交给下级成员，自己则去抓重点的综合性管理。完成目标主要靠执行者的自我控制，上级的管理者要信任下级，不必事必躬亲，上级管理者的工作应主要表现在指导、协助、提出问题、提供情报及创造良好的工作环境方面。

(4) 检查和评价。对各级目标的完成情况，要事先规定出期限，定期进行检查。检查的方法可灵活地采用自检、互检和责成专门的部门进行检查。检查的依据就是事先确定的目标。对于最终结果，应当根据目标进行评价，并根据评价结果进行奖罚。经过评价，使目标管理进入下一轮循环过程。

3. 对目标管理的评价

目标管理与其他事物一样都具有两面性，既有优点，又有本身的局限性。

(1) 目标管理的主要优点。

① 管理强化，水平提高。以最终结果为导向的目标管理，迫使各级管理人员认真思考计划的效果，而不仅仅考虑计划的活动。为了保证目标的实现，各级管理人员必然要深思熟虑实现目标的方法和途径，考虑相应的组织机构和人选，以及需要怎样的资源和帮助。

② 成果导向，结构优化。目标作为一个体系，规定了各层次的分目标和任务，那么在允许的范围内，组织结构要按照实现目标的要求来设置和调整，各个职位也应当围绕所期望的成果来建立，这就使组织结构更趋合理与有效。

③ 任务承诺，责任明确。目标管理促使管理人员根据目标去确定组织的任务和结构。为了取得成果，各级管理人员必须根据他们期望的成果授予下属人员相应的权力，使其与组织的任务与岗位的责任相对应。

④ 监督加强，控制有效。目标管理使责任更明确，使控制活动更有效。控制就是采取措施纠正计划在实施中出现的与目标的偏离，确保任务的完成。有了一套可考核的目标评价体系，监督就有了依据，控制就有了标准。

(2) 目标管理的局限性。

① 目标难确定。真正可考核的目标是很难确定的，目标设定既要考虑管理人员的现有能力，也需要让其工作充满一定的挑战性，发挥他们的潜力，这种目标的制定具有难度，而在现有能力与潜力之间的平衡正是目标管理能否取得成效的关键。因此，目标的设置要比展开工作和拟订计划需要做更多的研究。根据先进性、可行性、可量化、可考核等要求确定目标体系，会对各级管理人员产生一定的压力。为了达到目标，各级管理人员有可能会出现不择手段的行为。为了防止选择不道德手段实现目标的可能性，高层管理人员一方面要确定合理的目标，另一方面还要明确对下属行为的期望，奖励道德的行为，惩罚不道德的行为。

② 目标短期化。几乎在所有实行目标管理的组织中，确定的目标一般都是短期的，很少有超过 1 年的。主要是由于组织外部环境的可能性变化，各级管理人员难以做出长期承诺所致。短期目标的弊端在管理活动中是显而易见的，短期目标会导致短期行为，以损害长期利益为代价，换取短期目标的突出。为防止这种现象的发生，高层管理人员必须从长远利益来设置各级管理目标，并对可能出现的短期行为做出某种限制性规定。

③ 目标修正不灵活。目标管理要取得成效，就必须保持目标的明确性和肯定性。如果目标经常改变，说明计划没有经过深思熟虑，所确定的目标是没有意义的。如果在目标管理过程中，环境发生了重大变化，特别是上级部门的目标已经修改，计划的前提条件或政策已发生变化，还要求各级管理人员继续为原有的目标而奋斗，显然是愚蠢的。由于目标是经过多方协商确定，要改变它不是轻而易举的事，修订一个目标体系与制定一个目标体系所花费的精力和时间相差不多，结果很可能不得不中途停止目标管理的进程。

综合练习

一、名词解释

滚动计划法　甘特图　网络计划　目标管理

二、单项选择题

1. 将计划划分为业务计划、财务计划和人事计划，其分类标准是(　　)。
   A. 按职能空间分类　　B. 按综合性程度分类
   C. 按内容明确性分类　　D. 按时间长短分类
2. 提出一个行业内部的竞争作用力的学者是(　　)。
   A. 波特　　B. 德鲁克　　C. 法约尔　　D. 韦伯
3. 目标管理对目标的要求中不包括(　　)。
   A. 目标要略高于执行者的能力水平　　B. 目标的数量不宜过多
   C. 目标要有战略性　　D. 目标要定量化
4. 网络计划技术的基础是(　　)。
   A. 关键路线　　B. 网络图　　C. 作业明细表　　D. 计划评审表
5. 目标管理的提出者是(　　)。
   A. 弗鲁姆　　B. 哈默　　C. 圣吉　　D. 德鲁克
6. 滚动计划法编制的原则是(　　)。
   A. 近粗远细　　B. 动态变化　　C. 近细远粗　　D. 自我控制

三、多项选择题

1. 滚动计划法的主要优点有(　　　　)。
   A. 加大了计划的准确性和可操作性　　B. 使长、中、短期计划相互衔接
   C. 加强了计划的弹性　　D. 有助于提高组织的应变能力
   E. 减少了计划编制和实施的工作量
2. 目标管理的特点是(　　　　)。
   A. 参与管理　　B. 自我控制　　C. 权力下放
   D. 单一评价　　E. 绩效反馈
3. 甘特图的优点是(　　　　)。
   A. 直观明了　　B. 简单易懂　　C. 逻辑关系分明
   D. 应用广泛　　E. 综合反映项目
4. 网络图的构成包含(　　　　)。
   A. 工序　　B. 节点　　C. 线路
   D. 关键路线　　E. 关键工序
5. 目标制定的 SMART 原则是指目标应(　　　　)。
   A. 要明确　　B. 可测量　　C. 可实现
   D. 目标之间相互关联　　E. 有时间限定

四、简答题

1. 双代号网络图绘制的原则有哪些？
2. 网络计划技术的原理。
3. 滚动计划法的优点。
4. 甘特图的优、缺点。

五、论述题

1. 试论述滚动计划法的基本思想，并对其进行简要述评。
2. 试述网络计划技术的优点。

六、实训题

一项施工工程共有A、B、C、D、E、F、G、H八项工作，其中各项工序的紧前工序和所需时间见下表(时间单位：月)。

各项工序的紧前工序和所需时间

工序	A	B	C	D	E	F	G	H	I	J
紧前工序	无	A	A	B	A	C	D	ED	F	GHI
作业时间(月)	2	3	2	1	5	3	2	3	4	6

要求：(1) 根据表格画出网络图；
(2) 计算各工序时差；
(3) 指出关键路线和总工期。

第七章

决　策

【学习目标】

1. 掌握决策的含义、决策的原则；
2. 了解决策的作用和决策的影响因素；
3. 熟悉决策理论；
4. 掌握决策的程序；
5. 熟悉不同标准下的决策分类。

【导入案例】

舒厂长的决策

舒厂长是一家饮料生产工厂的厂长。在8年前工厂成立时，由于资金有限，买不起新的生产线。当时舒厂长一人下决心购买了国外淘汰的二手生产设备，饮料厂也因此借助这条生产线挤入国内同行业强手之林，令同类企业刮目相看。

一天晚上，工厂开会又准备做一项决定。开会伊始，舒厂长庄重地讲道：“我有一个新的想法，我将大家召集到这里是想听听大家的意见或看法。我们厂比起8年前已经发展了很多，可是，比起国外同类行业的生产技术、生产设备来，还差得很远。我们必须从硬件条件入手，即引进世界一流的先进设备，这样一来，就会带动我们的人员和我们的技术等一起前进。我想这也并非不可能，8年前我们不就是这样做的吗?我想听听大家的意见，然后再做决定。”会场一片肃静。大家都清楚记得，8年前厂长宣布引进二手设备的决定时，有近50%成员反对，因为当时很多厂家引进设备后，由于产品与设备不配套和技术难以达到等诸多因素的影响，使高价引进设备成了一堆闲置的废铁。但是，舒厂长在那种情况下仍强硬采取了引进二手设备的做法。事实表明，当时这一举措确实让工厂摆脱了困境。

现在，舒厂长见大家心有顾虑的样子，便说道：“大家不必顾虑，今天这一项决定完全由大家决定，我想这也是民主决策的体现。如果大部分人同意，我们就宣布实施这一决定；如果大部分人反对的话，我们就取消这一决定。现在大家举手表决吧。”最终会场上有近60%的员工投了赞成票。

(资料来源：作者搜集整理)

问题：(1) 舒厂长的两次决策过程合理吗?为什么?

(2) 如果你是舒厂长，在两次决策过程中应做哪些工作?

(3) 影响决策的主要因素是什么？

第一节 决策概论

决策就是做出决定。决策是管理的主要内容，也体现了管理的本质。从某种角度讲，管理就是决策。

学者周三多和陈传明认为：决策是计划的前提，计划是决策的逻辑延续。但也有观点认为计划是为决策服务，计划是决策的基础，决策是计划的目的，一个良好的决策往往是需要从两个以上的备选计划方案中选择的。本书认为决策与计划二者相互联系，又相互交叉。

同时，决策与预测既有联系又有区别。预测是指人们对客观事物未来发展的性质、状态及变化的趋势所做的估计和测算。虽然预测是为决策服务的，预测也贯穿于决策的全过程。但预测侧重于对客观事物的科学分析，而决策侧重对有利时机和目标的科学选择。预测强调客观分析，决策则突出领导艺术。预测是决策科学化的前提，决策是预测的预备对象和实现机会。在现代管理中，预测和决策往往是结合运用的，所以二者之间既有联系又有区别。

一、决策的定义

有关决策的概念，不同的管理学派从不同的角度给出了不同的描述。综合起来，决策是指人们为了达到一定的目标，在掌握充分的信息和对有关情况进行深刻分析的基础上，用科学的方法拟定并评估各种方案，有效地从中选出合理方案的过程。简单地说，决策就是针对问题和目标，分析问题、解决问题的一个管理过程。决策的含义实际上包含以下内容。

(1) 决策需要有明确的问题和目标。目标有时是一个，有时是相互关联的几个形成的一组。不管是一个或一组，目标必须明确，且尽可能量化，所需解决的问题也必须确定，并用简洁的语言加以描述。

(2) 决策必须在两个或两个以上的可行方案中选择。这些方案必须都能解决设想的问题或预定的目标，并且可以进行定量或定性分析。

(3) 决策是一个方案的取舍过程。决策面临若干个可行方案，每个方案都具有独特的优点，也隐含着缺陷，有的方案还带有很大的风险。决策的过程就是对每个可行方案进行分析、评判，从中选出较好的方案实施。

(4) 决策必须有效。决策的有效性包含各方面的有效。首先是决策结果必须有效，这就要求有合理的决策评判准则，绝大部分的决策特别是影响面很大的决策，由于看问题的角度不同，会对决策结果的好坏有不同的结论。因此，必须做出合理的与目标相吻合的评判准则(必要时可按重要性给这些准则打分)，使用评判准则对选定方案进行验证和对决策的结果进行判断，以保证有效的决策。其次是决策过程的有效，这涉及决策的成本和经济性。

二、决策的作用

决策的作用主要体现在以下几点。

(1) 决策是管理的核心内容。管理工作是多方面的，但从一定意义上来讲，都是围绕着决策而展开的。不论是管理中的计划制订、组织实施，还是管理中的用人、监督，都离不开决策。管理活动中的每一个具体环节都有具体的决策问题。可以说，决策贯穿于管理过程的始终，存在于一切管理领域，存在于管理中的每一个方面、每一个层次、每一个环节。“运筹帷幄，决胜千里”

“差之毫厘，失之千里”，我国古代的这些格言充分说明了决策在管理中的重要作用。

(2) 决策关系到管理的绩效。决策实际上是管理行为的选择。决策不仅确定管理的方向和目标，而且还为达到管理目标提供行动方案，并优化方案。决策选择的行动方案的优劣直接影响到目标实现的速度、程度和质量，直接影响到管理的效率。选择的方案得当，就会以较小的投入获得较大的收益，进而提高管理的效率；否则会降低管理的效率，甚至带来重大的损失。因此，决策是影响管理绩效的重要因素。

(3) 决策体现管理者的水平。有组织就有管理，有管理就有决策，任何管理和决策工作都是靠人去做。不论管理者在组织中的地位如何，决策都是他们的重要职责。管理者的地位愈高，做出决策的作用和影响也越大。尤其在当代社会，技术的发展日新月异，新技术革命冲击着经济、社会的发展，社会活动的影响面越来越大，管理越来越复杂，许多新问题层出不穷。管理者面对各种尖锐挑战和激烈的社会竞争，需要审时度势，统观全局，及时做出反应和决断。可以说，管理者每天都要采取许多行动，每天都要做出许多决策。管理者管理水平的高低，实际上在很大程度上取决于决策水平的高低。

三、决策的原则

不论是从个人日常生活经验中，还是从各类组织进行决策的实践中，寻找可供选择的方案都是有条件的，不是漫无限制的。因此，决策者不可能做出“最优化”的决策，只能做到满意决策。

这是因为要做出最优化决策必须满足：①容易获得与决策有关的全部信息；②真实了解全部信息的价值所在，并据此制定所有可能的方案；③准确预测到每个方案在未来的执行结果。

但在现实中，上述这些条件往往得不到满足。具体来说，组织内外存在的一切对组织的现在和未来都会直接或间接地产生某种程度的影响，但决策者很难收集到反映这一切情况的信息；对于收集到的有限信息，决策者的利用能力也是有限的，从而决策者只能制定数量有限的方案；任何方案都要在未来实施，而人们对未来的认识是不全面的，对未来的影响也是有限的，从而决策时所预测的未来状况可能与实际的未来状况有出入。现实中的上述状况决定了决策者难以做出最优决策，只能做出相对满意的决策。

四、决策的影响因素

1. 企业外部环境

环境是否稳定、市场结构、买卖双方在市场的地位是企业外部环境的三要素。在环境比较稳定的情况下，决策一般由中层管理者进行；在环境剧烈变化的情况下，决策一般由高层管理者进行。在市场结构不均衡的状态中，如果市场垄断程度高，则企业的决策以生产为导向；如果企业面临的市场竞争程度高，则生产决策以市场为导向。同时，当市场处于卖方市场时，买方的讨价还价能力较弱，企业决策以生产条件与能力为出发点；而当市场处于买方市场时，企业为了让产品或服务畅销，决策则以消费者的市场需求为出发点。

2. 企业内部环境

企业文化、企业内的信息化程度、组织结构是影响企业决策的内部因素。每个企业都有自己独特的企业文化，不同的企业文化背景下，管理者制定决策的习惯大相径庭。在保守型企业文化中，组织成员喜欢维持现状，抵制变化，因而在决策中会剔除引起企业发生巨变的方案；而在进取型企业文化中，组织成员则倾向于变化，乐于创新，敢于冒险，管理者在决策中敢于试错，喜欢变革。

高质量的决策依赖于企业的信息获取和传递的能力，企业高度信息化有利于提高决策的效率和质量，特别是公司特别庞大时，如果仅靠人工传达信息，则无法保证信息的准确性和时效性，所以很多大型公司都有一套内部信息管理系统，管理者和员工可按权限与需求共享信息中心的信息内容。

在不同的组织结构中，决策行为也有差异。在金字塔形组织结构的集权式管理中，企业的决策权更多地集中在高层管理手中，信息沟通的渠道长并且信息容易失真，会影响决策的准确度；而扁平式的组织结构中信息传递渠道畅通，灵活性较强，能够迅速收集信息并传递至决策者，利于企业做出高质量的决策。

3. 决策者因素

决策者对风险的态度和个人的决策与认知能力、决策群体的融洽程度，都会影响决策的质量和成本。

根据管理者对待风险的态度，决策者可分为风险厌恶型、风险中立型和风险爱好型。风险厌恶型决策者讨厌不确定性带来的风险，在决策中会努力规避风险；风险中立型决策者既不规避风险也不偏好风险，顺其自然；风险爱好型决策者风险承受能力很强，抗压能力指数高，在制定决策时可能会主动追求风险。

决策者的决策与认知能力也是影响决策的重要因素。敏锐的决策者能快速识别问题并迅速采取行动，不至于延误风险的处理最佳时间；相反，如果决策者个人能力较弱，不善于利用信息，不知道什么时候进行干预，则很难做出恰当的决策。

在群体决策中，群体的融洽程度也会对最终通过的方案的质量和决策效率产生影响。如果在一个企业中，决策制定者各有自己的计划或者形成小帮派，那么会影响决策的质量及决策的时间，增加决策的成本。如果决策群体关系融洽，在决策时容易形成一致的方案，最终通过的方案向心力较强，也能极大地节省决策时间。

4. 决策问题

如果决策属于程序性的，例如，公司食堂每天的食材采购决策相对简单，由低层管理者做出决策即可；但如果是涉及一些突出重大事情的非程序性决策，如公司的经营转型，新建一条生产线或开发一个国外市场，这类决策则需要高层管理者做出决策。

另外，任何决策都有时效性，都要在速度与质量之间做出选择。有些对时间敏感度非常强的紧急事件(例如，工厂出现安全事故)，其决策对速度的要求远高于质量，要求决策者利用现有的资料尽可能迅速地做出决策；而那些意义重大但又不紧迫的事情，决策者有足够的时间收集信息并思考做出正确的决策，这种决策对质量的要求高于对时间的要求。所以，管理者要有识别重要紧急、重要而不紧急、不重要但紧急、不重要不紧急事件的能力，掌握轻重缓急的决策艺术。

五、决策理论

1. 古典决策理论

古典决策理论是基于“经济人”假设提出来的，主要盛行于20世纪50年代以前。古典决策理论认为，应该从经济的角度来看待决策问题，即决策的目的在于为组织获取最大的经济利益，决策应依据“最优”标准。

古典决策理论假定决策者具备完全理性，其决策的制定过程完全客观、合乎逻辑，总能选出获得最大经济利益的方案。该理论对决策行为的描述是一种理想化状态，管理既有科学性，又强调艺术性，规范的固定程序只是对纷繁复杂现实的一种简化，在实际中用它做决策往往行不通。

完全理性假设的要点如下：①决策问题清晰，决策环境的信息全面充分；②决策者有唯一的明确的目标；③决策者了解所有可能的备选方案及其结果；④决策者没有时间成本约束，可获得全部信息；⑤决策者总能从组织的最大化利益出发选择方案。

古典决策理论忽视了非经济因素在决策中的作用，这种理论不一定能指导实际的决策活动，从而逐渐被更为全面的行为决策理论代替。

2. 行为决策理论

赫伯特·亚历山大·西蒙(Herbert Alexander Simon，1916—2001)，是美国管理学家和社会科学家，在管理学、经济学、组织行为学、心理学、政治学、社会学、计算机科学等方面都有较深厚的造诣，堪称社会学科的通才。他认为决策不只是高层管理者的事情，组织内的各个层级都要做出决策，组织就是由作为决策者的个人所组成的系统。管理活动的中心就是决策，计划、组织、指挥、协调和控制等管理职能都做出决策的过程，因此他提出了著名的“管理就是决策”的观点。由于其杰出的贡献，他获得了1978年诺贝尔经济学奖。

西蒙的《管理行为》是他最重要的著作，其主要内容有两个方面：首先是“有限理性”和“令人满意的准则”；其次是决策过程理论。

“有限理性”原理是西蒙的决策理论的重要基石之一。新古典经济理论假定决策者是“完全理性”的，认为决策者趋向于采取最优化策略，以最小代价取得最大收益。西蒙对此进行了批评，他认为事实上这是做不到的，应该用“管理人”假设代替“理性人”假设。他认为人的认知能力是单纯的，人的行为的复杂性也不过是反映了其所处环境的复杂性，在这样的环境中，人不可能做出最优的决策。由于现实生活中很少具备完全理性的假定前提，人们常需要一定程度的主观判断进行决策。也就是说，个人或企业的决策都是在有限度的理性条件下进行的。

因此，在西蒙看来，“最优化”的概念只有在纯数学和抽象的概念中存在，在现实生活中是不存在的。按照满意的标准进行决策显然比按照最优化原则更为合理，因为它在满足要求的情况下，极大地减少搜寻成本、计算成本，简化了决策程序。因此，满意标准是绝大多数决策所遵循的基本原则。

在传统的思维中，人们一般把决策认为是从几个被选方案中选出一个最优的行动方案的活动。但是西蒙等人认为，决策包括调查、分析、选择方案等整个一系列的活动。他把决策过程划分为情报活动(信息的收集与整理)、设计活动(拟定备选方案)、抉择活动(从备选方案中选下一个方案)和审查活动(对选定方案的执行进行检查评价)四个阶段。

其他学者对决策行为做了进一步的研究，他们的研究发现，影响决策的不仅有经济因素，还有决策者的心理与行为特征，如态度、情感、经验和动机等。

总体而言，行为决策理论的主要观点如下。

(1) 人是有限理性的，这是因为在高度不确定和极其复杂的现实决策环境中，人的知识、想象力和计算力是有限的。

(2) 决策者在识别和发现问题中容易受直觉和知觉上偏差的影响，而在对未来的状况做出判断时，直觉的运用往往多于逻辑分析方法的运用。

(3) 受决策时间和可利用资源的限制，决策者即使充分了解和掌握有关决策环境的信息情报，也只能做到尽量了解各种备选方案的情况，而不可能做到全部了解，决策者选择的理性是相对的。

(4) 在风险型决策中，与经济利益的考虑相比，决策者对待风险的态度起着更为重要的作用。决策者往往厌恶风险，倾向于接受风险较小的方案，尽管风险较大的方案可能带来较为可观的收益。

(5) 决策者在决策中往往只求满意的结果，而不愿费力寻求最佳方案。导致这一现象的因素有多种：决策者不注意发挥自己和别人继续进行研究的积极性，只满足于在现有的可行方案中进行选择；决策者本身缺乏有关能力，在有些情况下，决策者出于个人某些因素的考虑而做出自己的选择；评估所有的方案并选择其中的最佳方案，需要花费大量的时间和金钱，这可能得不偿失。

行为决策理论为公司决策者、政府及相关职能服务机构、高校和科研机构提供了决策的原则和研究范式，其主要内容对实践有着很高的指导意义，并进一步丰富了社会学科的知识体系。

第二节　决策的程序

决策过程是从发现问题、确定目标开始，拟订方案，再经过方案选优、做出决策、执行方案，并对决策的效果进行检查与反馈的全部过程。这一过程强调了决策的实践意义，明确决策的目的在于执行，而执行又反过来检查决策是否正确、环境条件是否发生重大的变化，把决策看成是“决策——执行——评价与反馈——再决策——再执行”的过程。在正常情况下，一个完整的决策程序应包括以下环节。

一、发现问题

决策要从问题着手进行。决策者要在全面调查研究、系统收集环境信息的基础上发现差距，确认问题，并抓住问题的关键要害。例如，2013 年恒大集团推出的其首个跨界快消领域产品——恒大冰泉，虽然恒大冰泉具有资金优势、产品优势、传播推广等优势，但至 2015 年 5 月其累计亏损额竟然高达 40 亿。痛定思痛，在 2016 年 10 月，恒大最终将恒大冰泉转让给其他公司。究其失败的原因是公司决策者们轻视了跨界经营的难度，想当然地认为房地产的成功经验可以复制到快消品经营中。因此，决策者们在进行决策时，必须要获取精确、可信赖的信息。

二、确定目标

发现了问题或察觉了机会之后，是否要采取决策行动及采取何种行动，取决于决策目标的确定。决策目标既是决策方案评价和选择依据的标准，又是衡量决策行动是否取得预期结果的尺度。决策目标不正确或不明确，往往会导致决策错误或者决策时的犹豫不决。可以说，在决策过程中实际重要的并不是对各种备选方案的选择，而首先是对决策目标的选择，因为决策目标是决策方案选择的依据。目标体现的是组织想要获得的结果，所以决策者要明确所要获得结果的数量和质量。例如，工厂决策层发现修车、租车不经济时，公司总部要求工厂经理买新车，买新车即为决策目标，并且拟订选车的标准，10 分最重要，1 分为最不重要。选车标准如表 7-1 所示。

表 7-1 选车的标准

标准	重要性
起价	10
车内舒适性	8
耐用性	5
维修记录	5
性能	3
操作性	1

三、拟订方案

为解决某一问题而设计出的多个可行的供决策者抉择的方案，被称为备择方案或备选方案。备选方案至少需要有两个或两个以上，决策者才可能从中进行比较，选出最理想的方案。

备选方案通常包括两大方面内容：一是落实决策总目标的各种次级目标以及这些目标实现的途径；二是目标实现过程中的主要约束条件及其可控或不可控的程度。要注意的第一方面，备选方案应该有自己的层次关系，这种关系实际上是一种“目的—手段链”关系。例如，我国铁路牵引动力的决策，就曾考虑内燃牵引为主、电力牵引为主、电力内燃牵引并举这三大方案。在内燃牵引方案中，又有电传动、液力传动等多个备选方案。备选方案的设计应尽可能全面和详尽周到，以免漏掉那些可能最好的方案。要注意的第二方面，备选方案设计过程中也应该注意可行性，要充分考虑所提方案的实现必须具备哪些条件？其中哪些是现已形成的，哪些是经过努力以后可以形成的？这种努力有多大的成功把握？如果除了可控因素外还有不可控的因素，则还要估计方案的风险有多大，有没有办法减少风险等。方案可行性与方案合理性，可以说是同等重要的。在这个阶段，管理者要提出达到目标和解决问题的各种方案，并且多重审视方案。就以上述工厂买车为例，当公司准备将福特、马自达、尼桑、丰田、沃尔沃等品牌汽车作为备选方案时，就是在拟订方案。

四、选择方案

选择方案指从各种可供选择的方案中权衡利弊，然后选取其一，或综合成一。作为最后选定的方案，必须在较高程度上实现预定的决策目标，这是决策的合理性标准。当决策目标具有多个目标，或一个目标需通过多个指标来反映，而每个决策方案对不同目标(指标)的作用程度不同时，必须根据企业所处的环境条件和决策的价值前提，分清目标的主次，把主要目标作为考虑的重点。

选择方案时还必须考虑方案实施所需付出的代价与可能带来的效果的比值，此称为费用效果比或成本收益比。决策的效果代表一个决策方案实施后可以得到的价值。但任何决策要取得一定的效果，通常必须付出一定的代价。决策的费用，就是指决策实施中、实施后不得不付出的代价或失去的价值。对决策效果和费用的衡量包括有形的和无形的、货币化的和非货币化的各个方面。

合理决策要妥善处理好正面效果与负面效果，以及效果与风险之间的关系。任何决策方案在带来实现预定目标所希望的正面效果的同时，往往也可能引起所不希望的各种负面效果。对于一项决策方案是否合理，需要从正、负两方面作全面的衡量和评价，这样才能避免产生决策的不良后果。

总之，在这个阶段，决策者要确定所拟订的各种方案的价值或恰当性，并确定最满意的方案，仔细考虑各种方案的预期成本、收益、不确定性和风险。

在上述买车案例中，根据调查发现，各汽车的评价得分如表 7-2 所示。

表 7-2　各方案的评价得分

汽车品牌	起价	舒适性	耐用性	维修记录	性能	操作性
福特	6	8	6	7	7	7
马自达	7	5	7	7	4	7
尼桑	8	5	7	9	7	7
丰田	6	7	10	10	7	7
沃尔沃	2	7	10	9	4	5

五、执行方案

决策方案选定以后，就要付诸实施。有了高质量的决策方案，未必能够保证取得成功，因为决策的成功还取决于有效地执行决策。而执行决策往往是决策过程中最为困难的一步。现实中有很多决策，就是由于执行不力而没有收到应有的效果。使决策生效和得以实施是决策过程中的一个重要环节，任何不生效的决策都是没有意义的。这个阶段最主要的工作是调动各种相关资源，以保证方案的顺利执行，有效处理执行过程中遇到的阻力。

在上述买车的案例中，根据重要性和实际评价相乘的结果，最后的方案选择的是丰田汽车。方案的比较分析结果见表 7-3。

表 7-3　购车方案比较分析结果

汽车品牌	起价	舒适性	耐用性	维修记录	性能	操作性	总评
福特	60	64	30	35	21	7	217
马自达	70	40	35	35	12	7	199
尼桑	80	40	35	45	21	7	218
丰田	**60**	**56**	**50**	**50**	**21**	**7**	**244**
沃尔沃	20	56	50	45	12	5	188

六、检查评价和反馈处理

这是决策过程的最后一个步骤。决策者的主要工作是将方案实际的执行效果与管理者当初所设立的目标进行比较，看是否出现偏差。通过追踪检查与评价，可以发现决策执行过程中出现的偏差，以便采取相应的处理措施进行决策控制。具体追踪处理措施有三类：①保持现状，不采取措施；②采取措施纠正偏差；③修正原决策。到底选择哪一种办法，取决于许多条件。具体地，如果出现的偏差较小，不致影响决策的全局效果，或者纠正偏差需要付出较大的代价已超出现有条件，那么往往听任偏差的存在，继续观察。如果对实施结果及偏差原则做出分析后，认为原决策在现有条件下仍然是正确的，或者说客观条件的变化还不足以表明具有修正决策的必要，而已经出现的偏差又会影响决策的效果，那么在这种情况下应采取措施纠正偏差，以保证原决策目标的顺利实现。

对原决策加以修正的缘由出自三种情况：①原决策在制定时由于客观条件估计有误而存在明显缺陷。例如，发现它的执行后果完全脱离原先的预料或根本无法执行，或者发现它与现行法令严重抵触等，这种情况就非修正决策不可。②决策在制定之时是正确的，但由于客观条件出现巨大变化，致使决策变成不适用、不正确或无法执行，这时就有必要对决策做出修正。③虽然原决策本身是正确的，但实施决策的组织工作很差，而这种状况目前还不可能有根本性的改变，此时也往往要对决策作适当的修正，避免同实施环节相脱离。只要决策的修正有必要，组织的领导者就必须有勇气加以改变，并努力克服各种阻力与惰性。

以上是决策过程的一个粗略的阶段划分，不能教条地予以理解和对待，实际中可能存在各阶段相互交叉的情况，而且在不同的决策中，省略某个阶段也是允许的。此外，不同的学者对决策过程各阶段的划分也不尽相同。

第三节 决策的类型

决策在组织中具有普遍性，但决策活动因管理层次、管理部门、决策内容、决策方法不同而不同。下面按照不同的分类标准介绍决策的类型。

1. 战略决策、管理决策、业务决策

按照决策的重要程度划分，可把决策分为战略决策、管理决策、业务决策。

(1) 战略决策。战略决策是对涉及组织方针、战略目标的大事进行的决策活动，是对关系到组织生存和发展的根本问题进行的决策。它包括：组织资产和股份的变化，区域性或国内市场或国际市场的开拓、巩固、发展，机构的调整设置，高层管理的人事变动，等等。

战略决策面临的问题错综复杂，主要是协调组织与组织环境之间的关系。决策过程所需考虑的环境变化多端，决策方案的设立、研究、分析乃至最后的抉择，都需要决策者高度的洞察力和决策判断力。必要时，可聘用组织外部人员对方案进行设定和分析，借助“外脑”进行有效决策。通常，战略决策不仅需要经验和知识，更需要研究和判断的综合方法，包括使用合适的技术方法和电脑等先进的工具。绝大部分战略决策是由组织的高层管理者做出。

(2) 管理决策。与战略决策相比，管理决策就是战术决策，也是管理中的主要业务决策。例如，资金的筹集、分配、使用及控制，市场营销的策划活动，生产计划的编排和实施，控制和降低产品缺陷程度和提高质量水平，产品更新换代，技术更新改造，重点设备的维护和保养，重要和贵重物资的采购和保管，管理人员的配备和调整，人力资源配置和培训等。

管理决策大多是战略决策的支持性步骤和过程，是解决在组织范围内贯穿于整个组织活动且能影响组织的问题。管理决策是每个管理人员的日常工作内容，它依赖于主管人员的经验和综合研究方法，也可使用电脑等先进工具和数学公式。管理决策不直接影响或在短期内不影响组织的生存和发展，但它对整个组织运行起重要作用，直接影响到组织大政方针和战略目标的实现。

(3) 业务决策。这是涉及组织中的一般管理和工作的具体决策活动，也称之为执行性决策。

例如，一般设备的维护和保养，一般物资的采购和保管，具体某个产品调查表的发放和收集，岗位职责的制定和执行，某个工艺文件的制订和修改，产品的销售服务等。

业务决策是组织所有决策中范围最小、影响最小的具体决策，是组织中所有决策的基础，也是组织运行的基础。业务决策是组织中许多员工经常性的工作内容。通常，业务决策的有效与否，很大程度上依赖于决策者的经验和常识，包括使用少量的计算公式和电脑等先进工具，以更好地做出决策。

战略决策、管理决策、业务决策三类决策活动的界限是模糊的。在组织中，应按具体的情况来划分决策类别。在不同类型的决策活动中，不同的管理层因面对的问题和所授权限不同，所能负责的决策也不同。高层管理者主要负责战略决策，中层管理者负责大部分管理决策，基层管理者负责大部分业务决策。

通常，决策者由管理者担任，但事实并非全部如此。有部分的业务决策是由有一定工作自由度的操作者做出的。例如，工厂或商店的电工是典型的有一定自由度的操作者，他可能面临的问题是，企业有部分的电线排线混乱，他和他的上级必须做出选择，要么任其自然(这样的好处是节约重新排线的开支)，要么重新排线(这样的好处是安全、美观、避免可能的短路和火灾及由此造成的损失)。若做出重新排线决定，他又必须为电线的线路走向做出决策。作为电工，他可能面临的另一问题是，对待企业工作场所和走道上的所有灯泡(或保险丝等)是到一定的时间不管好坏全部更换，还是坏一个换一个。这是一个带有普遍性的问题，设备保养和维修人员也会碰到类似的问题。

操作者和基层管理者能参与战略决策、管理决策，未尝不是好办法。至少，在决策完成后，不必到处宣传决策的重要性和正确性，而使全体员工接受决策的结果。员工参与决策，管理民主化，是提高管理效率的有效途径。

2. 理性决策、有限理性决策和直觉决策

按照决策合乎逻辑程度划分，可把决策分成理性决策、有限理性决策和直觉决策。

(1) 理性决策。它是指决策必须理性，必须符合客观和逻辑，这是盛行数十年的看法。事实上，我们在论述决策活动时，也常常自觉或不自觉地流露出这样的观点。在理性决策中，面对问题是清楚的、明确的、无异议的，决策者拥有与决策相关的全部信息；要实现的目标是清晰的，没有冲突的，唯一的；所有可行方案是已知的，这些方案实施的结果也是明了的；选择方案的准则是明确一贯不变的；获取信息、做出抉择、实施方案都是没有时间和成本的约束，而且决策者最终的选择都能产生最大的经济效益。

很明显，理性决策带有很大局限性，有很大的假设成分。首先目标可能不是一个，且相互矛盾；可行方案和实施结果可能是可知的，也可能是未知的；信息不可能全部搜集完毕，而且个人处理信息的能力也有限；方案的抉择带有一定个人和组织地位的偏见和好恶；最重要的是，有不少方案的讨论和选择受一定时间限制，应同时考虑方案的费用经济性。所以，理性决策仅仅是一种理想的状态。

(2) 有限理性决策。有限理性决策的观点是，人的理性是介于完全理性和非理性之间的一种有限理性，决策也是如此。决策者在确定问题时，受偏见的影响，在选择方案时，注意信息的容易获取程度，而非其质量和重要性；决策的时间和其他可利用资源是有限的，这也会影响到方案选择的合理性；最后决策的结果，可能不是最好的，而是一个各方满意的方案，这既来自信息、时间和其他资源的局限程度，也涉及决策各部门的利益而相互妥协的结果。

(3) 直觉决策。这是一种日益流行的决策方法。理性决策和有限理性决策的本质在于用逻辑取代直觉，但理性决策和有限理性决策是有局限的。而且，在竞争中遇上非理性的决策方法，理性决策和有限理性无法实施，需要用直觉来替代。在决策过程中，直觉和理性是可交替使用的、相辅相成的两种方法。

直觉决策一般在以下几种情况中使用：方案具有很大的不确定性；无先例的情况；很难预测变化的趋势；信息有限；数据分析后用处不大；时间紧迫；每个可行方案结果都是良好的，或都不好。

3. 程序化决策和非程序化决策

按决策的重复程度划分，可把决策分成程序化决策和非程序化决策。

(1) 程序化决策。程序化决策是指能够运用例行的方法解决重复性的问题和达到类似目标的决策。组织运行中面临的问题十分繁多，但有许多问题是管理者经常碰到的。不少管理者在处理这类重复出现的问题时表现出得心应手，凭经验感觉就能找出问题的症结并提出解决问题的办法。如果把这些经验和解决问题过程用程序、规范、标准、制度等文件规定下来，将这些包含了管理实践的真知灼见和有效成果的文件作为指导以后处理类似问题的依据和准则，结果会使组织受益无穷。

程序化决策给组织带来的益处是：

① 这些浓缩了管理经验的文件，是组织的宝贵财富，也是组织的专用技术，国际上的公司对这样的管理文件是非常注意保密的，视作激烈竞争中的有利条件和公司的立足点之一。

② 完整的程序文件为新上岗者提供了学习的范本，缩短了新上岗者学习和上岗培训实习的时间。

③ 降低了管理成本，程序化决策简化了决策过程，缩短了决策时间，也使方案的执行较为容易，特别是程序化决策后，使管理工作趋于简化和便利，能使组织聘用学历较低、经验较少的人员担任要求较高的岗位。如会计行业的程序化工作较多，很多业务可以逐渐电子化，只要在电子系统中输入相应数据，就可以自动生成电子会计报表，所以在 2017 年包括普华永道和德勤在内的四大会计师事务所都宣布只需要机器人和高中毕业生，因为相比从名校招聘财会专业的本科生，这样做可以极大地减少人力成本。

④ 提高了管理效率，程序化决策具体规定了决策的过程，能使大量的重复性管理活动授权放到下一级管理层中，这样使较高管理层特别是最高管理者避免陷入日常繁忙的事务堆中去，有时间思考组织的重大问题，有精力处理与组织生存和发展等相关的非重复性的重大战略问题。

有证据说明，在企业中大量的决策是程序化决策。而且，不同的管理层所面对的程序化决策数量也不同。高层管理者所做出的重复性决策至少在 40%，中层管理者可达 60%~70%，基层管理者或操作者高达 80%~90%。

对于组织来说，应尽可能用程序化决策方法解决重复性问题，并有意地把处理烦琐管理事项交给下一管理层，以提高管理效率。

(2) 非程序化决策。非程序化决策是指为解决偶然出现、一次性、无前例的问题所做的决策。对于组织来说，应对偶然出现的问题加以辨别，确定这些问题是偶然的问题还是出现的重复性问题，如是后者，应加以注意，当这些问题再次出现或出现频率增加时，应及时制定出程序文件，加以控制，并归到程序化决策范围内。

4. 确定型决策、风险型决策、不确定型决策

按照决策的可靠程度划分，可把决策分成确定型决策、风险型决策、不确定型决策。

(1) 确定型决策。在确定型决策中需要解决的问题非常明确，解决问题的环境也一目了然，几种不同的和可行方案结果也是清楚的，这类决策过程、环境、结果都是已知的，所以决策者能做出理想而精确的决策。事实上，在组织中，确定型决策并不多，特别是对高层管理者来说，这是一种理想化的决策活动。

(2) 风险型决策。在风险型决策中，面临的问题是明确的，解决问题的方法是可行的，可供选择的若干个可行方案是已知的，这些方案执行后会出现几个不同的结果，而这些结果和结果出现的概率也是已知的。这样的决策有一定的风险，但根据已知的结果和概率，可以通过公式，进行计量化决策。

(3) 不确定型决策。在不确定型决策中，决策过程的环境是模糊的，方案实施的结果是未知的，或靠他人的经验推断，或靠主观判断。不确定型决策也可采用计算公式帮助决策。

5. 群体决策和个人决策

按决策的风格划分，可把决策分成群体决策和个人决策。

(1) 群体决策。群体决策适用于所有的决策活动，特别是适用于对组织有重大的关键性问题的决策，如组织的大政方针、战略目标、资产运作、高层人事变动等。

群体决策有很多优点：可以有效地利用集体智慧，可以提供更完整的信息，产生更多的方案，提高合理性，增加对方案的可接受程度。但缺点也是明显的：消耗的时间长，成员有屈从压力，职责不清。

(2) 个人决策。个人决策适用于日常性事务决策或程序性决策。个人决策可以明显地提高决策效率，但决策结果却不能保证。

群体决策和个人决策，不仅反映了管理者的企业领导风格，在很大程度上也反映了组织的文化背景和组织制度。例如，与美国企业相比较，日本企业更喜欢采用群体决策。总体上说，群体决策优于平均的个人决策，但群体决策不比优秀的个人决策好。就决策耗时而言，个人决策优于群体决策。

6. 长期决策、中期决策、短期决策

按照决策的时间划分，可把决策分成长期决策、中期决策、短期决策。

(1) 长期决策。长期决策不仅是指决策过程的时间长，主要是指决策结果给组织带来的影响时间长。

(2) 中期决策。中期决策是指决策的时间和结果所影响组织的时间稍短些。

(3) 短期决策。短期决策是指决策的时间和结果所影响组织的时间为最短。

有不少人认为，长期决策是指战略决策，中期决策是指管理决策，短期决策是指业务决策。它们之间是有联系的，但又有区别。例如，业务决策中的某一工序的操作步骤，一旦被合理确定，其覆盖面和影响时间大于和等于组织战略。

有关决策种类的划分，可参见表 7-4。

表 7-4　决策种类的划分

序号	划分原则	划分的类别
1	按决策的重要程度划分	● 战略决策 ● 管理决策 ● 业务决策
2	按决策合乎逻辑程度划分	● 理性决策 ● 有限理性决策 ● 直觉决策
3	按决策的重复程度划分	● 程序化(性)决策 ● 非程序化(性)决策
4	按决策的可靠程度划分	● 确定型决策 ● 风险型决策 ● 不确定型决策
5	按决策的风格划分	● 群体决策 ● 个人决策
6	按决策的时间划分	● 长期决策 ● 中期决策 ● 短期决策

综合练习

一、名词解释

决策　预测　战略决策　有限理性决策　程序化决策　非程序化决策

二、单项选择题

1. 把决策分为确定型决策、风险型决策和非确定型决策的划分标准是(　　)。
   A. 对决策目标的影响程度
   B. 决策目标的多寡
   C. 决策条件(或称自然状态)的可控程度
   D. 后来决策与先前决策的一致性程度
2. 对于一个完整的决策过程来说，第一步是(　　)。
   A. 确定目标　B. 发现问题　C. 规划方案　D. 评估选优
3. 赫伯特·亚力山大·西蒙在其著作《管理行为》中，针对管理决策提出了(　　)。
   A. 最优原则和“渐进决策”模式　B. “有限理性”标准和“渐进决策”模式
   C. “有限理性”标准和最优原则　D. “有限理性”标准和“满意度”原则
4. 在决策的影响因素中，组织对环境的应变模式属于(　　)。
   A. 企业外部环境　B. 企业内部环境
   C. 决策问题因素　D. 决策主体因素

5. 按决策的重要程度划分，决策可分为(　　)。
   A. 个人决策和集体决策　　B. 确定型决策、风险型决策和不确定型决策
   C. 程序化决策和非程序化决策　　D. 战略决策、战术决策和业务决策
6. 在决策的影响因素中，决策群体的关系融洽程度属于(　　)。
   A. 外部环境因素　　B. 企业内部环境
   C. 决策问题因素　　D. 决策主体因素
7. 在决策的影响因素中，市场结构属于(　　)。
   A. 外部环境因素　　B. 企业内部环境因素
   C. 决策问题因素　　D. 决策主体因素
8. 按发生的重复性，决策可划分为(　　)。
   A. 战略决策与战术决策　　B. 程序化决策和非程序化决策
   C. 确定型决策和不确定型决策　　D. 程序化决策和风险型决策

三、多项选择题

1. 影响决策的环境因素主要有(　　　　)。
   A. 企业外部环境　　B. 市场结构　　C. 买卖双方在市场上的地位
   D. 组织文化　　E. 问题的紧迫性
2. 按决策时间划分的决策包括(　　　　)。
   A. 长期决策　　B. 中期决策　　C. 确定性决策
   D. 短期决策　　E. 不确定性决策
3. 决策过程中，人们对待风险的态度主要有(　　　　)。
   A. 风险追求型　　B. 风险中立型　　C. 风险爱好型
   D. 风险厌恶型　　E. 风险回避型
4. 决策主体的因素一般包括(　　　　)。
   A. 个人对待风险的态度　　B.个人决策与认知能力
   C. 个人价值观　　D. 决策群体的关系融洽程度
   E. 组织的信息化程度

四、论述题

1. 试论影响决策的因素。
2. 试论古典决策理论与行为决策理论的区别。
3. 论述决策的原则。

五、案例分析题

新任厂长的产品决策

某工具厂从2005年以来一直经营生产A产品，虽然产品品种单一，但是市场销路一直很好。后来由于经济政策的暂时调整以及客观条件的变化，A产品完全滞销，企业职工连续半年只能拿50%的工资，更谈不上奖金，企业职工怨声载道，积极性受到极大的影响。

新厂长上任后，决心一年改变工厂的面貌。他发现该厂与其他部门合作的环保产品B产品是成功的，于是决定下马A产品，改生产B产品。一年过去，企业总算没有亏损，但工厂日子仍然

不怎么好过。

后来市场形势发生了巨大的变化。原来的A产品市场脱销，用户纷纷来函来电希望该厂能尽快恢复A产品的生产。与此同时，B产品销路不好。在这种情况下，厂长又回过头来抓A产品，但一时又无法搞上去，无论数量和质量都不能恢复到原来的水平。为此，集团公司领导对该厂厂长很不满意，甚至认为改产是错误的决策，厂长感到很委屈，总是想不通。

(资料来源：https://wenku.baidu.com/view/e0580ce17f1922791688e879.html)

问题：(1) 你认为该厂长的决策是否有错误？请你做详细分析。

(2) 如果你是该厂厂长，你在决策过程中应如何去做？

第八章

决 策 方 法

【学习目标】

1. 了解定性方法的特点；
2. 掌握盈亏平衡法的原理和计算；
3. 了解线性规划法和经济定购批量方法；
4. 熟悉不确定型决策的各种方法；
5. 掌握决策树的画图和计算；
6. 了解博弈论和经典博弈模型。

【导入案例】

李经理的决策之道

李伟是一家大型企业的销售部经理，他头脑灵活，为人诚恳，富有民主意识和进取精神，喜欢听取下属的意见。一天，总经理把他叫到办公室，对他说，企业准备出一个新产品，希望他们部门能尽快拿出一个切实可行的推广方案。

李经理明确任务后，马上召集销售部的全体人员开会。他把大家分成三个小组，要求每个小组认真调查研究，各自设计一个方案。方案设计出来后，李经理并没有自作主张选择自己认为最佳的方案，而是要求每一个小组将方案交给其他两个小组传阅，这样每个小组都有机会了解其他小组的方案。

随后，李经理又召集全体人员开会，三个小组的代表在会上详细介绍了本组方案的情况和对其他小组方案的看法，大家交流观点，最后共同选出一个令大家都满意的方案。但是，当他把选择的方案报送给总经理时，总经理却不高兴，并批评了李经理的做法。

(资料来源：https://wenku.baidu.com/view/6b2245c9fd0a79563d1e7251.html)

问题：(1) 李经理的决策属于哪种决策类型？

(2) 这种类型的决策有何优缺点？

(3) 你觉得总经理不高兴的原因是什么？

第一节　定性决策方法

人们在决策中所采用的方法随着理论与实践的发展不断地得到充实和完善，使用的决策方法一般可分为两大类：一类是定性决策方法，另一类是定量决策方法。定性决策方法注重于决策者的直觉和经验，而定量决策方法则注重决策问题各因素之间客观的数量关系。

定性决策方法，是一种直接利用决策者本人或有关专家的智慧来进行决策的方法。管理决策者运用社会科学的原理并根据个人的经验和判断能力，充分发挥各自丰富的经验、知识能力，对企业的经营管理决策目标、决策方案的拟定以及方案的选择和实施做出决断。这种方法适用于人们面对的决策信息全面、决策问题与人们的主观意愿关系密切或者难以使用定量分析方法进行决策的情况。

一、群体决策方法

1. 头脑风暴法

头脑风暴法(Brain Storming)由英国心理学家亚历克斯 • 奥斯本(Alex Faickney Osborn) 在1957年提出，他认为头脑风暴法能使决策小组成员的尊重需求得到满足，从而激发小组成员的创造性，进而产生高质量的方案，做出满意的决策。头脑风暴法是一种通过召开会议，决策小组成员在会议上畅所欲言，在这个过程中禁止批评和评论的群体决策方法。

这种方法通常是将有兴趣于解决某问题的人集合在一起，采取小组会形式进行，人数不宜过多，6人左右较合适。这种会议的气氛要轻松愉快，主持人明确讨论主题后，鼓励大家发表意见。这种方法最适合在小型会议室进行，把要解决的问题写在黑板上或PPT上，能让大家看清楚，主持者向大家解释所要解决的问题和原则。

这种决策的原则是:

(1) 各自发表自己的意见，并认真记下每个设想，对别人的想法不作批评与评论。

(2) 鼓励大家自由奔放地提设想，思路越多越宽越好。

(3) 鼓励独立思考，奇思妙想。

(4) 可以对别人的建议进行补充。

主持人在宣布主题和原则后，可以将两个或多个人的观点同时展示出来，让参与者讨论，这样可以相互启发。在每次会议上产生的想法会较多，但可只保留有价值的信息。

当问题简单而专一时，头脑风暴法是最有效的。但是它也是有缺陷的，第一，这种方法的会议本身和随之而来的分类及评价都很费时，所以费用较高；第二，这种方法中如果企业权威人员首先谈论自己的看法，就会无形中给决策小组中的其他成员造成心理压力，会遏制创新；第三，在这种集体会议上，小组成员可能不像做个人决策时那样尽心尽力。尽管如此，这种方法在管理中还是相当流行。

2. 名义小组法

名义小组法(Nominal Group Technique，NGT)在广告或策划部常会用到。管理者先选择一些对要解决的问题有研究或经验的人或专家作为小组成员，并向他们提供与决策问题相关的信息；接下来小组成员各自先不接触，独立地思考，提出决策建议，并将自己的方案以书面方式记录下来；然后管理者将所有方案或意见集中起来，小组成员依次阐述自己的观点；最后决策小组成员对每一备选方案进行投票，通过等级排列和次序选择出得票最高的方案，或者将各方案有机综合形成一份更高质量的方案，从而制定出高质量的决策。例如，广告策划部主管接到总经理转发来的某企业的广告竞标邀请函，往往会将广告小组人员分组根据广告主题策划广告方案；接下来各策划小组在会议上分别陈述各自的方案，由大家投票决策选择最优的方案或再综合形成一份全新的更高质量的广告方案去投标。

名义小组法不仅可以限制群体讨论从而避免头脑风暴法中的从众心理对群体决策的影响，争议较大的决策使用此法也可以避免群体间的争吵，还能够通过让小组成员独立思考产生更多的备选方案，它和德尔菲法相比又具有耗时小的优点。

3. 德尔菲法

德尔菲法(Delphi Technique)是美国兰德公司首先提出来的一种通过问题领域内专家进行决策的方法。德尔菲是古希腊传说中的神谕之地，城中有座阿罗波神殿可以预卜未来，因而借用其名。

德尔菲法实际上是一种函询调查法。方法的中心内容是将决策的问题和必要的背景材料编制成一种调查表，用通信的方式寄给专家，然后回收意见，经过多次综合、归纳、整理和反馈，逐步取得较为一致的意见，使决策的问题得到满意的解决。

德尔菲法具有以下特点：

① 匿名性。应邀参加决策的专家彼此不知是谁，这消除了“权威者”的影响，同时参加的成员可以参考第一轮的决策结果。

② 有价值性。由于不同领域的专家参加决策，各有专长，考虑问题的出发点不同，会提出很多事先没有考虑到的问题和有价值的意见。

③ 决策结果的统计性。为了对决策进行定量估价，这种方法采用统计方法对决策结果进行处理，最后得到的是综合的统计的评定结果。

这种决策方法的大体过程如下：

① 拟订决策提纲。确定决策目标，如设计出专家们应回答问题的调查表，对答案的要求是：标明概率大小，对问题做出肯定回答“是”或“不是”；对判断的依据和判断的影响程度做出说明；对决策问题熟悉程度做出估计。

② 专家选择。这是德尔菲法的关键。所选择的专家一般是指有名望的或从事该工作数十年的有关方面的专家。选择专家的人数，一般以 10~50 人为宜。

③ 提出预测和决策。发函或个别交谈，要求每位专家匿名提出自己决策的意见和依据，并说明是否需要补充资料。

④ 修改决策。决策的组织者将第一次决策的结果及资料进行综合整理、归纳，使其条理化，再反馈交给有关专家，据此提出修改意见和提出新的要求。这一决策的修改，一般可进行 3~5 轮，一般以 3 轮为宜。

德尔菲法也存在缺点：受专家组的主观制约，决策准确程度取决于专家们的观点、学识和对决策对象的兴趣程度；专家们的评价主要依靠直观判断，缺乏严格的论证。

以上三种群体决策方法效果的比较具体如表 8-1 所示。

表 8-1 三种群体决策方法效果的比较

群体决策方法 比较项目	头脑风暴法	名义小组法	德尔菲法
观点的数量	中等	高	高
观点的质量	中等	高	高
社会压力	低	中等	低
财务成本	低	低	低
决策速度	中等	中等	低

(续表)

比较项目 \ 群体决策方法	头脑风暴法	名义小组法	德尔菲法
任务导向	高	高	高
潜在的人际冲突	低	中等	低
成就感	高	高	中等
对决策结果的承诺	不适用	中等	低
群体凝聚力	高	中等	低

二、方向性决策方法

1. 经营单位组合分析法

经营单位组合分析法，也叫波士顿矩阵，是由美国波士顿咨询公司(BCG)提出来的一种产品或业务结构分析的方法。该方法认为，在确定某个单位经营活动方向时，应该考虑它的相对竞争地位和业务增长率两个维度。相对竞争地位经常体现在市场占有率上，它决定了企业的销售量、销售额和盈利能力；业务增长率反映业务增长的速度，影响投资的回收期限。通过这种方法，企业可以找到企业资源的产生单位和这些资源的最佳使用单位。

从图 8-1 可以看出，企业经营业务有以下四种类型，每一种类型要采取不同的战略。

图 8-1 经营单位组合分析法

(1) “瘦狗”型的经营单位市场份额和业务增长率都较低，只能带来很少的现金和利润，甚至可能亏损。对这种不景气的业务，企业应该采取收缩甚至放弃的战略。

(2) “问题”型的经营单位业务增长率较高，目前市场占有率较低。这有可能是企业刚开发的很有前途的领域。高增长的速度需要大量资金，而仅通过该业务自身难以筹措。企业面临的选择是向该业务投入必要的资金，以提高市场份额，使其向“明星”型转变；如果判断它不能转化成“明星”型，应忍痛割爱，及时放弃该领域。

(3) “金牛”型经营单位的特点是市场占有率较高，虽然其业务增长率较低，但可为企业

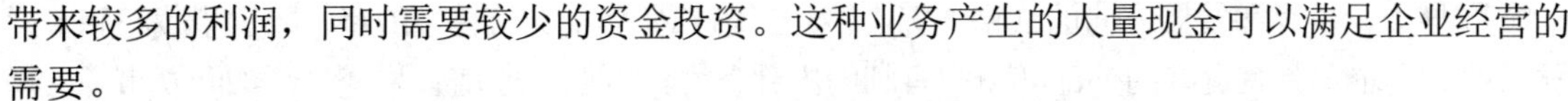

带来较多的利润，同时需要较少的资金投资。这种业务产生的大量现金可以满足企业经营的需要。

(4) “明星”型经营单位的特点是市场占有率和业务增长率都较高，代表着最高利润增长率和最佳投资机会，企业应该不失时机地投入必要的资金，扩大生产规模。

2. 政策指导矩阵

荷兰皇家壳牌公司(Royal-Dutch Shell)创立了政策指导矩阵，主要是根据市场前景和竞争能力用矩阵制定出各经营单位的位置。市场前景吸引力主要用盈利能力、市场增长率、市场质量及其他环境因素(法规、形势)等因素加以度量。竞争能力分为强、中、弱三类，主要由市场地位、生产能力、产品研究和开发等因素决定。根据对市场前景和竞争能力这两种标准和三个等级的组合，可以把企业的经营单位分成九种不同类型，如图 8-2 所示。落入不同区域的产品，应采用不同的战略类型。

图 8-2 政策指导矩阵

- 处于区域 1 的经营单位由于市场前景黯淡，应尽快放弃该业务，将资金转移到更有利的经营单位。
- 处于区域 2 和区域 4 的经营单位，由于市场吸引力很小，且竞争能力不够强，或是竞争能力弱，市场吸引力不够大，因此应缓慢地从这些经营领域中退出，收回尽可能多的资金，投入到盈利更大的经营部门。
- 处于区域 3 的经营单位可以利用自己较强的竞争实力，去充分开发有限的市场，为其他快速发展的部门提供资金来源，但其本身业务不应继续发展。
- 处于区域 5 的经营单位一般在市场上有 2~4 个强有力的竞争对手，要分配给这些单位足够的资源，推动其发展。
- 处于区域 6 和区域 9 的经营单位竞争能力强，市场前景也比较好，要优先发展。
- 处于区域 7 的经营单位可以采取不同的策略对待，对最有前途的业务应促进其迅速发展，其余的则逐步放弃。
- 处于区域 8 的经营单位竞争力不够强，但市场前景很好，应分配更多的资源，以提高竞争力。

3. SWOT 分析法

SWOT 分析思想是由安索夫于 1956 年提出来的，后来经过多人的发展而成为一个用于战略分析的实用方法。SWOT 分析是对企业存在的优势与劣势、面临的机会与威胁进行组合分析的方法。

SWOT 是 Strengths(企业自身的优势)、Weaknesses(企业自身的劣势)、Opportunities(外部环境的机会)和 Threats(外部环境的威胁)的缩写。SWOT 分析法是在对企业自身的优势和劣势及外部环境的机会和威胁的动态分析中，确定相应的生存发展战略。

指导企业生存和发展方向的战略方案有四种：增长型战略、扭转型战略、防御型战略和多样化战略。当企业具有良好的外部环境和有利的内部条件，可以采取增长型战略，如开发市场、增加产量等方式来充分掌握环境提供的发展良机。当企业面临的外部条件虽然较好，但是受内部劣势的限制时，可以采取扭转型战略，设法清除内部不利的条件，以便尽快形成利用环境机会的能力。当企业内部存在劣势，外部又面临巨大威胁，可以采用防御型战略，设法避开威胁和消除劣势。如果企业有强大的内部实力但是外部环境存在威胁时，宜采用多样化战略，一方面能使自己的优势得到更充分的利用，另一方面使经营的风险得以分散。SWOT 分析矩阵如表 8-2 所示。

表 8-2　SWOT 分析矩阵

	优势(S)	劣势(W)
机会(O)	优势—机会(SO)战略 (企业增长型战略)	劣势—机会(WO)战略 (扭转型战略)
威胁(T)	优势—威胁(ST)战略 (多样化战略)	劣势—威胁(WT)战略 (防御型战略)

第二节　定量决策方法

根据制定决策时面临的条件不同，将决策分为确定型决策、风险型决策和非确定型决策。

确定型决策是指决策者在确定条件下进行的决策。所谓确定型条件是指决策者确切地知道存在哪些备选方案，并且每种方案的条件和结果是确定的。基于这些条件，决策者能够通过分析计算做出精确的决策。

风险型决策是指决策者在充满风险性的条件下进行的决策。风险型条件是指决策者知道存在哪些备选方案，但各方案的条件和结果的概率是可知的。在这种情况下，决策者需要对风险进行评估后再选择方案。

非确定型决策是指决策者在不确定条件下进行的决策。不确定型条件是指决策者不知道所有可能的备选方案，也不知道各种方案可能存在的风险，对各方案可能产生的后果也不清楚。

一、确定型决策方法

确定型决策方法常用的有线性规划法、盈亏平衡分析法、经济订购批量法等。

1. 线性规划法

线性规划是最基本也是最常用的一种数学规划。管理者在计划管理中常会遇到人力资源的调度、产品生产的安排、运输线路的规划、生产材料的搭配、采购批次的确定等问题，这些问题有一个共同点，即需要解决如何合理利用各种存在约束的资源获得最佳的经济效益，即达到利润最大、成本最低等目标，也就是“在约束条件下寻求目标函数最优解的规划问题”。

(1) 规划问题的共性。

所要解决的规划问题都有一些共性：

① 问题都有单一的目标(如求生产的最低成本，求运输的最佳路线，求产品的最大盈利，求产品周期的最短时间)，需求目标函数的最优解。

② 问题涉及的对象(如路程、原材料等)存在有明确的可以用线性不等式或等式表达约束条件。

③ 问题的表达可以描述为一组约束条件(不等式或等式)和一个目标方程。

④ 利用 Excel 可以求得最优解。

(2) 线性规划法的步骤。

线性规划法的步骤如下：

① 提出和形成问题。通过对决策问题相关信息的收集，确定问题的目标、存在的约束、问题的变量及有关参数。

② 分析并建立模型。根据决策目标列出目标函数，根据决策条件列出线性等式或不等式作为约束条件。

③ 求解模型。运用相应的方法求解模型。需要注意的是，由于模型和实际存在差异，所得到的最优结果可能只是一个近似值或满意值。

(3) 利用 Excel 进行规划求解。

① 在利用 Excel 进行规划求解时，以 Excel 2003 为例，需要加载“规划求解”。

a. 在 Excel“工具”菜单上，单击“加载宏”，如图 8-3 所示。

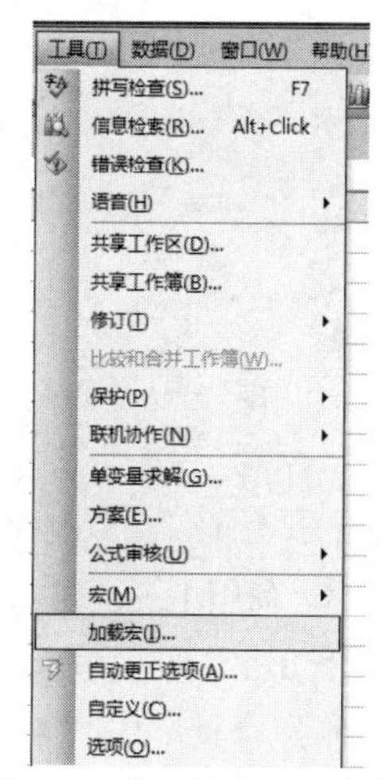

图 8-3 “加载宏”示意图

b. 在弹出的对话框中的“可用加载宏”列表框中，选定待添加的加载宏“规划求解”选项旁的复选框，然后单击“确定”按钮，如图 8-4 所示。“工具”菜单下就会出现“规划求解”项。

② “规划求解”各参数设置。

a. 单击“规划求解”按钮，出现“规划求解参数”对话框，如图 8-5 所示。

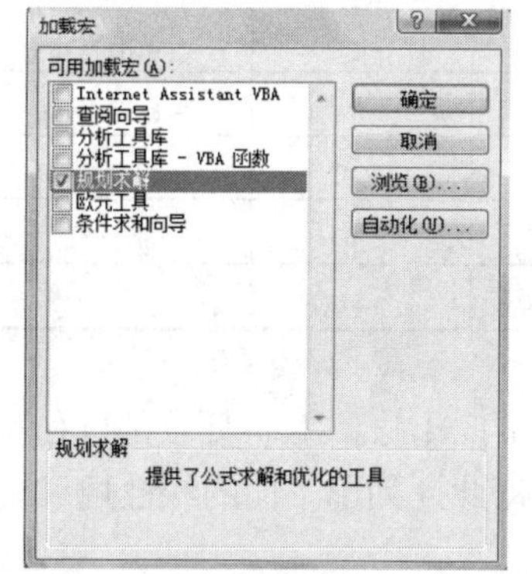

图 8-4 安装“规划求解”示意图

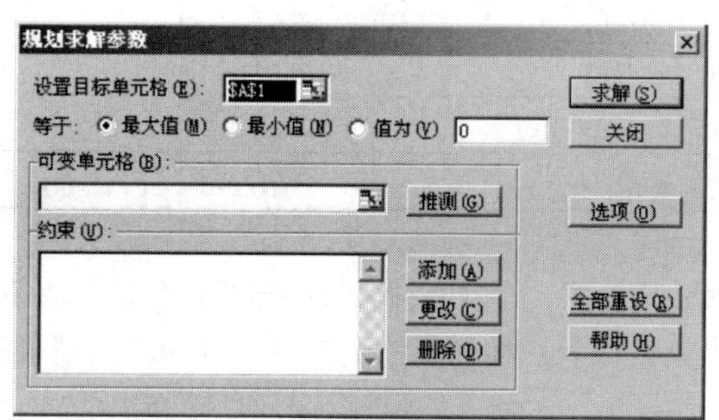

图 8-5 “规划求解参数”设置示意图

b. 单击“添加”按钮，显示“添加约束”对话框，如图 8-6 所示。

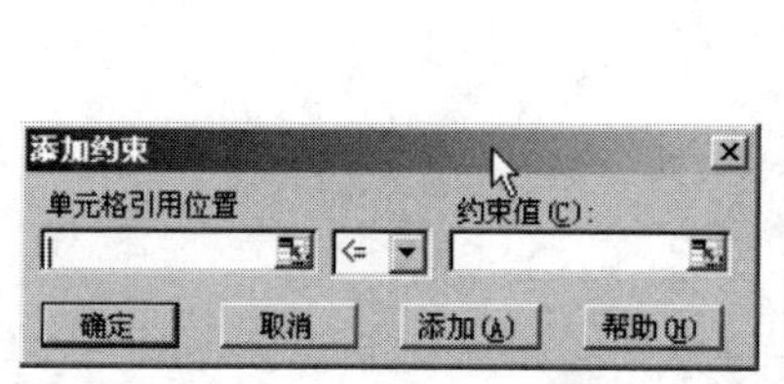

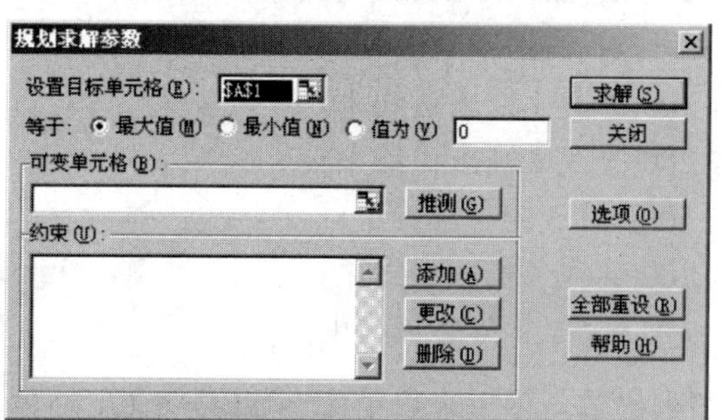

图 8-6 规划求解参数“添加”示意图

c. 单击“选项”按钮，显示“规划求解选项”对话框，在其中可以加载或保存规划求解模型，并对规划求解过程的高级属性进行控制，如图 8-7 所示。

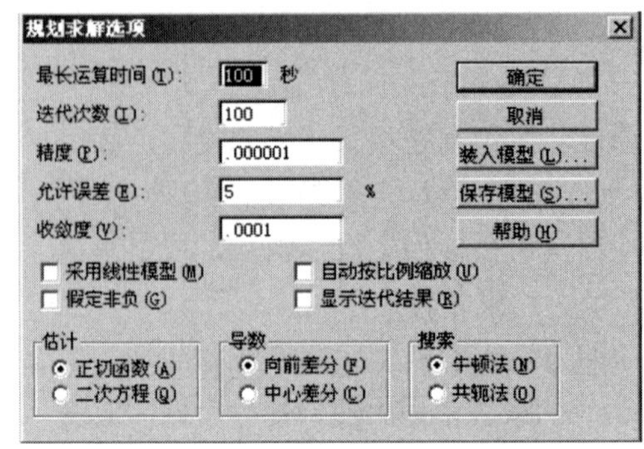

图 8-7 “规划求解选项”对话框

④ 利用 Excel 进行线性规划实例分析。

例 8-1 雅致家具厂生产计划优化问题。

雅致家具厂生产 4 种小型家具，由于该四种家具具有不同的大小、形状、重量和风格，所以它们所需要的主要原料(木材和玻璃)、制作时间、最大销售量与利润均不相同。该厂每天可提供的木材、玻璃和工人劳动时间分别为 600 单位、1000 单位与 400 小时，详细的数据资料见表 8-3。应如何安排这四种家具的日产量，使得该厂的日利润最大？

表 8-3 家具厂生产数据表

家 具 类 型	一	二	三	四	可提供量
劳动时间(小时/件)	2	1	3	2	400 小时
木材(单位/件)	4	2	1	2	600 单位
玻璃(单位/件)	6	2	1	2	1000 单位
单位利润(元/件)	60	20	40	30	
最大销售量(件)	100	200	50	100	

解：依题意，设置四种家具的日产量分别为决策变量 x_1，x_2，x_3，x_4，目标要求是日利润最大化，约束条件为三种资源的供应量限制和产品销售量限制，据此，列出下面的线性规划模型：

$\mathrm{Max}Z=60x_1+20x_2+40x_3+30x_4$

$4x_1+2x_2+x_3+2x_4\leqslant 600$(木材约束)

$6x_1+2x_2+x_3+2x_4\leqslant 1000$(玻璃约束)

$2x_1+x_2+3x_3+2x_4\leqslant 400$(劳动时间约束)

$x_1\leqslant 100$(家具 1 需求量约束)

$x_2\leqslant 200$(家具 2 需求量约束)

$x_3\leqslant 50$(家具 3 需求量约束)

$x_4\leqslant 100$(家具 4 需求量约束)

x_1，x_2，x_3，$x_4\geqslant 0$(非负约束)

模型列出后，接下来启用 SUMPRODUCT 函数。

SUMPRODUCT 的意思是：乘积之和，即在给定的几组数组中，将数组间对应的元素相乘，

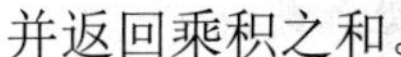

并返回乘积之和。

语法：SUMPRODUCT(array1，array2，array3，...)

array1,array2,array3,...为 2~30 个数组，其相应元素需要进行相乘并求和。

利用 Excel 进行线性规划的具体步骤如下。

① 在 Excel 中描述问题、建立模型，如图 8-8 所示。

G6 = =SUMPRODUCT(B6:E6,$B$15:$E$15)

	A	B	C	D	E	F	G	H	I
3	问题描述								
4				家具类型					
5		1	2	3	4		使用量		可提供量
6	劳动时间（小时/件）	2	1	3	2		=SUMPRODUCT(B6:E6,$B$15:$E$15)	<=	400
7	木材（单位/件）	4	2	1	2		=SUMPRODUCT(B7:E7,$B$15:$E$15)	<=	600
8	玻璃（单位/件）	6	2	1	2		=SUMPRODUCT(B8:E8,$B$15:$E$15)	<=	1000
9									
10	日利润（元/件）	60	20	40	30		=SUMPRODUCT(B10:E10,B15:E15)		
11									
12	模型								
13				家具类型					
14		1	2	3	4				
15	日产量（件）	10	80	40	0				
16		<=	<=	<=	<=				
17	最大日销售量（件）	10	20(	50	10(				

图 8-8　用 Excel 求解生产问题的线性规划模型

② 在“工具”菜单中选择“规划求解”，如图 8-9 所示。

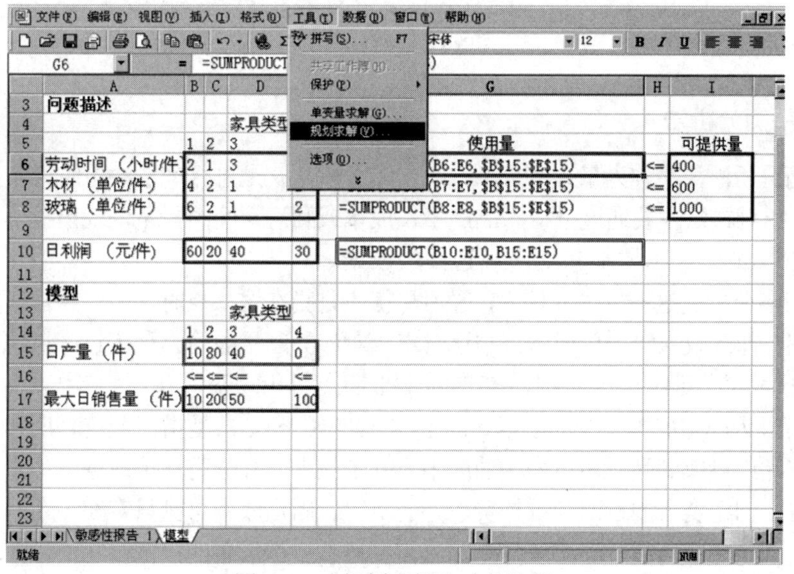

图 8-9　“规划求解”功能选择

③ 在“规划求解参数”对话框进行最大值参数设置，如图 8-10 所示。

④ 单击“选项”按钮，弹出“规划求解选项”对话框，如图 8-11 所示。

⑤ 选择“采用线性模型”和“假定非负”，单击“确定”按钮，返回图 8-10 所示对话框，单击“求解”，即可解决此题。最后结果如图 8-12 所示。

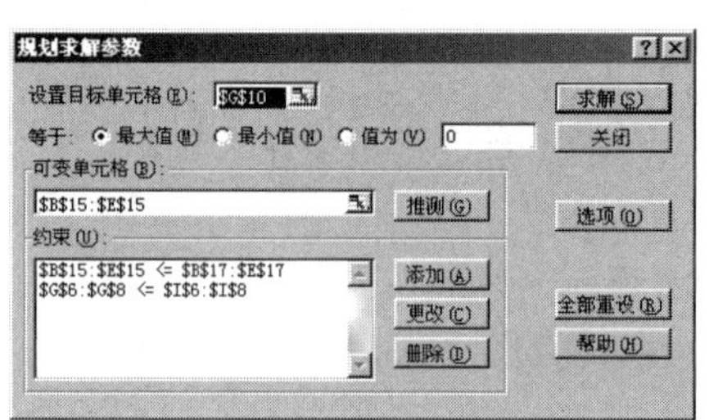

图 8-10 “规划求解参数”对话框

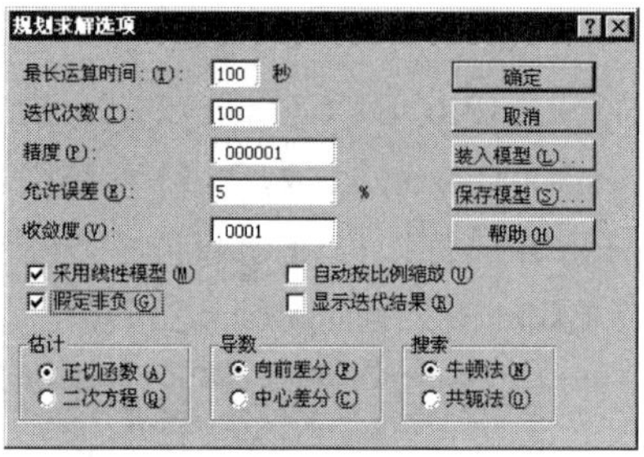

图 8-11 “规划求解选项”对话框

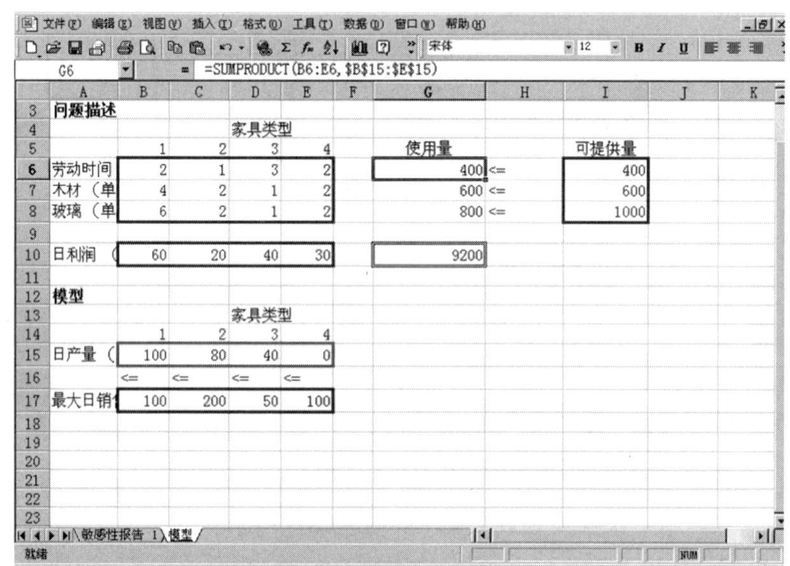

图 8-12 求解结果图

2. 盈亏平衡分析法

盈亏平衡分析法，又称为量本利分析法、保本分析法，是进行产量决策时经常使用的一种定量分析方法。这种方法主要通过分析产品产量、成本或利润之间的关系，找出投资方案的盈亏平衡点，为经营决策、成本控制和生产规划提供依据。

盈亏平衡点分析是这一方法的核心，盈亏平衡点是指在这一点时，生产经营活动正好处于不盈不亏的状态，即总收入等于总成本，与这一点相对应的产量被称为平衡点产量或保本点产量。当产量低于平衡点产量时出现亏损，产量高于平衡点时出现盈利。

总成本可分为固定成本和变动成本。固定成本(fixed cost)，是指在一定时期和一定业务量范围内，不随产品产量或商品流转量变动的成本。固定成本大部分是间接成本，如企业管理人员的薪金和保险费、固定资产的折旧和维护费、办公费等。固定成本总额只有在一定时期和一定业务量范围内才是固定的。若超过一定业务量，就需要增加生产设备的投资，从而导致其每月的折旧发生变化。单位产品所承担的固定成本与产量的增减成反方向变动，即在成本总额固定的情况下，产量越小，单位产品所负担的固定成本就越高；产量越大，单位产品所负担的固定成本越低。

变动成本(variable cost)是指成本总额随着产量的增减变化而成正比例增减变化的成本，但是，其单位产品的成本保持不变。在产品制造成本中，直接人工、直接材料都是典型的变动成本。

通常有三种方法可以帮助决策者确定企业的保本收入和保本量水平：①图表法；②公式计算

法；③边际贡献法。

(1) 图表法。量本利三者之间的关系如图 8-13 所示，图中收入线与和成本线一般来说必交于一点，该点即保本点或盈亏平衡点，方案的产量或销量最低不得低于该水平。

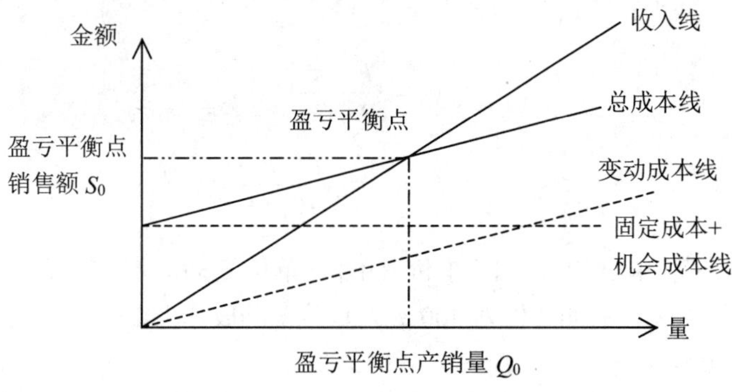

图 8-13 量本利三者之间关系

(2) 公式计算法。

公式计算法中各表达式含义如下：R 代表收入，R_0 代表保本收入，Q 代表量，Q_0 代表保本量，P 代表产品或服务单价，C 代表总成本，F 代表固定成本或称固定费用，V 代表总变动成本，C_V 代表单位变动成本，π 代表机会成本(如 100 万元投资股市年收益 30 万元，这 30 万元就构成 100 万元投资其他项目的机会成本，机会成本也可以理解为目标利润)。

盈亏平衡点产量的计算公式为：$Q_0 = \dfrac{F}{P - C_V}$

若目标利润值为π，则临界点产量计算公式为：$Q = \dfrac{F + \pi}{P - C_V}$

例 8-2 某电子器件厂的某产品生产能力为 10 万件，产销固定成本为 250 万元，单位变动成本为 60 元。现有国内订货合同共 8 万件，单价为 100 元。最近有一外商要求订货，但出价仅为 75 元，订货量为 2 万件，自己承担运费。由于这外销的 2 万件产品需要企业支付推销费用和运费，这样使单位变动成本降至 50 元，该厂要做出是否接受国内订货合同、是否接受外商订货的决策。

① 计算该电子厂的盈亏平衡点的产量 Q_0

$$Q_0 = \frac{F}{P - C_V} = \frac{2500\ 000}{100 - 60} = 62500(\text{件})$$

② 国内订货合同 8 万件，高于盈亏平衡点产量，需计算该合同能给企业带来的利润 π：

$$\pi = R - C = P \times Q - (F + C_V \times Q) = 100 \times 80\ 000 - (2500\ 000 + 80\ 000 \times 60) = 700\ 000(\text{元})$$

意味着接受国内订单，不仅可以收回固定成本投资 250 万元，还有 70 万元的利润。

③ 分析国外 2 万件的订货是否可接受。

从该厂的生产能力来看，在接受国内 8 万件订货后，还有剩余生产能力 2 万件。是否接受该外商的订货，要看降低了售价后是否还能给企业带来利润。从表面上看，外销价格低于内销价格，但是该电子器件厂所投入的固定成本已在内销产品中得到全额补偿还盈余 70 万元，所以接受外商订货可使企业再净赚 50 万元。

$$\pi = R - C = P \times Q - (F + C_V \times Q) = 75 \times 20\ 000 - (0 + 20\ 000 \times 50) = 500\ 000(\text{元})$$

因此，如果这家企业没有更好的销售机会，应该做出接受外商订货的决策。

(3) 边际贡献法。

因为$R = Q \times P$；又$C = F + V + \pi = F + Q \times C_V + \pi$

保本时的公式表示为$R_0 = C_0$，得：

$$Q_0 = \frac{F + \pi}{P - C_V}$$

$$R_0 = P \times Q_0 = \frac{F + \pi}{1 - C_V / P}$$

单产品边际贡献率=单价边际贡献/单价=(单价−单位变动成本)/单价。

假设一个工厂生产 A 产品的售价为 400 元，单位变动成本为 240 元，则 A 产品的边际贡献率=(400−240)/400=40%。

上面公式中的$(P - C_V)$表示单位产品或服务的收入在扣除变动费用后的剩余，叫做边际贡献。$(1-C_V/P)$表示单位产品或服务的收入可以帮助吸收固定费用和弥补机会成本或实现利润的系数，叫做边际贡献率。边际贡献或边际贡献率一般大于 0，表示产品或服务的售价除可收回变动费用外，还有一部分可用以补偿已经支付的固定费用和弥补机会成本或形成利润。因此，在企业设备能力富余的情况下，产品或服务的单价即使低于单位平均成本，但只要大于单位变动费用，生产该产品或提供该服务还是有积极意义的。在多产品中，综合边际贡献率等于单产品的边际贡献率与该产品的销售比重的积相加。$\sum_{i=1}^{n}[(1 - C_{V_i} / P_i) \times M_i]$($M_i$为 i 产品销售额比重)被称为多品种的综合边际贡献率。

如果 A 产品的边际贡献率为 20%，销售比重为 0.3，B 产品的边际贡献为 25%，销售比重为 0.3，C 产品的边际贡献为 30%，销售比重为 0.4。则 A、B、C 三种产品综合边际贡献率为：20%×0.3+25%×0.3+30%×0.4=25.5%。

多产品的保本点销售额=年固定成本/综合边际贡献率，

可表示为

$$R_0 = \frac{F}{\sum_{i=1}^{n}[(1 - C_{V_i} / P_i) \times M_i]}$$

假设生产上述 A、B、C 产品的工厂年固定成本为 91800 元，我们在上述内容已求出 A、B、C 三种产品的综合边际贡献率为 25.5%，则 A、B、C 三种产品的保本点销售额为=91800/25.5%=36000(元)。

如果固定成本下还有 π 利益的多品种盈亏平衡点，同样可以用盈亏平衡点销售额表达式来描述。下列公式中，M 含义为销售额比重，其他字母含义同前。

$$R_0 = \frac{F + \pi}{(1 - C_{V_1} / P_1) \times M_1 + (1 - C_{V_2} / P_2) \times M_2 + \cdots + (1 - C_{V_n} / P_n) \times M_n} = \frac{F + \pi}{\sum_{i=1}^{n}[(1 - C_{V_i} / P_i) \times M_i]}$$

如果要计算单产品的销售额，则要记住：

单产品的保本销售额=综合保本点销售×产品销售比重

单产品保本销量=单产品保本销售额/该产品单价

我们以上述内容中的 A 产品为例，其在多样产品中的销售比重为 0.3，则 A 产品保本销售额为=360000×0.3=108000(元)，A 产品保本销量=108000/200=504(件)。

例 8-3 某厂固定成本为 90 万元，设备生产能力为 1 万件。生产甲产品，零售价为 400 元，单位变动成本为 250 元，求其盈亏平衡点的销售量和销售额。该厂在前述销量的前提下，又有一订购甲产品 4000 件的订单，但买入价格只有 300 元，请问接不接受，为什么？

如该厂同样的固定成本除生产甲产品外，还生产乙、丙、丁产品，甲、乙、丙、丁的销售额比重分别为 40%、30%、15%、15%，售价分别为 400 元、300 元、250 元、250 元，变动成本分别为 250 元、200 元、150 元、100 元，该厂利润目标为 30 万元，求甲、乙、丙、丁四种产品的产量。

解：(1) 盈亏平衡点产销量：$Q_0=\dfrac{900\,000}{400-250}=6\,000$（件）

盈亏平衡点销售额：$R_0=\dfrac{900\,000}{1-\dfrac{250}{400}}=2\,400\,000$(元)

该厂设备现有 4000 件能力富余，如接受该订单则产品单位平均成本为 250+900 000/10 000=340 元，订单价格只有 300 元，虽低于单位平均成本，但高于单位变动成本，多出的 50 元(价格 300 元−单位变动成本 250 元)可以用来弥补固定成本，所以应接受订单。

(2) 综合边际贡献率 $\sum_{i=1}^{n}[(1-C_{V_i}/P_i)\times M_i]$ =(1−250/400)×40%＋(1−200/300)×30%＋(1−150/250)×15%＋(1−100/250)×15%=40%，

目标利润 30 万元的情况下销售额 S_0＝(900000+300000)/40%＝3000000(元)；

各产品的销售额与销售量如下：

$R_{甲}$ 销售额为 3000000×40%=1200000(元)；

$Q_{甲}$ 销量为 1200000/400＝3000(件)；

$R_{乙}$ 销售额为 3000000×30%=900000(元)；

$Q_{乙}$ 销量为 900000/300＝3000(件)；

$R_{丙}$ 销售额为 3000000×15%=450000(元)；

$Q_{丙}$ 销量为 450000/250＝1800(件)；

$R_{丁}$ 销售额为 3000000×15%＝450000(元)；

$Q_{丁}$ 销量为 450000/250＝1800(件)。

关于盈亏平衡分析的各样问题，林林总总，不一而足，要学会举一反三，根据特定条件形成决策能力。

3. 经济订购批量法

经济订购批量法在原材料、中间件的采购决策(控制)和半成品、成品生产决策(控制)时经常使用。其原理是计算最优订购或生产批量，使所有成本费用达到最小。成本费用主要包括两大类：与批量成正相关的成本费用和与批量成负相关的成本费用。与批量成负相关的成本费用以订购费用或设备调整费用为代表，订购费用如每次订货所形成的通信费、差旅费，商家给予的折扣小批量采购比大批量采购少形成的损失等；设备调整费用如调整设备所需的支出、设备调整所需时间形成的机会成本等。与订购批量成正相关的成本费用以保管费用为代表，主要包括储存原材料或零部件所需的费用及保险费用、原材料或零部件的折旧费用、占用资金形成的机会成本等。与批量成正相关的费用和与批量成负相关的费用相加和为总成本。总成本和与批量成正、负相关的成本费用之间的关系如图 8-14 所示。

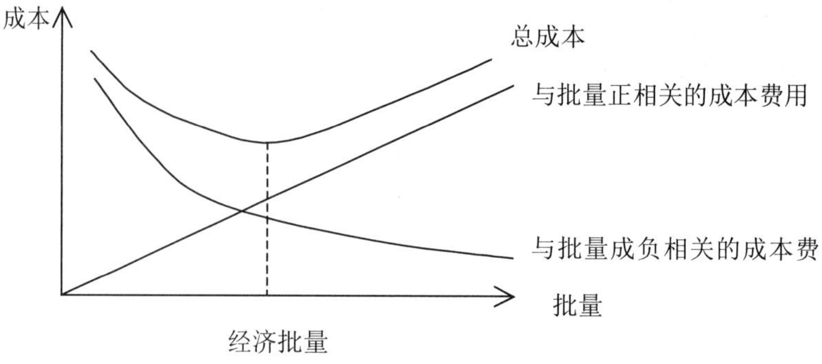

图 8-14 经济批量模型

以企业采购原材料的经济批量为例来说明经济批量如何确定。假定在一定期间内企业原材料的总需求量为 D，每次订购所需的费用为 O，订购量为 Q，库存物品单价为 P，保管成本与全部库存物品价值之比为 π，订购费用为 C_O，保管成本为 C_K。则经济批量为

$$Q_E = \sqrt{\frac{2DO}{P\pi}}$$

例 8-4 某企业一年对某种材料的总需求量为 5000 件，每件价格为 20 元，每次订购所需的费用为 250 元，保管成本与全部库存物品价值之比为 12.5%，该企业每次应订购多少为宜？

解： 最优订购批量为

$$Q_E = \sqrt{\frac{2DO}{P\pi}} = \sqrt{\frac{2\times 5000\times 250}{20\times 0.125}} = 1000(\text{件})$$

该企业每次应订购 1000 件为最优，一年需订购 5 次。

二、风险型决策方法

风险型决策也称随机型决策，它一般要具备下列 5 个条件。

(1) 有一个明确的决策目标，如最大利润、最低成本、最短的投资回收期、最佳资金利润等。

(2) 存在着决策者可供选择的两个以上可行方案(S_i)。

(3) 存在着不以决策者主观意志为转移的两种以上的自然状态(N_j)。

(4) 不同的可行方案在各种自然状态下的损益值 Q_{ij} 可以计算出来。

(5) 能够预测各种自然状态发生的概率 $P_j(1\leqslant j\leqslant n)$，且 $P_1+P_2+\cdots+P_n=1$。

风险型决策的基本原理是以决策矩阵为基础，分别计算各个方案在不同自然状态下的损益值进行比较并从中选择一个合理方案。

下面结合实例介绍风险型决策的几种常用的决策方法。

1. 决策表法

决策表法，就是将每种可行方案的期望值求出来，然后根据目标的要求，比较期望值的大小，选择最大收益值或最小损失期望值的行动方案为最优方案(期望值即某方案在不同自然状态下可

能得到结果的平均值，它以决策矩阵为基础)。

例 8-5 某企业生产某种产品，销售价格为 10 元/个，成本为 8 元/个。该产品当天生产当天销售。每销售一个产品可盈利 2 元，而当天售不出去，每个产品损失 1 元。根据经验该企业每天的产量和销售量可以是 0 个，1000 个、2000 个、3000 个和 4000 个。根据市场调查和历史记录已知，这种产品每天的市场需求量及相应发生的概率如表 8-4 所示。试问：企业如何决策安排生产量？

根据题意决策的步骤是:

(1) 确定风险型决策的矩阵关系，绘制决策矩阵，如表 8-4 所示。

(2) 计算不同方案在不同自然状态下的期望值。

期望值的计算结果如下：

E_1=0×0.1+0×0.2+0×0.4+0×0.2×0.1=0(元)

E_2=−1000×0.1+2000×0.2+2000×0.4+2000×0.2+2000×0.1=1700(元)

E_3=−2000×0.1+1000×0.2+4000×0.4+4000×0.2+4000×0.1=2800(元)

E_4=−3000×0.1+0×0.2+3000×0.4+6000×0.2+6000×0.1=2700(元)

E_5=−4000×0.1+(−1000)×0.2+2000×0.4+5000×0.2+8000×0.1=2000(元)

表 8-4 某企业生产产品决策矩阵

自然状态 N_j / 结果 Q_{ij} / 概率 P_j / 方案 S_i	0	1000	2000	3000	4000	期望值 E_i
	0.1	0.2	0.4	0.2	0.1	
0	0	0	0	0	0	0
1000	−1000	2000	2000	2000	2000	1700
2000	−2000	1000	4000	4000	4000	2800
3000	−3000	0	3000	6000	6000	2700
4000	−4000	−1000	2000	5000	8000	2000

(3) 确定优选方案。在本例中，方案 3(即E_3)的期望值最大，可作为优选方案，即每天生产 2000 个产品时的最大期望值可达 2800 元。

2. 决策树法

风险型决策的主要方法是决策树法。决策表法和决策树只是表现形式不同而已，没有实质的区别。决策树法用树型图来描述各方案未来收益的计算、比较及选择。

决策树法步骤如下：

(1) 画决策树。从左到右绘制决策树，先绘出决策点，引出方案枝，再在方案枝末端绘出自然状态点，引出概率枝和结果点，然后将方案代号、状态的概率值、各状态下的损益值分别填于自然状态点之内、概率枝上方和结果点之后。如果是多阶段或多级决策，则决策点不止一个。该步是运用决策树法的关键一步，画得正确与否将影响整个决策的效果。

(2) 计算期望值收益。与决策树的绘图顺序不同，计算期望收益的顺序是从右至左进行。某方案的期望收益标注于该方案的自然状态点的上方。

(3) 决策。将最优方案的期望收益标注于决策点上方，并将最优方案的代号填于决策点内。

如果是多级决策，则需从右向左重复第二、第三步工作。较低级别的决策点是上一级别决策的结果点。

例 8-6 某企业为了扩大某产品的生产，拟建设新厂。据市场预测，产品销路好的概率为 0.7，销路差的概率为 0.3。有三种方案可供企业选择：

E_1，新建大厂，需投资 300 万元。据初步估计，销路好时，每年可获利 100 万元；销路差时，每年亏损 20 万元。服务期为 10 年。

E_2，新建小厂，需投资 140 万元。销路好时，每年可获利 40 万元；销路差时，每年仍可获利 30 万元。服务期为 10 年。

E_3，先建小厂，3 年后销路好时再扩建，需追加投资 200 万元，服务期为 7 年，估计每年获利 95 万元。

问哪种方案最好？

解：(1) 绘制决策树，如图 8-15 所示。

(2) 计算期望值：

$E_1=[0.7\times100+0.3\times(-20)]\times10-300=340$(万元)

$E_2=[0.7\times40+0.3\times30]\times10-140=230$(万元)

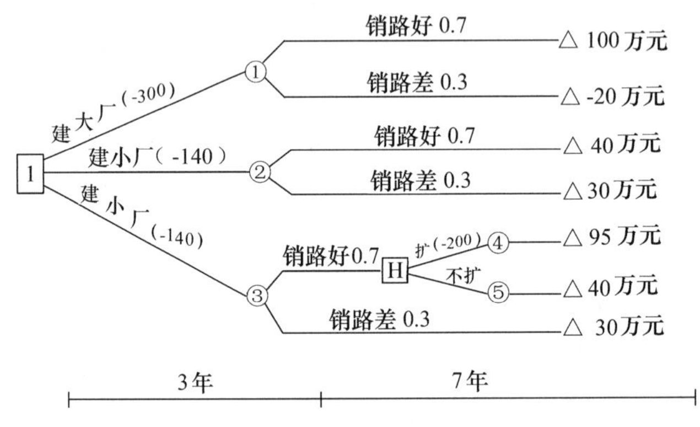

图 8-15 根据例 8-6 所绘制的决策树

要计算 E_3 点的期望值，必须先计算 E_4 和 E_5 点的期望值，并取较大值：

$E_4=95\times7-200=465$(万元)

$E_5=40\times7=280$(万元)

E_4 和 E_5 中应取大值，所以，H 点应取值 465 万元。

$E_3=(0.7\times40\times3+0.7\times465+0.3\times30\times10)-140=359.5$(万元)

(3) 进行决策。比较 E_1、E_2、E_3，选择方案 3 为最好，即先建小厂，销路好时再扩建。

三、不确定型决策方法

不确定型决策的方法有多种，计算不确定型决策方案的期望值是一种将复杂问题简单化处理的方法。由于不确定型决策问题面临的各种自然状态发生的概率无法估计，所以计算不确定型决策方案的期望值的方法往往先主观设定状态概率。根据主观上对未来状态和问题结果看法的倾向或设定概率的方式，可将计算不确定型决策方案的期望值的方法分为：①大中取大法；②小中取大法；③折衷法；④等概率法；⑤最小最大后悔值法；⑥综合法(即对前几种方法的综合使用)。

下面举例说明。

例 8-7 假定有三种小麦品种 A_1、A_2 和 A_3，他们在干旱年、一般年、多雨年(三种状态年出现的概率不能确定)的亩产不同，如表 8-5 所示。

表 8-5 各种品种小麦在不同状态下的产量 单位：千克

A_i / Q_i	抗旱品种 A_1	一般品种 A_2	怕旱品种 A_3
干旱年(Q_1)	250	200	150
一般年(Q_2)	300	330	350
多雨年(Q_3)	350	400	450

1. 大中取大法(乐观法)

这种方法对未来状况持乐观态度，只考虑有利方面，或者说是把每种方案最好状态出现的概率设定为 1，其他状态的概率设定为 0。这样，A_1、A_2 和 A_3 方案的期望收益值分别为：

$E(A_1)=350$，

$E(A_2)=400$，

$E(A_3)=450$，

最终选择期望收益值最大的方案，即 A_3 方案。

这种方法实际上是先找出各方案的最大收益值，然后比较这些收益值，选取最大收益值最大的方案，它求大利且冒进。

2. 小中取大法(悲观法)

这种方法与乐观法相反，对未来状况持悲观态度，只考虑不利方面，或者说是把每种方案最坏状态出现的概率设定为 1，其他状态的概率设定为 0。这样，A_1、A_2 和 A_3 方案的期望收益值分别为：

$E(A_1)=250$，

$E(A_2)=200$，

$E(A_3)=150$，

最终选择期望收益值最大的方案，即 A_1 方案。

这种做法实际上是先找出各方案的最小收益值，然后比较这些收益值，选取最小收益值最大的方案。它宁求稳妥，不求冒进获利，“小富则安”。

3. 折衷法(乐观系数决策法，赫威兹原则)

这种方法对未来的看法倾向介于乐观原则和悲观原则之间，把每种方案最好状态出现概率设定为一个系数(通常称之为乐观系数)，把最差状态出现的概率设定为另一个系数(通常称之为悲观系数)，两者之和为 1，其他状态的概率为 0。本例中，设乐观系数为 0.8，则悲观系数为 0.2，A_1、A_2 和 A_3 方案的期望收益值分别为：

$E(A_1)=330$，

$E(A_2)=360$，

$E(A_3)=390$，

最终选择期望收益值最大的方案，即 A_3 方案。

这种方法只考虑乐观和悲观状态，实际是乐观原则和悲观原则的一般形式，乐观系数越大，越接近乐观原则法；乐观系数越小，越接近悲观原则法。

4. 等概率法(拉普拉斯原则)

这种方法一视同仁地看待未来状况，设定每种未来状态出现的概率相等，再计算每种方案的期望收益，选出期望收益最大的方案。本例中，三种状态出现的概率都为 1/3，A_1、A_2 和 A_3 方案的期望收益值分别为：

$E(A_1)=300$，

$E(A_2)=310$，

$E(A_3)=317$，

最终采用 A_3 方案。

5. 最小最大后悔值法(萨维奇原则)

当决策者选定某一决策方案以后，如果发现所选方案在实际操作中并非最佳时，决策者就会感到后悔，这种后悔就是一种机会损失。所谓机会损失，是由于市场上出现了高需求，但决策者选择了较保守的方案所造的收益差额。后悔值是指每一种方案在每一种自然状态下所可能获得的损益值与同一自然状态下理想方案的最大收益值之差。该方法的步骤是：先列出由后悔值组成的矩阵，然后为每个方案选择最大后悔值，最后从这组最大后悔值中选出最小后悔值所对应的方案作为最佳方案。

本例中，A_1、A_2 和 A_3 方案的后悔值矩阵如表 8-6 所示。

A_1、A_2 和 A_3 最大后悔值分别为：

$E(A_1)=100$，

$E(A_2)=50$，

$E(A_3)=100$，

在各方案的最大后悔值中，后悔值最小的方案是 A_2，只有 50，所以用最小最大后悔值法最终采用 A_2 方案。

表 8-6 各方案的后悔值

方案 / 不同状态	A_1	A_2	A_3	各方案的后悔值		
				A_1	A_2	A_3
Q_1	250	200	150	0	50	100
Q_2	300	330	350	50	20	0
Q_3	350	400	450	100	50	0

6. 综合法

前述五种方法都有一定的主观倾向性，为使结果更接近客观，一般综合使用五种方法对五种原则决策的结果加以分析选择。由于折衷法是大中取大法和小中取大法的一般形式，故综合分析时撇开折衷法，只采用四种方法，否则会成倍加大大中取大法或小中取大法的权重。如四种方法决策的结果中，有一种方案比其他方案出现更多，则该方案可能为首选方案。如果没有出现这种情况，则还应结合其他如风险、环境等因素分析确定。

上例中综合决策的结果如表 8-7 所示。

表 8-7 综合决策表

方法	方案		
	A_1	A_2	A_3
大中取大法			√
小中取大法	√		
等概率法			√
最小最大后悔值法		√	
综合法	建议首先考虑 A_3 方案		

第三节 博弈论

博弈论，虽然属于应用数学的研究领域，但是运用博弈论原理，分析组织所面临的复杂局势，对于管理者决策思维的培养和决策科学水平的提高具有重要意义。企业家要做到运筹帷幄，决胜千里，使企业在激烈的市场竞争中立于不败之地，就要运用博弈论这一科学的方法，在复杂的环境和多重的干扰中选择最满意的决策方案。

一、博弈论产生的背景和发展

1. 博弈论产生的背景

博弈论(Game Theory)就是一门关于决策者在对决策结果没有完全信息(incomplete information)和互动(interaction)条件下做出理性决策的理论。“互动”是指任何决策者决策的结果不仅取决于其自身采取的策略，还取决于其他人采取的策略的影响。在这种互动中，一个决策主体的选择受制于其他决策主体的选择，又反过来影响其他决策主体的选择。一个理性的决策主体应有一个很好定义的偏好(preference)，应充分考虑其他理性的决策主体各种可能的行动方案，并尽力选择符合自己偏好的最有利或最合理的方案。各决策主体采取这样的决策行为所达到的均衡是对各决策主体都最合理的选择，即给定其他决策人选择均衡所规定的选择时，任何一个决策人若偏离均衡所要求其做出的选择，则其利益将受到损害。所以，从这个角度来说，均衡是预测决策主体在博弈中的理性行为的关键。

前面我们提到的确定型决策方法、风险型决策方法和不确定型决策方法，面临的境况都是在确定或不确定的状态下如何评估并选择方案。但在实践中，一个决策主体在进行决策时，不仅要面对自然状况的不确定性，还要考虑与其他决策者的决策行为的互相影响，这就是博弈论产生的背景。

下面从博弈论的产生、发展、繁荣三个阶段进行介绍。

2. 博弈论的产生和发展

下面从博弈论的产生、发展、繁荣三个阶段进行介绍。

产生阶段：冯·诺依曼(Neumann)和奥·摩根斯坦(Morgenstern)在 1944 年的《博弈论与经济

行为》被视为博弈论创立的标志，该书在总结以往关于博弈的研究成果的基础上，提出了博弈论的概念术语、一般框架和表述方法，提出了较系统的博弈理论。

发展阶段：现在应用更为普遍的非合作博弈理论的创立，则是以纳什(John Nash)于 1950 年发表的博士论文《非合作博弈》为标志，他将博弈论扩展到了非零和博弈，最终形成了非合作博弈理论的思想源泉。纳什均衡概念的提出以及纳什均衡存在性的纳什定理的证明，发展了以纳什均衡概念为核心的非合作博弈理论。纳什均衡的概念是有关均衡概念的最基本的概念，后来的子博弈精炼纳什均衡、贝叶斯纳什均衡、精炼贝叶斯纳什均衡等概念的提出都是以纳什均衡为研究出发点的。

繁荣阶段：20 世纪 50 年代中后期一直到 20 世纪 70 年代是博弈论发展历史上较为重要的一个时期。这个时期产生的里程碑式的成果是海萨尼(Harsanyi)的关于不完全信息博弈理论，他在 1967—1968 年的三篇关于不完全信息博弈理论的论文中，提出了关于不完全信息静态博弈的“贝叶斯纳什均衡”的概念，此外还在 1973 年提出了关于“混合策略”的不完全信息解释，以及关于不完全信息动态博弈的严格“纳什均衡”概念。同时这个时期也是进化博弈论发展的重要阶段，提出了“进化稳定策略”等概念。20 世纪 80—90 年代到现在是博弈论走向成熟的时期，期间产生了大量的研究成果和文献，表明博弈论已经作为一种一般的分析方法，逐渐走进了经济学、管理学、政治学、生物学、统计学等多门学科中。从 1994 年至今，有多位学者因研究博弈论或采用博弈论的方法进行研究而获得诺贝尔经济学奖。

二、博弈的基本要素和相应的概念

博弈中涉及了参与人、行动、信息、策略、支付、结果和均衡等概念。其中参与人、策略和支付是博弈中最重要的基本要素，行动和信息是博弈的“积木”，参与人、行动和结果统称为“博弈规则”(rules of game)，而博弈分析的目的是使用博弈规则预测均衡。

参与人(player)指在一个博弈中能够选择自己的行动方案从而使自身的利益最大化的决策主体，即有决策权的参加者。有两个参与人的博弈现象称为“两人博弈”，而多于两个参与人的博弈称为“多人博弈”。参与人可以是自然人，也可以是组织团体，例如企业、政府。重要的是每个参与人有可供选择的行动和一个很好定义的偏好函数；不做决策的被动主体只能被当作环境参数。决策主体具有行为选择能力，并且有对博弈结果负责的能力，否则就不是参与人，例如田忌赛马中的参与人是田忌和齐威王，孙膑是策略分析者，但他不是决策者，因而孙膑不是参与人。

策略(stratigies)是参与人在给定信息集的情况下的行动规则，它规定了参与人在何种情况下选择何种行动，是完整的行动方案。各参与人在各自的策略集中选择一个特定的策略所构成的策略组合称为一个局势。策略是行动的规则，它告诉参与人如何对其他参与人的行动做出反应，而非行动本身。当然，在静态的博弈中，所有参与人同时行动，没有任何人能获得他人行动的信息，策略也就变成了简单的行动，即在静态博弈中，策略与行动是相同的。

行动(action)是参与人在博弈的某个时点的决策变量。与行动有关的一个重要概念是行动的顺序(sequence order)。行动的顺序对博弈结果有至关重要的影响。当参与人的行动存在先后次序时，后行动者就可以通过观察先行动者的行动选择来获取信息，再决定行动方案。静态博弈和动态博弈的划分就是根据行动的顺序做出的。

支付(payoff)是在博弈中，参与人在确定的自然状态下因选择一个特定的策略组合所得到的效用水平，或是当自然状况不确定时参与人随机选择一个策略组合时期望得到的效用水平。效用是参与人真正关心的东西，在博弈中参与人的目的就是在充分考虑其他参与人策略选择的情况下使自己的效用或期望效用最大化。

信息(information)是参与人有关的博弈知识，特别是有关自然状况、其他参与人的特征、偏好和行动等方面的知识。与信息有关的一个重要概念是“共同知识”(common knowledge)。在博弈论中，“理性”(rationality)是共同知识，各参与人的偏好也可能是共同知识。参与人对信息的掌握情况，是划分完全信息博弈和不完全信息博弈的依据。博弈论非常强调时间和信息的重要性，认为时间和信息是影响博弈均衡的主要因素。在博弈过程中，参与者之间的信息传递决定了其行动空间和最优策略的选择；同时博弈过程中始终存在一个先后问题，参与人的行动次序对博弈最后的均衡有直接的影响。

结果(outcome)是一个博弈各方达成的最终后果，如各参与人的最优策略、最优策略下的效用等。

均衡(equilibrium)是各参与人最优策略所形成的局势，在该局势下，没有参与人愿意选择其他的策略。

三、博弈的主要分类

博弈一般分为合作博弈(cooperative game)和非合作博弈(non-cooperative game)。合作博弈和非合作博弈之间的区别主要在于人们行为相互作用时，当事人能否达成一个具有约束力的协议(binding agreement)，如果能，则是合作博弈；反之，就是非合作博弈。合作博弈强调的是团体理性(collective rationality)，强调效率、公正、公平。非合作博弈强调的是个人理性、个人最优决策，其结果有可能是效率的，也可能是无效率的。

合作博弈，有时也叫做联盟博弈(coalitional game)，一般根据有无转移支付分为两类：可转移支付联盟博弈(coalitional game with transferable payoff)和不可转移支付联盟博弈(coalitional game with non-transferable payoff)。可转移支付也叫有旁支付(side payment)，可转移支付联盟博弈假设博弈中各参与者都用相同的尺度来衡量他们的赢得，且各联盟的赢得可以按任意方式在联盟成员中分摊；否则，就是不可转移支付联盟博弈。

非合作博弈的分类主要从两个角度进行划分。一是参与者的行动顺序。从这个角度博弈可以分为静态博弈(static game)和动态博弈(dynamic game)。静态博弈是指参与者同时选择行动或虽非同时但后行动者并不知前行动者采取了何种行动；动态博弈是指参与者的行动有先后顺序且后行动者能够观察到先行动者所选择的行动。二是参与者掌握的信息水平。从这个角度，博弈可以分为完全信息博弈和不完全信息博弈。完全信息(complete information)指的是每一个参与者对所有其他参与者的特征、战略空间及支付函数有准确的知识；否则就是不完全信息(incomplete information)。图 8-16 展示了博弈的分类。

如果我们将非合作博弈中的静态与动态、完全信息与不完全信息相结合起来划分，就可以得到完全信息静态博弈、完全信息动态博弈、不完全信息静态博弈和不完全信息动态博弈四种不同类型的博弈。与上述四种类型博弈相对应的是纳什均衡、子博弈完美纳什均衡、贝叶斯纳什均衡(Bayesian Nash equilibrium)和完美贝叶斯均衡(perfect Bayesian equilibrium)四个均衡概念。这四个均衡概念和条件是逐渐强化的，更为严格的概念的提出是为了弥补条件较弱的均衡概念的不足和漏洞。我们也可以把所有的均衡概念都归为某种条件下的完美贝叶斯均衡，它在完全信息静态博弈的条件下与纳什均衡是等价的，在完全信息动态博弈中等于子博弈完美纳什均衡，在不完全信息静态博弈下等价于贝叶斯纳什均衡(如表 8-8 所示)。

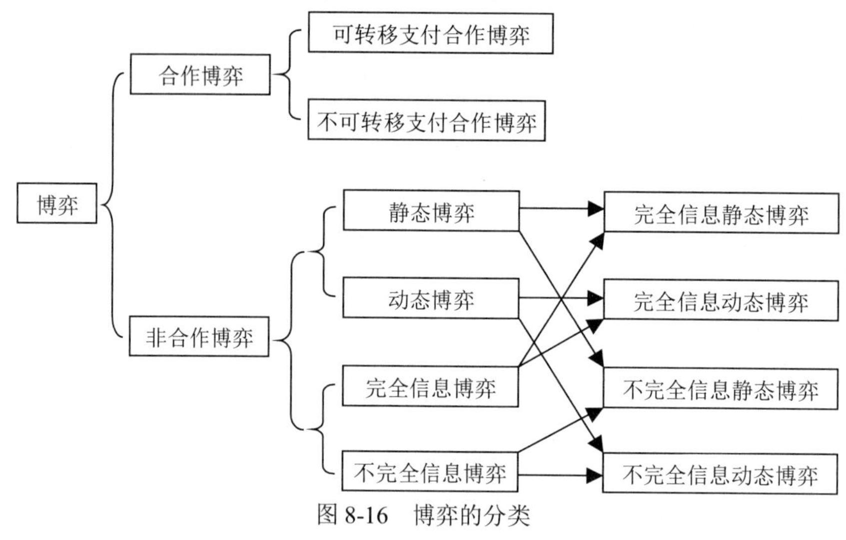

图 8-16 博弈的分类

表 8-8 非合作博弈的分类及对应的均衡概念、主要贡献者

行动顺序 信息	静态 (参与者同时选择行动或虽非同时但后行动者并不知前行动者采取了何种行动)	动态 (参与者的行动有先后顺序且后行动者能够观察到先行动者所选择的行动)
完全信息 (每一参与者对所有其他参与者的特征、战略空间及支付函数有准确的知识)	完全信息静态博弈； 纳什均衡 John F.Nash(1950，1951)	完全信息动态博弈； 子博弈完美纳什均衡 Reinhard Selten(1965)
不完全信息 (每一参与者对所有其他参与者的特征、战略空间及支付函数没有准确的知识)	不完全信息静态博弈； 贝叶斯纳什均衡 John C.Harsanyi(1967—1968)	不完全信息动态博弈； 完美贝叶斯纳什均衡 Reinhard Selten(1975)， D.Kreps and R.Wilson(1982)， D.Fudenberg and J.Tirole(1991)

四、博弈论的经典模型

博弈论的讨论基于两条：①参与人都是理性的，他的目标非常明确，就是使自己的效用达到最大；②博弈论中的例子虽然简单而且很不实际，但是它比一些具体实际的、复杂的例子更能揭示实质，使得即使我们不去学习博弈论的理论，也能理解这些例子中提出的问题和分析的方法，这是有指导意义的。

1. 囚徒困境

“囚徒困境”是博弈论里最经典的例子之一。对于囚徒困境的描述是这样的：话说有一天，一位富翁在家中被杀，财物被盗。警方在此案的侦破过程中，抓到两个犯罪嫌疑人——甲和乙，并从他们的住处搜出被害人家中丢失的财物。但是，他们都否认曾杀过人，辩称是先发现富翁被杀，然后只是顺手牵羊偷了点儿东西。于是警方将两人隔离，分别关在不同的房间进行审讯，由警察分别和每个人单独谈话。警察说："由于你们的偷盗罪已有确凿的证据，所以可以判你们一年刑期。但是，我可以和你做个交易。如果你单独坦白杀人的罪行，我只判你半年的刑期，但你的同伙要被判十年刑。如果你拒不坦白，而被同伙检举，那么你将被判十年刑，他只判半年的刑期。但是，如果你们两人都坦白交代，那么，你们都要被判五年刑。"

囚徒甲和乙该怎么办呢？他们作为本博弈中的两个博弈方，都有两个选择——坦白或抵赖。很显然，最好的策略是双方都抵赖，结果是大家都只被判一年。但是由于两人处于隔离的情况下无法串供。所以，根据个体理性原则，两个博弈方的目标都是要实现自身利益最大化。

对于囚徒甲来说，囚徒乙有坦白和抵赖两种可能的选择，如果囚徒乙选的是抵赖，则对于囚徒甲来说，他应该选择坦白，因为抵赖的得益为-1，坦白的得益为-0.5；如果囚徒乙选的是坦白，则对于囚徒甲来说，他应该选择坦白，因为抵赖的得益-10，坦白的得益为-5。因此，在本博弈中，无论囚徒乙选择何种策略，囚徒甲选择坦白给自己带来的收益是最大的；同样，囚徒乙和囚徒甲的情况一样，因此囚徒乙的选择和囚徒甲一样。因此，该博弈的最终结果是博弈双方同选择坦白策略，同时获益-5，都判五年刑。囚徒困境博弈矩阵如表 8-9 所示。

表 8-9　囚徒困境博弈矩阵

乙

		坦白	抵赖
甲	坦白	-5，-5	-0.5，-10，
	抵赖	-10，-0.5	-1，-1

囚徒困境

囚徒困境的意义在于个人理性与集体理性的矛盾。从对双方共同最有利的角度，两个囚徒都应抵赖，这就是个人理性。从对方共同最有利的角度，两个囚徒都应抵赖，这便是团体理性。然而(抵赖，抵赖)不是均衡局势，即给定一方抵赖的情况下，另一方最优的选择却是坦白，也就是说，即使两人被警察拘留之前订立了不交代的攻守同盟，这个约定也没有约束力，因为在没有外在强制约束(比如，若一方坦白，另一方抵赖，坦白一方出狱后会受到被杀的报复)的情况下，两个囚徒都不会自觉遵守这个协议，只因为它不是对各囚徒自己而言最优的选择，这便是个人理性。

很多经济现象都可以用囚徒困境分析中的逻辑加以解释。例如，两个企业寡头选择产量的博弈。若两企业联合起来形成联合垄断，在最大垄断利润原则下选择产量，则每个企业都可以得到相对于两个企业竞争时更多的利润。但联合垄断不构成一个均衡局势，在对方遵守协议的情况下，每个企业都想增加产量。结果，每个企业在均衡局势下的利润一定小于联合垄断下的利润。

一般地，一种制度只有对社会整体和制度下的各方来说都是优，才能发挥效力，否则这种制度无法被各方自觉遵守。

2. 智猪博弈

假设猪圈里有两头猪，一头大猪，一头小猪。猪圈很长，一头有一踏板，另一头是饲料的出口和食槽。猪每踩一下踏板，另一边就会有相当于 10 份的猪食进槽，但是踩踏板以后跑到食槽所需要付出的"劳动"，加起来要消耗相当于 2 份的猪食。问题是踏板和食槽分置笼子的两端，如果有一只猪去踩踏板，另一只猪就有机会抢先吃到另一边落下的食物。踩踏板的猪付出劳动跑到食槽的时候，坐享其成的另一头猪早已吃了不少。

“智猪博弈”的具体情况如下：如果两只猪同时踩踏板，同时跑向食槽，大猪吃进 7 份，实际得益 5 份，小猪吃进 3 份，实际得益 1 份；如果大猪踩踏板后跑向食槽，这时小猪抢先，吃进 4 份，实得 4 份，大猪吃进 6 份，付出 2 份，得益 4 份；如果大猪等待，小猪踩踏板，大猪先吃，吃进 9 份，得益 9 份，小猪吃进 1 份，但是付出了 2 份，实得-1 份；如果双方都懒得动，所得都是 0。智猪博弈矩阵如表 8-10 所示。

表 8-10　智猪博弈矩阵

		小猪	
		按	等待
大猪	按	5，1	4，4
	等待	9，-1	0，0

利益分配格局决定两头猪的理性选择：小猪踩踏板只能吃到 1 份，不踩踏板反而能吃上 4 份。对小猪而言，无论大猪是否踩动踏板，小猪将选择“搭便车”策略，也就是舒舒服服地等在食槽边，这是最好的选择。现在来看大猪，由于小猪有“等待”这个优势策略，大猪只剩下了两个选择：等待，一份也得不到；踩踏板得到 4 份。所以“等待”就变成了大猪的劣势策略，大猪知道小猪是不会去踩动踏板的，自己亲自去踩踏板总比等待时的一无所获还是要好。

这个模型反映多劳者不多得，这种现象在现实生活中也是经常存在的。例如，股份公司中，股东有责任和权力监督经理的职能以保证自身的利益。但股东有大小之分，他们从监督中得到的好处并不一样，而监督需要成本(如搜索信息，花费时间)。若监督成本相同，大股东自然应该担当起监督的责任，而小股东则坐享监督的好处。

又如，市场中企业有小有大，企业需要进行研究开发，为新产品做广告开拓市场，对大企业是值得的，对小企业则不合算。所以，小企业把精力花在模仿上或等待大企业打开市场后出售廉价产品的情况经常出现。这则例子中，大股东和大企业相当于大猪，而小股东和小企业则相当于小猪。

3. 斗鸡博弈

斗鸡博弈是指两只公鸡在独木桥上相遇，即将展开一场厮杀，结果有四种可能：两只公鸡对峙，谁也不让谁，或者两者相斗。这两种可能性的结局一样——两败俱伤，这是谁也不愿意的。另两种可能是一退一进。但退者有损失、丢面子或消耗体力，谁退谁进呢？双方都不愿退，也知道对方不愿退。在这样的博弈中，要想取胜，就要在气势上压倒对方，需迫使对方退却。到最后的关键时刻，必有一方要退下来，除非对方抱有坚定的决心。但把自己放在对方的位置上考虑，如果进的一方给予退的一方以补偿，只要这种补偿与损失相当，就会有人愿意退出。

假设有两人狭路相逢，每人有两个行动选择：一是退下来，一是进攻。如果一方退下来，而对方没有退下来，对方获得胜利，这人就很丢面子；如果对方也退下来，双方则打个平手；如果自己没退下来，而对方退下来，自己则胜利，对方则失败；如果两人都前进，那么则两败俱伤。因此，对每个人来说，最好的结果是，对方退下来，而自己不退。表 8-11 展示了斗鸡博弈矩阵。

表 8-11 斗鸡博弈矩阵

		甲	
		前进	后退
乙	前进	(−2，−2)	(1，−1)
	后退	(−1，1)	(−1，−1)

两者如果均选择“前进”，结果是两败俱伤，两者均获得−2 的支付；如果一方“前进”，另外一方“后退”，前进者获得 1 的支付，赢得了面子，而后退者获得−1 的支付，输掉了面子，但没有两者均“前进”受到的损失大；两者均“后退”，两者均输掉了面子，获得−1 的支付。表 8-11 中的数字只是相对的值。

斗鸡博弈强调的是如何在博弈中采用妥协的方式取得利益。如果双方都换位思考，他们可以就补偿进行谈判，形成以补偿换退让的协议，问题得以解决。博弈中经常有妥协，双方能换位思考就可以较容易地达成协议，考虑自己得到多少补偿才愿意退，并用自己的想法来理解对方。如果只从自己立场出发考虑问题，不愿退，又不想给对方一定的补偿，僵局就难以打破。

综 合 练 习

一、名词解释

确定型决策　不确定型决策　风险型决策　头脑风暴法

二、单项选择题

1. 获取专家对某一问题意见的匿名群体决策方法是(　　)。
   A. 头脑风暴法　　B. 销售人员讨论法
   C. 德尔菲法　　D. 名义小组法
2. 求解定量决策问题时，最基本也是最常用的一种数学规划是(　　)。
   A. 线性规划　B. 非线性规划　C. 动态规划　D. 整数规划
3. 政策指导矩阵属于(　　)。
   A. 定性决策方法　　B. 定量决策方法
   C. 确定型决策方法　　D. 不确定型决策方法
4. 在企业经营单位组合分析图中，具有市场占有率高，而业务增长率较低这个特点的是指(　　)。
   A. “瘦狗”型的经营单位　　B. “幼童”型的经营单位
   C. “金牛”型的经营单位　　D. “明星”型的经营单位
5. 对于“瘦狗”型的经营单位，企业应该采取的战略是(　　)。
   A. 投入大量资金　B. 收缩甚至放弃　C. 扩大规模　D. 侵占市场
6. 波士顿矩阵作为制定公司战略决策的一种常用工具，主要考虑的两个维度是(　　)。
   A. 市场占有率和利润增长率　　B. 业务增长率和相对竞争地位
   C. 竞争能力和市场前景吸引力　　D. 市场成长率和市场前景吸引力
7. 某企业生产 A 产品，固定成本为 50 万元，单位变动成本为 40 元，产品销售单价为 50 元，则该企业A产品的盈亏平衡点的销售量为(　　)。

A. 2　　B. 10000　　C. 25　　D. 20000

8. 提出经营单位组合分析法的是(　　)。

A. 福特　　B. 兰德公司

C. 波士顿咨询公司　　D. 荷兰皇家壳牌公司

9. 政策指导矩阵考虑的两个维度是(　　)。

A. 市场占有率和利润增长率　　B. 业务增长率和相对竞争地位

C. 竞争能力和市场前景吸引力　　D. 市场前景和竞争能力

10. 集体决策时，如决策者对决策问题的认识有较大差异时，建议采取的决策方法是(　　)。

A. 头脑风暴法　　B. 畅谈法　　C. 名义小组法　　D. 德尔菲决策法

11. 在SWOT分析中，当企业面临的外部条件虽然较好，但是受内部劣势的限制时，可以采取的战略是(　　)。

A. 增长型　　B. 扭转型　　C. 多样化　　D. 防御型

12. 告诉参与人如何用妥协的方式取得利益的是(　　)。

A. 囚徒困境博弈　　B. 智猪博弈　　C. 斗鸡博弈　　D. 都不是

三、多项选择题

1. 常用的解决不确定型决策问题的方法有(　　　　)。

A. 线性规划法　　B. 小中取大法　　C. 大中取大法

D. 动态规划法　　E. 最小最大后悔值法

2. 有关活动方向的决策方法有(　　　　)。

A. 经营单位组合分析法　　B. 政策指导矩阵

C. 线性规划法　　D. 盈亏平衡法　　E. 头脑风暴法

3.下列属于群体决策方法的是(　　　　)。

A. 名义小组法　　B. 德尔菲法　　C. 线性规划法

D. 盈亏平衡法　　E. 头脑风暴法

4. 博弈中最重要的基本要素是(　　　　)。

A. 行动　　B. 参与人　　C. 策略　　D. 支付　　E. 信息

5. SWOT是关于(　　　　)的缩写。

A. 企业自身的优势　　B. 企业自身的劣势

C. 外部环境的机会　　D. 外部环境的威胁

E. 企业内部的环境

6. 与订购批量成正相关的费用是(　　　)。

A. 差旅费　　B. 储存费　　C. 原材料折旧费

D. 材料保险费　　E. 占用资金形成的机会成本

四、计算题

1. 企业生产某种产品，年固定费用为50万元，生产单位产品的单位变动成本为60元/台，销售价格为100元/台，年计划安排生产17500台，企业能否盈利？盈利多少？

2. 一企业生产的销售量为100件，单位产品的售价为400元，固定成本为12000元，总变动成本为24000元，假定该企业的目标利润为6432元，产品单位售价和固定成本不变，单位变动成本下降了96元。问：(1)保本点的月产量应该是多少？(2)销售量和销售额应该为多少？

3. 某摩托车厂欲建立一个方便消费者的商店，经研究拟订了建立大型、中型、小型商店的三个方案。各种商店在不同状态下的销售概率及利润数值预测如下表所示。试问：该摩托车厂应决定兴建哪种类型的商店？请用决策树法进行决策：(1)绘制决策树；(2)计算不同方案收益值；(3)选择方案。

状态概率 / 利润/万元 / 方案	较好	一般	较差	投资额
	0.2	0.5	0.3	
大型商店	25	12	−5	5
中型商店	20	10	5	3
小型商店	15	8	3	2

4.下表中A表示方案，S表示自然状态，请用最小最大后悔值法求出要选择的方案。把后悔值和决策方案填入相应的单元格中。

收益与后悔值 / 方案	收益值				后悔值				最大后悔值
	S_1	S_2	S_3	S_4	S_1	S_2	S_3	S_4	
A_1	50	60	70	80					
A_2	40	60	90	100					
A_3	70	30	50	60					
A_4	20	60	80	90					
最大后悔值中的最小值									
应选择的决策方案									

五、实训题

1. 某企业生产A、B、C三种产品，年固定成本为91800元，有关资料如下：

产品	单价(元/件)	销售量(件)	单位变动成本(元/件)
A	200	1200	160
B	240	1000	180
C	320	1000	224

利用边际贡献法计算综合保本额和各产品保本点。

具体要求算出：

(1) 求出各产品边际贡献率。

单产品边际贡献率=单价边际贡献/单价=(单价−单位变动成本)/单价

(2) 各产品销售收入和各产品销售比重。

(3) 综合边际贡献率。

(4) 综合保本收入。

综合保本收入=年固定成本/综合边际贡献率

(5) 各产品保本点。

第九章

组织设计与组织变革

【学习目标】

1. 了解组织概念及组织的性质、组织的类型；
2. 熟悉组织设计的原则、组织设计的影响因素；
3. 掌握常见的组织结构类型及其特点；
4. 了解组织变革的定义、诱因和阻力；
5. 熟悉组织变革的主要模型。

【导入案例】

勤天机械公司的组织结构

30年前，老郭创办了小型的勤天机械公司。在他的领导下，公司业务稳定发展，已经成为业内颇有名气的一家专业性公司。在公司管理上，老郭亲自任总经理，下设办公室、人事处、财务部，以及专门负责生产、营销、采购、研发的部门，各部门有着自己的职责及业务范围。老郭为了公司的发展倾注了所有的心血，凡事亲力亲为，还直接指挥公司产品的生产活动，各职能部门也对产品生产进行相应的业务指导。

如今，老郭年岁已高，日益感到力不从心，打算将公司交给他的儿子小郭管理。小郭毕业于著名的北大光华管理学院，拥有工商管理硕士学位，小郭认为，父亲一生兢兢业业，谨小慎微，放不开手脚，结果使得公司产品单一，影响了公司的发展。他上任后，一定要强化新产品开发，打造几个品牌，不断拓展公司的业务范围，形成相对稳定的业务团队。小郭提出，将来公司高层要集中精力做好决策与投资，具体运营则交给各个团队去负责，不同产品实行独立核算，自主经营，为此，他还要对公司管理体制进行改革，以适应公司新的发展需要。

(资料来源：作者搜集整理)

问题：(1) 勤天公司现有的组织结构属于哪种形式？这种结构有何优缺点？

(2) 勤天公司未来应该实行哪种组织结构形式比较合适？为什么？

第一节　组织设计

组织是一种普遍的社会现象，是人们群体活动的主要形式。组织既是管理的载体，又是管理工作的重要职能。随着组织任务、环境的变化，新建企业需要进行组织机构设计；当原有组织结构出现较大的问题或企业的目标发生变化，原有组织结构需要进行重新评价和设计；组织结构需要进行局部的调整和完善等情况发生时，也必须进行组织结构的重新设计。要使组织高效运转，实现组织与环境的动态平衡，必须科学、合理地构建组织，并适时地进行组织设计，设计合理的组织架构。

一、组织

1. 组织的概念

动词意义上的组织就是有目的、有系统地集合人员，如组织员工，这种组织是管理的一种职能。名词意义的组织是指按照一定的宗旨和目标建立起来的集体，如工厂、机关、学校、医院，各级政府部门、各个层次的经济实体、各个党派和政治团体等，这些都是组织。名词性质的组织可以按广义和狭义划分，广义上的组织是指由诸多要素按照一定方式相互联系起来的系统。系统论、控制论、信息论、耗散结构论和协同论等，都是从不同侧面研究有组织的系统的理论，从这个角度来看，组织和系统是同等程度的概念。狭义上的组织是指人们为实现一定的目标互相协作结合而成的集体或团体，如党团组织、工会组织、企业、军事组织等。在现代社会生活中，人们已普遍认识到组织是人们按照一定的目的、任务和形式编制起来的社会集团。本书所要研究的组织是指狭义的组织。

2. 组织的特征

所有组织，无论是社会组织或生物组织都具有目的性、系统性和开放性这三个主要特征。

(1) 目的性。目标是组织存在的前提。不管目标是明确的，还是隐含的，组织都是为了这一特定目标而存在的。组织目标反映了组织的性质和存在的价值。

(2) 系统性。组织是一个人为的系统，通常是指这一系统是由人建立的，以人为主体组成的具有特定功能的整体。由于是人为的系统，组织的功能差异较大，相同要素组成的系统可能因结构的不同而直接影响组织的功能。

(3) 开放性。组织的开放性指的是，组织具有不断与外界环境进行物质、能量、信息交换的性质和功能。任何具体组织作为整体，都不是孤立存在的，它总是处于一定的环境之中，并且同环境相互联系、相互作用，从而表现出自己的整体性能。组织向环境开放是组织得以向上发展的前提，也是组织得以稳定存在的条件。

3. 组织构成要素

根据组织表现出的特征，我们可以把组织的构成要素确定为组织环境、组织目的、管理主体和管理客体。这四个基本要素相互结合，相互作用，共同构成一个完整的组织。

(1) 组织环境。组织环境是组织的必要构成要素。组织是一个开放系统，组织内部各层级、部门之间、组织与组织之间，每时每刻都在交流信息。任何组织都处于一定的环境中，并与环境发生着物质、能量或信息交换关系，脱离一定环境的组织是不存在的。组织是在不断与外界交流信息的过程中，得到发展和壮大的。所有管理者都必须高度重视环境因素，必须在不同程度上考虑到外部环境，如经济的、技术的、社会的、政治的和伦理的等，使组织的内外要素互相协调。

(2) 组织目的。组织目的也是一个组织的要素。任何一个组织都有其存在的目的，建立一个组织，首先必须有目的，如果没有目的，组织就不可能建立。已有的组织如果失去了目的，这个组织也就名存实亡，失去了存在的必要。企业组织的目的是向社会提供用户满意的商品和服务，从而为企业获得尽量多的利润。政府行政部门的目的是提高办公效率，更好地为广大人民服务。

(3) 管理主体和管理客体。管理主体是指具有一定管理能力，拥有相应的权威和责任，从事现实管理活动的人或机构，也就是通常所说的管理者。管理客体是管理过程中在组织中所能预测、协调和控制的对象。

管理主体与管理客体之间的相互联系和相互作用构成了组织系统及其运动，这种联系和作用是通过组织这一形式而发生的。管理主体相当于组织的施控系统，管理客体相当于组织的受控系统。组织是管理主体与管理客体依据一定规律相互结合，具有特定功能和统一目标的有序系统。在管理的过程中，管理主体领导管理客体，管理客体实现组织的目的，而管理客体对管理主体又有反作用，管理主体根据管理客体对组织目的的完成情况，从而调整管理主体的行为。它们通过这样的相互作用，形成了耦合系统，从而更好地实现组织的目的。

4. 组织类型

(1) 按组织的规模分类，组织可分为小型的组织、中型的组织和大型的组织。比如，同是企业组织，就有小型企业、中型企业和大型企业；同是医院组织，就有个人诊所、小型医院和大型医院；同是行政组织，就有小单位、中等单位和大单位。按这个标准进行分类是具有普遍性的，不论何类组织都可以作这种划分。以组织规模划分组织类型，是对组织现象的表面的认识。

(2) 按组织的社会职能分类，组织可分为文化性组织、经济性组织和政治性组织。文化性组织是一种人们之间相互沟通思想、联络感情，传递知识和文化的社会组织，各类学校、研究机关、艺术团体、图书馆、艺术馆、博物馆、展览馆、纪念馆、报刊出版单位、影视电台机关等都属于文化性组织。文化性组织一般不追求经济效益，属于非营利组织。而经济性组织是一种专门以追求社会物质财富的社会组织，它存在于生产、交换、分配、消费等不同领域，工厂、企业、银行、财团、保险公司等社会组织都属于经济性组织。政治性组织是一种为某个阶级的政治利益服务的社会组织，国家的立法机关、司法机关、行政机关、政党、监狱、军队等都属于政治性组织。

(3) 按组织内部是否有正式分工关系分类，组织可分为正式组织和非正式组织。正式组织是指人们按照一定的规则，为达到某一共同的目标正式组织起来的人群集合体。我们一般谈到的组织是指正式组织。非正式组织是指人们在共同劳动、共同生活中，因相互之间的联系而产生的共同感情自然形成的一种无名集体，并产生一种不成文的非正式的行为准则或惯例，要求个人服从但没有强制性。如果一个组织内部存在着正式的组织任务分工、组织人员分工和正式的组织制度，那么它就属于正式组织。政府机关、军队、学校、企业等都属于正式组织。正式组织是社会中主要的组织形式，是人们研究和关注的重点。而如果一个组织内部没有确定的机构分工和任务分工，没有固定的成员，也没有正式的组织制度等，这种组织就属于非正式组织。非正式组织可以是一个独立的团体，比如学术沙龙、文化沙龙、业余俱乐部等，也可以是一种存在于正式组织之中的无名而有实的团体。非正式组织是一种事实上存在的社会组织，这种组织现在正日益受到重视。在一个正式组织的管理活动中，应特别注意非正式组织的影响作用，对非正式组织处理不当将会影响正式组织任务的完成和组织运行的效率。

二、组织设计

1. 组织设计的原则

(1) 专业化分工原则。专业化分工有利于组织效率的提升，将专业化分工与组织各方面的协作相结合，有利于确保组织以最低的成本、最高的效率实现组织的总目标，这是组织设计基本的原则。

(2) 优化原则。任何组织都存在于一定的环境之中，组织的外部环境必然会对内部的结构形式产生一定程度的影响，因此组织结构的设计要充分考虑内外部环境，使组织结构适应于外部环境，谋求组织内外部资源的优化配置。

(3) 均衡原则。组织结构的设计应力求均衡，不能因为企业现阶段没有要求而合并部门和职能，在企业运行一段时间后又要重新进行设计，总结为一句话：职能不能没有，岗位可以合并。

(4) 重点原则。随着组织的发展，因为环境的变化，组织中各项工作完成的难易程度以及对组织目标实现的影响程度也会发生变化，组织的工作中心和职能部门的重要性亦随之变化，因此在进行企业组织结构设计时，要突出组织现阶段的重点工作和重点部门。

(5) 人本原则。设计组织结构前要综合考虑组织现有的人力资源状况，以及组织未来几年对人力资源素质、数量等方面的需求，以人为本进行设计，切忌拿所谓先进的框架往组织身上套，更不能因人设岗、因岗找事。

(6) 适用原则。组织结构的设计要适应组织的执行能力和良好的习惯，使组织和员工在执行起来时容易上手，不能脱离组织实际进行设计，使组织为适应新的组织结构而严重影响正常工作的开展。

(7) 强制原则。设计的组织结构必然会因组织内部认识上的不统一、权力重新划分、人事调整、责任明确且加重、考核细致而严厉等现象的产生而导致管理层和员工的消极抵制甚至反对，设计人员和企业高层要有充分的心理准备，采取召开预备会、邀请员工参与设计、舆论引导等手段消除阻力，但在最后实施时，必须强制执行，严厉惩罚一切违规行为，确保整体运行的有序性，某些被证明不适合组织的设计可在运行两三个月后再进行微调。

2. 组织设计的任务

组织设计的根本任务是建立有益于管理的组织，从而有效地实现组织的各项目标。组织设计实质上是组织实现目标的一种手段。组织设计的任务是提供组织结构系统图和编制职务说明书。为了提供上述两种组织设计的最终成果，组织设计者需完成以下 3 个步骤的工作。

(1) 组织结构的纵向设计——职务设计与分析。职务设计与分析是组织设计最基础的工作。职务设计是在目标活动逐步分解的基础上，设计和确定组织内从事具体管理工作所需的职务和人员数量，分析担任每个职务的人应负的责任和应具备的素质。

(2) 组织结构的横向设计——部门划分。部门划分就是在任务分工的基础上，自上而下地对各种任务加以归类，根据不同的标准将相同或相近的工作归并到一起组成工作单位，形成专业化的工作部门。部门化的方式有职能部门化、产品或服务部门化、地域部门化、顾客部门化和流程或过程部门化等。

3. 组织设计的影响因素

由于组织的各种活动会受到组织内外部各种因素的影响，因此，不同的组织具有不同的结构形式，就是说，组织结构的确定和变化都受到许多因素的影响，这些因素称为“权变”因素，即权宜应变的意思，结构随着这些因素的变化而变化。

权变理论认为，不存在一个“唯一的理想”组织设计适合于所有情况，理想的组织设计取决于各种权变因素的综合作用。

(1) 环境的影响。环境包括一般环境和特定环境两部分。组织设计者可以通过以下几种原则性方法提高组织对环境的应变性：对传统的职位和职能部门进行相应的调整；根据外部环境的不确定程度设计不同类型的组织结构；根据组织的差别性、整合性程度设计不同的组织结构；通过加强计划和对环境的预测减少不确定性；通过组织间合作尽量减小组织自身要素资源对环境的过度依赖性。

(2) 战略的影响。战略发展有四个不同阶段，每个阶段应有与之相适应的组织结构：数量扩大阶段——单一组织结构；地区开拓阶段——建立职能部门；纵向联合发展阶段——建立职能结构；产品多样化阶段——建立产品型组织结构。

(3) 技术的影响。技术是指把原材料等资源转化为最终产品或服务的机械力和智力。任何组织都要通过技术将投入转换为产出，于是组织的设计要因技术的变化而改变，特别是技术范式的重大转变，往往要求组织结构做出相应的改变和调整。

(4) 组织规模与生命周期的影响。组织的成长过程如同人的成长需要经历幼年、青年、中年、老年等阶段一样，也要经历不同的成长阶段，并且在每一阶段都会具有不同的组织特征，遇到不同的问题，组织的这种成长历程称为组织生命周期。综合来看，组织生命周期各阶段的特点如下。

- 创业阶段：组织呈小规模、非官僚制和非规范化。
- 集合阶段：组织偏重于集权制、欠规范。
- 规范化阶段：组织呈现官僚制特征。
- 精细阶段：组织僵化、衰退。

三、组织结构的类型

组织结构的类型主要有以下 6 种，下面逐一进行介绍。

1. 直线型组织结构

直线型组织结构如图 9-1 所示，组织中各种职务按垂直系统直线排列，各级主管对下属拥有直接的领导权，每一职位只能向一个直线上级汇报，组织中不设专门的职能部门。

(1) 优点：权力集中、权责分明、命令统一、行动快捷。

(2) 缺点：缺乏分工，管理者负担过重，难以胜任复杂职能。

(3) 适用范围：这种结构只适用于没有实行专业化管理的小型组织。

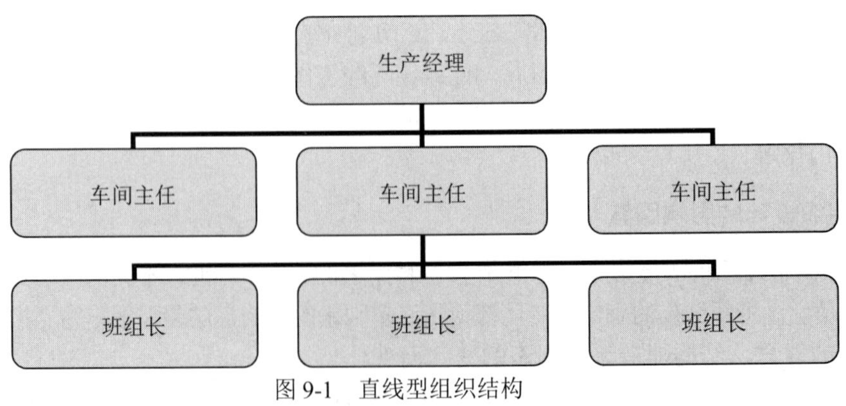

图 9-1 直线型组织结构

2. 直线—职能型组织结构

直线—职能型组织结构如图 9-2 所示，以直线制为基础，加上职能部门。

(1) 优点：保持了直线制集中统一指挥的优点，又具有职能分工专业化长处。

(2) 缺点：部门自成体系，不重视信息的横向沟通；直线人员与参谋人员关系难协调。

(3) 适用范围：目前绝大多数组织均采用这种结构形式。

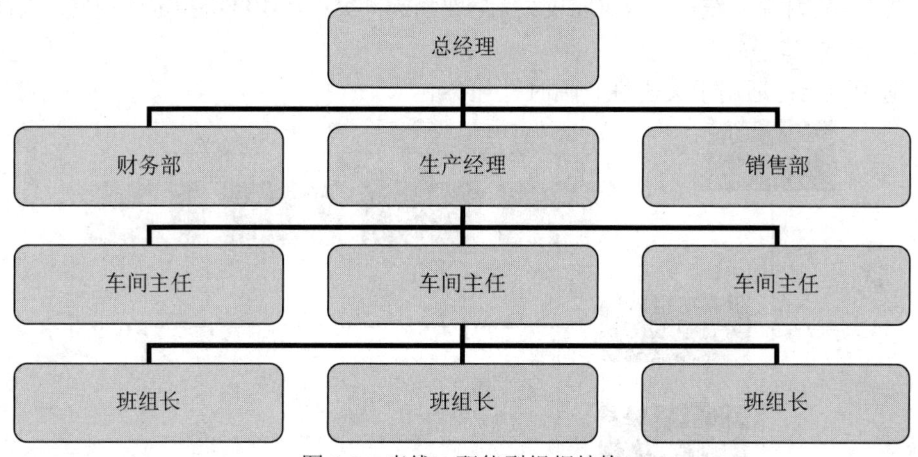

图 9-2　直线—职能型组织结构

3. 事业部型组织结构

事业部型组织结构如图 9-3 所示，在总公司下按产品或地区设立独立核算，自主经营的多个事业部或分公司。

(1) 优点：有利于发挥事业部积极性，更好地适应市场；公司高层精力得到解放，能够集中思考战略问题；事业部经理负责领导一个独立经营的部门，有利于培养全面的管理人才。

(2) 缺点：机构设置重叠，一些资源不能充分共享，造成了人员和设备的浪费；各事业部考虑问题往往从本部门出发，忽略整个组织的利益，彼此之间会引起激烈的竞争，甚至发生内耗。

(3) 适用范围：规模较大、业务多样化、市场环境复杂的企业采用。

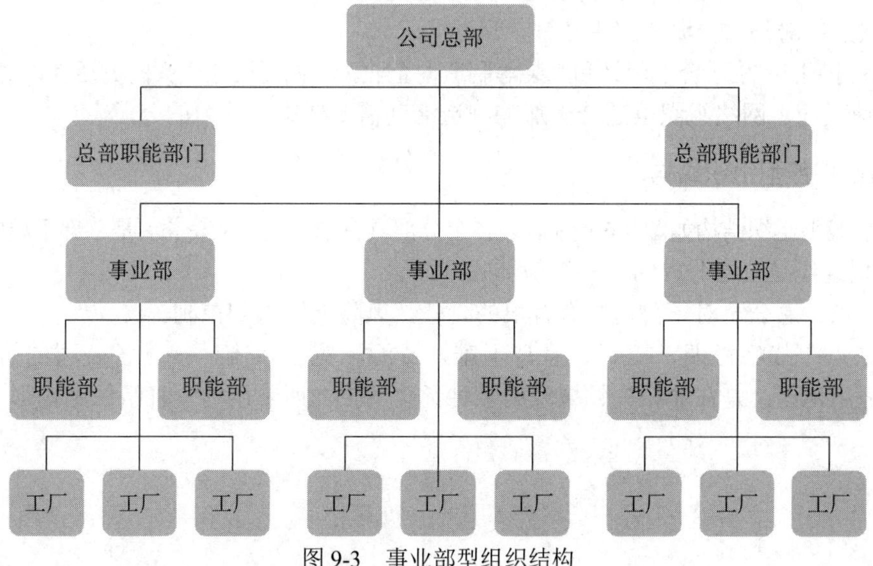

图 9-3　事业部型组织结构

4. 矩阵型组织结构

矩阵型组织结构如图 9-4 所示，由职能部门系列和为完成某一特定任务而组建的项目小组系列组成。这种结构打破了传统的一个员工只有一个上司的统一指挥原则，使一个员工属于两个甚至两个以上的部门。

(1) 优点：纵横结合，有利于加强各职能部门之间的协作和配合。

(2) 缺点：破坏命令统一，双重职权关系容易引起冲突；组织结构稳定性较差，人员臃肿，对员工的沟通要求较高。

(3) 适用范围：适用于突击性、临时性任务。

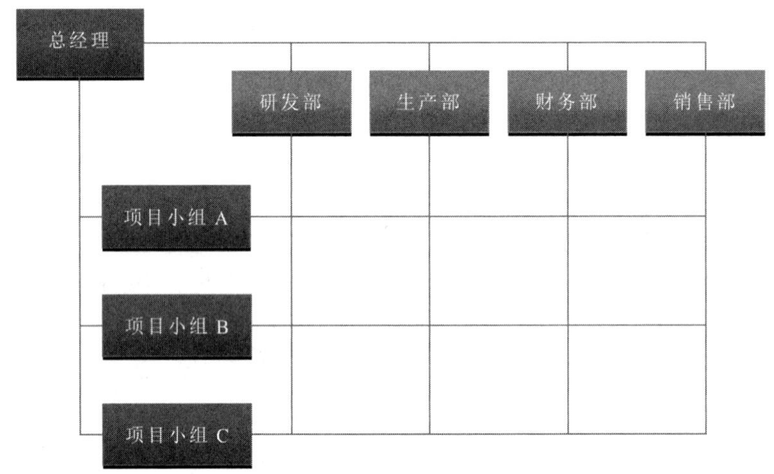

图 9-4　矩阵型组织结构

5. 网络型组织结构

网络型组织结构如图 9-5 所示，是利用现代信息技术手段，适应与发展起来的一种新型的组织机构。组织的大部分职能从组织外购买，即管理当局将其经营的主要职能都外包出去。

(1) 优点：核心团队集中尽力做最擅长的事；降低管理成本；提高管理效益；简化了机构和管理层次，组织结构可以进一步扁平化，效率也更高。

(2) 缺点：对外部资源依赖性较强，风险大。

(3) 适用范围：较适合于玩具和服装等制造型企业。它们需要相当大的灵活性以对时尚的变化做出迅速反应。网络组织也适合于那些制造活动需要低廉劳动力的公司。

6. 集团控股型组织结构

集团控股型组织结构如图 9-6 所示，即各个分部具有独立的法人资格，是总部下属的子公司。集团控股型组织是公司分权的一种组织形式。

(1) 优点：总公司对子公司具有有限的责任，风险能够得到控制。

(2) 缺点：战略协调、控制、监督困难，资源配置也较难，缺乏各公司的协调。

(3) 适用范围：是在非相关领域开展多种经营的企业所常用的一种组织结构形式。

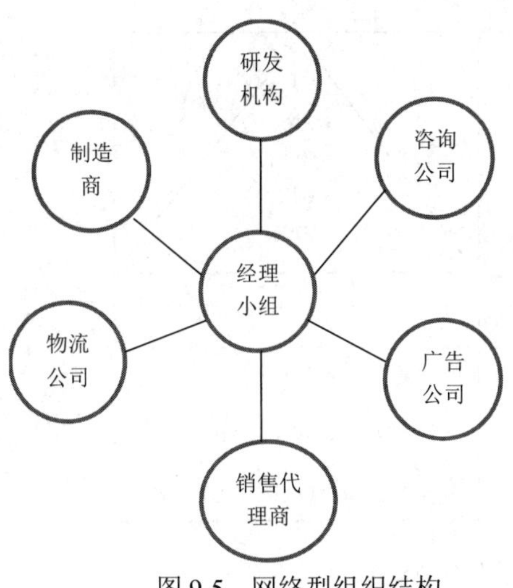

图 9-5 网络型组织结构

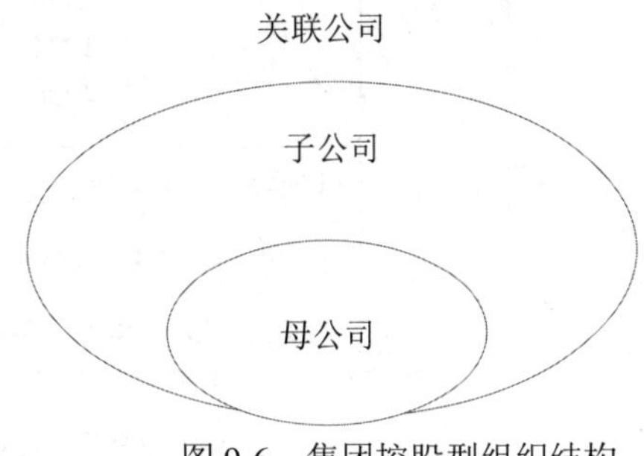

图 9-6 集团控股型组织结构

四、组织的层级化

组织的层级化是指组织在纵向结构设计中必须确定层级项目和有效的管理幅度，必须根据组织集权化的程度，规定纵向各层级之间的权责关系，最终形成一个能够对内外环境要求做出动态反应的、有效的组织结构形式。

1. 组织层级与管理幅度

(1) 组织层级。组织层级是指组织内部从最高一级管理者到最低的基层工作人员之间形成的层次。组织层级反映出组织内部的纵向分工情况。因为各个组织层级负担着不同的职能，随着组织层级的出现必然产生各层级之间的联系与协调。

(2) 管理幅度。管理幅度是指组织中上级主管能够直接有效地指挥和领导下属的数量。管理幅度的宽窄意味着上级领导者直接控制和协调的业务量的多少；同时管理幅度也决定了组织中管理层次数目和管理者的数量。

(3) 组织层级与管理幅度的关系。组织层级受到组织规模和管理幅度的影响，它与组织规模成正比，组织规模越大，包括的人员越多，组织工作越复杂，则层级就越多；在组织规模确定的情况下，组织层级与管理幅度呈反比，即上级直接领导的下属越多，组织层级就越少，反之则越多。

组织层次与管理幅度的反比关系决定了两种基本的组织结构形态：扁平式的组织结构形态和锥形式的组织结构形态。图 9-7 反映了这两种组织结构在管理幅度和组织层级上的差别。

(4) 管理幅度设计的影响因素。有效的管理幅度受到多种因素的影响，主要有管理者与被管理者的工作能力、工作内容和性质、工作条件和工作环境等。

① 工作能力。管理者的综合能力、理解能力、表达能力强，可以迅速地把握问题的关键，对下属的请示提出恰当的指导建议，并使下属能够明确地理解，缩短与下属在接触中使用的时间；同时，为了能够激励下属努力工作，可以适当地增大管理幅度。如果下属具备相应的能力，受过良好的系统培训，可以在很多问题上根据自己的主见去解决，能够减少向上司请示、占用上司时间的频率，管理幅度则可以适当放宽些。因此，加强领导者自身修养和下级人员的培训，提升双方的工作能力，是降低上下级接触频率、减少接触时间、扩大管理幅度的有效措施。

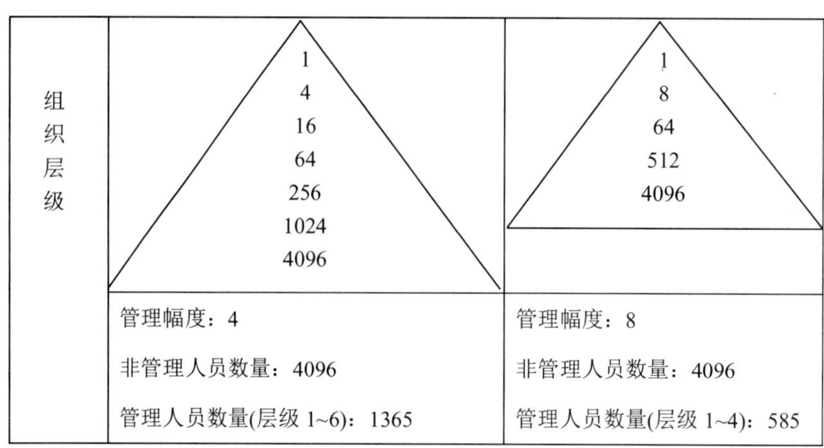

图 9-7　管理幅度与组织层级的比较

② 工作内容和性质。管理工作的内容越多，上下左右之间的联系就越多，要花费的工作时间也就越多；管理工作越复杂多变，管理人员要耗费的时间和精力就越多，组织就越需要缩小管理幅度。另外，下属人员工作的相似性越大，管理的指挥和监督工作就越容易，扩大管理幅度就越有可能。

③ 工作条件。管理幅度还受到下属人员的空间分布状况、组织变革速度及信息沟通的限制。下属人员的空间分布分散，就会增大上下左右之间协调和沟通的困难，应减少管理幅度。管理者在稳定状况下比在动态环境下更能对管理幅度较宽的组织进行有效的管理。如果上下级之间的信息沟通充分快捷，则可以减少上下级沟通交流的时间和次数，从而扩大管理幅度。

④ 工作环境。工作环境稳定与否影响组织活动内容和政策的调整频率或幅度。环境变化越快，变化频率越高，组织遇到的新问题越多，下属向上级的请示就越有必要，频率也越高。如此，上级能用于了解下属工作的时间和精力就越少，因为他必须花更多的时间去关注环境的变化，考虑应变措施。因此，环境越不稳定，各级管理者的管理幅度就越受到限制。

2. 职权

职权与组织内的职位有关，又被称为法定权力，是职务范围内的管理权限。组织中的管理者为了履行所在职位的职责，必须拥有相应的权力。当管理者离开职务时，该职权也就随着消失。职权是权力的一种，来源于职位的权力，是一种合法的权力。组织中的职权分为三种形式：直线职权、参谋职权和职能职权。表 9-1 是三种职权比较的内容。

表 9-1　三种职权比较

职权类型	特征	行使人
直线职权	指挥权	直线人员
参谋职权	指导权	参谋人员
职能职权	部分指挥权/指导权	职能人员

(1) 直线职权。直线职权是管理者直接指挥下属工作的权力。拥有直线职权的每一管理层级的主管人员被称为直线人员，每一管理层级的功能不同，其职权的大小及范围也不同。组织中自上而下的直线人员之间形成了一条权力线，这条权力线被称为指挥链。

(2) 参谋职权。参谋职权是指管理者拥有某种特定的建议权或审核权，评价直线职权的活动情况，进而提出建议或提供服务。

(3) 职能职权。职能职权是一种权益职权，是由直线管理者向自己辖属以外的个人或职能部门授权，允许他们按照一定的制度、在一定职权范围内行使的某种职权。职能职权的设立主要是为了发挥专家的核心作用，减轻直线主管的任务负荷，提高管理工作效率。

3. 集权、分权与授权

集权和分权是指决策指挥权在不同的管理层级之间的分配与授予。

集权是指决策指挥权在组织层级系统中较高层次上的集中，也就是下级部门和机构只能依上级的决定、指示与命令行事，一切行动必须服从上级的指挥。集权的优点是能够在统一的领导意志下，高效率地整合、调动可用资源服务于组织和社会发展，能够发挥强大的合力，产生“1+1＞2”的效果；缺点是集权容易导致独裁、专制、官僚作风甚至腐败，牺牲了民主、组织成员个体的能动性和创造力。

分权是指决策指挥权在组织层级系统中较低层次上的分散。分权能使下级机构和部门自主地支配组织的有效资源，自主决策、自主解决组织运行过程中的问题。随着组织规模的扩大及专业化的分工，分权是必然的。分权的优点是能够让组织充满活力和创造力，每名成员都能发挥自身的能动性，体现个体价值；缺点是容易导致决策效率低下，组织整体应急能力差等。

授权是组织为了共享内部权力、激励员工努力工作，把某些权力或职权授予下级。这些权力或职权被委派给下级后，下级可以在其职权范围内自由决断、灵活处理问题，但同时也负有完成任务并向上级报告的责任。上级仍然保留对下级的指挥与监督权。合理地授权可以使领导者能够摆脱由下属完成的日常任务，自己专心处理重大决策问题，还有助于培养下属的工作能力，有利于提升士气。授权是否合理是领导者才能高低的重要标志。

第二节　组织变革

组织内外部环境的变化会影响组织战略目标的实现，因此需要组织通过主动的变革来应对环境变化带来的影响，并在变革中寻求创新和持续发展的动力。任何设计得再成功的组织，在运行了一段时间后，要想维持和发展，都必须根据外部环境和内部环境的变化，不断地对组织进行变革。变革是组织为了适应环境变化而进行，以改善和提高组织效能为目的的管理活动。

一、组织变革概述

任何设计得再完美的组织，在运行了一段时间以后也都必须进行改革，这样才能更好地适应组织内外条件变化的要求。组织变革实际上是而且也应该成为组织发展过程中的一项经常性的活动。组织变革是任何组织都不可回避的问题，而能否抓住时机顺利推进组织变革则成为衡量管理工作有效性的重要标志。

1. 组织变革的定义

企业的发展离不开组织变革，内外部环境的变化，企业资源的不断整合与变动，都给企业带来了机遇与挑战，这都要求企业关注组织变革。

组织变革是指组织根据内外环境变化，及时对组织中的要素(如组织的管理理念、工作方式、组织结构、人员配备、组织文化等)进行调整、改进和革新的过程。

组织变革管理，最重要的是在组织高管层面有完善的计划与实施步骤，以及对可能出现的障碍与阻力有清醒认识。

2. 组织变革的诱因

诱发组织变革的需要并决定组织变革目标方向和内容的主要因素有以下内容。

(1) 战略。组织在发展过程中需要对战略的形式和内容做出不断的调整。新的战略一旦形成，组织结构就应该进行调整、变革，以适应新战略实施的需要。结构追随战略，战略的变化必然带来组织结构的更新。

组织战略可以在两个层次上影响组织结构：一是不同的战略要求开展不同的业务和管理活动，由此影响到管理职务和部门的设计；二是战略重点的改变会引起组织业务活动重心的转移和核心职能的改变，从而使各部门、各职务在组织中的相对位置变化，相应地就要求对各管理职务以及部门之间的关系做出调整。

(2) 环境。环境变化是导致组织结构变革的另一个主要影响力量。外部环境因素可作用于组织，对其管理活动及生产经营活动产生影响。同时，组织还可以作用于环境，可以改变甚至创造适应组织发展所需要的新环境。

环境之所以会对组织的结构产生重大的影响，是因为任何组织都或多或少是个开放的系统。组织作为整个社会经济大系统的一个组成部分，它与外部的其他社会经济子系统之间存在各种各样的联系，外部环境的发展和变化必然会对组织结构的设计产生重要的影响。

(3) 技术。组织的任何活动都需要利用一定的技术和反映一定技术水平的特殊手段进行开展。技术和技术设备的水平，不仅影响组织活动的效果和效率，而且会对组织的职务设置与部门划分、部门间的关系，以及组织结构的形式和总体特征等产生相当程度的影响。

再从生产作业技术来看，组织将投入转换为产出所使用的过程和方法，在常规化程度上是各不相同的。越是常规化的技术，越需要高度结构化的组织。反之，非常规的技术，要求更大的结构灵活性。

(4) 组织规模和成长阶段。伴随着组织的发展，组织活动的内部会日趋复杂，人数会逐渐增多，活动的规模和范围会越来越大，组织结构也必须随之调整，才能适应成长后的组织的新情况。组织变革伴随着企业成长的各个时期，不同成长阶段要求不同的组织模式与之相适应。

管理者如果不能在组织步入新的发展阶段之际及时地、有针对性地变革其组织设计，就容易引发组织发展的危机。这种危机的有效解决，必须依靠组织结构的变更。

3. 组织变革的阻力

组织变革就是要改变那些不能适应组织内外环境、阻碍组织可持续发展的各种因素，如组织的管理制度、组织文化、员工的工作方式、工作习惯等。这种变革必然会涉及组织的各个层面，引起组织内部个人和部门利益的重新分配，因此必然会遭到来自组织各个方面的阻力。

(1) 个人层面。个人层面的阻力主要是来源于员工的个性心理和经济利益的驱使，虽然个人层面的变革阻力的力度较小，但它却是组织变革阻力的基本单元。

人们对待组织变革的态度与其个性有十分密切的关系。那些敢于接受挑战、乐于创新、具有全局观念、有较强适应能力的人通常有较为强烈的变革意识。而那些有强烈成就欲望的人，或是

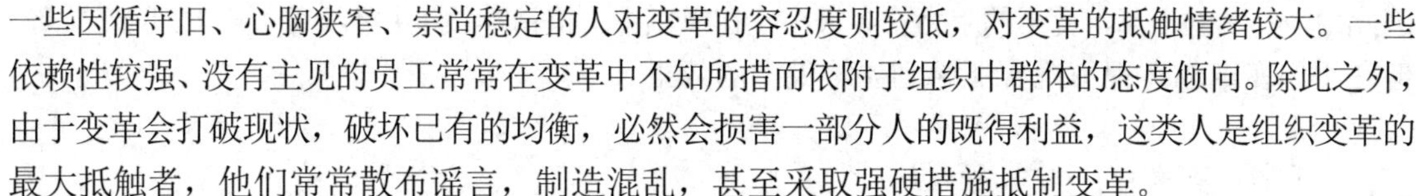

一些因循守旧、心胸狭窄、崇尚稳定的人对变革的容忍度则较低，对变革的抵触情绪较大。一些依赖性较强、没有主见的员工常常在变革中不知所措而依附于组织中群体的态度倾向。除此之外，由于变革会打破现状，破坏已有的均衡，必然会损害一部分人的既得利益，这类人是组织变革的最大抵触者，他们常常散布谣言，制造混乱，甚至采取强硬措施抵制变革。

(2) 组织层面。组织层面上的变革阻力因素有很多，既包括组织结构、规章制度等显性阻力，还包括组织文化、氛围、员工的工作习惯等隐性阻力。由于组织变革会对组织内部各部门、各个群体的利益进行重新分配，那些原本在组织中权力较大、地位较高的部门和群体必然会将变革视为一种威胁，为了保护自身利益而抵制变革。另外，企业的业务流程再造必然会重组企业的组织结构，对某些部门、某些层次予以合并、撤减，以及重新进行权责界定，一些处于不利地位的部门和层次就会反对变革。相对组织内的显性阻力而言，组织内的隐性阻力更加隐蔽，而且短时间内难以克服。组织内的文化、员工的工作方式已经成为一种工作习惯。在长期的工作中，员工与员工之间、员工与领导之间、员工与组织之间已经形成了某种默契或契约，一旦实行变革，意味着改变员工业已形成的工作关系和工作方式，必然会引起员工的不满。

4. 克服组织变革阻力的对策

(1) 组织的人力资源要为组织变革服务。因员工的个性与其对待变革的态度有着密切的关系，首先，组织在招聘的过程中应该引入心理测评，通过测评招聘一些有较强适应能力、敢于接受挑战的员工。其次，在组织变革的过程中，要加强对员工的培训，提高员工的知识水平和技能水平，使得组织的人力资源素质和变革同步推进。再次，在组织的日常经营活动中，应该树立一种团体主义的文化，培养员工对组织的归属感，形成一种愿意与组织同甘共苦的文化。

(2) 变革前加强与员工的沟通。在变革实施之前，组织决策者应该营造一种危机感，让员工认识到变革的紧迫，让他们了解变革对组织、对自己的好处，并适时地提供有关变革的信息，澄清变革的各种谣言，为变革营造良好的氛围。在变革的实施过程中，要让员工理解变革的实施方案，并且要尽可能听取员工的意见和建议，让员工参与到变革中来。与此同时，组织还应该时刻地关注员工的心理变化，及时与员工交流，在适当的时候可以做出某种承诺，以消除员工的心理顾虑。

(3) 适当地运用激励手段。在组织变革的过程中适当运用激励手段，将达到意想不到的效果。一方面，企业可以在变革实施的过程中，提高员工的工资和福利待遇，使员工感受到变革的好处和希望。另一方面，组织可以对一些员工予以重用，以稳住关键员工，消除他们的顾虑，使他们安心地为企业工作。

(4) 引入变革代言人。变革代言人即通常所谓的咨询顾问。由前面的分析我们已经知道，在变革的过程中，一些员工认为变革的动机带有主观性质，他们认为变革是为了当局者能更好地谋取私利；还有一些员工对变革发动的能力有限，不能有效地实施变革。而引入变革代言人能很好地解决上述问题。一方面，咨询顾问通常都是由一些外部专家所组成，他们的知识和能力不容置疑；另一方面，由于变革代言人来自第三方，通常能较为客观地认识组织所面临的问题，找到解决问题的正确办法。

(5) 运用力场分析法突破。力场分析法是库尔特·勒温(Kurt Lewin)于 1951 年提出来的，他认为：变革是相反方向作用的各种力量的一种能动的均衡状态，对于一项变革，组织中既存在变革的动力，又存在变革的阻力，人们应该通过分析变革的动力和阻力，找到变革的突破口。

(6) 培植组织的精神领袖。在组织变革的过程中，如果组织有一位强力型的领导者，相对而言，变革的阻力就会很小。由于企业的精神领袖通常具有卓越的人格魅力和非常优秀的工作业绩，因此由他们发动变革，变革的阻力就会很小。在组织中培植精神领袖并不一定是一件明智的事，但在组织变革的过程中确实能起到立竿见影的效果。

二、组织变革的主要模型

1. 勒温变革模型

组织变革模型中最具影响的是勒温变革模型。库尔特·勒温(Kurt Lewin)提出了一个包含解冻、变革、再冻结三个步骤的有计划的组织变革模型，用以解释和指导如何发动、管理和稳定变革过程。

(1) 解冻。解冻的焦点在于创设变革的动机。鼓励员工改变原有的行为模式和工作态度，采取新的适应组织战略发展的行为与态度。为了做到这一点，一方面，需要对旧的行为与态度加以否定；另一方面，要使员工认识到变革的紧迫性。可以采用比较评估的办法，把组织的总体情况、经营指标和业绩水平与其他优秀单位或竞争对手进行一一比较，找出差距和解冻的依据，帮助员工“解冻”现有态度和行为，使其变革意愿变得迫切，让他们愿意接受新的工作模式。此外，还应注意创造一种开放的氛围和心理上的安全感，减少变革的心理障碍，提高变革成功的信心。

(2) 变革。勒温认为，变革是一个认知的过程，它是从获得新的概念和信息开始的。变革是一个学习过程，需要给员工提供新信息、新行为模式和新的视角，指明变革方向，实施变革，进而形成新的行为和态度。这一步骤中，组织应该注意为新的工作态度和行为树立榜样，采用角色模范、导师指导、专家演讲、群体培训等多种途径来树立。

(3) 再冻结。在再冻结阶段，利用必要的强化手段使新的态度与行为固定下来，使组织变革处于稳定状态。为了确保组织变革的稳定性，需要注意要使员工有机会尝试和检验新的态度与行为，并及时给予正面的强化；同时，加强群体变革行为的稳定性，促使形成稳定持久的群体行为规范。

2. 科特组织变革模型

领导研究与变革管理专家约翰·科特(John P. Kotter)认为，组织变革失败往往是由于高层管理部门犯了以下错误：没有建立变革需求的急迫感；没有创设负责变革过程管理的有力指导小组；没有确立指导变革过程的愿景，也没有开展有效的沟通；没有系统计划，获取短期利益；没有对组织文化变革加以明确定位等。科特为此提出了指导组织变革规范发展的八个步骤：建立急迫感；创设指导联盟；开发愿景与战略；沟通变革愿景；实施授权行动；巩固短期得益；推动组织变革；定位文化途径。科特的研究表明，成功的组织变革有70%～90%归功于变革领导成效，还有10%～30%归功于管理部门的努力。

꧁ 综 合 练 习 ꧂

一、名词解释

组织(狭义)　正式组织　非正式组织　管理幅度　组织层级　组织变革

二、单项选择题

1. 在组织规模一定的情况下，管理幅度与组织层次之间体现为(　　)。
   A. 正比例关系　　B. 反比例关系　　C. 没有比例　　D. 间接关系
2. 管理者直接指导下属工作的职权是(　　)。
   A. 直线职权　　B. 参谋职权　　C. 职能职权　　D. 权益职权
3. 组织变革后的行为强化阶段是(　　)。
   A. 解冻阶段　　B. 心理准备阶段　　C. 变革阶段　　D. 再冻结阶段
4. 提出运用力场分析的方法研究变革阻力的学者是(　　)。
   A. 哈默　　B. 钱皮　　C. 勒温　　D. 希尔
5. 以下组织结构中分权程度最高的是(　　)。
   A. 直线制　　B. 职能制　　C. 直线—职能制　　D. 事业部制
6. 由直线管理者向自己辖属以外的个人或职能部门授权，允许他们按照一定的制度在一定的职能范围内行使某种职能，这是(　　)。
   A. 职能职权　　B. 直线职权　　C. 参谋职权　　D. 下属分析
7. 组织设计的基本原则是(　　)。
   A. 专业化分工　　B. 统一指挥　　C. 权责对等　　D. 控制幅度
8. 组织理论上把管理层次多而管理幅度小的结构称为(　　)。
   A. 直线结构　　B. 锥形结构　　C. 职能结构　　D. 扁平结构
9. 非正式组织，往往是基于(　　)而成立的。
   A. 管理者实现组织目标　　B. 特定的利益
   C. 明确的组织结构　　D. 成员某种心理需求
10. 政府组织设立了经济管理职能部门、文化职能部门、政治职能部门、专门办事机构，它们的设立标准是(　　)。
   A. 区域标准　　B. 行业和产品　　C. 职能　　D. 服务对象
11. 具有更大灵活性和柔性，而且容易操作的组织结构形式是(　　)。
   A. 矩阵型　　B. 动态网络型　　C. 直线职能制　　D. 事业部制

三、多项选择题

1. 库尔特·勒温提出的组织变革模型包括(　　　　)过程。
   A. 解冻　　B. 变革　　C. 再冻结
   D. 再解冻　　E. 封锁
2. 影响组织设计的因素有(　　　　)。
   A. 环境　　B. 战略　　C. 技术
   D. 组织规模　　E. 生命周期
3. 组织构成要素有(　　　　)。
   A. 组织环境　　B. 组织目的　　C. 管理客体
   D. 管理主体　　E. 管理方法

4. 矩阵型组织结构的优点包括(　　　　)。

A. 能适应较高不确定性的环境　　　　B. 增强职能人员参与项目管理的积极性

C. 获取专业化分工的好处　　　　D. 有助于比较不同部门的贡献

E. 易于协调管理

5. 组织设计的原则包括(　　　　)。

A. 专业化分工　　B. 优化原则　　C. 均衡与重点原则

D. 人本原则　　E. 适用与强制原则

四、简答题

1. 组织设计的原则有哪些?
2. 组织结构类型有哪些?
3. 管理幅度设计的影响因素有哪些?
4. 组织设计的内容有哪些?
5. 组织变革的诱因有哪些?
6. 勒温变革模型的主要思想是什么?

五、论述题

1. 论述矩阵型组织结构的优缺点。
2. 如何克服组织变革的阻力?

六、案例分析题

赵某辞职引发的分配制度改革

某电子产品制造公司，在行业中居于领先地位。不久前，生产技术部门一位业务骨干赵工接到了一个更为高薪的竞争对手公司的入职邀请。对于赵某来说，对现有公司工作还是很有感情，但是他的房贷和孩子教育费用压力很大，如果公司能提供他心目中的薪酬，他愿意留下来。其实早在几个月前，赵工的主管王主管就向人力管理部门提出要给赵某加薪的要求，但人力资源管理部钟经理认为赵某的薪资已超出同行平均水平，已经算很高了，而且这种加薪要求不符合公司现行建立的基于职位、工龄和资历的薪资制度，因此否决了对赵某加薪的要求。

(资料来源：作者搜集整理)

问题：(1) 人力资源管理部钟经理拒绝给赵某加薪，行使了哪种职权？是否合理？

(2) 从职能和职权角度出发，王主管应如何获得钟经理的同意？

七、实训题

实训：请分析一个实际的组织，比如一个工厂、公司或学校等，使用SmartArt绘制其组织结构，并说明各级管理部门的职能，分析该组织结构的优缺点。

第十章 人力资源管理与组织文化

【学习目标】

1. 了解人力资源管理的模块；
2. 掌握人员招聘途径；
3. 掌握员工培训的方法；
4. 熟悉绩效管理和薪酬管理的内容；
5. 了解员工关系的管理的内容；
6. 掌握组织文化的构成、类型、功能；
7. 理解组织文化的形成与学习形式。

【导入案例】

P公司的招聘风波

P公司是一家跨国技术公司，主要以研制、生产、销售电子产品为主；F公司是P公司在中国的子公司，随着生产业务的扩大，公司希望通过外部招聘的方式寻找人才。

人力资源部设计了两个方案，一是在本行业专业媒体中做专业人员招聘广告，费用为5500元，好处：对口的人才比例会高些，招聘成本低；不利条件：企业宣传力度小。另一个方案是在大众媒体上做招聘广告，费用为11000元，好处：企业影响力度很大；不利条件：非专业人才的比例很高，前期筛选工作量大，招聘成本高。经过初步讨论后决定选用第一种方案。

总经理看过招聘计划后，认为公司在大陆地区处于初期发展阶段，不应放过任何一个宣传企业的机会，于是选择了第二种方案。

招聘广告刊登的内容如下：

> 您的就业机会在P公司下属的F公司，
> 1个职位，属于发展迅速的新行业的生产部人力资源主管，
> 主管生产部和人力资源部两部门协调性工作，
> 抓住机会，充满信心！
> 请把简历寄到F公司人力资源部收。

在一周内的时间里，人力资源部收到了800多封简历，最后只留下两名资料相当的候选人胡某和王某。但值得注意的是，胡某的简历中，没有上一个公司主管的评价。公司对俩人进行了面试，并告之等待一周后的通知。在此期间，王某静待佳音，而胡某打过几次电话给人力资源部孙经理，第一次表示感谢，第二次表示非常想得到这份工作。

生产部门张经理反复考虑后，来到人力资源部经理室与孙经理商谈录用谁，孙经理说：“两

位候选人看来似乎都不错，你认为哪一位更合适呢？”张经理说：“两位候选人的资格审查都合格了，唯一存在的问题是胡某的第二家公司主管给的资料太少，但是虽然如此，我也看不出他有何不好的背景，你的意见呢？”

孙经理说：“很好，张经理，显然你我对胡某的面谈表现都有很好的印象，人嘛，有点圆滑，但我想我会很容易与他共事，相信在以后的工作中不会出现大的问题。”

张经理说：“既然他将与你共事，当然由你做出最后的决定。”

于是，最后决定录用胡某。

胡某来到公司工作了六个月，在工作期间，经观察发现胡某的工作不如期望得好，指定的工作他经常不能按时完成，有时甚至表现出不胜任其工作的行为，所以引起了管理层的抱怨，显然他对此职位不适合，必须加以处理。

然而，胡某也很委屈，来公司工作了一段时间后他发现，招聘所描述的公司环境和各方面情况与实际情况并不一样。原来谈好的薪酬待遇在进入公司后还有所减少，工作的性质和面试时所描述的也有所不同，也没有正规的工作说明书作为岗位工作的基础依据。

(资料来源：http://blog.sina.com.cn/s/blog_8801749b0101ee13.html)

问题：(1) 公司的招聘渠道选择是否正确？

(2) 招聘广告存在什么问题？

(3) 录用胡某决定是否科学？

(4) 你认为该公司的人力资源管理还存在什么问题？

第一节　人力资源管理

1958 年，社会学家怀特·巴克(Wright Bakke)出版了《人力资源职能》一书，首次将人力资源管理作为管理的普通职能加以论述。结合工商管理学科的特点，本书认为人力资源管理是指企业为实现战略目标，而对人力资源获取、开发、利用、评价和激励等进行计划、组织、领导、控制等的活动。我国的大多数学者认为，人力资源管理的职能可以归纳为六个方面：人力资源规划、人员招聘与配置、员工培训与开发、薪酬管理、绩效管理、员工关系管理。

一、人力资源规划

1. 人力资源规划的定义

广义的人力资源规划是企业所有各类人力资源规划的总称。狭义的人力资源规划是指企业从战略规划和发展目标出发，根据其内外部环境的变化，预测企业未来发展对人力资源的需求，以及为满足这种需求所提供人力资源的活动过程。

人力资源规划按期限可分为长期(五年以上)、短期(一年及以内)和介于两者的中期计划；按内容可分为战略发展规划、组织人力规划、制度建设规划、员工开发规划。

2. 人力资源规划的目的

(1) 保证组织目标的完成。人力资源规划是实现组织战略的基础计划之一，制订人力资源规划的一个主要目的是确保组织完成发展战略。目前，大多数组织为了生存、发展及保持竞争优势都制订了独特的战略，经营战略与计划一旦确定后，下一步就是要有人去执行和完成。人力资源规划的首要目的就是有系统、有组织地规划人员的数量与结构，并通过职位设计、人员补充、教育培训和人员配置等方案，保证选派最佳人选完成预定目标。

(2) 促使人力资源的合理运用。只有少数企业的人力配置完全符合理想的状况。在相当多的企业中，存在一些人的工作负荷过重，而另一些人则工作过于轻松；也存在一些人的能力有限，而另一些人则感到能力有余，未能充分利用。人力资源规划可改善人力分配的不平衡状况，进而谋求合理化，以使人力资源能够配合组织的发展需要。

(3) 提高企业环境适应能力。人力资源规划有助于企业对市场经营环境、竞争、企业重组及新技术引进等做出相应的调整反应。现代企业处于多变的环境之中，一方面，内部环境发生变化如管理理念的变化、新技术的开发和利用、生产与营销方式的改变等都将对组织人员的结构与数量等提出新的要求；另一方面，外部环境的变化如人口规模的变化、教育程度的提高、社会及经济的发展、法律法规的颁布等也直接影响到组织对人员的需求，影响到员工的工作动机、工作热情和作业方式。人力资源规划的作用是让企业能更好地把握未来不确定的经营环境，适应内外环境的变化，及时调整人力资源的构成，保持竞争优势。

(4) 降低用人成本。影响企业结构性用人成本的因素有很多，如业务、技术革新、机器设备、组织工作制度、工作人员的能力等。人力资源规划可对现有的人力结构进行分析，并找出影响人力资源有效运用的瓶颈，使人力资源能充分发挥，降低人力资源在成本中所占的比率。

人力资源规划还能帮助管理人员预测人力资源的短缺和冗余，在人员管理成本上纠正人员供需的不平衡状态，减少人力资源的浪费或弥补人力资源的不足。良好的人力资源规划能充分发挥人员的知识、能力和技术，为每个员工提供公平竞争的机会；能客观地评价员工的业绩，极大地提高劳动积极性；能够向员工提供适合个人的职业生涯发展计划，提高员工生活质量，开发员工的生产能力，最终提高组织对人力的使用效率。

3. 人力资源规划编制流程

(1) 人力资源情况分析。通过对组织内部现有各种人力资源认真统计与测算，并对照组织在某一定时期内人员流动的情况,即可预测出组织在未来某一时期里可能提供的各种人力资源状况。

① 对组织现有人力资源进行统计。统计分析各种人员的年龄、性别、工作经历和教育、技能等方面的资料；掌握组织内各个工作岗位所需要的知识和技能，以及各个时期中人员变动的情况；评估员工的潜力、个人发展目标及兴趣爱好等方面的情况；了解员工有关技能，包括其技术、知识、受教育、经验、发明、创造及发表的学术论文或所获专利等方面的信息资料。

② 分析组织内人力资源流动的情况。一个企业组织中现有职工的流动可能有以下几种情况：滞留在原来的工作岗位上；平行岗位的流动；在组织内提升或降职变动； 辞职或被开除出组织(流出)；退休、工伤或病故。

根据组织各部门的管理人员以往有关工作岗位上输入和输出信息及在组织内工作变动的情况进行预测性测算，人力资源规划人员可预测出组织内现有或未来某一时期内可提供的各种人员的数量。这种方法适用于相对稳定的环境或短期性的预测。

(2) 人力资源需求预测。组织要在对组织内员工未来某一时期内流动预测的基础上，根据组织的战略目标预测组织在未来某一时期对各种人力资源的需求。对人力资源需求的预测和规划可以根据时间的跨度而相应地采用不同的预测方法，常见的方法有现状规划法、经验预测法、定员定额法、回归分析法等。

(3) 人力资源供给预测。人力资源计划编制的第三步是把组织人力资源需求的预测数与在同期内组织本身仍可供给的人力资源数进行对比分析，可测算出某一时期内人员的短缺或过剩情况，重点了解缺哪一方面的知识、技术档次方面的人，这样就可有针对性地物色人员或进行相关培训，并为组织制定相应的招聘与开发、培训政策和措施提供依据。如果是内部人力资源供给，可利用人员替换法、马尔可夫模型、目标规划法等。

4. 制定人力资源供需政策和措施

在对人力资源供给预测和需求预测比较的基础上，组织应立即制定相应的政策和措施，并将有关的政策和措施呈交最高管理层审批。

(1) 制定解决人力资源供给短缺的政策与措施。解决人员短缺的政策和措施主要有：培训职工，对受过培训的员工根据情况择优提升补缺，并相应提高其工资等待遇；进行平行性岗位调动，适当进行岗位培训；延长员工工作时间或增加工作负荷量，给予超时超工作负荷的奖励；重新设计工作以提高员工的工作效率；雇用全日制或非全日制临时工；改进技术或进行超前生产；制定招聘政策，向组织外进行招聘，采用正确的政策和措施调动现有员工的积极性。

(2) 制定解决内部人力资源过剩的办法与措施。解决人力资源过剩的一般策略有：永久性地裁减或辞退职工；关闭或临时性关闭一些不盈利的分厂或车间；鼓励员工提前退休；劳动力转移；重新培训，调往新的岗位，或适当储备一些人员；减少工作时间，并相应减少薪酬；由两个或两个以上人员分担一个工作岗位，并相应地减少工资。

二、人员招聘与配置

1. 人员招聘与配置的定义

人员招聘是企业为了弥补岗位空缺而进行的一系列人力资源管理活动的总称。它是人力资源管理的首要环节，是实现人力资源管理有效性的重要保证。

人员配置是企业为了实现生产经营的目标，采用科学的方法，根据岗得其人、人得其位、适才适所的原则，实现人力资源与其他物力、财力资源的有效结合而进行的一系列管理活动的总称。

从广义上讲，人员招聘包括招聘准备、招聘实施和招聘评估三个阶段；狭义的招聘指招聘的实施阶段，主要包括招募、筛选(或称选拔、选择、挑选、甄选)、录用三个具体步骤。

人员的招聘不仅直接影响到人员配备的其他方面，而且对整个管理过程的进行，乃至整个组织的活动进行，也都有着极其重要和深远的影响。组织需要招聘员工可能基于以下几种情况：新设立一个组织；组织扩张；调整不合理的人员结构；员工因故离职而出现职位空缺等。

2. 人员招聘的途径

一般来讲，人员招聘的途径有两条：外部招聘和内部招聘。这两种途径各有优劣势，要按照一定的程序并遵循必要的原则进行选择使用。

(1) 外部招聘。外部招聘是指组织根据制定的标准和程序，从组织外部选拔符合空缺职位要求的员工。外部招聘具有以下优势：具备难得的“外部竞争优势”；有利于平息并缓和内部竞争者之间的紧张关系；能够为组织输送新鲜血液；能够给竞争者一个自我发展的空间。

外部招聘也有很多局限性，主要表现在：外聘者对组织缺乏深入了解；组织对外聘者缺乏了

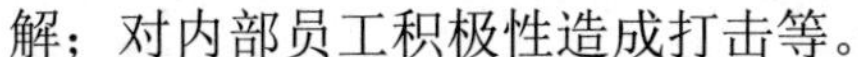

解；对内部员工积极性造成打击等。

外部招聘方法有广告招聘、校园招聘、猎头招聘、网络招聘等。

(2) 内部招聘。内部招聘是组织利用现有的员工来补充职位空缺的招聘政策。当一个组织强调从内部招聘和提升时，其员工就有为取得更好工作机会而拼搏的动力，经常能够提高员工士气。

内部招聘制度具有以下优点：有利于调动员工的工作积极性；有利于吸引外部人才；有利于保证选聘工作的正确性；有利于被聘者迅速开展工作。

内部招聘制度也会带来一些弊端：导致组织内部“近亲繁殖”现象的发生；引起同事之间的矛盾等。

内部招聘的方法有职位公告、推荐法、档案法等。

3. 招聘与配置程序

(1) 制订计划。当组织中出现需要填补的工作职位时，有必要根据职位的类型、数量、时间等要求确定招聘计划，同时成立相应的选聘工作委员会或小组。选聘工作小组可以是组织中现有的人力部门，也可以是代表所有者利益的董事会，或由各方利益代表组成的临时性机构。选聘工作小组要以相应的方式，通过适当的媒介公布待聘岗位的数量、类型及对候选人的具体要求等信息，向组织内外公开“招聘”，鼓励那些符合条件的候选人积极应聘。

(2) 初选。当应聘者数量较多时，选聘小组需要对每一位应聘者进行初步筛选。内部候选人的初选可以根据以往的员工考核记录来进行；对外部应聘者则需要通过简短的初步面谈，尽可能多地了解每个申请人的工作及其他情况，观察他们的兴趣、观点、见解、独创性等，及时排除那些明显不符合基本要求的人。

(3) 能力考核。在初选的基础上，需要对合格的应聘者进行材料审查和背景调查，并在确认之后进行细致的测试与评估，测评内容与方法可以多样化，具体内容如下。

① 智力与知识测试。智力与知识测试是通过考试的方法测评候选人的基本素质，包括智力测试和知识测试两种基本形式。智力测试的目的是通过候选人对某些问题的回答，测试其思维能力、记忆能力、应变能力和观察分析复杂事物的能力等。知识测试是要了解候选人是否具备待聘职务所要求的基本技术知识和管理知识，缺乏这些基本知识，候选人将无法进行正常工作。

② 竞聘演讲与答辩。竞聘演讲与答辩是对知识与智力测试的一种补充。智力与知识测试不足以完全反映一个人的素质全貌，不能完全表明一个人运用知识和智力的综合能力。发表竞聘演讲，介绍自己任职后的计划和愿景，并就选聘工作小组人员或与会人员的提问进行答辩，可以为候选人提供充分展示才华、自我表现的机会。

③ 案例分析与候选人实际能力考核。在竞聘演说与答辩以后，还需要对每个候选人的实际操作能力进行分析。测试和评估候选人分析问题和解决问题的能力，可借助“情景模拟”或“案例分析”等方法。这些方法是将候选人置于一个模拟的工作情景中，运用各种评价技术来观测考察其工作能力和应变能力，以此判断候选人是否符合某项工作的要求。

(4) 录用员工。在上述各项工作完成的基础上，利用加权的方法，算出每个候选人知识、智力和能力的综合得分，并根据待聘职务的类型和具体要求决定取舍。对于决定录用的人员，应考虑由主管再一次进行亲自面试，并根据工作的实际与聘用者做一次双向选择，最后决定选用与否。

(5) 评价反馈。招聘工作的最后阶段是要对整个选聘工作的程序进行全面的检查和评价，并且对录用的员工进行追踪分析，通过对他们的评价检查原有招聘工作的成效，总结招聘过程中的成功与果实，及时反馈到招聘部门，以便改进和修正。

三、员工培训与开发

1. 培训与开发的定义与比较

(1) 培训与开发的定义。培训是指公司为了使员工获得、改进或提高与工作有关的知识、技能、态度和行为，以便提高员工的认知水平、工作绩效，最大限度地发挥其内在潜力所进行的一系列有计划、有组织的各种活动的过程。

这个定义包含以下几层意思：①培训的本质是学习；②培训是一个有计划、连续的系统过程；③培训本身是一个系统，这一系统始于对培训需求的分析评价，通过确定培训目标，选择和设计培训方案，实施培训，最后对培训效果进行检验，进而反馈修正；④培训的终极目标是实现员工个人发展与组织发展的双赢。

员工开发是指以发掘、培养、发展和利用员工技能和能力为主要内容的一系列有计划、有组织的活动和过程。

(2) 培训与开发的比较。

① 培训与开发的区别。培训是指企业为员工提供目前工作所需的知识和技能所设计的活动，它是以满足当前工作需要为目的，是一个短期过程。开发也是指企业为提高员工的知识和技能所设计的活动，但它关注的是企业未来发展的需要，为的是能使员工和企业的发展保持同步，因此，开发是一个长期的过程。

② 培训与开发的共性。它们都是一种学习的过程；它们都是由组织来规划的；最终目的都是通过把培训内容与所期望的工作目标联系起来，促进个人与组织的双赢。

2. 员工培训与开发的分类

(1) 以培训开发与工作的关系为依据，将培训分为在职培训、脱产培训、半脱产培训。

① 在职培训。不脱离工作岗位，不需要额外设置场所、设备，利用现有人力、物力实施的培训，有时不需要专职教员进行的培训。

② 脱产培训。脱离工作岗位，集中时间和精力，专门接受培训。

③ 半脱产培训：受训者每天或每周抽出一部分时间参加学习和培训方式。

(2) 以培训开发目的为依据，将培训分为企业文化教育、基础知识教育、学历教育、技能培训。

(3) 按培训对象在组织中的层级划分，培训可以分为以下类型。

① 员工培训(操作人员培训)：面向在职员工、新员工的培训。

② 基层管理人员培训(监督指导层培训)：针对在企业生产一线，直接对生产工人进行指导监督、担负着生产劳动组织的终端职能的基层管理人员或从工人中新提拔上来的基层管理人员所进行的培训。

③ 中层管理人员培训：面向企业从事一般决策性工作的人员进行的培训。

④ 高层管理人员培训：对企业最高领导层或即将晋升为领导层的人员进行的培训。

3. 员工培训与开发的方式

(1) 模拟类培训方法与技术。

① 角色扮演法。角色扮演法是指在一个模拟的工作环境中，指定参加者扮演各种特定角色，

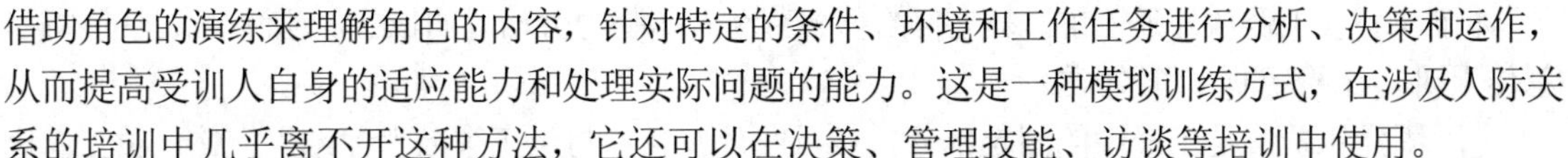

借助角色的演练来理解角色的内容，针对特定的条件、环境和工作任务进行分析、决策和运作，从而提高受训人自身的适应能力和处理实际问题的能力。这是一种模拟训练方式，在涉及人际关系的培训中几乎离不开这种方法，它还可以在决策、管理技能、访谈等培训中使用。

② 游戏培训法。游戏培训法是当前一种较先进的高级培训方法，运用先进的科学手段，综合心理学、行为科学、管理学方面知识，积极调动受训者的参与性，使原本枯燥的概念变得生动易懂。它把受训者组织起来，在讲师所给予的规则、程序、目标和输赢标准下，就一个模拟的情境进行竞争和对抗式游戏。

③ 模拟训练法。模拟训练与角色扮演类似，但两者并不完全相同。模拟训练是假设一种特定的工作情景，由若干个受训企业或小组代表不同的企业或个人，扮演各种特定的角色，如总经理、财务经理、营销经理、秘书、会计、管理人员等，他们要针对特定的条件、环境及工作任务进行分析、决策和运作。

(2) 研讨类培训方法与技术。

① 案例分析法。案例分析法，又称为案例研究法或案例研讨法，是指为培训对象提供员工或企业如何处理棘手问题的书面描述，让培训对象分析和评价案例，从而提出解决问题的建议和方案的培训方法。

② 讨论法。讨论法指培训者和培训对象之间、培训对象与培训对象之间通过多向沟通，以及通过在培训过程中培训对象的积极参与，使培训对象获得反馈、澄清疑问、交流思想的机会。

(3) 实践类培训方法与技术。

① 工作轮换法。工作轮换是指让受训者在预定的时期内变换工作岗位，使其获得不同岗位的工作经验，一般用于新进员工。工作轮换可以使新员工更快地了解企业的情况，更好地获悉企业的文化和企业的基本行政制度。

② 考察法。考察法也被称为“实地考察法”，是以直接观察为特点地了解社会实践的一项培训方法。

③ 工作指导法。工作指导法又称为教练法、实习法。这种方法是由一位有经验的工人或直接主管人员在工作岗位上对受训者进行培训。该指导者负责的任务就是教会受训者如何做，教其如何提出做好建议，并对受训者进行激励。

(4) 其他培训方法。

① 环境体验式培训。培训者利用自然环境设计一些训练项目，让受训者在应对挑战时，磨练意志，陶冶情操，完善人格，融入团队。

② 网上培训。培训师将培训内容存储于网上，借助企业的内部网、外部网对员工进行同步或非同步培训。

四、薪酬管理

薪酬就是劳动报酬，是指组织对自己的员工为组织所付出的劳动的一种直接的回报(包括物质和精神两个方面)。薪酬是组织必须付出的人力成本，也是吸引和留住优秀人才的手段。薪酬管理是指一个组织根据所有员工所提供的服务来确定他们应当得到的报酬总额以及报酬结构和报酬形式的一个过程。

1. 薪酬的构成

薪酬的表现形式是多种多样的，主要包括工资、奖金、津贴或补贴、福利等。

(1) 工资。工资从外延上讲，是支付给体力劳动者和脑力劳动者的报酬，是付给员工的本薪。总体上讲，工资可做如下分类。

① 固定工资：是工资中的固定部分，按月发放并且不与员工绩效考评结果挂钩。员工若因违规、违纪而受到经济处罚时，扣减固定工资。

② 绩效工资：它是员工按照公司的业绩要求，完成其职位绩效目标应获得的收入。主要根据员工每个考评期考评结果计算，它体现了薪酬的激励性，是员工工资的重要组成部分。

(2) 奖金。奖金是企业对员工超额劳动部分或劳动绩效突出部分所支付的奖励性报酬，是企业为了鼓励员工提高劳动效率和工作质量付给员工的货币奖励。

(3) 津贴或补贴。津贴是指对工资或薪水等难以全面、准确地反映劳动条件、劳动环境、劳动评价等对员工身心造成某种不利影响或者为了保证员工工资水平不受物价影响而支付给员工的一种补偿。人们常把与员工生活相联系的补偿称为补贴，如交通补贴、住房补贴、生育补贴等，津贴与补贴常以货币形式支付给员工。

(4) 福利。福利是指企业为了留住和激励员工，采用的非现金形式的报酬。福利的形式包括保险、实物、股票期权、培训、带薪假等。

2. 薪酬影响因素

影响薪酬的因素大致可以分为组织的外在因素和内在因素两大类。

(1) 外在因素。影响薪酬的外在因素主要有以下几个。

① 国家的政策和法规。组织制定薪酬政策时，必须考虑国家的有关政策法规。

② 劳动力或人才市场供求情况。供过于求时，员工不得不接受较低的薪酬；供不应求时，员工往往可以得到较高的薪酬待遇。

③ 当地生活水准。当地生活水准较高时，为了保证组织内员工的生活水平，组织必须适当上浮员工的薪酬。

④ 当地收入水平(市场薪酬水平)。为了稳定人力资源，留住人才，组织在制定薪酬时必须使员工的薪酬与当地收入水平保持相当。

(2) 内在因素。影响薪酬的内在因素主要有以下几个。

① 支付能力。即企业的经营状况和经济实力，它往往与员工薪酬水平成正比。

② 工作性质的差异性。不同工作的复杂程序、技能要求、工作强度或负荷等方面都存在差异，这种差异是组织确定薪酬差异的重要依据。

③ 员工情况的差异性。员工之间的工龄、年龄、文化程度、性别、专业技能等差异也是组织确定薪酬差异的重要依据。

④ 组织对人性的假设。如果组织把员工看成“经济人”，组织的薪酬形式会采用经济性薪酬；如果把员工看成“社会人”或“复杂人”，员工的薪酬形式便更多使用非经济性薪酬。

五、绩效管理

1. 绩效管理的定义

绩效管理是管理者和个人经过沟通，制订绩效计划、绩效监控、绩效考核和绩效反馈与改进，以促进员工业绩持续提高并最终实现企业目的的一种管理过程。绩效管理通过强调组织和个人同步成长，形成“多赢局面”，以达到改善公司绩效的效果。

2. 绩效管理的作用

绩效管理的作用主要体现在以下几点。

(1) 有利于实现企业经营目标。绩效管理的目标是根据企业的发展战略来制定的，通过将企业的战略目标层层分解变为部门和员工的目标，在此基础上确定部门和个人的绩效目标，并通过绩效评价对员工的工作结果进行反馈，及时发现工作中存在的问题并进行修正，以提升员工的业绩从而达成企业的业绩，实现企业的战略目标，使企业进入良性循环。

(2) 满足员工的需求。员工的需求有不同的层次，当员工基本的需求得到满足后，尊重和自我实现的需求所表现出来的就是员工希望知道自己的绩效水平到底如何，以便为了今后的发展而明确努力的方向。如果没有考核或考核不准确，员工就会处于盲目状态，失去努力的目标和方向。

(3) 解决管理中存在的问题。员工绩效水平的高低与其自身的素质和努力程度有关，更与企业管理制度、管理理念和企业文化、管理风格有关。通过绩效评价和反馈，可以看到企业管理中存在的问题并能及时解决，使企业顺利地向前发展。

3. 绩效管理的流程

绩效管理的流程具体内容如下。

(1) 制订考核计划。

① 明确考核目的和对象。

② 选择考核内容和方法。

③ 确定考核时间。

(2) 做好考核前期工作。绩效考核是一项技术性很强的工作，其技术准备主要包括确定考核标准、选择或设计考核方法及培训考核人员。绩效考核的方法主要有平衡计分卡、360 度考核法、等级评估法、关键绩效指标法等。

(3) 选拔考核人员。绩效考核人员一般由直接上级、同级同事、被考核者本人、直接下级、外界考核专家或顾问组成。具体人员由采用的方法来确定，但大多数的考核都由上级人员来实施。

(4) 收集资料信息。收集资料信息的目的是建立一套与考核指标体系有关的制度，并采取各种有效的方法来达到。

(5) 做出分析评价。

① 确定单项的等级和分值或权重。

② 对同一项目各考核分值进行综合。

③ 对不同项目考核结果进行综合。

(6) 考核结果反馈。

① 考核结果反馈的意义。将考核信息反馈给员工，既可以让员工知道自己的考核结果；又可以在反馈中包含对员工工作的要求或请求，以帮助员工认识应该努力的方向并提高绩效。

② 考核结果反馈面谈。考核结果反馈面谈可以由上级、HR 专业人员来开展面谈，以表扬开头为好，目的是以找解决差距的办法为主，对事不对人；以事实和数据说话，力求达成一致，如对被考核者有进一步改变工作或提高业绩的要求，面谈双方最好能在书面的《考核结果反馈面谈表》签字确认面谈结果。

(7) 考核结果运用。对考核结果的运用，也可以说是进入了绩效管理的流程。考核结果可作为奖惩、培训与开发、人才提拔等决策的依据。

4. 绩效管理典型模式

通过对国内企业绩效管理现状的调查和研究，我国企业绩效管理可以总结为以下几种典型模式。

(1) “德能勤绩”式。“德能勤绩”等方面的考核具有非常悠久的历史，曾一度被国有企业和事业单位在年终考评中普遍采用，目前仍然有不少企业还在沿用这种思路。

对于刚刚起步发展的企业，通常基础管理水平不高，绩效管理工作没有太多经验，在这种情况下，“德能勤绩”式绩效管理是有其积极作用的。这种方式对加强基础工作管理水平，增强员工责任意识，督促员工完成岗位工作有积极的促进作用。

但“德能勤绩”式绩效管理是简单粗放的绩效管理，对组织和个人绩效提升作用有限，虽然表面上看来易于操作，但绩效考核过程随意性很大。随着公司基础管理水平的提高，公司绩效管理将对精细性、科学性提出更高要求，“德能勤绩”式绩效管理将不符合企业实际情况。

(2)“检查评比”式。国内目前绩效管理实践中“检查评比”式还是比较常见的，采用这种绩效管理模式的公司通常情况下基础管理水平相对较高，公司决策领导对绩效管理工作比较重视，对绩效管理已经进行初步的探索实践，已经积累了一些经验教训，但对绩效管理的认识在某些方面还存在问题，绩效管理的公平目标、激励作用不能充分发挥，绩效管理战略导向作用不能得到实现。

(3)“共同参与”式。在绩效管理实践中，“共同参与”式绩效管理在国有企业和事业单位中比较常见，这些组织显著特征是崇尚团队精神，公司变革动力不足，公司管理者往往从稳定发展角度看问题，不愿冒太大风险。“共同参与”式绩效管理有三个显著特征：一是绩效考核指标比较宽泛，缺少定量硬性指标，这给考核者留出很大余地；二是崇尚360度考核，上级、下级、平级和自我都要进行评价，而且自我评价往往占有比较大的权重；三是绩效考核结果与薪酬发放联系不紧密，绩效考核工作不会得到大家的极力抵制。

(4)“自我管理”式。“自我管理”式是世界一流企业推崇的管理方式，这种管理理念的基础是对人性的假设坚持Y理论：认为员工视工作如休息、娱乐一般自然；如果员工对某些工作做出承诺，他们会进行自我指导和自我控制以完成任务；一般而言，每个人不仅能够承担责任，而且会主动寻求承担责任；绝大多数人都具备做出正确决策的能力，而不仅仅管理者才具备这一能力。

六、员工关系管理

1. 员工关系与员工关系管理的含义

员工关系又称雇员关系，是指管理者与员工及团体之间产生的，由双方利益引起的表现为合作、冲突、力量和权力关系的总和，并受到社会中一定经济、技术、政策、法律制度和社会文化背景的影响。企业员工的关系一般包含两层：法律关系——签订雇佣契约而产生的权利义务关系；伦理关系——人际、情感、道义。

广义上的员工关系管理是指企业各级管理人员和人力资源职能管理人员，通过拟订各项人力资源政策、实施管理行为，调节企业与员工、员工与员工之间的相互联系和影响，以实现组织目

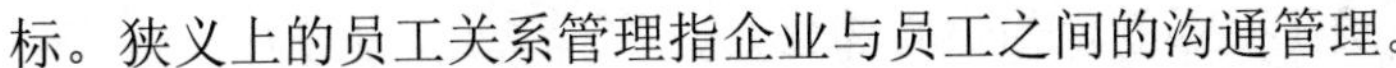

标。狭义上的员工关系管理指企业与员工之间的沟通管理。

2. 员工关系管理的内容

员工关系管理的内容比较丰富，一般包含以下内容：①劳动争议处理，如离职面谈及手续办理、员工申述、人事纠纷、意外事件等；②员工人际关系管理；③沟通管理；④员工情绪管理；⑤企业文化建设；⑥服务与支持；⑦员工关系管理培训；⑧工作场所的安全与健康；⑨员工援助计划；⑩危机处理等。

3. 员工关系中人力资源专业人员的作用

(1) 营造满意的雇佣关系，特别是关注心理契约的重要性。

(2) 与员工建立稳定合作的关系，承认员工持股，将冲突降到最低。

(3) 培养相互关系，通过营造管理者和雇员共有价值观基础上的企业文化，来培养完成企业目标的向心力。

(4) 澄清与工会的劳动关系机制，在平等的伙伴关系基础上与它们建立和谐的关系。

4.员工关系管理应注意的问题

(1) 员工关系管理的起点是让员工认同企业的愿景和价值观。企业所有利益相关者的利益都是通过企业共同愿景的实现来达成的。因此，员工关系管理的起点是让员工认同企业的愿景。没有共同的愿景，缺乏共同的信念，就没有利益相关的前提。但凡优秀的企业，都是通过确立共同的愿景，整合各类资源，当然包括人力资源，牵引整个组织不断发展和壮大，牵引成员通过组织目标的实现，实现个体的目标。

企业的价值观规定了人们的基本思维模式和行为模式，或者说是习以为常的东西，是一种不需要思考就能够表现出来的东西，是一旦违背了它就感到不舒服的东西。因此，可以说企业的价值观是企业的伦理基准，是企业成员对事物共同的判定标准和共同的行为准则，是组织规范的基础。有了共同价值观，组织成员对某种行为或结果都能够站在组织的立场做出一致的评价。这种一致的价值观既是组织特色，也是组织成员相互区分的思想和行为标识。所以，认同共同的企业愿景和价值观，是建设和完善企业员工关系管理体系的前提和基础。

(2) 完善激励约束机制是员工关系管理的根本。企业有多种利益相关者，但其创立和存在的核心目标在于追求经济价值，而不是为了单纯满足员工个体利益需求。因此，认清企业组织的目标和其所处的竞争状况，并建立企业与员工同生存、共发展的命运共同体，是处理员工关系的根本出发点。如何完善激励约束机制，建立科学合理的薪酬制度包括晋升机制等，合理利用利益关系成为员工关系管理的根本。

(3) 心理契约是员工关系管理的核心部分。美国心理学家施恩(E. H. Schein)提出了心理契约的概念。虽然心理契约不是有形的，但却发挥着有形契约的作用。企业清楚地了解每个员工的需求和发展愿望，并尽量予以满足；而员工也为企业的发展全力奉献，因为他们相信企业能满足他们的需求与愿望。

心理契约是由员工需求、企业激励方式、员工自我定位及相应的工作行为四个方面的循环来构建而成的，并且这四个方面有着理性的决定关系。心理契约要求企业与员工审视彼此的关系：个人成长必须依附企业平台，离开企业这个平台谈员工个人目标的实现只能是一句空话，这好比大海与溪水的关系，企业是海，个人是水，离开大海，溪水是会干枯的。这就是现代人力资源管理的心理契约循环过程，也是企业员工关系管理的核心部分。

(4) 职能部门负责人和人力资源部门是员工关系管理的首要责任人。在企业员工关系管理系统中，职能部门负责人和人力资源部门处于联结企业和员工的中心环节。他们相互支持和配合，一方面协调企业利益和员工需求之间的矛盾，提高组织的活力和产出效率；另一方面协调员工之间的关系，提高组织的凝聚力，从而保证企业目标的实现。因此，职能部门负责人和人力资源部门是员工关系管理的关键，是实施员工关系管理的首要责任人，他们的工作方式和效果是企业员工关系管理水平和效果的直接体现。

(5) 员工成长沟通管理是企业管理者进行员工关系管理的重点。不论从影响企业和员工、员工与员工之间的联系的工作设计、人力资源的流动和员工激励三个方面，还是从员工关系管理的广义和狭义内容角度，我们都会发现，沟通渠道建设特别是涉及员工异动的员工成长管理是管理者进行员工关系管理的重点。

员工成长沟通可以细分为“入职前沟通、岗前培训沟通、试用期间沟通、转正沟通、工作异动沟通、定期考核沟通、离职面谈、离职后沟通管理”八个方面，从而构成一个完整的员工成长沟通管理体系，以改善和提升人力资源员工关系管理水平、为公司领导经营管理决策提供重要参考信息。

第二节　组织文化

组织文化是组织在长期的发展过程中，逐渐形成的被广大成员所认同的价值观、思维方式、行为准则等群体意识的总称。组织通过塑造、培养这种文化来影响成员的工作态度和工作行为，以此实现组织目标。组织文化管理被视为当代组织管理的最高境界，是组织的灵魂和助推组织发展的动力。

一、组织文化概述

1. 组织文化的含义

广义的组织文化是指组织文化在建设和发展中形成的物质文明和精神文明的总和，包括组织管理中的硬件和软件、外显文化和内隐文化两部分。狭义的组织文化是指组织在长期的生存和发展中所形成的为组织所特有的、且为组织多数成员共同遵循的最高目标价值标准、基本信念和行为规范等的总和及其在组织中的反映。组织文化实质上就是组织全体成员共同接受的价值观念、行为准则、团队意识、思维方式、工作作风、心理预期和团体归属感等群体意识的总称。具体而言，每个组织都有独特的价值观、信念、仪式、符号、处事方式，组织文化就是企业在日常运行中所表现出的各方各面。

2. 组织文化的特征

(1) 意识性。在大多数情况下，组织文化是一种抽象的意识范畴，它作为组织内部的一种资源，应属于组织的无形资产之列。它是组织内一种群体的意识现象，是一种意念性的行为取向和精神观念，但这种文化的意识性特征并不否认它总是可以被概括性地表述出来。

(2) 系统性。组织文化由共享价值观、团队精神、行为规范等一系列内容构成一个系统，各要素之间相互依存、相互联系。因此，组织文化具有系统性。同时，组织文化总是以一定的社会环境为基础，是社会文化影响渗透的结果，并随社会文化的进步和发展而不断地调整。

(3) 凝聚性。组织文化总可以向人们展示某种信仰与态度，它影响着组织成员的处世哲学和世界观，而且也影响着人们的思维方式。因此，在某一特定的组织内，人们总是为自己所信奉的哲学所驱使，它起到了“粘合剂”的作用。良好的组织文化同时意味着良好的组织气氛，它能够激发组织成员的士气，有助于增强群体凝聚力。

(4) 导向性。组织文化的深层含义是，它规定了人们行为的准则与价值取向，它对人们行为的产生有着最持久最深刻的影响力。因此，组织文化具有导向性。英雄人物往往是组织价值观人格化和组织力量的集中表现，它可以昭示组织内提倡什么行为，反对什么行为，使自己的行为与组织目标的要求相互匹配。

(5) 发展性。组织文化并不是与生俱来的，而是在组织生存和发展过程中逐渐总结、培育和积累形成的。组织文化是可以通过人为的后天努力加以培育和塑造的，而对于已形成的组织文化也并非一成不变，是可以随组织内外环境的变化而加以发展的。

(6) 长期性。长期性指组织文化的塑造和重塑的过程需要相当长的时间，而且是一个极其复杂的过程。组织的共享价值观、共同精神取向和群体意识的形成不可能在短期内完成，在这一创造过程中，涉及调节组织与其外界环境相适应的问题，也需要在组织内部的各个成员之间达成共识。

二、组织文化的结构

组织文化划分为四个层次，即物质层、行为层、制度层和精神层。

(1) 物质层。组织文化的表层部分，即物质层，是组织创造的物质文化，是一种以物质形态为表征的表层组织文化，是形成组织文化精神层和制度层的条件。优秀的组织文化是通过重视产品开发、服务质量、产品信誉和组织生产环境、生活环境、文化设施等物质现象来体现的。

(2) 行为层。文化的行为层即组织行为文化，它是组织员工在生产经营、学习娱乐中产生的活动文化，包括在组织经营活动、公共关系活动、人际关系活动、文娱体育活动中产生的文化现象。组织行为文化是组织经营作风、精神风貌、人际关系的动态体现，也是组织精神、核心价值观的折射。

(3) 制度层。文化的制度层是组织文化的中间层次，把组织物质文化和组织精神文化有机地结合成一个整体。它是对组织和成员的行为产生规范性、约束性影响的部分，是具有组织特色的各种规章制度、道德规范和员工行为准则的总和。它集中体现了组织文化的物质层和精神层对成员和组织行为的要求。制度层规定了组织成员在共同的生产经营活动中应当遵守的行为准则，主要体现为组织领导体制、组织机构和组织管理制度等三个方面。

(4) 精神层。文化的精神层是组织在长期实践中所形成的员工群体心理定势和价值取向，是组织的道德观、价值观即组织哲学的总和体现和高度概括，反映全体员工的共同追求和共同认识。组织精神文化是组织价值观的核心，是组织优良传统的结晶，是维系组织生存发展的精神支柱。它体现为组织的领导和成员共同信守的基本信念、价值标准、职业道德和精神风貌。精神层是组织文化的核心和灵魂。

三、组织文化的类型

根据不同的标准和不同的用途，理论界目前对组织文化有着不同的划分方法，其中，最常见的划分方法有以下几种。

1. 按组织文化内在特征分类

艾莫瑞大学的杰弗里•桑南菲尔德(Jeffrey Sonnenfeld)认识到个体与文化的合理匹配的重要性，通过对组织文化的研究，他总结了四种文化类型。

(1) 学院型组织文化。学院型组织是指为那些想全面掌握每一种新工作的人而准备的地方，在这里员工能不断地成长、进步。这种组织喜欢雇用年轻的大学毕业生，并为他们提供大量的专门培训，然后指导他们在特定的职能领域内从事各种专业化工作。学院型组织的例子有华为公司、宝洁公司等。

(2) 俱乐部型组织文化。俱乐部型组织非常重视员工对组织的适应、忠诚感和承诺。在俱乐部型组织文化中，资历是关键因素，年龄和经验都至关重要。与学院型组织相反，它们把管理人员培养成通才。俱乐部型组织的例子有联合包裹服务公司、贝尔公司、政府机构和军队等。

(3) 棒球队型组织文化。棒球队型组织鼓励员工冒险和革新。在进行人员招聘时，该类型组织从各种年龄和经验层次的人中寻求有才能的人，薪酬制度以员工绩效水平为标准。由于这种组织对工作出色的员工给予巨额奖酬和较大的自由度，员工一般都拼命工作。在会计、法律、投资银行、咨询公司、广告机构、软件开发、生物研究领域，这种组织比较普遍。3M 公司的创新文化是棒球队型文化的典型代表。

(4) 堡垒型组织文化。棒球队型公司重视创造发明，而堡垒型公司则着眼于公司的生存。这类公司以前多数为学院型、俱乐部型或棒球队型，但在困难时期衰落后为尽力保证企业的生存从而转型为堡垒型组织。这类组织的工作安全保障不足，但对于喜欢流动性、挑战的人来说，具有一定的吸引力。堡垒型组织包括大型零售店、林业产品公司、天然气探测公司等。

2. 按照组织文化所涵盖的范围分类

组织作为一个系统，是由各种子系统构成的，各个子系统又是由单个的具有文化创造力的个体组成。在一个组织中，除了整个组织作为一个整体外，各种正式的、有严格划分的子系统或非正式群体，相对于组织来说也都能够作为一个小整体。从这个角度来说，组织文化又可以分为两类。

(1) 主文化。主文化(dominant culture)体现的是一种核心价值观，它为组织大多数成员所认可。当我们说组织文化时，一般就是指组织的主文化。正是这种宏观角度的文化，使组织具有独特的个性。

(2) 亚文化。亚文化(subculture)是某一社会主流文化中一个较小的组成部分。在组织中，主文化虽然为大多数成员所接受，但是，它不能包含组织中所有的文化。组织中有各种小群体，在认同组织主文化的前提下，它们也有自己独特的亚文化。亚文化或者是对组织主文化更好的补充，或者是与主文化相悖的，或者虽然与主文化有区别但对组织来说是无害的，在一定条件下又有可能替代组织主文化。

3. 按照组织文化纬度分类

弗恩斯·特朗皮纳斯(Fonts Trompenaars)根据组织文化纬度将组织文化分为四种类型：家族型文化、保育器型文化、导弹型文化、埃菲尔铁塔型文化。

(1) 家族型组织文化。家族型组织文化可能是最古老的一种文化，这是一种与人相关的文化，而不是以任务为导向的。在这种文化中，组织的领导者就像是组织的“父亲”，有较高的权威和权利。组织更倾向于直觉的学习而不是理性的学习，更重视组织成员的发展而不是更好地利用员工。当组织出现危机，通常都不会被公布出来，组织内部仍然保持温暖、亲密和友好的氛围，但是这种内部一体化是以较差的外部适应性为代价的，他们可能在相互拥抱和亲吻之中破产倒闭。日本、巴西、土耳其、巴基斯坦、西班牙、意大利、菲律宾中的组织多属于这种文化。

(2) 保育器型组织文化。这是一种既以人为导向，又强调平等的文化，典型的代表就是在硅谷。这种文化富于创造性，孕育着新的观点。由于强调平等，所以这种文化的组织结构是最精简的，等级也是最少的。在这样的文化中，组织成员共同承担责任并寻求解决办法。

(3) 导弹型组织文化。导弹型组织文化是一种平等的、以任务为导向的文化。在这种文化中，任务通常都是由小组或者项目团队完成的，但是这种小组都是临时性的，任务一旦完成，小组就会解散。成员们所做的工作都不是预先设定好的，当有需要完成的任务时，便必须去做。美国、英国、挪威、爱尔兰等国家的组织多为这种文化。

(4) 埃菲尔铁塔型组织文化。之所以被称为“埃菲尔铁塔文化”，是因为具有这种类型文化的组织结构看起来很像埃菲尔铁塔，等级较多，且底层员工较多，越到高层人数越少。每一层对于下一层都有清晰的责任，所以组织员工都是小心谨慎的，对组织的任何不满都要通过一定的章程和实情调查才有可能反映到高层管理者。在这种文化的组织中，组织成员都相信需要必需的技能才能保住现在的职位，也需要更进一步的技能才能升迁。德国、法国、苏格兰、澳大利亚、加拿大等国家的组织多属于这种文化。

四、组织文化的功能

组织文化的功能是指组织文化发生作用的能力，也就是组织文化在生产、经营、管理中的作用。但是任何事物都有两面性，组织文化也不例外，它对于组织的功能可以分为正功能和负功能。组织文化的正功能在于提高组织承诺，影响组织成员，有利于提高组织效能。同时，不能忽视的是文化也具有一定的负功能，必要时需要管理层进行引导与干预。

1. 组织文化的正功能

(1) 导向功能。组织文化能对组织整体和组织每个成员的价值取向及行为取向起引导作用，使之符合组织所确定的目标。组织文化只是一种软性的理智约束，通过组织的共同价值观不断地向个人价值观渗透和内化，使组织自动生成一套自我调控机制，以一种适应性文化引导着组织的行为和活动。

(2) 约束功能。组织文化对每个组织员工的思想、心理和行为具有约束和规范的作用。组织文化的约束不是制度式的硬约束，而是一种软约束，这种软约束等于组织中弥漫的组织文化氛围、群体行为准则和道德规范。

(3) 凝聚功能。当一种价值观被该组织员工共同认可之后，它就会成为一种粘合剂，从各个方面把其成员团结起来，从而产生一种巨大的向心力和凝聚力。这正是组织获得成功的主要原因，

“人心齐，泰山移”，凝聚在一起的员工有共同的目标和愿景，推动组织不断前进和发展。

(4) 激励功能。组织文化具有使组织成员从内心产生一种高昂情绪和发奋进取精神的效应，它能够最大限度地激发员工的积极性和首创精神。组织文化强调以人为中心的管理方法，对人的激励不是一种外在的推动而是一种内在引导，它不是被动消极地满足人们对实现自身价值的心理需求，而是通过组织文化的塑造使每个组织员工从内心深处赞同为组织拼搏的献身精神。

(5) 辐射功能。组织文化一旦形成较为固定的模式，不仅会在组织内发挥作用，对本组织员工产生影响，而且也会通过各种渠道对社会产生影响。组织文化向社会辐射的渠道有很多，但主要可分为利用各种宣传手段和个人交往两大类。一方面，组织文化的传播对树立组织在公众中的形象有帮助；另一方面，组织文化对社会文化的发展有很大的影响。

(6) 调适功能。组织文化可以帮助新进入成员尽快适应组织，使自己的价值观和组织相匹配。在组织变革的时候，组织文化也可以帮助组织成员尽快适应变革后的局面，减少因为变革带来的压力和不适应。

2. 组织文化的负功能

尽管组织文化存在着上述种种正功能，但组织文化对组织也有负面作用。

(1) 变革的障碍。如果组织的共同价值观与进一步提高组织效率的要求不相符合时，它就成了组织的束缚，这是在组织环境处于动态变化的情况下最有可能出现的情况。当组织环境正在经历迅速的变革时，根深蒂固的组织文化可能就不合时宜了。因此，当组织面对稳定的环境时，行为的一致性对组织而言很有价值。组织文化作为一种与制度相对的软约束，更加深入人心，极易形成思维定势，这样，组织有可能难以应付变化莫测的环境。当问题积累到一定程度，这种障碍可能会变成组织的致命打击。

(2) 多样化的障碍。由于种族、性别、道德观等差异的存在，新聘员工与组织中大多数成员不一样，这就产生了矛盾。管理人员希望新成员能够接受组织的核心价值观，否则，这些新成员就难以适应或被组织接受，但是组织决策往往需要成员思维和方案的多样化，而一个强势文化的组织要求成员和组织的价值观一致，这必然导致决策的单调性，抹煞了多样化带来的优势，此时组织文化成为组织多样化、成员一致化的障碍。

(3) 兼并和收购的障碍。以前管理人员在进行公司兼并或收购决策时，所考虑的关键因素是融资优势或产品协同性。近几年，文化方面的兼容性越来越受到重视。如果两个组织无法成功地进行文化整合，那么兼并或并购后成立的组织将出现大量的冲突、矛盾乃至对抗。所以，在决定兼并和收购时，很多经理人往往会分析双方文化的相容性，如果差异极大，为了降低风险则宁可放弃兼并或收购行动。

五、组织文化的形成

组织文化是如何形成的？根据日本学者河野丰弘对 100 家公司的调查结果显示，组织创始人的经营理念是组织文化的构成要素和指导原则，也是必备的核心文化。同时，组织的人力资源管理政策、经营策略也会对组织文化的形成产生重要的影响。组织文化通常在一定的生产经营环境中，为适应和促进组织的生存及发展，由少数人倡导与实践，经过较长时间的传播和规范整合而成。

组织文化的形成受以下几个方面的影响。

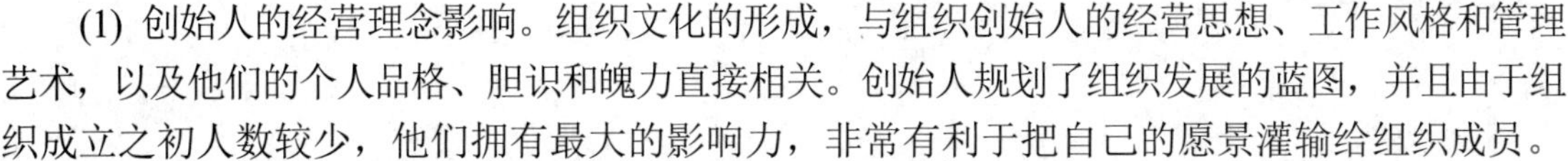

(1) 创始人的经营理念影响。组织文化的形成，与组织创始人的经营思想、工作风格和管理艺术，以及他们的个人品格、胆识和魄力直接相关。创始人规划了组织发展的蓝图，并且由于组织成立之初人数较少，他们拥有最大的影响力，非常有利于把自己的愿景灌输给组织成员。

组织的创始人影响组织文化的形成有三种途径：①创始人仅仅聘用和留住那些与自己的想法和感受一致的人员；②创始人对员工的思维方式和感受方式进行灌输和社会化；③创始人把自己的行为作为角色榜样，鼓励员工认同这些信念、价值观和假设，并进一步内化为自己的想法和感受。

IBM 公司的创始人托马斯•沃森在公司创立之初提出的“卓越的客户服务、追求完美、尊重个人”的口号一直到现在都是 IBM 组织文化的核心。

(2) 组织的甄选。人力资源管理部门对人才的甄选过程对组织文化的进一步形成有着明确的影响：识别并雇用那些有知识、技能和能力的人，从而成功完成组织中的工作。通常，能够满足某个工作需要的求职者不止一位，在这个时候，所雇用的人显著受到决策者对于求职者是否与组织文化相符的判断的影响，即在能力同等条件下，符合组织文化期望、认同创始人理念的人更容易得到雇用。另外，甄选过程也为求职者提供了一些有关组织的信息，如果求职者发现自己的价值观与组织价值观存在冲突，他们就会自动退出候选人之列。

(3) 高级管理层的活动。高级管理层的活动也对组织文化有着重要影响。高层管理者通过自己的举止言行建立起规范，并将其渗透到组织当中。

(4) 社会化。不管组织在人员甄选和选拔录用方面的工作做得多好，新员工都不可能完全适应组织文化的要求。最重要的是，由于新员工对组织文化尚不熟悉，他们可能会干扰组织中已有的观念和习惯。因此，组织需要帮助新员工适应组织文化，这种适应过程称为“社会化”过程。

六、员工学习组织文化的形式

员工学习组织文化的形式主要有以下几种。

(1) 故事。许多组织中都流传着这样的小故事，它们通常是关于以下方面的内容：发生在组织创建者身上的故事、规则的打破、从乞丐到富翁的发迹史、裁减员工、员工重新安置、反省过去的错误、组织的应急事件等。这些小故事能够起到借古喻今的作用，还可以为目前的组织政策提供解释和支持。

(2) 仪式。仪式指的是表达并强化组织中核心价值观的一组重复性活动。这些核心价值观包括以下几个方面，即什么样的目标最重要、哪些人是重要的、哪些人无足轻重。

(3) 物质象征。公司总部的布局、公司给高级管理者配备的车型，以及是否给他们提供私人飞机，这些都是一些物质象征的例子。其他的物质象征还包括办公室大小、办公家具的档次、高级管理者的额外津贴和衣着等。这些物质象征向员工传达这样的信息：谁是重要人物、高级管理者期望什么样的平等程度，以及哪些行为类型是恰当的。

(4) 语言。许多组织和组织内部的工作部门，都使用语言作为识别组织文化或组织亚文化的手段。通过这种语言的学习，成员可以表明自己对该文化的接纳，也有助于保护该文化。

综合练习

一、名词解释

人力资源规划　　内部招聘　　培训　　津贴　　绩效管理

二、单项选择题

1. 在以下各项中，应作为管理干部培训主要目标的(　　)。
   A. 传授新知识与新技能　　B. 灌输本企业文化
   C. 培养他们的岗位职务所需的可操作性技能　　D. 以上都是
2. 采取工作轮换的方式来培养管理人员，其最大的优点是有助于(　　)。
   A. 提高受训者专精的业务能力　　B. 减轻上级领导的工作压力
   C. 增强受训者的综合管理能力　　D. 考察受训者的高层管理能力
3. 以下和企业管理人员需求量无关的因素是(　　)。
   A. 企业的产品数量　B. 组织的规模　C. 人员的流动率　D. 组织发展的需要
4. 管理人员选聘时不需要作为主要考虑标准是(　　)。
   A. 管理的欲望　B. 冒险的精神　C. 强健的体魄　D. 沟通的技能
5. 内部招聘中最主要的缺点是(　　)。
   A. 引起同事不满　　B. 有历史包袱，不能迅速展开工作
   C. 要花很长时间重新了解企业状况　　D. 知识水平可能不够高
6. 某组织中设有一个管理岗位，连续选任了几位干部，结果都是由于难以胜任岗位要求而被中途免职。从管理的角度来看，出现这一情况的根本原因最有可能是(　　)。
   A. 组织设计上没有考虑命令统一的原则
   B. 管理部门选聘干部时没有找到合适人选
   C. 组织设计忽视了对于干部的特点与能力要求
   D. 组织设计没有考虑到责权对应的原则
7. 某企业采用直线职能制的组织结构，企业中共有管理人员 42 人，其中厂长 1 人，车间主任 4 人，班组长 18 人，职能科长 3 人，科员 16 人。每一岗位均不设副职。这时厂长的管理幅度为(　　)。
   A.16　B.4　C.18　D.3
8. 关于组织文化，正确的说法是(　　)。
   A. 变化较慢，一旦形成便日趋加强
   B. 变化较快，随时补充新的内容
   C. 变化较慢，但每年都会抛弃一些过时的内容
   D. 变化较快，特别企业管理人员变更时
9. 下列关于组织文化的说法中不正确的是(　　)。
   A. 一般的文化都是在非自觉的状态下形成的，组织文化则可以是在组织努力的情况下形成
   B. 文化组织具有自我延续性，不会因为领导层的人事变更而立即消失

C. 仁者见仁，智者见智，组织文化应该使组织成员面对某些伦理问题时产生多角度的认识

D. 组织文化的内容和力量会对组织员工的行为产生影响

10. 塑造组织文化时，应该注意(　　)。

A. 主要考虑社会要求和行业特点，和本组织的具体情况无关

B. 组织领导者的模范行为在组织文化的塑造中起到号召和导向作用

C. 组织文化主要靠自律，所以不需要建立制度

D. 组织文化一旦形成，就无须改变

11. 组织文化的特点是(　　)。

A. 具有较强的创新性，打破传统观念和价值体系

B. 独立于环境，始终保持高雅性和纯洁性

C. 在内外条件发生变化时，淘汰旧文化，发展新文化

D. 以不变应万变，始终保持稳定性

12. 一家企业的组织精神是团结、守纪、高效、创新。严格管理和团队协作是该厂两大特色，该厂规定，迟到一次罚款20元。一天，全市普降历史上少有的大雪，公交车像牛车一样爬行，结果当天全厂有85%的职工迟到。遇到这种情况，你认为下列四种方案中对企业最有利的是(　　)。

A. 一律扣罚20元，以维持厂纪的严肃性

B. 一律免罚20元，以体现工厂对职工的关心

C. 一律免罚20元，并宣布当天早下班2小时，以方便职工

D. 考虑情况特殊，每人少扣10元，即迟到者每人扣罚10元

13. 关于组织文化的特征，下列说法不正确的是(　　)。

A. 组织文化的中心是人本文化　　B. 组织文化的管理方式以柔性管理为主

C. 组织文化的核心是组织精神　　D. 组织文化的重要任务是增强群体凝聚力

14. 组织精神(　　)。

A. 一般是在组织的发展历程中自发形成的

B. 其表述必须详细具体，保证每个人都充分理解

C. 折射出一个组织的整体素质和精神风格

D. 是组织文化的核心

15. 关于组织文化的功能，正确的是(　　)。

A. 组织文化具有某种程度的强制性和改造性

B. 组织文化对组织成员具有明文规定的具体硬性要求

C. 组织的领导层一旦变动，组织文化一般会受到很大影响，甚至立即消失

D. 组织文化无法从根本上改变组织成员旧有的价值观念

三、简答题

1. 人力资源规划的目的有哪些？
2. 人员招聘的途径有哪些？
3. 人力资源规划的编制流程是什么？
4. 招聘与配置程序是什么？
5. 薪酬的影响因素有哪些？

6. 绩效管理的流程是什么？
7. 组织文化的结构有哪些？

四、论述题

论述组织文化的形成。

五、案例分析

华为狼性文化之困

按照《华为基本法》的描述，华为文化就是华为公司的核心价值观："追求：电子信息领域的世界级领先企业，可持续发展；员工：高素质员工群体是最重要财富，集体奋斗；技术：在独立自主发展核心技术基础上，开放、合作；精神：敬业、创新、团结、企业家精神；文化：资源是会枯竭的，唯有文化是生生不息；责任：为产业报国、科教兴国，做不懈的努力。"这个基本法是华为企业文化的基石和主导。

早有观察家分析指出，华为的企业文化的核心其实反映最深刻的就是任正非雷厉风行的军人性格和军事化的作风。在华为的发展历程中，任正非对危机特别警觉，在管理理念中也略带"血腥"，认为做企业就是要发展一批狼。因为狼有让自己活下去的三大特性：一是敏锐的嗅觉；二是不屈不挠、奋不顾身的进攻精神；三是群体奋斗。正是这些凶悍的企业文化，使华为成为连跨国巨头都寝食难安的一匹"土狼"。

这种"土狼文化"和军事化的管理以及独裁的作风在华为创业期间确实是功不可没的。因为当时面对的是跨国巨头的激烈竞争，任正非本人并不是专业出身，也不拥有核心技术，但眼前却展现出一片广阔的市场，任正非别无选择："我们是一群饿狼，只有让狼性爆发才能生存"。但随着华为的壮大与国内通信市场饱和，华为实施"狼性文化"的环境已经改变，而任正非和他的华为依旧在维护着他的军事化作风和"狼性文化"。

(资料来源：https://wenku.baidu.com/view/077c996bbdd126fff705cc1755270722182e596d.html)

问题：(1) 任正非对华为文化有什么影响？

(2) 组织文化的功能是什么？环境变化时，华为的文化需要怎样调整？

第十一章 领　导

【学习目标】

1. 了解领导的概念；
2. 掌握领导与管理的区别；
3. 掌握领导者权力的来源；
4. 了解领导特质理论；
4. 掌握领导行为理论、领导权变理论。

【导入案例】

三种不同的领导风格

刚刚大学毕业的吴君通过学校推荐来到某钢材集团分公司给张总经理做秘书。张总经理可谓日理万机，因为公司的大小事情都必须要向他汇报，得到他的指示才能行事。尽管如此吴君还是感到工作比较轻松。因为大部分事情只需要她交给张总经理再把他的答复转给相关责任人，就算完成任务了。

可是好景不长，因为张总经理每日太过奔波劳碌，终于病倒了。新上任了王总经理。王总经理对吴君每日无论大小事宜都要请示的做法提出了批评，让她慢慢学会分清轻重缓急，有些事情可以直接转交其他副总经理处理。这样，王总经理每日有更多的时间去考虑公司的长远目标，确立组织发展方向，然后在高层领导者之间召开会议，进行研讨。自王总经理上任以来，公司确定了新的市场定位，制定并出台了新的发展战略及公司内部的规章制度。公司的业绩也在短时期内有了很大的提高。同时，吴君也变得很忙碌，有时需要跑很多的部门去协调一项工作，她觉得学到了很多东西，也感到很充实。因为业绩突出，王总经理干了一年就被调到总公司去了。

之后又来了李总经理。相对于张总经理的事必躬亲以及王总经理的有张有弛，李总经理就要随意得多了。他到任之后，先是了解了一下公司的总体情况，感到非常满意，就对下面的经理们说："公司目前的运营一切顺利。我看大家都做得比较到位，经理嘛，关键时刻把把关就可以了，不是很重要的事情你们就看着办吧。"这样一来，吴君享受到了自工作以来从没有过的轻松，因为一周也没有几件事情要找总经理。吴君对比、思考着这三位领导，真是各有各的特点。

(资料来源：https://wenku.baidu.com/view/a21fe4c1aa00b52acfc7cad2.html)

问题：(1) 你认为这三位领导的风格区别在哪里？

(2) 你认为哪个领导的管理风格更可取？

第一节 领导概述

领导是管理的一项重要职能，领导水平的高低与组织的生死存亡息息相关，领导职能贯穿于管理工作的各个环节。领导职能是连接计划、组织和控制等各个管理职能的纽带，是实施组织目标的关键。领导职能的功效是领导者通过指导、命令、沟通、激励等手段，对组织成员施加影响力。优秀的领导者是一个组织的灵魂。

一、领导的含义

从词性的角度看，领导可作名词用，也可作动词用。领导作名词用时，指领导者或领导人，指实施领导行为的人，即在组织共同活动中带领、引导他人为实现一定目标而努力的个人或集团。领导作动词用时，有率领、带领的意思，是一种行为过程，是领导者为了实现组织预定的目标，采用一定的组织形式和方法，率领、引导、指挥、协调和控制被领导者完成预定任务的一种活动过程。领导在管理学中作为一项重要的管理职能，更多的是作动词用。

本书将领导定义为：领导是指领导者为实现组织和群体目标，运用权力指挥、带领、激励和影响下属行为的方式或过程。这个定义包含以下三方面的含义。

(1) 领导的本质是影响力。领导者凭借影响力在组织或群体中实施领导行为，把组织或群体中的人吸引到他的周围来，获取组织或群体成员的信任。正是因为这种影响力，组织或群体中的成员心甘情愿地追随领导者。因此，从本质上讲，拥有影响力的人才能称得上是一位领导者。

(2) 领导是一门艺术。领导艺术是领导者利用自身的知识、经验和智慧来处理组织中非规范化管理活动的技巧和能力。领导者面临千变万化的组织或群体的内外环境，特别是面对各种各样的人，他们的身份、教育、文化和历史背景不同，他们进入组织或群体的目的和需要各不相同，而且人们的需要、目的处于动态的变化中。因此，领导需要灵活应变和不断创新，领导的工作效率和效果在一定程度上取决于领导艺术。

(3) 领导具有目的性。领导是一个目的性很强的行为过程，其目的在于使人们心甘情愿地、热心地为实现组织的目标而努力，鼓励组织成员不仅要提高工作的自愿程度，而且要以满腔热忱和满怀信心工作。领导者应鼓舞组织成员为实现组织目标而努力。

二、领导与管理

1. 领导与管理的联系

领导是从管理中分化出来的，领导和管理在社会活动实践和社会科学理论方面都具有较强的相容性和交叉性。

2. 领导与管理的区别

(1) 目标不同。管理的工作重心是解决效率、效益、效果问题，主要是要根据既定的目标政策进行战术运行的职能性工作，尤其关注工作的完成过程，追求把工作完成得出色。而领导的本质是领导者通过教育、鼓励、引导等手段，带领人们实现共同的目标，其重点是解决方向、目标、路线问题，主要进行战略指导的综合性工作，研制目标规划、方针政策、规范章法，尤其关注组织的长期发展，重视组织战略发展目标的确定和长远发展方向的把握。

(2) 着眼点不同。管理强调维持目前的秩序，它的价值建立在一个假设前提上——现存的制度、法规是至高无上的。制度和法规的存在就是为了规范人们的行为，使其按照管理者的愿望运行，不折不扣地服从命令，完成组织交代的任务，这就是优秀的管理。而领导的着眼点是对前景的不断关注，领导不同于管理，它强调未来的发展。

(3) 权力基础不同。管理者偏爱行使法定权力，不仅因为其具有强制性，容易达到控制目标，更在于他们本身缺乏专家权力和感召权力，也在于他们的目标是简单地维持秩序。领导者不能偏爱行使职权，其目的是引导人们实现共同的目标，而这个目标不可能由领导一个人实现，因为这一目标的一部分具有不可替代性。

(4) 领导与管理的工作对象不同。管理的对象主要是对人、财、物、时间、信息的支配和控制，挖掘物质资源潜力，因此管理有强制性，注重权力、法律、制度的力量，主要依靠约束力和人们的被迫服从。领导的对象只能是人，所以领导主要是对人的思想和行为进行指导，调动人的智力资源的潜力，这也要求领导有导向性，手段要让人信服。他们主要依靠思想、威信、榜样的力量，依靠吸引力和人们的自愿服从来进行领导。

3. 领导的权力来源

目前对于权力来源的解释主要是根据弗兰奇(John R. P. French)和瑞文(Bertram Raven)在《社会基础权力》中提出的五种权力来源：法定性权力、强制性权力、奖赏性权力、专家权力和感召性权力。

(1) 法定性权力。法定性权力是指组织内各管理职位所固有的、法定的、正式的权力。按照组织条例或法规的规定，领导合法地掌握对下属所做事情的决定权和指挥权。合法权源于被影响者内在化的价值观，下属认为领导者有合法的权力影响他，他必须接受领导的影响。

(2) 强制性权力。强制性权力也被称为惩罚权，是指通过精神、感情或物质上的威胁，强迫下属服从的一种权力。从组织的角度讲，如果甲能解雇乙或使其停职、降级，并且乙很在乎他的工作，那么甲对乙就拥有了强制性权力。同样，如果甲能给乙分派他不喜欢的工作或以乙感到尴尬的方式对待乙，那么甲对乙也拥有强制性权力。惩罚权源于被影响者的恐惧，下属感到领导者有能力将自己不愿意接受的事情强加于自己，使自己的某些需求得不到满足。惩罚权在使用时往往会引起愤恨、不满，甚至报复行动，因此必须谨慎使用。

(3) 奖赏性权力。奖赏性权力是基于被影响者执行命令或达到工作要求而对其进行奖励的一种权力。奖赏权源于被影响者期望奖励的心理，即下属感到领导者能奖赏他，使他的某些需要得到满足，这些需要是人们认为有价值的任何东西。在组织情境中，奖赏可以是金钱、良好的绩效评估、职位晋升、有趣的工作任务，也包括良好的工作环境如友好的同事、有利的工作转换等。奖赏权的关键是奖赏内容与被影响者的需求相一致，奖赏权的大小取决于人们追求这些东西的程度。

法定性权力、强制性权力、奖赏性权力三种权力都与组织中的职位联系在一起，是从职位中派生的权力，因此统称为职位权力。

(4) 专家权力。专家权力指某人由于拥有组织所需要的专长、特殊技能或知识，而在工作中能够对组织其他成员产生的一种影响力。具有多种技能和能力的领导者更能令下属尊敬和信服，这种权力来自于下属对具有这种影响力的领导者的信任。在非领导岗位的员工，如德高望重的元老、经验丰富的技师，也具有专家权力，能在工作中对其他成员提出建设性的建议，并影响他们的行动。这种权力与正式的职位权力没有必然的联系。

(5) 感召性权力。感召性权力是指与个人的品质、魅力、经历、背景等相关的权力，也常被称为个人的影响权。一些体育、文艺明星和传奇的政治领袖都具有这种权力，有着巨大而神奇的影响力。它是一种无形的，很难用语言来描述或概括的权力，建立在超出一般人的素质基础上。这种影响力吸引了欣赏它、希望拥有它的追随者，从而激起人们的忠诚和极大的热忱。

专家权力和感召性权力都是与组织的职位无关的权力，因此也称为非职位权力。这种权力是由于领导者自身的某些特殊条件才具有的。例如，领导者具有高尚的品德、丰富的经验、卓越的专业能力、良好的人际关系、特殊的个人背景及善于激励成员的管理能力等。这种来自于个人的影响力通常在组织成员自愿接受的情况下产生影响力，易于赢得组织成员发自内心的长期的敬重和服从。显然，有效的领导者不仅要依靠正式的职位权力，还必须具有个人影响力，这样才会使被领导者心悦诚服，才能更好地进行领导。

三、 对领导理论的研究历程

社会学家、心理学家、管理学家对领导问题进行了广泛的研究，从不同的视角对领导行为进行了研究，提出了有关领导行为的多种理论，研究过程可分为以下四个阶段。

第一阶段：19 世纪末到 20 世纪 40 年代。这一时期研究的重点主要是具备什么样素质的人才适合当领导，即作为领导者需具备什么样的素质修养，或者当了领导后需要具备哪些素质才能成为一个出色的领导者。人们将这一时期关于领导者特质的研究统称为领导特质理论，将这一时期称为特质研究时期。

第二阶段：20 世纪 40 年代中期到 70 年代早期。这一时期研究的重点主要集中于领导行为，探讨提高领导绩效的领导行为和领导风格。人们把这一时期关于领导行为的研究称为领导行为理论。

第三阶段：20 世纪 70 年代早期到 90 年代。这一时期研究的重点是影响领导绩效的情境因素，如工作任务、团体类型、下属特征等。这一时期称为权变理论研究时期。

第四阶段：20 世纪 90 年代至今。这一时期研究比较分散，人们从多方面、多角度来研究影响领导绩效的各种因素，产生了多种领导理论，如魅力型领导理论、变革型领导理论等，形成了领导理论百花齐放的繁荣景象。

第二节 领导特质理论

领导特质理论的出发点和基本前提是领导天生的。领导特质理论通过大量考察、分析和研究，从领导者的性格、生理、智力及社会因素等方面寻找领导者特有的素质或应有的品质的理论。它强调领导者先天的个性和行为，认为领导者天生就具有领导他人的特殊才能与素质，是天生的伟人。这种特定的领导才能和品质意味着不管在什么情况下，具有这些特质的人最终将被推向领导者的位置。对人格力量和先天品质的信念，使人们把研究的重点集中在领导品质的研究上，形成了一些理论观点和假设。

一、领导特质理论的相关研究

1. 拉尔夫·斯托格蒂尔的六类领导特质

美国俄亥俄州立大学工商研究所的拉尔夫·斯托格蒂尔(Ralph Stogdill) 教授曾两次对特质理论做过详细的研究，从对163位领导者的素质分析中找到了六种类型的领导特质，如表11-1所示。

表 11-1 成功领导者特质

领导特质	具体项目
身体	精力、身高、外貌等
社会背景	社会经济地位、学历等
智力	判断力、果断力、知识的深度和广度、口才等
个性	进取、自信、机灵、见解独到、正直、情绪稳定、作风民主等
与工作相关	高成就需要、愿承担责任、毅力、首创性、工作主动、重视任务完成
社交	善交际、积极参加各种活动、愿与人合作

2. 威廉·包莫尔的领导特质论

美国普林斯顿大学的威廉·包莫尔(William Baumol)教授提出了领导者应具备的十大条件，颇具代表性，如表11-2所示。

表 11-2 领导者应具备的十大条件

领导者具备条件	具体内容
合作精神	愿与他人一起工作，能赢得人们的合作，对人不是压服而是感动和说服
决策能力	依赖事实而非想象进行决策，具有高瞻远瞩的能力
组织能力	能发掘下属的才能，善于组织人力、物力和财力
精于授权	能大权独揽，小权分散
善于应变	机动灵活，善于进取，不墨守成规
敢于求新	对新事物、新环境和新观念有敏锐的感受能力
勇于负责	对上级、下级、产品、用户及整个社会抱有高度的责任心
敢担风险	敢于承担企业发展不景气的风险，有创造新局面的雄心和信心
尊重他人	重视和采纳别人的意见
品德高尚	品德为社会公众和企业员工所敬仰

3. 埃德温·吉塞利的研究成果

美国著名心理学家埃德温·吉塞利(Devin Giselli)通过对300名经理人员的研究，在1971年出版的《管理才能探索》中研究探索了领导者的八种个性特征和五种激励特征，如表11-3所示。

表 11-3　吉塞利的八种个性特征和五种激励特征

八种个性特征	五种激励特征
才智：语言与文字方面的才能 首创精神：开拓创新的愿望和能力 督察能力：指导和监督别人的能力 自信心：自我评价高、自我感觉好 适应性：善于同下属沟通信息、交流感情 判断能力：决策判断能力较强，处事果断 性别：男性与女性有一定区别 成熟程度：经验、工作阅历较为丰富	对工作稳定性的需要 对物质金钱的需要 对地位权力的需要 对自我实现的需要 对事业成就的需要

二、对领导特质理论的评析

1. 领导特质理论的有效性

领导特质理论的研究对改善和提高领导水平起到了一定的积极作用，可以借助领导特质理论的研究来认识领导者的内在情况，发现其优点，以此来选拔人才、使用人才和培训人才。同时，通过对领导素质的研究，不仅可以揭示许多领导者成败的缘由，还可以给那些准备进入领导行列以及在领导职位上不能得心应手的人们提供一些借鉴，让他们不断地完善自我，更好地领导组织运作，促进组织发展。

2. 领导特质理论的不足

领导特质理论主要是指有效的领导者要具有一定的品质与特征，才能把有效的领导者和绩效较差的领导者区别开来。但使用领导者的特征来解释领导行为并不总能成功，这表现在以下三个方面。

(1) 并非所有的领导都具备该理论指出的领导特征，而许多非领导也可能具备其中大部分或全部特征。

(2) 这些研究都是描述性的，没有指明哪一项特征应该达到多大程度才有效。

(3) 许多已完成的研究对哪些特征是领导者应该具备的看法不一，各研究者所列的领导特性说法不一，内容包罗万象。

第三节　领导行为理论

由于在特质理论的研究中没有取得预期的成果，一些学者转而研究领导行为，通过调查研究找出领导行为与领导效果之间的关系。

一、领导行为四分图理论

1945 年美国俄亥俄州立大学商业研究所发起了对领导行为的研究，将领导行为的内容归结为两个方面，即以人为重和以工作为重。以人为重，是指注重建立领导者与被领导者之间的友谊、尊重和信任的关系，包括：尊重下属意见，给下属较多的工作自主权，体察他们的思想感情，注意满足下属的需要，平易近人，平等待人，关心群众，作风民主。以工作为重，是指领导者注重他与群体的工作关系，建立明确的组织模式、意见交流渠道和工作程序，包括：设计组织机构，明确职责、权力、相互关系和沟通办法，确定工作目标和要求，制定工作方法和制度等。如图 11-1 所示，在坐标系中，由“以人为重”和“以工作为重”两个维度可将行为分为四个象限，形成了四种典型的领导行为，即低关系低工作、高关系低工作、高关系高工作、低关系高工作，这是典型的领导行为四分图。

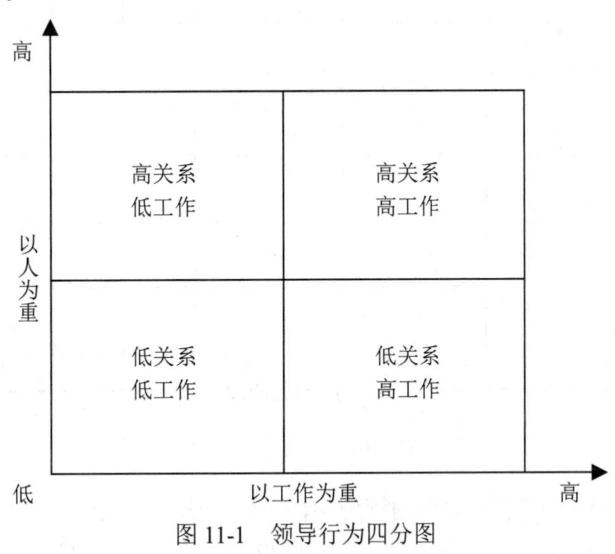

图 11-1 领导行为四分图

二、管理方格图理论

在美国俄亥俄州立大学提出的四分图的基础上，美国心理学家罗伯特 • 布莱克(Robert R. Blake)和简 • 莫顿(Jane S. Mouton)提出了管理方格图理论。他们将四分图中“以人为重”改为“对人的关心度”，将“以工作为重”改为“对生产的关心度”，对两种关心度各进行九等分，形成 81 个方格，从而将领导者的领导行为划分成许多不同的类型，布莱克和莫顿在管理方格图中列出了五种典型的领导行为，如图 11-2 所示。

(1) 贫乏型管理(1.1)。采取这种领导方式的管理者希望以最低限度的努力来完成组织目标，对职工和生产均不关心，领导者只做一些维持自己职务的最低限度的工作，只要工作不出差错就行。这种管理方式被称为贫乏型管理，很容易使组织失败，在实践中很少采用。

(2) 俱乐部型管理(1.9)。采用俱乐部型管理的领导关注人们的需求，从而营造友善和舒畅的组织气氛，但工作成效缺乏保证。这种领导特别关心职工，重视与员工的关系，但忽视工作效果。持这种管理方式的领导者认为只要员工精神愉快，自然就会搞好生产，所以要重视员工情绪。这种管理结果可能很脆弱，因为一旦和谐的人际关系受到影响，生产成绩就会随之下降。

(3) 任务式管理(9.1)。在任务式管理中，管理者全神贯注于任务的完成，很少关心下属的成长和士气。在安排工作时，尽力把人的干扰因素减小到最低限度，以求得高效率。种管理只关心生产不关心人，是一种专权式的领导。下属只能奉命行事，员工失去进取精神，不愿使用创造性的方法解决各种问题。

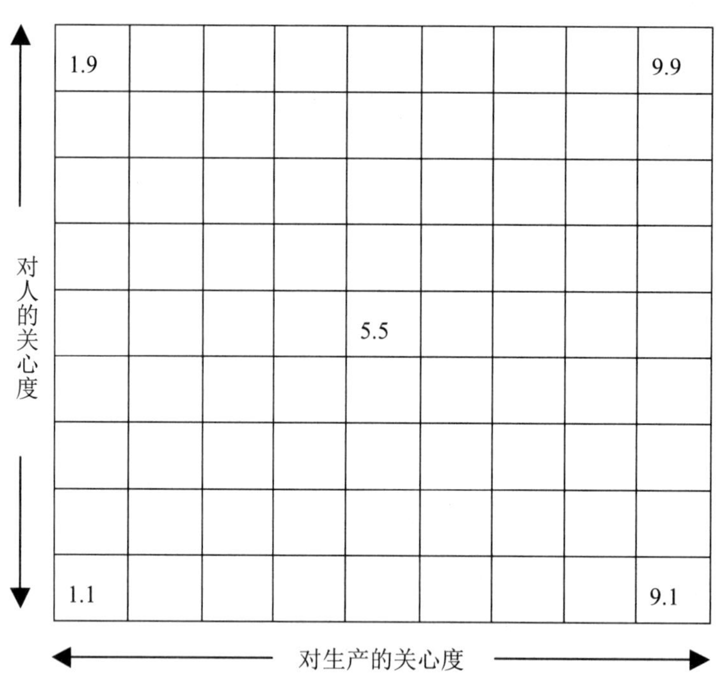

图 11-2 管理方格图

(4) 团队型管理(9.9)。在这种类型的管理中，工作由团队完成，员工在组织目标上有共同利害关系而相互依赖，同时又相互信任和尊重，能取得突出绩效。这种领导对生产和人的关心都达到了最高点。在(9.9)型管理方式下，员工在工作上希望相互协作，共同努力地实现组织目标；领导者诚心诚意地关心职工，努力使员工在完成组织目标的同时满足个人需要。应用这种领导方式，员工运用智慧和创造力进行工作，关系和谐，能够出色地完成任务。

(5) 中间型管理(5.5)。中间型管理通过在工作要求和保持士气之间保持平衡取得适当的成绩。这种领导既对工作关心，也对人关心，兼顾两者，程度适中。持这种管理方式的领导者既对工作的质量和数量有一定要求，强调引导和激励员工去完成任务，但遇到问题总想敷衍了事，由于牢守传统习惯，从长远看容易使组织落伍。

综合看来，团队型管理(9.9)被认为是最有效的管理，能够带来生产力和利润的提高、员工事业的成就感和满足感以及优秀的绩效。管理方格论提供了一个衡量管理者所处领导形态的模式，使管理者较清楚地认识到自己的领导方式，并指出改进的方向，这对于培养有效的管理者是很好的工具。管理方格图可适用于企业中高层的选拔、评估及组织结构的调整和文化建设等方面。它的出现在西方的经理阶层及管理学界产生了很大的影响。

三、勒温的领导风格理论

最早研究领导风格的是美国社会心理学家库尔特·勒温(Kurt Lewin)，他通过实验研究了不同的领导风格对下属群体行为的影响，认为领导者们呈现了三种领导风格，即专制型领导方式、民主型领导方式和放任型领导方式。

1. 专制型领导方式

专制型领导方式是指以权力服人，靠权力和强制命令让人服从的领导方式，它把权力集中于领导者手中。专制型领导方式的主要特点是：

(1) 独断专行，从不考虑别人的意见，所有的决策由领导者自己做出。

(2) 领导者亲自设计工作计划，指定工作内容和进行人事安排。

(3) 从不把任何消息告诉下属，下属没有参与决策的机会，只能察言观色、奉命行事。

(4) 主要靠行政命令与纪律的约束、训斥和惩罚来管理，只有偶尔的奖励。

(5) 领导者很少参加群体活动，与下属保持一定的心理距离，没有感情交流。

2. 民主型领导方式

民主型领导方式是指以理服人、以身作则的领导方式，它把权力定位于群体。其主要特点是：

(1) 所有的政策是在领导者的鼓励和协助下由群体讨论决定的。

(2) 分配工作时尽量照顾到个人的能力、兴趣，对下属的工作也不安排得那么具体，下属有较大的工作自由、较多的选择性和灵活性。

(3) 主要以非正式权力和威信，而不是靠职位权力和命令使人服从，谈话时多使用商量、建议和请求的口气。

(4) 领导者积极参与团体活动，与下属无任何心理上的距离。

3. 放任型领导方式

放任型领导方式的组织成员有完全的决策权，领导者放任自流，不参与也不主动干涉。领导者的职责仅仅是为下属提供信息并与外部进行联系，以利于下属的工作。工作进行几乎全依赖组织成员，各人自行负责。

勒温在试验中发现：放任型领导方式工作效率最低，只达到社交目标，而完不成工作目标；专制型领导方式虽然通过严格的管理达到了工作目标，但群体成员没有责任感，情绪消极，士气低落，争吵较多；民主型领导方式工作效率最高，不但完成工作目标，而且群体成员之间关系融洽，工作积极主动，有创造性。这三种领导方式中，一般认为民主型领导方式的效果较好。

第四节 领导权变理论

人们在运用领导特质理论和领导行为理论的过程中发现，在实际中何种领导方式最为有效要视具体的工作环境而定。没有一种唯一的特质为有效的领导者所共有，也没有哪一种领导风格在所有的情况下都有效。领导权变理论的研究比领导特质理论和领导行为理论起步要晚，它是在前面两类研究的基础上发展起来的。权变理论认为没有最好的领导方式，只有最合适的领导方式。

领导权变理论关注的是领导者和被领导者的行为和环境的相互影响，特别是各种领导方式如何适应各种不同的环境条件。依据权变理论的观点，领导行为的有效性不单纯是领导者个人行为，某种领导方式在实际工作中是否有效主要取决于具体的情境和场合。权变理论的代表性研究有：弗雷德·菲德勒(Fred E. Fiedler) 的领导权变理论、罗伯特·豪斯(Robert J. House)的路径—目标理论、保罗·赫西(Paul Hersey)和肯尼斯·布兰查德(Ken H.Blanchard)的领导生命周期理论。

一、菲德勒领导权变理论

菲德勒经过长达 15 年的研究，认为领导方式应该视环境而定。他在领导行为与情境之间建立了一个模型，人们称之为菲德勒权变模型。他认为有效的领导不仅和领导者自身的个性有关，还与不同的情境因素、领导者及群体成员之间的相互作用有关，可归结为两个因素：领导者的风格和情境类型。

1. 领导者的风格

菲德勒相信影响领导成功的关键因素之一是个体的基本领导风格，因此他首先试图发现这种基本风格是什么。为此，菲德勒设计了 LPC (Least Preferred Co-worker，即最难共事者)量表来测度领导者的风格。量表由 16 组对应形容词构成，菲德勒让作答者回想一下自己共事过的所有同事，并找出一个最难共事者，在 16 组形容词中按 1~8 等级对最难共事者进行评估。菲德勒相信，在 LPC 问卷回答的基础上，可以判断出人们最基本的领导风格。LPC 量表见表 11-4。

表 11-4 菲德勒 LPC 量表

快乐----------8	7	6	5	4	3	2	1----------不快乐
友善----------8	7	6	5	4	3	2	1----------不友善
拒绝----------1	2	3	4	5	6	7	8----------接纳
有益----------8	7	6	5	4	3	2	1----------无益
不热情---------1	2	3	4	5	6	7	8----------热情
紧张----------1	2	3	4	5	6	7	8----------轻松
疏远----------1	2	3	4	5	6	7	8----------亲密
冷漠----------1	2	3	4	5	6	7	8----------热心
合作----------8	7	6	5	4	3	2	1----------不合作
助人----------8	7	6	5	4	3	2	1----------不助人
无聊----------1	2	3	4	5	6	7	8----------有趣
好争----------1	2	3	4	5	6	7	8----------融洽
自信----------8	7	6	5	4	3	2	1----------犹豫
高效----------8	7	6	5	4	3	2	1----------低效
郁闷----------1	2	3	4	5	6	7	8----------开朗
开放----------8	7	6	5	4	3	2	1----------防备

菲德勒发现 LPC 得分高者以相对积极的词汇描述最难共事者，表明作答者很乐于与同事形成友好的人际关系，即他把最难共事的同事描述得比较有利，菲德勒称其领导行为为人际关系型的领导方式。LPC 得分低者，即他对最难共事的同事看法不是很有利，表明这个作答者可能主要感兴趣的是生产，其领导行为被称为工作任务型的领导方式。

菲德勒认为环境的好坏对领导的目标有重大影响。对低 LPC 型领导而言，比较重视完成工作任务，若环境较差，他将首先保证完成任务；当环境较好时，任务完成后的目标是搞好人际关系。高 LPC 型领导，比较重视人际关系，如果环境较差，他将人际关系放在首位；如果环境较好，人际关系也较融洽时，他将追求完成工作任务。

2. 情境类型

关于情境类型，菲德勒使用三个因素来描述领导情境：领导与下属的关系、任务结构和领导者的职位权力。

(1) 领导与下属的关系。领导与下属的关系指领导者得到被领导者拥护和支持的程度，即领导者是否受到下属的喜爱、尊敬和信任，是否能吸引并使下属愿意追随他。领导者与下属之间相互信任、相互喜欢的程度越高，领导者的权力和影响力也就越大。因为一个组织就是一个团队和整体，领导者既能有效地安排任务和组织工作，又能与下属建立融洽的关系，得到下属的依赖和尊敬，这样的领导必然会带领组织很好地发展。

(2) 任务结构。任务结构是指任务的明确程度。若任务是明确的，下属有章可循，则工作质量容易控制，任务结构明确。反之，任务复杂又没有先例，工作规定不清楚，没有标准和程序，下属不知如何去做，领导者就会处于被动地位，该情况属于任务结构不明确。

(3) 领导者的职位权力。领导者的职位权力指组织赋予领导者正式地位所拥有的指挥控制下属的权力。权力是否明确、充分，在上级和整个组织中所得到的支持是否有力，直接影响到领导的有效性。一个领导者对下属的雇用、工作分配、报酬、职位提升等直接决定权力越大，其职位权力越强，对其下属的影响力就越大。例如，领导者的权力较强，在完成任务时可按照自己的意志来指挥下属工作，对下属的控制力和影响范围就较大，工作效率较高。若领导者的职位权力较弱，领导者需要与下属搞好关系来完成组织任务，领导者的工作较被动，导致工作效率较低。

菲德勒调查了 1200 个团体的领导者，将领导与下属的关系、任务结构和领导者职位权力三个环境变数组合成 8 种群体工作情境，通过大量的观察分析，收集将领导风格对领导的有利或不利条件的三维情境因素联系起来的数据，得出了在不同情况下有效的领导方式，结果如表 11-5 菲德勒权变模型所示。

表 11-5 菲德勒权变模型

领导与下属的关系	好				差			
任务结构	明确		不明确		明确		不明确	
领导者的职位权力	强	弱	强	弱	强	弱	强	弱
情境类型	1	2	3	4	5	6	7	8
情境特征	有利			中间状态				不利
有效的领导方式	任务型			关系型				任务型
关系导向型								
任务导向型								

菲德勒权变模型表明：根据群体工作情境，采取适当的领导方式可以把群体绩效提高到最大限度；当情境非常有利或非常不利时，采取工作导向型领导方式比较合适；但各方面因素交织在一起且情境有利程度适中时，以人际关系为重的领导方式更为有效。根据菲德勒的观点，由于领导行为和领导者的个性相联系，因此领导者的风格或领导方式基本上是固定不变的。当一个领导者的风格或方式与情境不适应时，解决的方法是改变情境，使之与领导者风格相适应。该理论有助于领导者认识情境因素的重要性，并努力使之适应自己的领导风格。

二、路径—目标理论

加拿大多伦多大学教授罗伯特·豪斯(Robert J. House)首次提出路径—目标理论。该理论认为领导者的主要任务是帮助下属达到他们的目标，并提供必要的支持和指导以确保下属的目标与群体或组织的目标相互配合。领导者的主要职能是为下属设置和指明目标，帮助他们寻找实现目标的途径，并帮助他们清除障碍，通过提高实现绩效目标者的收益来增加个人满意的机会。图 11-3 所示为路径—目标理论作用机理。

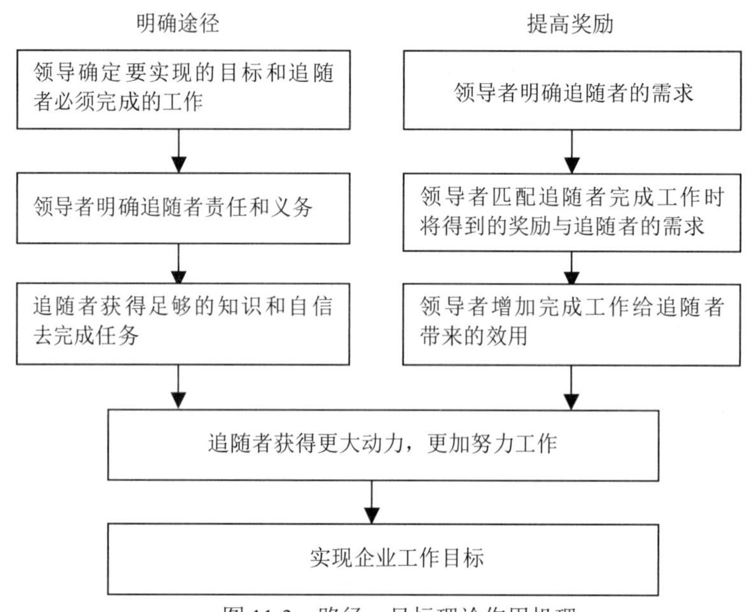

图 11-3 路径—目标理论作用机理

路径—目标理论认为，除了期望理论中的变数外，还应考虑到有助于领导有效性的其他因素，这些因素包括环境权变因素、领导行为、下属权变因素、效果等。图 11-4 所示为路径—目标理论模型。路径—目标理论认为领导的激励作用在于：使绩效的实现与员工需要的满足相结合；为实现有效的工作绩效提供必要的指导、支持和奖励。为此，罗伯特·豪斯确定了四种领导行为。

(1) 指导型领导。领导者对下属需要完成的任务进行说明，包括对他们的希望、完成任务方式、完成任务的时限等。指导型领导者能为下属制定出明确的工作标准，并将规章制度向下属讲清楚。

(2) 支持型领导。领导者对下属的态度友好，关注下属的福利和需要，平等地对待下属，尊重下属的地位，能够对下属表现出充分的关心和理解，在下属有需要时能够真诚帮助下属。

(3) 参与型领导。这种领导者邀请下属一起参与决策。参与型领导者能同下属一道进行工作探讨，征求他们的想法和意见，将他们的建议融入到团队或组织将要执行的那些决策中去。

(4) 成就导向型领导。领导者鼓励下属将工作做到尽量高的水平。这种领导者为下属制定很高的工作标准，不断改进工作。除了对下属的期望很高，成就导向型领导者非常信任下属有能力制定并完成挑战性的目标。

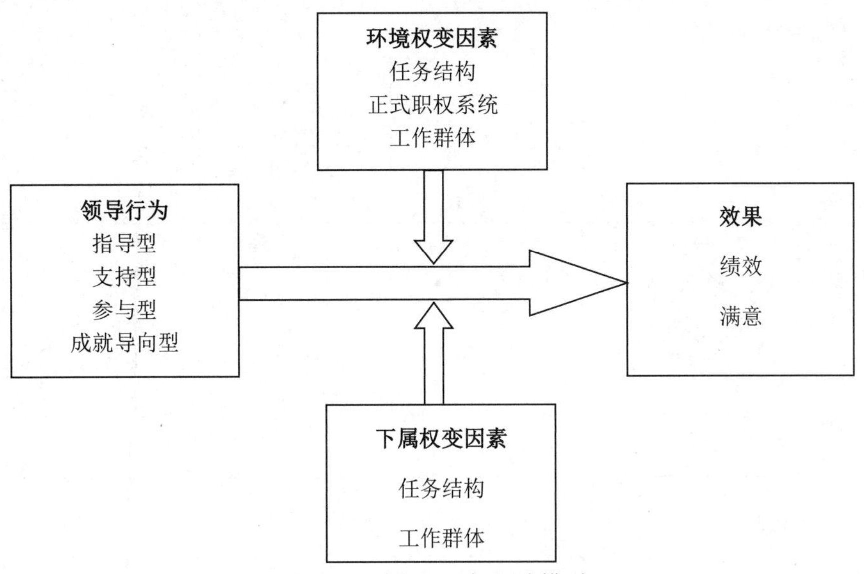

图 11-4　路径—目标理论模型

在实际工作中，采取哪种领导方式，要根据环境、下属特性和领导效果等因素，以权变观念匹配恰当的领导方式。领导者如何选择领导类型呢？路径—目标理论认为有两种因素影响着领导者对领导类型的选择：环境因素和下属的素质能力。

环境因素包括工作任务的明确程度、工作群体的关系等。如果任务比较明确，员工又能充分理解，此时不需要领导过多的指导，也不适合采取指导型领导；若任务不明确，员工对任务不理解，则需要指导型领导。当工作群体存在激烈的冲突时，指导型领导会带来更高的工作满意度；当下属执行结构化任务时，支持型领导会给员工带来更大的满足感和高绩效。

下属的素质能力是影响领导者选择领导方式类型的重要因素。若员工的素质能力低，不愿意参与决策，此时选择指导型领导方式比较有效。若员工素质能力高，积极参与公司的决策，则采取参与型领导会让员工更满意。

三、领导生命周期理论

领导生命周期理论由美国学者科曼(A. K. Korman)首先提出，后由保罗・赫西(Paul Hersey)和肯尼斯・布兰查德(Kenneth Blanchard)进一步发展完善。该理论以下属的成熟度为重要变量，因此也被称为情境领导理论。赫西和布兰查德将员工成熟度定义为个体对自己的直接行为负责任的能力和意愿，它包括工作成熟度与心理成熟度。工作成熟度指一个人的知识和技能，工作成熟度高的个体不需要他人指导，凭借其拥有足够的知识、能力和经验完成他们的工作任务。心理成熟度指的是一个人做某事的意愿和动机的内在性程度，心理成熟度高的个体不需要太多的外部激励，他们主要靠内部动机激励。

领导生命周期理论是由关系行为、任务行为和下属成熟度组成的三维领导理论，如图 11-5 所示。任务行为是指领导者和下属为完成任务而形成的交往形式；关系行为是指领导者给下属以帮助和指导的程度。

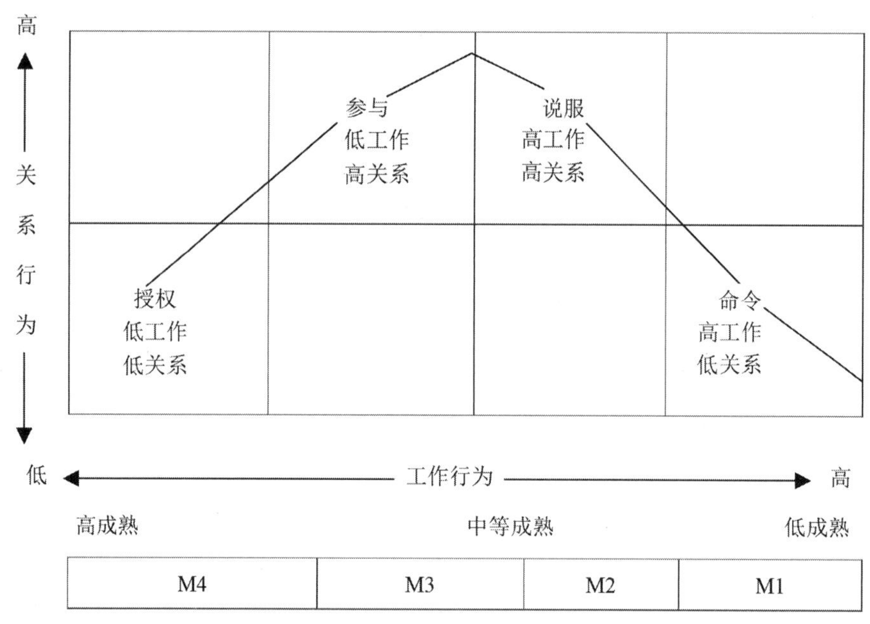

图 11-5 领导生命周期曲线

从图 11-5 中，可看出从关系行为、任务行为和下属成熟度三个维度共同形成了四种类型的领导方式。

(1) 命令型领导方式(高工作—低关系)。在这种领导方式下，因为下属不够成熟，由领导者进行角色分类，并告知人们做什么，如何做，何时及何地去完成不同的任务。它强调指导性行为，通常采用单向沟通方式。

(2) 说服型领导方式(高工作—高关系)。在这种领导方式下，由于下属只处于初步成熟阶段，领导者既提供指导性行为，又提供支持性行为。领导者除向下属布置任务外，还与下属共同商讨工作的进行，比较重视双向沟通。

(3) 参与型领导方式(低工作—高关系)。在这种领导方式下，下属有一定的自我管理、自我控制的能力，掌握了一定的技能，下属一般已是业务骨干或基层领导人员，希望有机会参与决策，不希望事事领导做主。领导者与下属共同决策，而很少采取命令方式。领导者的主要作用是促进工作的进行和沟通。

(4) 授权型领导方式(低工作—低关系)。在这种领导方式下，由于下属有较高的工作能力，有完成工作的责任心和自信心，能够独立胜任工作。因此，领导者几乎不提供指导或支持，通过授权鼓励下属自主做好工作。

以上四种领导方式适用于下属的不同时期，领导生命周期理论强调领导行为的灵活性和动态性，领导一方面要根据下属的不同成长阶段来采取不同的领导方式，另一方面也要对不同的下属采取适合他们的培训，让下属快速成长起来。领导生命周期理论给我们的启示是对不同的对象采取不同的领导方式，下属存在较大个体差异，因此领导者在进行领导时不能对所有人采取统一的领导方式，应根据不同人的特点采取不同的领导方式。

第五节　当代领导理论

在变革的时代，社会正在寻求能扭转乾坤、指明方向、带领人们前进的英雄。每个组织也都在寻找独具慧眼的领导者，这些领导者可以利用自身杰出的才能使组织在激烈的竞争中获得成功。当代领导理论顺应了时代的发展，主要有魅力型领导理论、变革型领导理论、交易型领导理论。

一、魅力型领导理论

1. 魅力型领导的含义

20世纪初，德国社会学家马克斯·韦伯(Max Weber)提出了charisma，即“魅力”这一概念。他将魅力定义为“存在于个体身上的一种超出了普通人标准的品质，因而会被认为是超自然所赐予的、超凡的力量，或者至少是一种与众不同的力量与品质”。魅力型领导是基于对一个个体的超凡神圣、英雄主义或者模范性品质的热爱，以及由他揭示或者颁布的规范性形态或命令形成的权威。富于魅力的领导者专制且异常自信，对他们信仰的道德正义性有强烈的信心，同时他们努力为其追随者建立一种富于竞争、成功与信任并传递高度期望值的氛围。富于领袖魅力的领导者容易唤醒了他人的兴奋和冒险意识，他们一般都是富于雄辩的演讲者，显示出高超的语言技巧，而这种技巧能帮助他们传递憧憬，鼓舞群众。在企业界，美国的比尔·盖茨、杰克·韦尔奇，国内的张瑞敏、柳传志、马云、俞敏洪等都是魅力型领导的典型代表。

2. 魅力型领导的特征

魅力型领导有哪些主要特征呢？我们概括相关学者的观点，将魅力型领导的主要特征概括为以下七个方面。

(1) 自信。魅力型领导者对自己的判断和能力充满信心。

(2) 远见。魅力型领导者有理想的目标，认为未来定会比现在更美好。领导者的理想目标与现状的差距越大，下属越有可能认为领导者有远见卓识。

(3) 清楚表达目标的能力。魅力型领导者能够明确地陈述目标，并使其他人理解，最终变成激励下属努力工作的动力。

(4) 对目标的坚定信念。魅力型领导者具有强烈的奉献精神，愿意从事冒险性高的工作，承受较高代价，为了实现目标能够自我牺牲。

(5) 不循规蹈矩的行为。魅力型领导者的行为往往被认为是新颖的、反传统的、反规范的。当这些行为获得成功时，下属们会惊诧不已。

(6) 以变革代言人的身份出现。魅力型领导者是激进的变革代言人，而不是传统的维护者。

(7) 对环境具有较强的敏感性。魅力型领导者能够对需要变革的环境加以限制，并对资源进行切实可行的评估。

二、变革型领导理论

1. 变革型领导的含义

变革型领导理论与魅力型领导理论关系较为密切。变革型领导理论的发展，是由巴斯(Bass)

于 1985 年在《领导与超越期望的绩效》一书中建构而成。变革型领导理论强调领导者必须具有远见卓识，为下属提供工作价值和目标愿景，热衷于满足下属更高的需求，使下属成为更完备的人，他们鼓励下属为了组织的利益而超越自身的目标，其结果是使上下级之间建立一种相互激励和提高的关系。

2. 变革型领导的特征

变革型领导的特征主要包括四个因素：具有领袖力、对下属有感召力、智力刺激、个别化关怀。具备这些特征的领导者通常具有强烈的价值观和理想，他们能成功地激励员工超越个人利益，为了团队的伟大目标而相互合作、共同奋斗。美国管理学家理查德·傅伊德(Richard Fuyd) 在前者的基础上又提出了变革型领导必备的五种新的领导技能，如表 11-6 所示。

表 11-6 理查德·傅伊德五种新的领导技能

领导技能	具体内容
有远见卓识	能清楚掌握组织的内外部环境，并能高瞻远瞩地制定决策，推动组织发展
控制技能	有控制下属的能力，能够用自己独特的领导魅力感召下属按照自己的意图进行工作
价值观的综合技能	把员工的需求整合起来，使其个人价值观与组织的价值观统一一致，达到组织的高效
授权技能	愿意与下属分享权力，让下属适当地管理自己，并指导下属正确行使权力
自知能力	明确自己的需求和目标，也了解下属的需求和目标

三、交易型领导理论

1. 交易型领导的含义

交易型领导是霍兰德(Hollander)于 1978 年提出，霍兰德将其定义为领导行为发生在特定情境之下的领导者和被领导者相互满足的交易过程，即领导者借助明确的任务及角色的需求引导与激励下属完成组织目标。交易型领导鼓励追随者诉诸他们的自我利益，但是交换的过程以追随者对领导者的顺从为前提，并没有产生一股积极的热情，其工作的内在动机也是有限的，因此，交易型领导不能使组织获得更大程度上的进步。

2. 交易型领导的特征

在一个交易型领导主持的企业组织中，其领导行为呈现如下四个具体的特征。

(1) 界限明确。交易型领导者的领导行为在角色和功能、技术流程、控制幅度、决策权及影响力范围等方面都有清晰的划分界限，所有的因素及其相互作用都被置于管理和控制之下，以期达到预期的商业结果。

(2) 秩序井然。对于交易型领导来说，任何事情都有时间上的要求、地点上的规定，以及流程上的实用意义，通过维系一个高度有序的体制，以长时间、系统性地获得比较一致的结果。

(3) 信守规则。交易型领导十分注重规则，对业务经营的每一层面都设定了具体的操作标准与方式，任何背离程序、方法和流程的行为都被视为问题，要加以解决和清除。工作结果必须是可预测的，不允许意外发生。

(4) 控制执着。交易型领导厌恶混乱的、不可控的环境，他们力图使企业获得有序结构。所以，他们的领导方式往往是强有力型的，企业内部通常缺乏“湿润感”。

在企业的管理实践中，大多数管理者都会不同程度地存在交易型的领导行为，因为这样能够有效地提高工作绩效。但是，一个企业领导如果主要依靠或只是依靠交易型领导来影响他人，毫无疑问会带来很大弊端。

综合练习

一、名词解释

领导　奖赏性权力　法定性权力　感召性权力　变革型领导　交易型领导

二、单项选择题

1. 一位领导者常常关注下属的生日，并及时派秘书给他们送去生日蛋糕和贺卡，对待这种做法，各方面反映不一，你认为这种管理方式更适合(　　)。

   A. 任务明确，上下关系融洽，领导职位权力强的组织
   B. 任务不明确，上下关系紧张，领导职位权力弱的组织
   C. 任务明确，上下关系紧张，领导职位权力强的组织
   D. 任务明确，上下关系融洽，领导职位权力弱的组织

2. 领导权变理论关注的是(　　)。

   A. 领导者与被领导者及环境之间的相互影响
   B. 领导者的个人特性对领导有效性的影响
   C. 领导者的行为对领导有效性的影响
   D. 领导方式的易变性

3. 根据领导者运用职权的方式不同，可以将领导方式概括为专制型、民主型和放任型三种类型，其中民主型领导方式的主要优点是(　　)。

   A. 纪律严格、管理规范、奖赏分明
   B. 组织成员具有高度的自主权
   C. 按规章办事，领导者不运用权力
   D. 员工之间关系融洽，工作积极主动，富有创造性

4. 一个管理者允许工人在完成一项特殊的困难的项目后可以暂停工作一天，他行使的是(　　)。

   A. 强制权力　B. 奖赏权力　C. 专家权力　D. 参照权力

5. 下列有关领导权变理论的描述中不正确的是(　　)。

   A. 为了获得有效的领导，领导者所采取的领导方式与环境变化无关
   B. 在有利的领导环境情况下，采取以“任务中心”的指令型领导方式效果最好
   C. 在不利的领导环境情况下，采取以“任务中心”的指令型领导方式效果最好
   D. 对处于中间状态的环境，采用“以人为中心”的宽容型领导方式效果最好

6. “士为知己者死”这一古训反映了有效的领导始于(　　)。

   A. 了解下属的欲望和需要　B. 为下属设定崇高的目标
   C. 为了下属的利益不惜牺牲自己　D. 上下级之间的友情

7. 下列做法哪些属于专制的领导方式，哪些属于民主型的领导方式，哪些属于放任型的领导方式？① 个人独断专行，从不考虑别人的意见；②领导者决定一切工作内容、程序和方法；③领导者在做出决策之前通常都要同下属磋商；④对下属工作安排不具体，个人有相当大的工作自由；⑤主要运用个人的权利和威信，而不是靠职位权力和命令使人服从；⑥极少运用权力影响下属，给予下属高度的独立性；⑦领导者积极参加团体活动，与下级无任何心理上的距离。(　　)

A. ①②专制，③④⑤民主，⑥⑦放任　B. ①②专制，③④⑤⑥民主，⑦放任

C. ①②专制，③④民主，⑤⑥⑦放任　D. ①②专制，③④⑤⑦民主，⑥放任

8. 在管理方格图中，(1.1)型表示(　　)。

A. 贫乏型　　B. 任务型　　C. 俱乐部型　　D. 战斗集体型

9. 某企业多年来生产任务完成情况一直都不太好，员工收入也不算很高，但经理与员工的关系却很好，员工也没有对领导表示不满。该领导很可能是管理方格中所说的(　　)。

A. 贫乏型　　B. 俱乐部型　　C. 任务型　　D. 中间型

10. 某企业多年来任务完成得都比较好，职工经济收入也很高，但领导和职工的关系很差。该领导很可能是管理方格中所说的(　　)。

A. 贫乏型　　B. 俱乐部型　　C. 任务型　　D. 中间型

11. 领导者的风格应当适应其下属的风格，领导的行为应当随着下属“成熟”程度的不同做出相应的调整，这一观点出于(　　)。

A. 领导行为连续统一体理论　　B. 权变领导理论

C. 路径—目标理论　　D. 领导生命周期理论

12. 按照领导生命周期理论，对于已经比较成熟的中年骨干职工，领导风格宜取(　　)。

A. 命令型　　B. 说服型　　C. 参与型　　D. 授权型

13. 在厂里工作了30年的王厂长退居二线了，但他在群众中仍有很高的威信，他的威信主要来自于(　　)。

A. 强制权力　　B. 法定权　　C. 奖赏权力　　D. 专家权力

三、判断题

1. 专家权力来自于组织等级制度中的职位。(　　)

2. 当代的领导理论研究表明，理想的有效领导行为是对人和生产都高度关心。(　　)

3. 权变领导理论的研究目标是要确定出主要的情景变量，研究它们是如何相互关系、相互作用，由此决定相应的领导行为的。(　　)

4. 按菲德勒模型，在情境有利或最为不利时，任务导向型领导方式较为有效。(　　)

5. 菲德勒认为领导人的领导风格是固定的，应改变情境使之与领导风格相适应。(　　)

6. 根据管理方格理论，(1.1)型领导者对人和生产都很少关心。(　　)

7. 研究表明：下属的行为是决定领导行为的重要变量。(　　)

8. 最有效的领导行为总是对人和生产都高度关心。(　　)

9. 领导即领导者。(　　)

10. 权变理论认为，任何领导形态均可能有效，其有效性完全取决于是否适应所处的环境。(　　)

四、简答题

1. 领导与管理的区别有哪些?
2. 领导的权力来源有哪些?
3. 权变理论的内容是什么?
4. 管理方格理论的主要内容是什么?
5. 交易型领导的特征有哪些?

五、论述题

1. 领导特质理论的有效性与不足。
2. 菲德勒使用哪些因素来描述领导情境?

六、案例分析题

哪种领导方式最有效

ABC 公司是一家小型家电产品公司。最近,该公司对几个所属部门进行了一次有关领导类型的调查。负责生产的王经理认为,无论在何种情况下,完成生产任务是第一要务,因此实行对生产过程、产品质量的严格管理。每次接到生产任务,员工必须迅速下达到车间,要求车间按时完成,如果不能完成,必将进行处罚。已有 4 位车间主任因未及时完成任务而遭到解职,解雇工人更是时有发生。王经理对自己的行为很满意,也对本部门的业绩感到自豪。

负责研发的张经理认为公司要充分尊重研发人员的积极性和创造性,要给他们充分的自由和空间,给他们分配了研发任务后,就要让研发人员以自己的方式去完成,不要老去检查他们、监督他们,要信任他们,要多给他们支持和鼓励。他相信大多数员工知道如何把自己的工作做好,会自觉完成自己的研发任务。

负责销售的李经理强调,公司要取得好的销售业绩,一定要给销售人员施以足够压力。他每年都制订详细的销售计划,并把计划分解到个人,要求销售人员每周要向他汇报销售情况。每次员工生日,他都会亲自送去生日蛋糕,并给员工放假半天。当员工家里遇到困难时,他也总是主动帮助解决。几年来,他的销售队伍很乐意和他一起工作,年年都超额完成销售任务。

(资料来源: https://wenku.baidu.com/view/6fc7fa2552ea551811a68700.html)

问题: (1) 根据管理方格理论,这三位部门经理的领导行为分别属于哪种类型?你的判断理由是什么?

(2) 请你进一步评价管理方格理论五种典型领导行为的效果。

第十二章

激励与沟通

【学习目标】

1. 了解激励的概念、对象和过程；
2. 掌握内容型激励理论和过程型激励理论；
3. 熟悉激励的原则、方法和具体运用；
4. 了解沟通的概念、作用、过程；
5. 掌握沟通的类型、沟通障碍、有效沟通的实现；
6. 了解冲突的概念、冲突的类型；
7. 掌握冲突管理的方法。

【导入案例】

某大学人才招聘信息

广东某高校为了加快“双一流”大学建设，决定下大力气引进一批高层次人才。为此，该校面向社会发布了招聘信息：①凡是985、211高校毕业的博士，且具有副教授以上职称的人员到该校工作的，一次性给予60万元安家费，同时，免费居住学校提供的60平方米左右二室一厅的周转房5年；②学校与其签订长期雇佣合同，为其购买“六险一金”，并解决配偶工作和小孩入学的问题；③鼓励教师围绕自己专业成立学术团队或公司，允许教师有3年时间专业从事社会服务或创业；④对学术上有显著建树的或者国家社科基金项目主持人直接聘为专业学术带头人，给予处级行政职务待遇；⑤对能力强特别是申请专利成功的教师，学校另拨100万元科研经费进行奖励。由于该校的招聘条件优越，措施得力，国内外应聘人员纷纷前来应聘。

(资料来源：https://www.shangxueba.com/ask/11359239.html)

问题：(1) 该校采取的具体招聘措施分别体现了马斯洛需要层次理论中哪些需要？

(2) 马斯洛需要层次理论的基本出发点是什么？

第一节　激励

激励员工是管理者从事的工作中最重要也最具有挑战性的活动之一。作为有效的管理者，要想让所有的员工付出最大的努力，必须了解员工为什么会被激励以及如何受到激励，并调整自己的激励活动以满足员工的需要，从而很好地实现组织目标。

一、激励的概念与过程

1. 激励的概念

激励是指领导者采取各种有效的方法激发人的内在需要或动机，从而引导、强化或改变人的行为，使之朝着组织或领导者期望的目标前进的过程。

该概念包含以下内容：

(1) 激励的对象是组织中的成员。

(2) 激励是针对人的动机而进行的工作，出发点是满足组织成员的需求和愿望。

(3) 激励的手段包括各种有效的方法，激励的作用是激发人的动机，调动组织成员的积极性，增强组织的凝聚力。

(4) 激励的目的是满足组织成员个体某些需要的同时，最终实现组织预期的目标。

2. 激励的过程

激励的过程由未满足的需要、动机、行为、目标四大要素构成。人的行为由动机决定，而动机由需要引起。当人们产生某种需要且未能得到满足时，就会引起人的欲望想去满足这种需要，它促使人处于一种不安和紧张的状态中，成为做某件事的内在驱动力，心理学上将这种驱动力称为动机。动机产生后，人们就会寻找、选择能够满足需要的方法和策略，策略确定后，人就会进行满足需要的活动，并产生相应的行为。

活动的结果如果未能使需要得到满足，人们则会采取新的行为，或重新努力，或降低目标要求，或变更目标从事别的活动。如果活动的结果使需要得到满足，人们会产生新的需要和动机，确定新的目标，进行新的活动。因此，从需要的产生到目标的实现，人的行为经历了一个周而复始的循环过程，如图 12-1 所示。

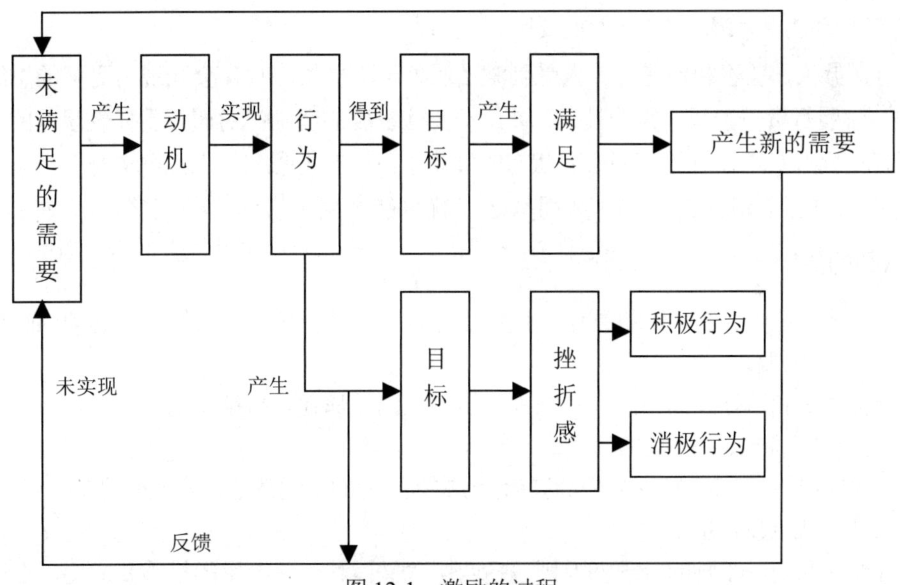

图 12-1　激励的过程

二、激励的作用与原则

1. 激励的作用

有效的激励会点燃员工的激情，促使他们的工作动机更加强烈，让他们产生超越自我和他人的欲望，并将潜在的巨大的内驱力释放出来，为企业的远景目标奉献自己的热情。

对一个企业来说，科学的激励至少具有以下几个方面的作用。

(1) 吸引优秀的人才到企业。在发达国家的许多企业中，特别是那些竞争力强、实力雄厚的企业，通过各种优惠政策、丰厚的福利待遇、快捷的晋升途径来吸引企业需要的人才。人才已经成为知识经济时代中最有价值的资源，企业拥有并且使用好优秀人才能够形成企业的核心竞争力，在市场竞争中立于不败之地。企业在核心竞争力培育中应当采取一些有效的措施来吸引、留住优秀人才。

(2) 调动员工积极性、开发员工的潜在能力。美国著名心理学家威廉·詹姆斯(William James)在对员工激励的研究中发现，一般情况下企业员工要保住自身的职位(以按时计酬的分配制度)，仅能发挥员工自身能力的 20%～30%，而受到企业激励的员工则可以惊人地发挥其能力的 80%～90%，两组数据存在着 60%的差距，这表明受到企业充分激励后的员工所发挥的能力相当于受激励前的 3~4 倍。

(3) 营造良性的竞争环境。通过使用各种激励手段，形成相对科学的激励制度，比如在方向上对员工进行引导，在方法上运用表彰优秀者、激励后进者的方法，从而营造良好的学习氛围和竞争环境，进而形成良性的竞争机制，使企业的员工素质得以不断提高。西方学者经研究得出一个结论：“在具有竞争性的环境中，组织成员会受到环境的压力，这种压力将转变为员工努力工作的动力。”正如美国著名的行为科学家道格拉斯·麦格雷戈(Douglas McGregor)所提到的：“人与人之间的相互竞争，也是激励的主要来源之一。”因此，营造一个良性的竞争环境无疑成为提高员工的工作动力和积极性的一个重要因素。

(4) 增强员工责任感和创造性。人受到激励而处于积极状态时，会表现出更强的思维灵动性和求知欲，对履行责任表现优秀的员工，要给予相应程度的奖励；对履行责任表现差的员工，也要给予责任追究。员工在这种积极心理状态的催化下，会产生强烈的求知欲望与责任心，能克服种种困难主动进行创造性的工作，久而久之，就可能产生新方法、新工艺、新方案。

2. 激励的原则

(1) 目标结合原则。在激励机制中，设置目标是一个关键环节，目标设置必须同时体现组织目标和员工需要的要求。

(2) 物质激励和精神激励相结合的原则。物质激励是基础，精神激励是根本。在两者结合的基础上，逐步过渡到以精神激励为主。

(3) 引导性原则。外部激励措施只有转化为被激励者的自觉意愿，才能取得激励效果。因此，引导性原则是激励过程的内在要求。

(4) 合理性原则。激励的合理性原则包括两层含义：其一，激励的措施要适度，要根据所实现目标本身的价值大小确定适当的激励量；其二，奖惩要公平。

(5) 明确性原则。激励的明确性原则包括三层含义：其一，明确，激励的目的是需要做什么和必须怎么做要明确；其二，公开，特别是涉及分配奖金等重要问题时，更需要公开；其三，直

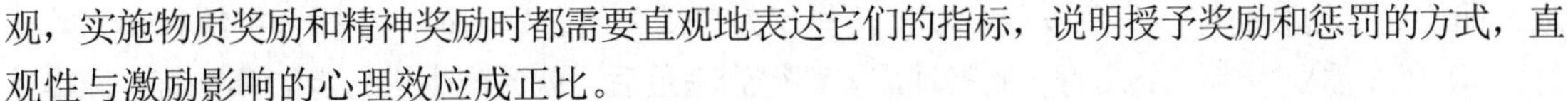

观，实施物质奖励和精神奖励时都需要直观地表达它们的指标，说明授予奖励和惩罚的方式，直观性与激励影响的心理效应成正比。

(6) 时效性原则。要把握激励的时机，“雪中送炭”和“雨后送伞”的效果是不一样的。激励越及时，越有利于将人们的激情推向高潮，使其创造力连续有效地发挥出来。

(7) 正激励与负激励相结合的原则。所谓正激励就是对员工符合组织目标期望的行为进行奖励。所谓负激励就是对员工违背组织目的的非期望行为进行惩罚。正负激励都是必要而有效的，不仅能作用于当事人，而且还会间接地影响周围其他人。

(8) 按需激励原则。激励的起点是满足员工的需要，但员工的需要因人而异、因时而异，并且只有能满足最迫切需要(主导需要)的措施，激励的效价才较高，激励的强度才最大。因此，领导者必须深入地进行调查研究，不断了解员工需要层次和需要结构的变化趋势，有针对性地采取激励措施，才能收到实效。

三、激励理论

激励理论根据研究要素的不同分为两大类：内容型激励理论和过程型激励理论。

1. 内容型激励理论

内容型激励理论是对激励的原因与引起激励作用的因素的具体内容进行研究的理论。内容型激励理论重点研究激发动机的诱因，主要包括马斯洛的“需要层次理论”、赫茨伯格的“双因素理论”和麦克利兰的“成就需要理论”、阿尔德弗的 ERG 理论等。

(1) 需要层次理论。

亚伯拉罕·马斯洛(Abraham Maslow)于 1943 年初次提出了“需要层次理论”，他把人类纷繁复杂的需要分为生理需要、安全需要、社交需要、尊重需要和自我实现需要五个层次，如图 12-2 所示。

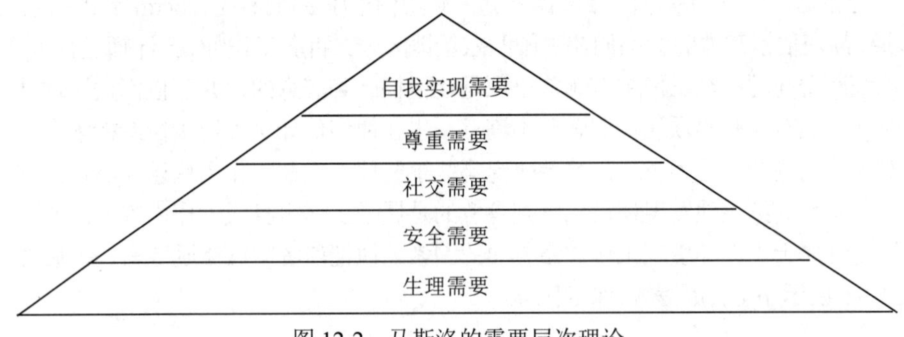

图 12-2　马斯洛的需要层次理论

① 生理需要。生理需要是指维持人类生存所必需的身体需要，如衣、食、住、行、性等方面的要求。在一切需要中，生理需要是最基本的，只有当生理需要得到基本满足，人们才会把需要的目标指向更高一级。

② 安全需要。当一个人的生理需要得到满足后，就会产生更高一级的需要——安全需要。安全需要是指对人身安全、保险、心理安全、就业保障、工作和生活的环境安全及经济保障等的需求。

③ 社交需要。当基本生理需要和安全需要得到满足后，人们会产生更高一层的社会心理需

求，即要进行社会交往，与朋友保持友谊，与家人享受天伦之乐，被一些团体接纳和认可等。

④ 尊重需要。当一个人的前面三种需要都得到满足后，就会产生进一步的尊重需要。尊重需要是指希望自己保持自尊和自重，并获得别人的尊敬，得到别人的高度评价。

尊重的需要包括内在的尊重(如自尊心、自主权、成就感等需要)和外在的尊重(如地位、认同、受重视等需要)，如对职位与头衔和宽大办公室的向往。尊重需要得到满足，能使人对自己充满信心，对社会充满热情，体会到自己生活的价值。

⑤ 自我实现需要。自我实现需要是人的一种最高需求。自我实现需要是指促使自己的潜力得以实现的愿望，即希望成为自己所期望的人。自我实现需要的产生有赖于前四种需要的满足，只有在基本需要得到满足的基础上，人才会最大限度地发挥自身的潜能和创造力，实现自己的抱负和理想。

马斯洛把这五种基本需要分为高、低两类，其中生理需要、安全需要属于低级的需要，这些需要可以通过外部条件使人得到满足，如借助于工资收入满足生理需要，借助于法律制度满足安全需要等。社交需要、尊重需要、自我实现需要则是高级的需要，它们是从内部使人得到满足，而且一个人对尊重和自我实现的需要是永远不会感到完全满足的。高层次的需要比低层次需要更有价值。人的需要结构是动态的、发展变化的。因此，通过满足员工的高级需要来调动其生产积极性，具有更稳定、更持久的力量。社会实际表明，在物质丰富的条件下，人们的低级需要基本能得到满足，尤其是在发达的社会中，大多数的人都拥有马斯洛需要层次理论中所列的全部需求。

马斯洛认为，只有低层次的需要得到部分满足以后，高层次的需要才有可能成为行为的重要决定因素。人的需要是按次序逐级上升的。当低一级需要获得基本满足以后，追求高一级的需要就成了驱动行为的动力。但这种需要层次逐渐上升并不是遵照“全”或“无”的规律，即并不是一种需要 100%满足后，另一种需要才会出现。事实上，社会中的大多数人在正常的情况下，他们的每种基本需要都是部分地得到满足。

(2) 双因素理论。

双因素理论是美国行为科学家弗雷德里克·赫茨伯格(Fredrick Herzberg)提出来的。20 世纪 50 年代末期，赫茨伯格和他的助手们在美国匹兹堡地区对二百名工程师、会计师进行了调查访问。访问主要围绕两个问题：在工作中有哪些事项是让他们感到满意的，并让他们估计这种积极情绪持续多长时间；又有哪些事项让他们感到不满意，也让他们估计这种消极情绪持续多长时间。赫茨伯格以对这些问题的回答为材料，着手研究哪些事情使人们在工作中快乐和满足，哪些事情造成不愉快和不满足。结果他发现使员工感到满意的是属于工作本身或工作内容方面的因素；使员工感到不满的都属于工作环境或工作关系方面的因素。他把前者叫做激励因素，把后者叫做保健因素。表 12-1 展示了激励因素和保健因素。

表 12-1 激励因素和保健因素

激励因素(内在因素，与工作有关)	保健因素(外在因素，与环境有关)
• 工作本身的挑战性和兴趣	• 人事关系
• 工作的发展前途	• 工资、薪金、福利待遇
• 工作上的成就感	• 职务、地位
• 工作中得到的认可和赞赏	• 工作安全性
• 个人成长、晋升的机会	• 工作环境
• 工作上承担责任	• 企业政策

保健因素的满足对员工产生的效果类似于卫生保健对身体健康所起的作用。保健作用是消除人的环境中有害于健康的事物，它不能直接提高健康水平，但有预防疾病的效果；它不是治疗性的，而是预防性的。保健因素包括公司政策、管理措施、监督、人际关系、物质工作条件、工资、福利等。当这些因素恶化到人们认为可以接受的水平以下时，就会产生对工作的不满意。但是，当公司的这些环境条件很好时，只是消除了员工的不满意，并不会导致员工的积极态度，这就形成了某种既不是满意、又不是不满意的中性状态。

那些能带来积极态度、满意和激励作用的因素叫做“激励因素”，包括成就、赏识、挑战性的工作、增加的工作责任，以及成长和发展的机会等。赫茨伯格认为传统的激励假设，如工资刺激、人际关系的改善、提供良好的工作条件等，都不会产生更大的激励；它们能消除不满意，防止产生问题，但这些传统的“激励因素”即使达到最佳程度，也不会产生积极的激励，这些实际属于双因素理论中的保健因素。按照赫茨伯格的意见，管理者应该认识到保健因素是必需的，但它只能使不满意中和，并不能产生更积极的效果，只有“激励因素”才能使人们有更好的工作成绩。

赫茨伯格及其同事后来又对各种专业性和非专业性的工业组织进行了多次调查，他们发现，由于调查对象和条件的不同，各种因素的归属有些差别，但总的来看，激励因素基本上都源于工作本身或工作内容，保健因素基本与工作环境和工作关系有关。赫茨伯格还注意到，激励因素和保健因素都有若干重叠现象，如赏识属于激励因素，基本上起积极作用；但当没有受到赏识时，又可能起消极作用，这时又表现为保健因素。工资虽是保健因素，但有时也能产生使职工满意的结果。

赫茨伯格的双因素理论同马斯洛的需要层次理论有相似之处。他提出的保健因素相当于马斯洛提出的生理需要、安全需要等较低级的需要；激励因素则相当于社交需要、尊重需要、自我实现需要等较高级的需要。当然，他们的具体分析和解释是不同的。但是，这两种理论都没有把“个人需要的满足”同“组织目标的达到”这两点有机联系起来。

双因素理论促使企业管理人员注意到工作内容因素的重要性，特别是它们同工作丰富化和工作满足的关系，因此是有积极意义的。赫茨伯格告诉我们，满足各种需要所引起的激励深度和效果是不一样的。物质需求的满足是必要的，没有它会导致不满，但是即使获得满足，它的作用往往是很有限的、不能持久的。要调动人的积极性，不仅要注意物质利益和工作条件等外部因素，更重要的是要注意工作的安排，量才录用，各得其所，注意对人进行精神鼓励，给予表扬和认可，注意给人以成长、发展、晋升的机会。随着温饱问题的解决，这种内在激励的重要性越来越明显。

双因素理论强调不是所有的需要得到满足都能激励起人的积极性，只有那些被称为激励因素的需要得到满足时，人的积极性才能最大程度地发挥出来。如果缺乏激励因素，并不会引起很大的不满；而保健因素的缺乏，将引起很大的不满，然而具备了保健因素时并不一定会激发强烈的动机。赫茨伯格还明确指出在缺乏保健因素的情况下，激励因素的作用也不大，所以企业管理者要注意二者的兼顾实施。

(3) 成就需要理论。

20 世纪 50 年代初期，美国哈佛大学心理学家戴维·麦克利兰(David McClelland)集中研究了人在生理和安全需要得到满足后的需要状况，特别对人的成就需要进行了大量的研究，从而提出了一种新的内容型激励理论——成就需要理论。

麦克利兰认为，在人的生存需要基本得到满足的前提下，成就需要、权力需要和依附需要是人最主要的三种需要，其中，成就需要的高低对一个人、一个企业发展起着特别重要的作用。该理论将成就需要定义为根据适当的目标追求卓越、争取成功的一种内驱力。

① 成就需要。有成就需要的人，对胜任和成功有强烈的要求。同样，他们也担心失败；他们乐意甚至热衷于接受挑战，往往为自己树立有一定难度而又不是高不可攀的目标；他们敢于冒风险，又能以现实的态度对付冒险，绝不以迷信和侥幸心理对付未来，而是对问题善于分析和估计；他们愿意承担工作中的个人责任，但对所从事的工作情况希望得到明确而又迅速的反馈。这类人一般不常休息，喜欢长时间的工作，即使真出现失败也不会过分沮丧。一般来说，他们喜欢表现自己。成就需要强烈的人事业心强，喜欢那些能发挥其独立解决问题能力的环境。在管理中，只要对他们提供合适的环境，他们就会充分发挥自己的能力。

② 权力需要。权力需要是指影响或控制他人且不受他人控制的需要。具有较高权力需要的人对影响和控制别人表现出很大的兴趣，这种人总是追求领导者的地位。组织中管理者的权力分为个人权力和职位权力两种。追求个人权力的人的显著特征是围绕个人需要行使权力，在工作中需要及时地反馈和倾向于自己操作；追求职位权力的人希望与组织共同发展，并自觉地接受约束，从体验行使权力的过程中得到满足。权利需要较强的人有责任感，愿意承担需要的竞争并且能够取得较高的社会地位的工作，喜欢追求成功和影响别人。

③ 依附需要。依附需要是人们追求他人的接纳和友谊的欲望。具有依附需要的人，通常从友爱、情谊、人际之间的社会交往中得到欢乐和满足，并总是设法避免因被某个组织或社会团体拒之门外而带来的痛苦。他们喜欢保持一种融洽的社会关系，享受亲密无间和相互谅解的乐趣，随时准备安慰和帮助危难中的伙伴。依附需要强烈的人渴望获得他人赞同，高度服从群体规范，忠实可靠。

(4) 阿尔德弗的 ERG 理论。

耶鲁大学的克雷顿·阿尔德弗(Clayton Alderfer)在马斯洛提出的需要层次理论的基础上，通过大量的实证研究提出了一种新的人本主义需要理论。阿尔德弗认为，人们共存在三种核心的需要，即生存(Existence)的需要、相互关系(Relatedness)的需要和成长(Growth)的需要。由于这三种需要的英文首写字母分别是 E、R、G，因此称为 ERG 理论。

① 生存需要。生存需要指全部的生理需要和物质需要，如吃、住、睡等。生存需要包括组织中的报酬、对工作环境和条件的基本要求等。这一类需要大体上和马斯洛的需要层次理论中生理和部分安全需要相对应。

② 关系需要。关系需要指对人与人之间的相互关系、联系(或称之为社会关系)的需要。这一类需要类似马斯洛需要层次理论中的部分安全需要、全部社交需要，以及部分尊重需要。

③ 成长需要。成长需要是一种要求得到提高和发展的内在欲望，它指人不仅要求充分发挥个人潜能、有所作为和成就，而且还有开发新能力的需要。这一类需要可与马斯洛需要层次理论中部分尊重需要和整个自我实现需要相对应。

ERG 理论认为：人的三种需要并不都是与生俱来的，生存需要是先天具有的，关系需要和成长需要则是通过后天学习才形成的。

三种需要不是严格按照从低到高发展，可以越级发展，也就是说人们的低级需要未满足有可能先发展较高一个层次的需要。各个层次的需要获得的满足感越低，人们越渴望获得这种需要的满足。例如，当人们的生存需要和成长需要获得充分的满足后，关系需要尚未得到满足时，人们就渴望与人交往。

当较低层次需要得到满足后，人们渴望向高层次发展。阿尔德弗称之为需要“满足—上升”趋势。对较高层次的需要得不到满足时，人们就会转而追求较低层次的需要。例如，有人在事业上没有追求或受到挫折时，会更加注重追求物质享受，阿尔德弗称之为“挫折—回归”发展方向。

2. 过程型激励理论

过程型激励理论重点研究从动机产生到采取行动的心理过程，主要包括弗鲁姆(V. H. Vroom)的期望理论、亚当斯(J. S. Adams)的公平理论、斯金纳(B.F.Skinner)的强化理论。

(1) 期望理论。

美国心理学家弗鲁姆于 1964 年在《工作与激励》一书中提出了期望理论。该理论认为，只有当人们预期到某一行为能够带来既定的成果，并且它对个人具有吸引力时，人们才会采取特定的行动达到组织的目标。弗鲁姆的期望理论模型如图 12-3 所示。

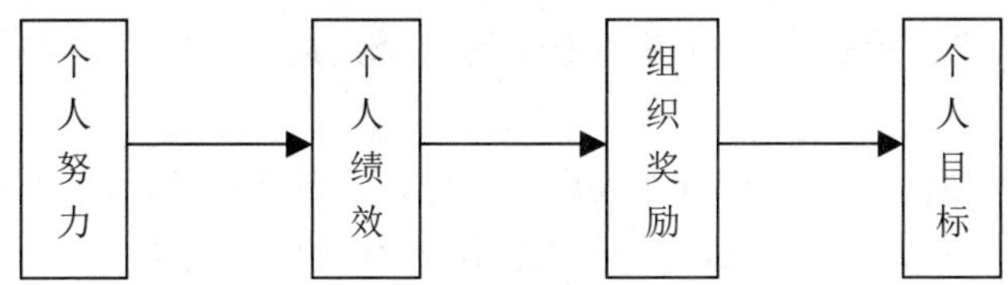

图 12-3　弗鲁姆的期望理论模型

根据这一理论，员工对待工作的态度取决于对下列三种联系的判断。

① 努力—绩效的关系。付出多大努力才能达到绩效水平？是否能达到该绩效水平？概率有多大？人们总是希望通过一定的努力达到预期的目标，如果个人主观认为达到目标的概率很高，就会有信心，并激发出很强的工作力量；反之，如果他认为目标太高，通过努力也不会有很好绩效时，就会失去内在的动力，导致工作消极。

② 绩效—奖励的关系。当达到这一绩效水平时，会得到什么样的奖励？人总是希望取得成绩后能够得到奖励，当然这个奖励是综合的，既包括物质上的，也包括精神上的。如果他认为取得绩效后能得到合理的奖励，就可能产生工作热情，否则会失去积极性。

③ 奖励—个人目标的关系。这一奖励能否满足个人的目标？吸引力有多大？人总是希望自己所获得的奖励能满足自己某方面的需要。然而由于人们在年龄、性别、资历、社会地位和经济条件等方面都存在差异，他们对各种需要得到满足的程度就不同。因此，对于不同的人，采用同一种奖励办法能满足的需要程度不同，能激发出的工作动力也就不同。

因此，在这三种关系的基础上，个体的行为受激励水平高低的影响。激励水平取决于期望值和效价的乘积，用公式表示为$M=V\times E$。其中，M代表激励力，是直接推动或使人们采取某一行动的内驱力，是指调动一个人的积极性，激发出人的潜力的强度。V代表目标效价，指达成目标后对于满足个人需要价值的大小，它反映个人对某一成果或奖酬的重视与渴望程度。E代表期望值，指根据以往的经验进行的主观判断。达成目标并能导致某种结果的概率，是个人对某一行为导致特定成果的可能性或概率的估计与判断。只有当人们对某一行动成果的效价和期望值同时处于较高水平时，才有可能产生强大的激励力。

效价和期望值的不同组合会产生不同的激发力量，决定不同的激励水平。

$E_{高}\times V_{高}=M_{高}$

$E_{中}\times V_{中}=M_{中}$

$E_{低}\times V_{低}=M_{低}$

$E_{高} \times V_{低} = M_{低}$

$E_{低} \times V_{高} = M_{低}$

弗鲁姆期望理论的基础是自我利益，认为每一个员工都在寻求获得最大的自我满足，其核心是双向期望，领导者期望员工努力工作，员工期望领导者的奖赏。理论的假设前提是领导者知道什么对员工最有吸引力，员工根据个人的直觉进行主观判断，他只要确认自己经过努力工作就能达到所要求的绩效，达到绩效后就能得到具有吸引力的奖励，就会努力工作。因此，期望理论的关键是正确识别三种联系，即努力与绩效的联系、绩效与奖励的联系、奖励与个人目标的联系。

期望理论对管理者的启示：管理者不要泛泛地采用一般的激励措施，而应当采用多数组织成员认为效价最大的激励措施，而且在设置某一激励目标时应尽可能加大其效价的综合值，加大组织期望行为与非期望行为之间的效价差值。在激励过程中，还要适当控制期望概率和实际概率，加强期望心理的疏导。期望概率过大，容易产生挫折；期望概率过小，又会减少激励力量。实际概率应使大多数人受益，最好实际概率大于平均的个人期望概率，并与效价相适应。

(2) 公平理论。

美国心理学家亚当斯于 1965 年首次提出公平理论。该理论基础在于：员工不是在真空中工作的，他们总是在进行比较，比较的结果影响他们在工作中的努力程度。公平理论的基本观点是：当一个人做出成绩并取得了报酬以后，他不仅关心自己所得报酬的绝对量，也关心自己报酬的相对量。因此，他要进行各种比较来确定自己所获报酬是否合理，比较的结果将直接影响今后工作的积极性。因此，工资报酬分配的合理性、公平性均会对职工的积极性产生影响。

亚当斯界定了对某项工作的付出(inputs)包括教育、经验、努力和能力，也界定了通过工作获得的报酬(outcomes)包括工资、表彰、信念和升职等。在此基础上，他又提出了贡献率的公式，描述员工在横向和纵向两方面对所获报酬的比较以及对工作态度的影响。

$$O_P/I_P = O_X/I_X$$

式中，O_P表示自己对自己所获报酬的感觉，O_X表示自己对他人所获报酬的感觉，I_P表示自己对自己的付出的感觉，I_X表示自己对他人的付出的感觉。

① 横向比较。横向比较是指将自我和他人相比较来判断自己所获报酬的公平性，从而对此做出相应的反应。横向比较后将会出现以下三种结果：

- 当 $O_P/I_P = O_X/I_X$时，进行比较的员工感觉报酬公平，他可能会为此保持工作的积极性。
- 当 $O_P/I_P > O_X/I_X$时，此员工获得了过高的报酬或付出努力较少。在该情况下，一般而言，他不会要求减少报酬，而有可能会自觉增加自我的付出。但过一段时间后他会因过高估计自己的付出而对高报酬心安理得，其产出又回到原先水平。
- 当 $O_P/I_P < O_X/I_X$时，员工对组织的激励措施感到不公平。此时他可能会要求增加报酬，自动地减少付出以便达到心理上的平衡，也可能离职。

② 纵向比较。纵向比较是指员工把自己目前的状况与过去的状况进行比较。其中，O_{PP} 表示自己目前所获报酬，O_{Pl} 表示自己过去所获报酬，I_{PP} 表示自己目前的投入量，I_{Pl} 表示自己过去的投入量。

纵向比较后将会出现以下三种结果：

- 当 $O_{PP}/I_{PP} = O_{Pl}/I_{Pl}$ 时，员工认为目前的激励措施基本公平，积极性和努力程度可能会保持不变。
- 当 $O_{PP}/I_{PP} > O_{Pl}/I_{Pl}$ 时，一般来说员工不会认为所获报酬过高，因为他可能会认为自己的能力和经验有了较大的提升，工作积极性不会大幅提高。

- 当 $O_{PP}/I_{PP}<O_{Pl}/I_{Pl}$ 时，员工会觉得很不公平，工作积极性会下降。

当员工感到不公平时，他会采取多种行为消除不公平感，如用阿 Q 精神寻求自我安慰；改变比较对象，平衡自己的不公平感；采取消极行为，减少付出；找领导评理；离开所处的不公平环境。

亚当斯的公平理论的管理启示是：①公平与人们的主观感受有关，在激励过程中应注意对激励对象的引导和沟通，使激励对象树立正确的公平观。②激励应力求公平，努力提高和完善企业的绩效评价水平，在企业中营造一种公平合理的气氛，让员工产生公平感。

(3) 强化理论。

强化理论是美国哈佛大学心理学教授斯金纳首先提出来的。他认为人类为了达到某种目标，会采取行为作用于环境。当行为带来的结果有利时，这种行为会重复出现；当行为导致的结果不利时，这种行为会减弱或消失。因此管理要采取各种强化方式，以使人们的行为符合组织目标。利用强化的手段改造行为，一般有四种方式，如图 12-4 所示。

	令人愉快或希望的事件	令人不愉快或不希望的事件
事件出现	正强化	惩罚
事件取消	自然消退	负强化

图 12-4 强化四种方式

① 正强化。正强化是指通过奖励那些符合组织目标的行为，以便使这些行为得到进一步加强，从而有利于组织目标的实现。正强化的刺激物有物质奖励(如奖金)和精神奖励(如表扬、提升、改善工作关系等)。

为了使强化达到预期效果，必须注意实施不同的强化方式。有的正强化是连续、固定的，如对每一次符合组织目标的行为都给予强化。尽管这种强化具有即时刺激的效果，但时间长了，人们会对这种正强化的期望越来越高，或者认为这种正强化是理所当然的。管理者只有不断加强这种正强化，否则其作用会减弱甚至不再起到刺激行为的作用。

另一种正强化的方式是间断的、时间和数量都不固定的正强化，管理者根据组织的需要和个人行为在工作中的反映，不定期、不定量实施强化，使每次强化都起到较大的效果。实践证明，这种强化更有利于组织目标的实现。

② 负强化。负强化是指通过惩罚那些不符合组织目标的行为，以使这些行为削弱甚至消失，从而保证组织目标的实现不受干扰。负强化包含减少奖酬、罚款、批评、降级等。实施负强化应以连续负强化为主，即对每一次不符合组织目标的行为都应及时予以负强化，消除人们的侥幸心理，减少这种行为重复出现的可能性。

③ 自然消退。自然消退使得行为变得不可能发生。自然消退有两种方式：一是不理睬某种行为，以表示对该行为的轻视或否定，使其自然消退。二是对原来用正强化建立起来的，认为是好的行为，由于疏忽或情况改变，不再给予正强化，使其出现的可能性下降，最终完全消失。大量的研究表明，一种行为如长期得不到正强化，便会逐渐消失。例如，某厂为解决产品滞销的问题，给销售员制定了卖出一个产品奖 50 元的奖励制度，但是后来看到有的销售员获得的奖金太多，

其他部门意见比较大，就取消了原定的奖金制度。结果,销售员们也由积极想方设法推销变为消沉怠惰不努力。可见，消退其实就是不予强化，不强化就会自然消退，具有广义的强化作用。如领导对员工的积极行为不再给予奖励，本身就是给这行为泼冷水。

④ 惩罚。惩罚是指对一些行为已经发生且出现严重后果的事件实施高强化行为，以控制该类事件的重复发生。

总之，强化理论强调行为是其结果的函数，通过适当运用及时的奖惩手段，集中改变或修正员工的工作行为。强化理论的不足之处在于它忽视了目标、期望、需要等个体要素，而仅仅注重当人们采取某种行为时会带来什么样的后果。强化并不是员工工作积极性存在差异的唯一解释。

四、激励实务

上述各种激励理论，突出了不同环节的结果。在实践中，激励和绩效不是简单的因果关系。要使激励产生预期的效果，必须考虑到激励内容、奖励制度、组织分工、目标设置、公平考核等综合因素。同时，激励理论都是适用于一般情况，而每位员工都有自己的特性，他们的需求、个性、期望、目标等个体变量各不相同。因此，领导者在根据激励理论处理激励实务时，应该针对员工的不同特性采取不同的方法。

1. 目标激励

目标激励是指组织设立绩效目标，激励员工和明晰员工角色认知的过程。目标是组织或个体试图转化为现实的未来期望，目标设定强化了角色认知并明晰了员工的努力方向。目标设定将组织的战略计划与员工的个体激励紧密联系在一起。当目标有效运转时，目标设定也能增强努力的程度和持久度。它通过提高员工个人目标期望水平，能够激发更高层次的动因。

实践表明，当目标明确且具有挑战性时，更能有效地激励个人或团队行动。目标激励构成如图 12-5 所示。

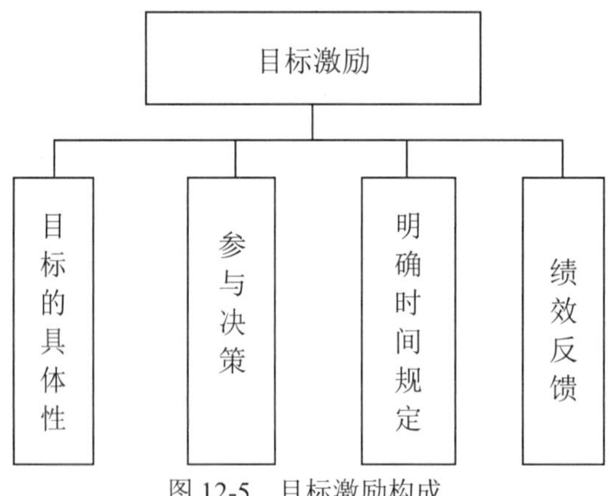

图 12-5　目标激励构成

当员工参与目标确定时，士气会更高，也会产生更强的责任感来完成目标。对员工的行动给予准确的反馈，可以帮助他们调整工作方法，鼓舞他们为实现目标而坚持不懈地努力。相关内容可参见第六章中目标管理的内容。

2. 宽带薪酬

宽带薪酬始于20世纪90年代，作为一种与企业组织扁平化、流程再造等新的管理理念相配套的新型薪酬结构。宽带薪酬设计是指在组织内用少数跨度较大的工资范围来代替原有数量较多的工资级别范围，取消原来狭窄的工资级别带来的工作间明显的等级差别，取而代之的是每一个薪酬级别对应的薪酬浮动范围拉大，形成一种新的薪酬管理系统及操作流程。在宽带薪酬体系设计中，员工不是沿着公司中唯一的薪酬等级层次垂直往上走，而是员工在自己的职业生涯中虽然大部分或者所有时间只处于同一个薪酬宽带内，但在企业内部可以横向流动。当员工提升自身能力后，他们能够承担新的任务，担负更大的责任，在原岗位不断改善业绩的情况下，也能获取更高的薪酬。

宽带薪酬的优势在于打破等级观念，更重视工作绩效，利于职位轮换，更注重市场薪酬水平，是一种科学有效的薪酬体系。

3. 员工参与管理

员工参与管理是指让员工或下级不同程度地参与组织决策及各级管理工作的研讨。处于平等地位商讨组织中的重大问题，可使员工感动于上级主管的信任，从而觉得自己的利益和组织发展密切相关而产生强烈的责任感。主管和下属商讨组织问题时，会给下属成就感和被尊重感，员工因为能够参与商讨与自己有关的问题而受到激励。参与管理既对个人产生激励，又为组织目标的实现提供了保证。

员工参与企业的管理工作，可以增强员工的自主性，提高员工的责任感，加强员工之间、员工和管理者之间的联系。员工的成就感、归属需求和权力需求得到满足，从而使员工的积极性更高、对组织更忠诚、对工作更满意。

4. 弹性工作制

弹性工作制是指在完成规定的工作任务或固定的工作时间长度的前提下，员工可以灵活地、自主地选择工作的具体时间安排，代替统一、固定的上下班时间的制度。随着信息技术的高速发展，现代社会工作方式的快速变化和生活节奏的提速，传统的朝九晚五的工作方式受到严峻的考验。现代工作、生活节奏过于紧凑，必须有更灵活的工作方式来激起他们的工作热情，帮助他们调整最适合自己作息习惯的生物钟，以保证有充足的休息时间来降压、解压，让他们的头脑时刻保持高度的清醒。

5. 员工持股计划

员工持股计划是通过一定的方式让公司员工持有一定比例的企业股份，从而成为企业所有者并分享企业的剩余所有权的一种企业制度安排。员工持股计划由美国经济学家路易·凯尔索(Louis Kelso)于1967年提出，他的初衷是通过让职工真正成为企业的主人或所有者，从而更好地协调劳资关系，提高员工积极性和劳动生产率。员工持股计划使得员工们更加努力工作，因为他们是所有者，要分担企业的盈亏。但要使这种激励计划有效进行，管理人员必须向员工提供全面的公司财务资料，赋予他们参加主要决策的权力，以及给予他们包括选举董事会成员在内的投票权。

第二节 沟通

沟通对于每位管理者如影随行、无处不在，是管理者职业生涯中重要的组成部分之一。有效沟通是高效组织的基本特征，是提高群体士气、组织决策力和绩效的重要影响因素。在管理的过程中，沟通是不可缺少的，计划、组织、领导、决策、监督、协调的成功达成，都必须以有效沟通为前提。

一、沟通概述

1. 沟通的概念

沟通是借助一定手段把可理解的信息、思想、情感在两个或两个以上的个人或群体中传递或交换的过程，目的是通过相互间的理解和认同来使个人和群体间的认知及行为相互适应。

从沟通的概念可知，沟通包含三个方面的含义。

(1) 沟通主体至少两个。沟通的过程是信息发送者和接收者相互交换信息的过程，因此沟通必须至少有两个主体：一个发送者和一个接收者。在组织中，发送者和接受者既可以是组织中的个人，也可以是一个群体甚至组织本身。

(2) 沟通的内容是信息。沟通双方的目的是传递和理解信息。信息有多种内涵，包括客观事物、客观事件的知觉，也包括知识、情感、态度、价值观、行动意向，还包括语言、故事、信仰、理论等。因此，要使沟通具有效果，沟通双方必须预先掌握相应的背景知识，要言之有物，接受者要善解人意。

(3) 沟通的效率取决于能否准确地传递与理解信息。有效沟通是能够准确地传递和理解信息。在组织中，要想劝服他人或双方意见达成一致，一方面要进行充分、有效的沟通，另一方面要看双方的需求、价值观是否一致。

2. 沟通的作用与目的

沟通在管理中具有以下三个重要作用：①沟通是协调各个体、要素使企业成为一个整体的凝聚剂；②沟通是领导者激励下属，实现领导职能的基本途径；③沟通是企业与外部环境之间建立联系的桥梁。

人们希望通过沟通实现以下四个目的：①向交往对象提供行为建议；②以积极或消极方式激励或约束他人行为；③向上司、下属或合作单位提供与决策制定或执行有关的各种信息；④通过沟通获得与组织的活动相关的各种信息。

3. 沟通的过程

沟通过程涉及信息的发送者、信息传递渠道、接收者、噪声、反馈等，图 12-6 所示为沟通过程模型。

从沟通过程模型可知，沟通主要包含以下六要素。

(1) 信息。信息是指在沟通过程中传给接收者的消息(包括口语和非口语)。对于同样的信息，发送者和接收者会有不同的理解，这可能是发送者和接收者的差异造成的，也可能是由于发送者传送了过多的不必要信息。

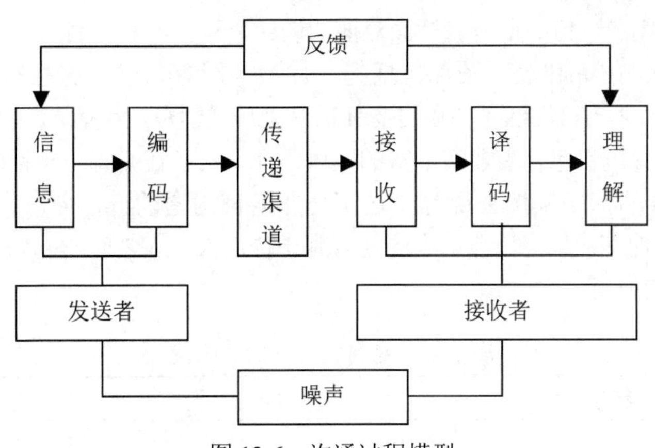

图 12-6　沟通过程模型

(2) 发送者。发送者在信息发送前必须充分了解接收者的情况，以选择合适的沟通渠道以利于接受者的理解。要顺利地完成信息的输出，必须对编码(encoding)和解码(decoding)两个概念有基本的了解。编码是指将想法、认识及感觉转化成信息的过程。解码是指信息的接收者将信息转换为自己的想法或感觉的过程。

(3) 信息传递渠道。信息传递渠道是信息得以传送的载体。编码后的信息必须通过某种方式、手段、工具才能送达接收者。传递渠道有很多，如谈话、文件、会议、电话、广播、互联网等，可根据信息的内容和渠道的效率、成本选择恰当的信息传递渠道。

(4) 接收者。接收者是指获得信息的人。信息接收者必须对信息进行解码，即将信息转化为他所能理解的想法和感受。这一过程受接收者的经验、知识、才能、个人素质及对信息发送者的期望等因素的影响。

(5) 噪声。噪声是指沟通过程中干扰、妨碍、影响信息发送、传递、接收、理解的各种因素，它是影响接收、理解和准确解释信息的障碍。根据噪声的来源，可将它分成三种形式：外部噪声、内部噪声和语义噪声。外部噪声源于环境，它阻碍人们听到和理解信息，最常见的噪声是谈话中其他声音的干扰。内部噪声发生在沟通主体身上，如注意力分散、存在某些信念和偏见等。语义噪声是由人们对词语情感上的直接反应引起的。

(6) 反馈。反馈是指信息接收者收到信息后对发送者做出的反应。反馈意味着沟通的每一个阶段都要寻求听众的支持，更重要的是给他们回应的机会，目的是了解听众的想法，调整发送者发送的信息内容和方式。反馈能让沟通主体参与并了解信息是否按他们预计的方式发送和接收、信息是否得到共享，它直接影响沟通效果的好坏。

二、沟通的类型

根据不同的划分标准，人们可以把沟通划分为不同的类型：语言沟通与非语言沟通，双向沟通与单向沟通，正式沟通与非正式沟通，浅层沟通与深层沟通，人际沟通、群体沟通、团队沟通、组织沟通等。

1. 语言沟通与非语言沟通

根据沟通传递内容和形式的不同，沟通可分为语言沟通和非语言沟通。

(1) 语言沟通。语言是人类特有的一种非常好的、有效的沟通方式。语言沟通包括口头语言、书面语言、图片或者图形。口头语言包括面对面的谈话、开会议等。书面语言包括信函、广告和传真，甚至使用广泛的E-mail等。图片包括幻灯片和电影等。以上这些都是语言的沟通。

(2) 非语言沟通。非语言沟通是指通过身体语言来传递信息，包括人的动作、表情、眼神等。实际上，在我们的声音里也包含着非常丰富的肢体语言。我们在说每一句话的时候，用什么样的音色去说，用什么样的抑扬顿挫去说等，这都是非语言沟通的一部分。

语言沟通能更好地交流信息，非语言沟通有利于传递人与人之间的思想和情感。各种沟通方式的比较，如表 12-2 所示。

表 12-2　各种沟通方式的比较

沟通方式	举例	优点	缺点
口头	交谈、讲座、讨论会、电话	快速传递、快速反馈、信息量很大	传递中经过层次越多，信息失真越严重、核实越困难
书面	报告、备忘录、信件、内部期刊、公告	持久、有形、可以核实	效率低、缺乏反馈
非语言	声音、光信号、体态、语调	信息意义十分明确、内涵丰富、含义隐含灵活	传递距离有限，界限模糊，只能意会，不能言传
电子媒介	传真、闭路电视、计算机网络、电子邮件(E-mail)	快速传递、信息容量大、一份信息可同时传递给多人、廉价	单向传递，电子邮件可以交流，但无法看见表情

2. 双向沟通与单向沟通

根据沟通时是否出现信息反馈，沟通分为双向沟通与单向沟通。

(1) 双向沟通。双向沟通是指有反馈的信息沟通，如讨论、面谈等。在双向沟通中，沟通者可以检验信息接收者是如何理解信息的，也可以使信息接收者明白其所理解的信息是否正确，并可要求沟通者进一步传递信息。

(2) 单向沟通。单向沟通是指没有反馈的信息沟通，如电话通知、书面指示等。

在企业管理中，双向沟通与单向沟通适用对象不同。一般情况下，在要求接收者接收的信息准确无误或处理重大问题、做出重要决策时，宜采用双向沟通；在强调工作速度和工作秩序，或执行例行公事时，宜采用单向沟通。双向沟通与单向沟通相比，前者在处理人际关系和加强双方紧密合作方面发挥重要的作用。

3. 正式沟通与非正式沟通

在正式组织中，成员之间进行的沟通根据途径不同，可分为正式沟通和非正式沟通。

(1) 正式沟通。正式沟通是指组织中依据规章制度明文规定的原则进行的沟通，如国家之间的公函来往，组织内部的文件传达、召开会议等。按照信息流向的不同，正式沟通可细分为下向沟通、上向沟通、横向沟通、斜向沟通、外向沟通等形式。

(2) 非正式沟通。非正式沟通的沟通对象、沟通时间、沟通内容等各方面都是未经计划和难以辨认的。其沟通途径是组织成员的关系，这种关系超越了单位、部门及级别层次等。

4. 浅层沟通与深层沟通

根据沟通时信息涉及人的情感、态度、价值观领域的程度，沟通分为浅层沟通和深层沟通。

(1) 浅层沟通。浅层沟通是指在管理工作中必要的行为信息的传递与交换，如管理者将工作安排传达给下属，下属将工作建议提交给管理者等。企业的上情下达和下情上传都属于浅层沟通。

(2) 深层沟通。深层沟通是指管理者和下属为了有更深的相互了解，在个人情感、态度、价值观等方面进行深入的交流。有价值观的随便聊天或交心谈心都属于深层沟通。它的作用主要是使管理者对下属有更多的认识和了解，便于根据适应性原则满足下属的需要，从而激发下属的积极性。

5. 人际沟通、群体沟通、团队沟通、组织沟通

沟通按照主体的不同分为人际沟通、群体沟通、团队沟通、组织沟通。

(1) 人际沟通。人际沟通是指人和人之间的信息与情感相互传递的过程，它是群体沟通、组织沟通的基础。

(2) 群体沟通。群体沟通是指发生在具有特定关系的人群中的沟通。

(3) 团队沟通。团队沟通是指在特定的环境中，两个或两个以上的人利用语言、非语言的手段进行协商谈判达成一致意见的过程。

(4) 组织沟通。组织沟通是指涉及组织特质的各种类型的沟通，它不同于人际沟通，但包括组织内的人际沟通，是以人际沟通为基础的。一般来说，组织沟通分为组织内沟通和组织外沟通。其中，组织内沟通可以细分为正式沟通和非正式沟通；组织外沟通可以细分为组织与顾客、股东、企业、社区、新闻媒体等之间的沟通。

三、沟通管理

1. 沟通障碍

有效沟通是指能够进行准确、及时和有效率的沟通。但任何信息在沟通过程中都可能会被有意或无意扭曲、遗漏，从而使其准确性和完整性受到影响，出现失真现象。显然，沟通障碍不利于沟通的有效性。沟通障碍可能是个人原因、人际原因、结构原因和技术上的因素。

(1) 个人原因。

① 人们对人对事的态度、观点或信念不同造成沟通的障碍。知觉选择的偏差也会影响人们有选择地进行沟通，例如，人们在接收信息时，符合自己利益需要又与自己切身利益有关的内容很容易接收，而对自己不利或可能损害自己利益的信息则不容易接收。另外，个人的性格、气质、态度、情绪、兴趣等差别，都可能引起信息沟通的障碍。

② 语言表达、交流和理解造成沟通的障碍。同样的词汇对不同的人来说含义是不一样的。在一个组织中，员工常常来自于不同的背景，有着不同的说话方式和风格，对同样的事物有着不一样的理解，这些都造成了沟通的障碍。

(2) 人际原因。人际原因主要包括沟通双方的相互信任程度和相似程度。沟通是发送者与接收者之间“给”与“受”的过程。信息传递不是单方面，而是双方的事情，因此，沟通双方的诚意和相互信任至关重要。上下级之间的猜疑只会增加抵触情绪，减少坦率交谈的机会，也就不可能进行有效的沟通。沟通的准确性与沟通双方间的相似性有着直接的关系。沟通双方的特征包括性别、年龄、智力、种族、社会地位、兴趣、价值观、能力等，其相似性越大，沟通的效果也会越好。

(3) 结构原因。信息传递者在组织中的地位、信息传递链、团体规模等结构因素也都会影响有效的沟通。许多研究表明，地位的高低对沟通的方向和频率有很大的影响。信息传递层次越多，它到达目的地的时间也越长，信息失真率则越大，越不利于沟通。另外，组织机构庞大，层次太多，也会影响信息沟通的及时性和真实性。

(4) 技术上的因素。技术因素主要包括语言障碍、媒介的有效性和信息超载。

① 语言障碍。语言沟通是组织中人际沟通的主要形式，因此语言是沟通的一个核心问题。主要有以下两个方面的原因造成语言障碍。

- 语音差异：不同民族、不同地区的人存在地区方言，在交流时因为语音差异产生沟通障碍。
- 专业术语或行话：专业术语是同一领域的专业人员进行快速沟通的方式，如人力资源管理专业术语工作分析简称 JA(Job Analysis)，在职培训简称 OJT(On The Job Training)，这些专业词汇对从来没有学过人力资源管理的人而言，很难理解其意思。

② 媒介的有效性。沟通渠道障碍原因主要有以下几点。

- 选择沟通媒介不当：如重要的事情，口头传达效果较差。
- 几种媒介相互冲突：当信息以几种形式传送时，如果相互之间不协调，会使接收者难以理解信息内容。例如，领导表扬下属时，面部表情很严肃甚至皱眉头，会使下属感到迷惑。
- 沟通渠道过长：组织结构庞大、内部层级多，从最高层传递信息到最低层，或者从低层汇总情况到最高层时，如果中间环节太多，则容易损失较多信息。
- 外部干扰：信息沟通过程经常会受到自然界各种物理噪声、机械故障影响等干扰，也会因为双方距离太远而沟通不便，从而影响沟通效果。

③ 信息超载。每个人在有限的时间里处理信息的能力有限，当面对的信息量超过我们能够处理的信息量时，就会出现信息超载，信息超载会严重降低沟通效率。在大数据时代，海量信息导致信息超载。面对信息超载的情况，人们倾向于筛掉、忽略或遗忘某些信息，必然会降低沟通效率。因此，管理者应抓住信息的重点内容，避免信息超载引发的沟通不畅。

2. 有效沟通的实现

要实现团队的有效沟通，必须消除上述沟通障碍。在实际工作中，可以通过以下几个方面努力。

(1) 明确团队领导者的责任。领导者要认识到沟通的重要性，并把这种思想付诸行动。企业的领导者必须真正地认识到与员工进行沟通对实现组织目标的重要性。如果领导者通过自己的言行认可了沟通，这种观念会逐渐渗透到组织的各个环节中去。

(2) 提高团队成员沟通的心理水平。团队成员要克服沟通的障碍必须注意以下心理因素的作用：

① 在沟通过程中要认真感知，集中注意力，以便信息准确而又及时地传递和接收，避免信息错传和接收时信息减少的损失。

② 增强记忆的准确性是消除沟通障碍的有效心理措施，记忆准确性水平高的人，传递信息可靠，接收信息也准确。

③ 提高思维能力和水平是提高沟通效果的重要心理因素，高的思维能力和水平对于正确地

传递、接收和理解信息起着重要的作用。

(3) 正确地使用语言文字。语言文字运用得是否恰当直接影响沟通的效果。使用语言文字时要简洁、明确，叙事说理要言之有据，条理清楚，富于逻辑性；措辞得当，通俗易懂，不要滥用词藻，不要讲空话、套话。非专业性沟通时，少用专业性术语，可以借助手势语言和表情动作，以增强沟通的生动性和形象性，使对方容易接受。

(4) 学会有效的倾听。有效的倾听能增强信息交流双方的信任感，是克服沟通障碍的重要条件之一。要提高倾听的技能，可以从以下几方面去努力：使用目光接触；赞许性地点头和展现恰当的面部表情；避免分心的举动或手势；要提出意见，以显示自己不仅在充分聆听，而且在思考；复述，用自己的话重述对方所说的内容；要有耐心，不要随意插话和随便打断对方的话。

(5) 缩短信息传递链，拓宽沟通渠道。信息传递链过长，会减慢流通速度并造成信息失真。因此，一方面要减少组织机构重叠，拓宽信息渠道；另一方面，团队管理者应激发团队成员自下而上地沟通。

总之，有效的沟通在团队的运作中起着非常重要的作用。成功的团队领导把沟通作为一种管理的手段，通过有效的沟通来实现对团队成员的控制和激励，为团队的发展创造良好的心理环境。因此，团队成员应统一思想，提高认识，克服沟通障碍，实现有效沟通，为实现个人和团队的共同发展而努力。

第三节　冲突管理

冲突是管理者最担心的问题之一。冲突管理不善易导致成员互怀敌意、绩效水平下降，甚至会导致团队的瓦解。然而，冲突并非百害而无一利。如果管理得当，冲突也能为团队带来正面的反馈，比如增大团队创新的可能性，或易于构建融合多家观点的解决方案。

一、冲突的概念

冲突是人们感知的观点上的分歧或者人与人之间的不相容。冲突分为自我冲突、人际冲突、群体间冲突、组织冲突、社会冲突等。从总体上看，冲突是个人或团队对同一事物持有不同的态度与处理方法而产生的矛盾，而且这种矛盾为冲突双方所感知。

本书对冲突的定义为：冲突是指存在于主体内部及各主体间的对立紧张过程。冲突的内涵包括以下四个方面。

(1) 冲突是一种对立紧张状态。冲突是不同主体或主体的不同取向对特定客体的处置方式发生分歧，而产生的行为、心理的对立或矛盾的相互作用状态。前者主要表现为行为主体间的行为对立状态，后者主要表现为主体内部心理矛盾状态。

(2) 冲突主体、客体多元化。冲突的主体可以是组织、群体或个人，冲突的客体可以是利益、权力、资源、目标、方法、意见、价值观、感情、程序、信息、关系等。

(3) 冲突是一种过程。从冲突的演变来看，冲突的发展分为五个阶段：潜在的冲突(冲突产生的条件)、知觉的冲突(对冲突的认知)、感觉的冲突(冲突造成的影响)、显现的冲突(冲突行为)和冲突的结果(产生冲突的新条件)。从冲突的产生来看，冲突也具有过程的特征。冲突是从人与人、人与群体、人与组织、群体与群体、组织与组织之间的相互关系和相互作用过程中发展而来的，它反映了冲突主体之间的交往状况、背景和历史。另外，冲突是在人与人之间的互动过程中所感知、经历的带有明显的过程特征。

(4) 冲突各方对立统一。冲突的各方既存在相互对立关系，又存在相互依赖关系，任何冲突都是两种关系的对立统一状态。冲突各方的相互依赖关系是冲突管理的基础，在此基础上，可以对冲突各方的相互对立关系状况进行诊断和转化，发挥冲突的建设性作用并制约其破坏性作用，调整彼此的对立统一关系。

二、冲突的类型

在企业内部，各种关系错综复杂，因此产生的冲突的类型多种多样。依据不同的分类标准，将冲突分为不同的类型，如表 12-3 所示。

表 12-3　冲突的类型

冲突分类标准	冲突具体类型
冲突达到的目的	现实性冲突、非现实性冲突
冲突发生的层次	个体层次冲突、群体层次冲突
冲突产生的作用和效果	建设性冲突、破坏性冲突
冲突对组织绩效的影响	认知冲突、情绪冲突

1. 现实性冲突与非现实性冲突

按照企业内部冲突达到目的的不同，将企业内部冲突分为现实性冲突和非现实性冲突。

(1) 现实性冲突。现实性冲突是指在某些企业关系中，由于某种需求得不到满足或由于对其他参与者的所做的估价不满而引发的冲突，其目的在于追求尚没有达到的目标。

现实性冲突是实现目标的一种手段，具有手段的功能替代性。在现实性冲突中，一旦行动者找到了同样可以满足自己需求的满意的替代方式，冲突就会停止。

(2) 非现实性冲突，非现实性冲突是指在企业组织关系中，至少有一个个体或群体出于发泄压力、释放紧张状态而与另一方发生的冲突。

非现实性冲突是由一种寻求占有的进攻性冲动引起的，具有对象的功能替代性。在非现实性冲突中，行动者只是为了释放进攻性紧张状态。某种对象之所以会成为进攻的对象，完全属于“情境的偶然性”，即对象是谁，对行动者而言并不重要。

在企业中，冲突的发展兼具现实性冲突和非现实性冲突的特征。当对于实现目标的手段选择不当时，容易导致冲突过程当中产生一些非现实性因素。在企业中，也存在一些与工作无关的非现实性冲突。

2. 个体层次冲突与群体层次冲突

按照企业内部冲突发生的层次不同，将企业内部冲突分为个体层次和群体层次冲突。

(1) 个体层次的冲突。个体层次冲突可以分为个体内部的冲突、个体之间的冲突、个体与群体之间的冲突和个体与组织之间的冲突四种类型。

① 个体内部的冲突。自我多重角色冲突是个体层次冲突的一种特殊表现形式，在企业中普遍存在。

② 个体之间的冲突。个体之间的冲突包括横向关系冲突和纵向关系冲突。横向关系冲突即

同一层级的个体之间发生的冲突，如一般员工之间的冲突、同一级别管理人员之间的冲突；纵向关系冲突是指不同级别、地位的个人之间的冲突，如管理人员和员工之间的冲突。另外，个体之间的冲突可以发生在群体内部成员之间，也可以发生在两个不同群体成员之间。

③ 个体与群体之间的冲突。个体与群体之间的冲突不仅包括个体与正式部门的规章制度要求及目标取向等方面的不一致，也包括个体与非正式团体之间的利害冲突。

④ 个体与组织之间的冲突。这种冲突主要是指由于个体与组织的目标不一致所引发的冲突。

(2) 群体层次的冲突。群体层次的冲突可分为群体间的冲突和群体与组织之间的冲突两种类型。

① 群体间的冲突。这种冲突是组织内群体之间由于各种原因而发生的对立情形。在企业内部，群体间的冲突通常有四种形式。

- 垂直冲突是指企业组织中由于纵向分工形成的不同层次的冲突，即上下级部门间的冲突。
- 水平冲突是指企业组织中由于横向分工不同而产生的不同部门间的冲突。
- 指挥系统与参谋系统冲突主要指直线指挥人员与职能参谋人员之间的冲突。
- 非正式组织与正式部门的冲突组织指企业中的一些员工自发形成的非正式联合体——非正式组织与正式部门之间发生的冲突。

② 群体与组织之间的冲突。这种冲突主要指部门与组织、非正式组织与组织的冲突，还包括资产所有者与雇佣劳动者之间的劳动争议和冲突。

3. 建设性冲突与破坏性冲突

根据冲突对企业产生作用和效果的不同，企业内部冲突被划分为建设性冲突和破坏性冲突。决定冲突是否有建设性，有三个判断标准。

(1) 如果企业中相关成员之间关系稳固，彼此之间能够在工作中很好地相互影响和相互配合，那么冲突具有建设性作用。

(2) 如果企业中的相关人员对冲突的结果感到满意，那么冲突具有建设性作用。

(3) 如果企业中的有关人员提高了未来解决冲突的能力，那么冲突具有建设性作用。

在建设性冲突中，冲突双方出于对共同目标的关心，乐意了解别人的观点和意见，在冲突过程中以争论问题为中心，互相交换意见的情况增加；在破坏性冲突中，冲突出于对赢得自己观点胜利的关心，不愿听取他人的观点和意见，在冲突过程中以人身攻击为中心，互相交换意见的情况减少。

在企业中建设性冲突和破坏性冲突并不是绝对的，两者可以相互转化，若处理得当，破坏性冲突可以转化为建设性冲突；反之，建设性冲突也会转化为破坏性冲突。

4. 认知冲突与情绪冲突

为了研究冲突对组织绩效的影响，冲突被划分为认知冲突与情绪冲突。

(1) 认知冲突。认知冲突是一种与任务有关的冲突，由决策时的不同意见或分歧引起。在决策过程中，由于人们所处的位置和思考角度的不同，产生认知差异是不可避免的。在组织中，管理团队的成员之间经常发生认知冲突，企业的高层管理团队常常利用认知冲突实现高质量的战略决策。通过团队成员之间的持续争论和广泛交流，可以更加全面和深入地理解决策任务，分析可能的条件和潜在的问题，获得尽可能多的备选方案，形成网络性决策思路；同时，也可以促进团队成员更好地了解有关最后决策的各种信息，有助于提高决策的执行水平，提高组织绩效。

(2) 情绪冲突。情绪冲突是指由于个体差异和人际关系方面的不协调、工作中的误解及挫折等引起的冲突。

认知冲突通常仅发生在工作中，表现为对工作任务的决策和实施在认识上的不一致；情绪冲突则远远超出了工作范围，表现为冲突双方的不相容性，即从根本上不喜欢对方。因此，认知冲突是针对客体的理性行为，而情绪冲突则是针对主体的情绪化行为。

在企业中，认知冲突与情绪冲突并不以独立的形式呈现出来，两者总是相伴而生、相互转化。在冲突管理中，认知冲突可能会发展成情绪冲突。例如，如果认知冲突被一方知觉为另一方在向自己表达不满时，情绪冲突便会随即发生。因此，应尽可能消除沟通方面的误解，防止认知冲突向情绪冲突转化；同时要求冲突双方将工作和个人感情区别开来，逐步使情绪冲突转化为认知冲突。

三、冲突管理策略

冲突管理包括两方面：一是管理者要设法消除冲突产生的负面效应，因为这些冲突阻碍了组织目标的实现，对组织具有破坏性作用；二是要求管理者激发冲突，利用和扩大冲突对组织产生的正面效应，因为这些冲突支持组织的目标，属于建设性、功能正常的冲突。因此，冲突管理是一种艺术，优秀的管理者一般采取以下策略进行冲突管理。

1. 消除冲突的策略

有时冲突存在消极作用，对于不希望出现的冲突，管理者可采取以下策略来处理。

(1) 隔离法。管理人员可以直接通过组织设计减少部门之间的依赖性，分别向各部门独立提供资源，将部门隔离起来，从而降低部门之间冲突发生的可能性。但由于隔离需要花费精力和设备，因此隔离法会提高成本。

(2) 职权控制法。管理人员可通过发出指示，在职权控制范围内解决冲突。指示需要明确指出期望下级遵循的行动步骤。例如，同一家企业的两位副总裁都在拟订组织策略，一位副总裁倡导以提高产品的市场占有率为目标，另一位副总裁要求以增加利润为目标，这样提高产品的市场占有率和增加利润的目标发生了直接冲突，此时，总裁应该运用职权来确定目标，有效解决冲突。

(3) 分析法。冲突的出现由某种原因导致。因此，解决冲突时应分析冲突发生的原因，找到冲突源。冲突源主要分为以下两类。

① 沟通差异。沟通不良容易造成双方的误解，从而引发冲突。不同主体因组织中的角色要求、决策目标、绩效标准和资源分配等不同而产生的立场和观点的差异，往往是冲突的重要根源。这些差异主要是由于组织中的纵向层次划分和横向部门分化造成的，并非纯粹的沟通原因。这类冲突定义为结构差异。

② 性格差异。人们因所受的教育、培训、经历、背景等不同，会形成独特的个性特点和价值观，导致人与人之间较大的性格差异。性格差异是另一种冲突源。

2. 提升冲突的策略

冲突有时也能发挥积极影响，因此冲突管理的另一层意义是在必要的时候激发一定水平的冲突，管理者可通过以下四种策略来激发冲突。

(1) 调整工作群体。企业可通过调整工作群体，变更纵向层次和横向部门的划分方式，提高工作的相互依赖性，重新分配指挥权限。变更结构设计在一定程度上可以改变组织现行的运行方式，能够引发组织结构性冲突。

(2) 发布具有威胁性的信息。具有威胁性的信息可以激发和提高组织的冲突水平。例如，宣布某些工厂可能要倒闭、部门可能被取消或合并、公司将被迫裁员等信息，会使组织成员改变往常的消极的工作态度，积极反思现状，增加新思想，提高冲突水平。

(3) 树立对立面法。树立对立面能促成更好地决策，它能使组织不把任何个人或群体的建议当作既定方案，同时树立起一个对立面，这样使员工对所推荐对立面的行动方案表示肯定或否定的资料变得更加敏感，从而有助于冲突和提升。

(4) 倡导鼓励冲突的价值观和文化氛围。管理者想激发功能正常的冲突，首先需要向下属传递他们的信息，即冲突具有合法的地位；同时用实际行动对那些敢于向现状挑战、倡议革新观念、提出不同看法和进行独特思考的个人给予大力支持和奖励，以形成一种倡导和鼓励冲突的价值观和文化氛围。

综 合 练 习

一、名词解释

激励　激励因素　保健因素　正强化　负强化　员工参与管理　员工持股计划
沟通　有效沟通　冲突

二、单项选择

1. (　　)认为人是按需求的层次被激励的。

A. 需求层次理论　B. X理论　C. Y理论　D. 超Y理论

2. 需要层次理论是由(　　)提出的。

A. 马斯洛　B. 赫茨伯格　C. 梅奥　D. 弗隆姆

3. 比较马斯洛的需要层次理论和赫茨伯格的双因素理论，马斯洛提出的五种需求中，属于保健因素的是(　　)。

A. 生理和自尊的需要　B. 生理、安全的需要
C. 生理、安全和自我实现的需要　D. 安全和自我实现的需要

4. 某企业规定，员工上班迟到一次，扣发当月50%的奖金，自此规定出台之后，员工迟到现象基本消除，这种强化方式是(　　)。

A. 正强化　B. 负强化　C. 惩罚　D. 忽视

5. 企业中，常常见到员工之间会在贡献和报酬上相互参照攀比。一般来说，你认为员工最有可能将(　　)作为自己的攀比对象。

A. 企业的高层管理人员　B.员工们的顶头上司
C. 企业中其他部门的领导　D.与自己处于相近层次的人

6. 从期望理论中，我们得到的最重要启示是(　　)。

A. 目标效价高低是激励是否有效的关键
B. 期望概率的高低是激励是否有效的关键
C. 存在着负效价，应引起领导者注意
D. 应把目标效价和期望概率进行优化组合

7. 当人们认为自己的报酬与劳动之比同他人的报酬与劳动之比相等时，就会有较大的激励作用，这种理论称为(　)。

A. 双因素理论　　B. 效用理论　　C. 公平理论　　D. 强化理论

8. 激励理论中有一种双因素理论，其中提及“保健因素”的概念，它是指(　)。

A. 能影响和促进职工工作满意度的因素

B. 能影响和预防职工不满意度产生的因素

C. 能保护职工心理健康的因素

D. 能预防职工心理疾病的因素

9. 根据双因素理论，以下各项表述正确的是(　)。

A. 保健因素和激励因素通常都与工作条件和工作环境有关

B. 保健因素和激励因素通常都与工作内容和工作本身有关

C. 保健因素通常与工作条件和工作环境有关，而激励因素与工作内容和工作本身有关

D. 保健因素通常与工作内容和工作本身有关，而激励因素与工作条件和工作环境有关

10. 某大酒店经理发现，客房部人员流动率明显高于洗衣部。该经理经过调查还发现，客房部和洗衣部不仅聘用的资格条件相同，待遇也基本相同，而工作负荷反而洗衣部较重。客房部人员流动率高的原因最有可能是(　)。

A. 客房部员工不能胜任工作　　B. 客房部工作经常需要加班

C. 客房部员工没有受到激励　　D. 在客房部工作拿的奖金比较少

11. 康体制药公司去年从全国各地招聘了一批刚从医学院毕业的大学生，其中包括贾兵。贾兵在河南地区负责销售工作，工作十分努力，但是，一年下来，他所分管的河南地区的销售业绩就是上不去，同时，他本人也承认河南地区的销售潜力很大。面对这种情况，你作为销售部的经理，应采取最有力的方法是(　)。

A. 郑重告诉贾兵，若截至明年上半年仍达不到分配给他的销售指标，就请他另谋高就

B. 顺其自然，通过实践摸索与经验积累，他会成熟起来的

C. 在办公室张贴分布各地区的销售业绩，让每个人明了相互之间的差距

D. 派遣一名有经验的销售人员带贾兵走访几家新客户，给他示范销售老手的做法

12. 某位领导很关心下属，对下属提出的需要尽可能给予满足，经常批条子，但效果并不好。群众反映说：“会哭的孩子有奶吃，不会哭、不会闹的乖孩子望奶兴叹。”这说明(　)。

A. 满足需要必须是全体下属人员的共同需要，而不能是个别人的需要

B. 满足需要不能采取批条子的形式

C. 满足需要应经过组织程序，防止偏听偏信

D. A和C

13. 企业的员工中有很多非正式组织。这些非正式组织的内部凝聚力很强，经常利用工余时间活动。对于这些非正式组织，企业的领导通常采用不闻不问的态度。他认为工人在业余时间的活动不应该受到干预，而且工人有社交的需要，他们之间形成非正式组织是很正常的事情。你如何评价该领导的看法：(　)。

A. 正确，因为人都是社会人

B. 不正确，非正式组织通常是小道消息传播和滋生的土壤，应该抑制这种组织的发展

C. 不正确，非正式组织对于正式组织的影响是双方面的，为了使其在组织中发挥正面的作用，领导者应该策略性地利用非正式组织

D. 正确，非正式组织对正式组织的影响是双方面的，为了避免它的负面作用，领导者最好不要干涉

14. 管理人员激励员工的措施之一是对职务进行重新设计。如果重新设计得好，能够激起员工更大的工作满足感和工作动力。要成功地对职务进行重新设计，关键在于( )。

A. 由员工自发建立自主工作小组

B. 对员工正在从事的工作增加类似的任务

C. 实行职务轮换，使员工能从事具有变化性的工作

D. 改变工作内容，使工作更好地满足员工自身发展的需要

15. 某地区政工干部在调查所在区域内企业职工状况时发现了三种现象：

(1) 某机械厂里大龄未婚青年很多，他们常为自己的婚姻问题而苦恼。

(2) 一家地处市郊的丝织厂，由于周围治安秩序不好，三班倒的女工在夜间上下班经常遇到流氓的干扰而不能安心工作。

(3) 某钢铁厂有位电子专业毕业的中年知识分子，利用业余时间在研制小型电脑方面有所创新，他本人迫切要求从事这一方面的专门研究，以争取早出成果。

以上三种需要分别属于( )。

A. 生理需要、安全需要和尊重需要

B. 社会需要、安全需要和尊重需要

C. 生理需要、安全需要和自我实现需要

D. 社交需要、安全需要和自我实现需要

16. 曹雪芹虽食不果腹，仍然坚持《红楼梦》的创作，是出于其( )。

A. 自尊需要　　B. 情感需要

C. 自我实现的需要　　D. 以上都不是

17. 根据马斯洛需要层次理论，在激励工作中最为重要的是要发现职工的( )。

A. 安全需求　　B. 现实需求

C. 主导需求　　D. 自我实现的需求

18. 当一位30～40岁的科研工作者显示出卓越的技术才能时，作为该科研人员的领导者，对他最有效的激励应该是( ) (注意，并不排斥其他方面的适当奖励)。

A. 高额奖金　　B. 配备最好的研究条件

C. 提职　　D. 精神奖励(如评为劳模等)

19. 按照双因素激励理论，下列属于激励因素的是( )。

A. 奖金　　B. 上下级关系

C. 工作内容的吸引力　　D. 工作的保障

20. “安默语”即不知不觉中向周围的人发出的暗号，这种现象是指“在你开口之前，你已经把什么都说了。”你认为这是一种沟通吗？( )

A. 是，属于视觉沟通　　B. 不是，属于视觉印象，是领导形象研究的问题

C. 是，属于非语言沟通　　D. 不是，这是别人的看法，而沟通应是主动的

三、判断题

1. 根据马斯洛的需要层次理论，必须在自尊需要得到满足后，归属需要才有激励的动力。( )

2. 在双因素理论中，激励因素实际上是与工作内容相关的内在因素。 ( )
3. 赫兹伯格的激励理论认为生存、关系和成长需要决定着激励。 ( )
4. 期望理论避免了马斯洛和赫兹伯格研究方法中某些简单化的缺陷，更切合现实情况。 ( )
5. 根据公平理论，当获得相同结果时，员工会感到他们是被公平对待的。 ( )
6. 效价是指个人对通过某种行为会导致一个预期结果的可能性估计。 ( )
7. 单项沟通和双向沟通是按照是否进行反馈进行分类的。 ( )
8. 书面沟通适合于需要经过翻译或精心编制才能使拥有不同观念和语言的人理解的信息。 ( )
9. 如果发现一个组织中小道消息很多，而正式渠道的消息较少，这意味着该组织非正式沟通渠道中信息传递很通畅，运作良好。 ( )
10. 某企业规定，职工在休探亲假时必须写一份探亲地的市场调查报告，否则不予报销来回车票，通过这种报告而提供的信息是一种上行沟通。 ( )

四、简答题

1. 激励的作用有哪些？
2. 需要层次理论的内容是什么？
3. 沟通六要素是什么？
4. 冲突的类型有哪些？
5. 冲突管理的策略有哪些？

五、论述题

1. 论述沟通障碍的原因及有效沟通的实现途径。
2. 论述双因素理论的内容。

六、案例分析题

陈经理的沟通

H公司是四川一家专门生产传统家具的企业，这几年随着企业规模的不断发展，成立了几家分公司。为了进一步开发广东和海南市场，公司聘请了陈先生担任华南区的总经理。为此，陈先生高兴了很久。但好景不长，一年以后他就被解聘了。

总公司为什么解聘陈经理呢？原来是陈经理普通话讲得不流利。虽然陈经理粤语很流利，但公司多数成员听不懂，在进行工作讨论或开会时，高层人员和下属一听他断断续续的普通话就感到头疼，有时还产生误解。虽然陈经理文化不高，但实践经验丰富，且华南市场又是公司的重要市场，所以公司很重视。但是他有点飘飘然，在同职能部门或上级沟通时总认为自己的观点是对的，不愿意听别人的意见，而且常常打断下属与他的工作谈话或向他说明的工作汇报，弄得下属害怕与他谈话，更不愿意提意见和建议。如此一来，公司的各种意见和信息在他那里就难以沟通与传播了。

(资料来源：作者搜集整理)

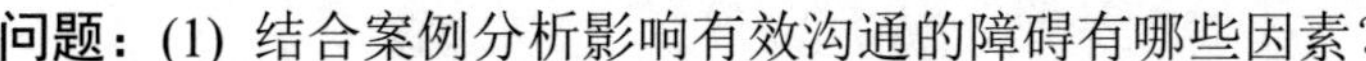

问题：(1) 结合案例分析影响有效沟通的障碍有哪些因素？

(2) 实现有效沟通的措施有哪些？

七、实训

选择你熟悉或感兴趣的一个公司，了解激励策略的构建并对其实施效果进行评价。需完成以下任务：

(1) 对公司进行基本描述：成立时间、主要产品或服务、活跃于哪个行业、主要竞争对手、雇员人数、销售和利润状况、行业竞争力等。

(2) 该公司对管理人员和普通员工运用了什么样的激励制度？效果如何？

(3) 该公司激励政策是否存在需要改进或完善之处，你有何建议？

第十三章

控　　制

【学习目标】

1. 了解控制的概念；
2. 掌握控制的类型；
3. 熟悉控制过程；
4. 掌握预算控制的类型；
5. 了解财务控制和生产控制；
6. 熟悉综合控制方法。

【导入案例】

立新机电公司

立新机电公司是一家民营企业，从事机电产品的制造。该公司设有财务部、生产部、产品开发部、市场部和办公室五个部门，同时还设有两个生产车间和一个包装车间。总经理管理生产和企业运营所有事情，同时，一个副总负责新产品开发和市场销售，另一个副总负责办公室工作。

一天，总经理像往常一样到车间检查工人生产情况。在第一车间，总经理发现新招来的工人小刘没有按规范要求操作机床，现场对他进行了指导与纠正，要求车间主任重视对员工的培训；并责令车间主任组织技术骨干编写车床操作流程和规范。

回到办公室后，他开始审阅上个月的生产报表和上个季度的销售报告，发现产品的不合格率出现上升趋势，于是他决定第二天召开中层干部会议，找出解决产品质量问题的办法。

(资料来源：https://wenku.baidu.com/view/f9e31ee5524de518964b7d45.html)

问题：(1) 总经理的行为体现了哪些类型的控制？

(2) 这个公司的组织结构属于哪一种？这种结构有什么优点？

第一节 控制概述

企业的各项业务活动要按照预定的方案和轨道运行，并确保能实现企业设定的目标，就必须进行有效控制。控制在协调组织成员的行动、规范成员行为、衡量计划完成情况、确保工作进展与计划一致、提高组织运营绩效、实现组织战略等方面发挥重要作用，是每一位管理者必须具备的管理职能。

一、控制的定义

控制(control)即检查工作是否按既定的计划、标准和方法进行，发现偏差，分析原因，进行纠正，以确保组织目标实现的过程。由此可见，控制职能几乎包括了管理人员为确保实际工作与组织计划相一致所采取的一切活动。

控制和计划的关系相对密切。计划越是明确、全面和完整，控制的效果也就越好。

二、控制的目的

控制的目的主要有以下两点。

(1) 限制偏差的累积，防止新偏差出现。偏差随时出现，一般的偏差都在计划允许的范围内，但一旦出现不可逆转的偏差，并且在实际工作中不断放大，到最后可能会出现计划失败。

(2) 适应环境的变化。通过控制工作，使组织活动在维持平衡的基础上，螺旋上升，即适应环境变化，取得管理突破。

三、控制的作用

一件事情无论计划做得多么完善，如果没有令人满意的控制系统，在实施过程中仍然会出问题。因此，任何组织、任何活动都需要控制，控制与其他职能紧密地结合一起，使管理过程形成了一个相对封闭的系统，共同保证组织目标的实现。

(1) 降低环境不确定性对组织活动的影响。现代组织面对的环境具有复杂多变的特点，再完善的计划也难以把未来出现的变化考虑得十分周全。因此，为了保证组织目标和计划的顺利实施，必须开展有控制的工作，以有效地降低环境的各种变化对组织活动的影响。

(2) 使复杂的组织活动协调一致地运作。现代组织的许多活动，往往需要组织中不同层次的各部门和人员共同参与，不同的人员总是有着各自的利益。因此，要使组织内众多的部门和人员在分工的基础上能够协调一致地工作，完善的计划是基础，但计划的实施要以控制为保证手段，否则会出现“各自为政”“整体一盘散沙”的局面。

(3) 避免或减少管理失误造成的损失。组织所处的环境的不确定性及组织活动的复杂性，会不可避免地导致管理失误。控制工作通过对管理全过程的检查和监督，可以及时发现组织目标实施中存在的问题，并采取纠正措施，以避免或减少工作中的损失，保障计划的完成。

四、控制的类型

按照不同的分类标准，可将控制划分为不同的类型。常见的分类方法有：根据控制的时点不同将控制划分为前馈控制、过程控制、反馈控制；按照控制采取的手段，把控制分为直接控制和间接控制；按照控制的内容，把控制划分为预算控制、信息控制和质量控制。

1. 根据控制的时点不同分类

(1) 前馈控制。前馈控制也称事前控制或预先控制。实际工作开始之前，通过最新信息或经验教训，预测并对影响因素进行控制，可防患于未然。它是在问题发生前做出预测，防止问题在随后的转换中出现。前馈控制的主要重点在于组织的各种资源或工作的投入，侧重点在于预先防范。

(2) 过程控制。过程控制也称事中控制、现场控制或同步控制。过程控制是在计划的执行中同步进行控制，即在企业生产或经营过程中，对活动中的人和事进行指导和监督，以便管理者在问题出现时及时采取纠正措施，比如在工作进行的过程当中，管理者亲临现场，所实施的控制有监督和指导两项职能。过程控制的侧重点在于及时了解情况并予以指导，目的主要在于及时纠正工作中出现的各种偏差。

(3) 反馈控制。反馈控制是指管理人员分析以前工作的执行结果，将它与控制标准相比较，发现偏差所在并找出原因，拟定纠正措施以防止偏差发展或继续存在，对那些需要重复运作的行业，为下一轮作业过程奠定控制依据。

反馈控制的主要缺点是时滞问题，即从发现偏差到采取纠正措施之间可能有时间延迟现象，在进行更正的时候，实际情况可能已经有了很大的变化，而且往往已经造成损失，因此反馈控制相对于前馈控制和过程控制是效果最差的一种控制。

2. 按照控制采取的手段分类

(1) 直接控制。直接控制是指控制者和被控制对象直接接触进行控制的形式。直接控制是相对于间接控制而言，它着眼于培养更好的主管人员，使他们能熟练地应用管理的概念、技术和原理，能以系统的观点进行和改善他们的管理工作，从而防止出现因管理不善而造成的不良后果。因此直接控制的原则是：主管人员及其下属的质量越高，就越不需要进行间接控制。直接控制方法的合理性以下列四个较为可靠的假设为依据：合格的主管人员犯的错误最少；管理工作的成效可以计量；在计量管理工作成效时，管理的概念、原理和方法是有用的判断标准；管理基本原理的应用情况可以评价。

(2) 间接控制。间接控制是指根据计划和标准来考核工作的实际结果，分析出现偏差的原因，并追究责任者的个人责任以使其改进未来工作的一种控制方法，多见于上级管理者对下级人员工作过程的控制。间接控制的优点在于它能纠正管理人员缺乏知识、经验和判断力所造成的管理上的失误和偏差，并能帮助主管人员总结和吸取经验教训，增加他们的经验和判断能力，提高他们的管理水平。

间接控制的方法建立在以下五个假设基础上：

① 工作成效可以计量，且可以相互比较。

② 人们对工作任务负有个人责任，个人责任是清晰的、可以分割和相互比较的，而且个人的尽责程度可以比较。

③ 分析偏差和追究责任所需的时间、费用等是有充分保证的。事实上，有时上级主管人员可能不愿意花时间和费用去分析引起偏差的事实真相。

④ 出现的偏差可以预料并能及时发现。

⑤ 有关责任单位和责任人将会采取纠正措施。

3. 按照控制的内容分类

(1) 预算控制。预算控制是指对组织活动所需的费用、成本、支出等进行的事前安排，以及支出过程的控制。在预算控制中，最为重要的是财务预算控制。预算控制对每一个组织都是重要的。因为每一个组织在开展活动、实现目标过程中，都有费用和成本。对企业来说，要求通过预算控制使成本最低、利润最大。对非企业型的其他组织来说，同样要求通过使用预算控制节省费用，达到效用最大化。

(2) 信息控制。信息控制即对组织的信息流动进行的控制，信息是控制的前提，同时又是控制的对象。现代组织研究表明，信息是一个组织生存、发展不可缺少的要素。正确、全面、及时的信息既是决策的前提，也是保证组织协调一致、构成一个有机整体的纽带。组织不仅要与外界进行物质能量交换，而且也要进行信息交换。在内部，信息流量是否合理，传递的信息是否全面、真实、及时，是决定组织上下能否沟通、决策能否被接受并贯彻执行、组织是否能协调行动的重要因素，所以说信息控制是组织控制活动的重要内容。

(3) 质量控制。质量控制包括产品质量控制和工作质量控制。质量控制是保证企业所生产的产品达到质量标准，工作水平达到工作质量标准的重要管理活动。质量控制不仅在企业里十分重要和必要，而且在非企业类的组织中同样重要。能够提供满足社会需求的高质量的产品，关系到组织的生死存亡。怎么才能提供满足社会需要的合格产品呢？从管理的角度来看，就是要做好质量控制工作。正因为如此，我们才说每一个组织都有质量控制的任务。

五、控制的过程

控制是根据计划的要求，设立衡量绩效的标准，然后把实际工作结果与预定标准相比较，以确定组织活动中出现的偏差及其严重程度。在此基础上，有针对性地采取必要的纠正措施，以确保组织资源的有效利用和组织目标的圆满实现。控制的过程包括三个基本环节：确立标准，衡量绩效，纠正偏差，如图 13-1 所示。

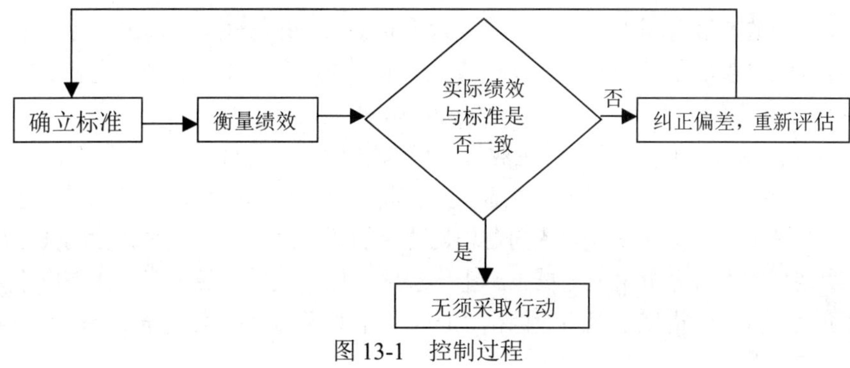

图 13-1 控制过程

1. 确定标准

如果没有一套完整的控制标准，衡量绩效和纠正偏差就会失去客观的依据，因而需要将制定专门的控制标准作为管理控制过程的开始。控制标准的确定是一个经历了确定控制对象和选择关键控制点的科学决策过程。

(1) 确定控制对象。在现实中，由于人力、物力、财力和知识信息的限制，管理者不可能对全部影响组织实现目标成果的因素进行控制。因此，管理者必须对影响组织目标成果实现的各种要素进行分析研究，从中选择出重点的要素作为控制对象。这些因素有时也被称为关键绩效区域。

对于哪些因素应成为控制的重点，需要根据具体情况选择。在工作成果较难均衡、工作难以标准化、程序化的高层管理和创新活动中，工作者的素质和技能是主要的控制对象；在工作方法或程序与预期工作成果之间有明确或固定关系的常规性活动中，工作过程本身是主要的控制对象。

(2) 选择关键控制点。在实际经营管理中，企业只需要从影响经营成果的众多因素中选择若干个关键环节作为重点控制的对象。因此，企业需在认真地分析影响和反映企业经营绩效的众多因素的基础上，选择对企业经营成败起决定作用的几方面，并为它们建立相应的控制标准。美国通用电气公司选择了八个方面因素作为关键控制点，值得企业借鉴。

① 获利能力。通过提供商品或服务取得一定的利润，这是任何企业从事经营的直接动因之一，也是衡量企业经营成败的综合标志，通常可用与销售额或资金占用量相比较的利润率来表示。它们反映了企业对某段时期内投资应获利润的要求。利润率实现情况与计划的偏离，可能反映了生产成本的变动或资源利用效率的变化，从而为企业采取改进方法指明方向。

② 市场地位。市场地位是指对企业产品在市场上占有份额的要求，是反映企业相对于其他厂家的经营实力和竞争能力的一个重要标志。如果企业占领的市场份额下降，那么意味着由于产品价格、质量或服务等某个方面的原因，企业产品相对于竞争产品来说吸引力降低了，因此应采取相应的措施。

③ 生产率。生产率标准可用来衡量企业各种资源的利用效果，通常用单位资源所能生产或提供的产品数量来表示。其中最重要的是劳动生产率标准，企业其他资源的充分利用在很大程度上取决于劳动生产率的提高。

④ 产品领导地位。产品领导地位通常是指产品的技术先进水平和功能完善程度。它表明企业在工程、制造和市场等方面领导一个行业的新产品和改良现有产品的能力。为了维持企业产品的领导地位，必须定期评估企业产品在质量、成本等方面的状况，以及在市场上受欢迎的程度。如果达不到标准，需采取相应的改革措施。

⑤ 人员发展。企业的长期发展在很大程度上依赖于人员素质的提高。为此，需要测定企业目前的活动及未来的发展对职工的技术、文化素质的要求，并与他们目前的实际能力相比较，以确定如何为提高人员素质采取必要的教育和培训措施。通过人员发展规划制定和实施，为企业及时提供足够的经过培训的人员，为员工提供成长和发展的机会。

⑥ 员工态度。员工的工作态度对企业目前和未来的经营成就有着非常重要的影响。测定员工工作态度的标准有很多方面，例如可以通过分析离职率、缺勤率来判断员工对企业的忠诚；也可以通过统计改进工作方法或管理方法的合理化建议的数量来了解员工对企业的关心程度；还可以通过对定期调查的评价分析来测定员工的工作态度变化。如果发现员工工作态度不符合企业的预期，企业应采取有效的措施来提高他们在工作、生活和学习上的满足程度，以改变他们的工作态度。

⑦ 社会责任。企业的存在和发展是以社会的认可为前提，要争取社会的认可，企业必须履行必要的社会责任，包括提供稳定的就业机会、参加公益事业等多个方面。社会责任的履行关系到企业的社会形象，企业应借助有关部门对公众态度进行调查，以了解企业的实际社会形象同预期的差异，以此来改善企业对外政策，从而提高公众对企业的满意程度。

⑧ 平衡短期目标和长期目标。企业目前的生存和未来的发展是相互依存、不可分割的。因此，企业在制订和实施经营计划时，应统筹短期和长期的关系，检查各时期的经营成果，分析目前的高利润是否会影响未来的收益，以确保企业目前的利益不是以牺牲未来的利益和经营的稳定性为代价而取得的。

2. 衡量绩效

控制标准是衡量工作绩效的依据，管理者可以将实际工作成果与标准进行比较，从而判断出实际工作绩效。在衡量实际工作的过程中，管理者应该对如何衡量、衡量频度和衡量主体等做出合理的安排。

(1) 衡量方法。衡量绩效的关键是及时获得工作成果的真实信息。管理者可通过直接观察、报表报告、抽样调查、召开会议等多种方法来获得实际工作绩效方面的资料和信息。每种获取信息的方法各有利弊，在衡量实际工作成绩过程中可以多种方法结合使用，以确保所获信息的及时性、有效性和可靠性。

(2) 衡量频度。衡量的频度是指衡量实际工作绩效的次数或频率。有效的控制要求确定适宜的衡量频度。对控制对象或要素的衡量频度过高，不仅会增加控制的费用，而且还会引起有关人员的不满，影响他们的工作态度，从而对组织目标的实现产生负面影响；衡量和检查的频度过低，有可能造成许多重大的偏差不能被及时发现，无法及时采取纠正措施，从而影响组织目标和计划的完成。适宜的衡量频度取决于被控制活动的性质和控制活动的要求。

(3) 衡量主体。衡量实际工作绩效的主体不一样，控制工作就会形成差别，也会对控制效果和控制方式产生影响。例如，目标管理之所以被称为是一种自我控制方法，是因为工作的执行者同时成为工作成果的衡量者和控制者；相比之下，上级主管或职能人员进行的衡量和控制在目标管理中就变成一种强加的、非自主的控制。

3. 纠正偏差

运用科学的方法，依据客观的标准，对工作绩效进行衡量，可发现计划执行中出现的偏差。在此基础上，分析偏差产生的原因，制定并实施必要的纠正措施。这项工作使得控制过程得以完整，并将控制与管理的其他职能相互连接：通过纠正偏差，使组织计划得以遵循，使组织结构和人力资源安排得到调整，使领导活动更加完善。

在实际工作中，如果发现实际结果与控制标准之间存在偏差，就要采取措施及时纠正。纠正偏差是整个控制工作中最关键的一步，为了保证纠正偏差措施的针对性和有效性，必须在制定和实施纠正偏差的过程中注意以下问题。

(1) 找出偏差产生的主要原因。在采取任何纠正偏差措施之前，必须对反映偏差的信息进行科学的评估和分析。首先要判断偏差的严重程度是否足以构成对组织活动效率的威胁从而值得去分析原因，采取纠正措施；其次要探寻可能导致偏差产生的重要原因。

(2) 确定偏差纠正的对象。需要纠正的可能是企业的实际活动，也可能是组织这些活动的计划或衡量这些活动的标准。例如，如果大部分员工都没有完成劳动定额，可能不是由于全体员工的抵制，而是定额水平太高；企业产品的销售量下降，可能并不是由于产品低劣或价格不合理，而是由于市场需求的饱和或周期性的经济萧条等。在这些情况下，首先要改变的不是或不仅仅是工作，而是衡量这些工作的标准和指导工作的计划。

(3) 选择恰当的纠正偏差的措施。在纠偏方案设计时，要做到使其双重优化。第一重优化是要考虑采取纠偏措施带来的效果是否大于不纠偏的损失。有时即使产生了偏差，但最好的方案也许是不采取任何行动。这种情况多数发生在纠偏措施的实施条件尚不成熟的阶段。第二重优化是在此基础上，通过各种经济可行方案的比较，找出一个追加投入最少、解决偏差效果最好的方案来组织实施。

第二节　控制方法

控制的最终目的是保证组织目标的实现。在管理实践中有很多控制方法，每种方法各有其特点。本节将重点介绍预算控制、财务控制、生产控制、综合控制等控制方法。

一、预算控制

1. 预算控制的概念

预算控制是根据预算规定的收入与支出标准来检查和监督各部门活动，以保证组织经营目标的实现，并使费用支出受到严格有效约束的过程。预算控制通过编制预算，并以此为基础执行和控制企业经营活动且在活动过程中比较预算和实际的差距及原因，然后对差异进行处理，是管理控制中运用最广泛的一种控制方法。

2. 预算控制的必要性

每一个部门都有收入与支出活动。一个非营利组织，可能不会去创收，不为利润开展工作，但它开展工作却需要投入、需要支出。如果投入部分是政府或其他组织一次性投入的，那么这部分投入就是它的收入。所以说，每一个组织都要开展预算工作，了解预算控制的必要性。

(1) 预算是组织追求效率的前提条件。在经济活动中，要强调经济观念；在非经济活动中，同样也要强调效率和投入产出率。预算是实现这个目标的重要手段，它可使管理者对支出精打细算、心中有数。

(2) 预算是保证组织活动顺利开展、实现目标的前提。任何一个组织要想生存、发展，并顺利地实现目标，必须保证一定的财力，这同样也需要有预算。

(3) 预算是做好整个控制工作的关键。一个组织的控制包括对人的控制、对物的控制、对资金的控制、对信息的控制。这四大控制是密切相关、紧密结合的。在市场经济中，一切要素都要通过一定的价值尺度来度量，计算投入产出效率。所以，对财力要素的控制，或者说预算，就有很强的代表性与结合性。做好预算工作，完成财力控制工作，就在很大程度上实现了控制目标。这一结论对企业和非营利性组织都适用。

3. 预算控制的作用

预算控制清楚地表明了计划与控制的紧密联系，其作用主要体现在以下方面。

(1) 为控制组织日常活动提供标准。预算的编制与执行始终与控制过程联系在一起，预算为组织的各项活动确立了数量形式的财务预算标准，并以此来对照企业活动的实际效果，大大方便了控制过程中的绩效衡量工作。

(2) 为考核、评价实际工作绩效提供依据。预算使管理控制目标更加明确，使人们清楚地了解所拥有的资源和开支范围，使工作更加有效。在评定各部门工作业绩时，要根据预算的完成情况，分析偏离预算的程度和原因，划清责任，实现奖罚分明。

(3) 能协调部门间关系以达到部门间平衡。通过预算控制可以把企业内部各部门、各层次的日常工作全部纳入预算，并使各项预算之间相互协调，形成一个共同完成组织总体目标的有机整体。

4. 预算控制的类型

预算的种类很多，对于一个企业来说通常把各种预算归纳为三大类：财务预算、经营预算、投资预算。

(1) 财务预算。财务预算是指企业以资金为主要对象的计划与控制活动，包括收入预算、现金预算、资产负债预算等。

① 收入预算。由于企业收入主要源于产品销售，因此，销售预算是收入预算的基础。除销售收入预算外，企业收入预算还包括对外加工收入、专利转让收入、利息及其他收入的预算。

② 现金预算。现金预算是对现金的实际收支做预先的安排，以免票据到期不能支付而出现透支情况。资金成为设备、库存、材料或成品后就不能流动。在市场经济中，资金周转不开是个严重的问题，往往造成工厂倒闭。但也并不是现金存得越多越好，关键是取得平衡，能保持正常现金流转。

③ 资产负债预算。这种预算表示某一个会计期末的资产、负债和净值这几项计划的预计成果。作为各预算的汇总，管理人员在编制资产负债预算时，虽然不需要做出新的计划或决策，但通过对预算表的分析可以发现预算的问题，从而有利于及时采取调整措施。

(2) 经营预算。经营预算是指企业日常发生的各项基本活动的预算，包括采购预算、生产预算、销售预算、人工预算、单位生产成本预算、管理费用预算等。

企业销售的产品是在内部生产过程中加工制造出来的，在这个过程中，企业需要消耗一定的劳动力、物资、资金等资源。因此，企业必须编制生产活动的预算，主要包括材料费、人员工资、燃料、动力、折旧、低值易耗品和办公差旅费等。

(3) 投资预算。投资预算是指对工厂的投资，如对厂房、机器和存货等方面的投资进行长期资本性支出的安排。这些资金有时需要相当长的一段时间才能回本。因此，对这部分资本的投入一定要慎重地进行预算，必须使这部分资金的使用符合企业的长期计划和整个资金的分配使用计划。

除了直接投资预算外，长期资本性支出还可用于增加新的产品品种、完善产品性能或改进工艺研究与开发的支出；用于提高员工和管理队伍素质而进行的人事培训与发展支出；用于广告宣传、寻找顾客的市场发展的支出等。长期资本性支出预算与收入、支出、现金等预算的区别主要在于：它需要跨几个经营阶段，而收入、支出和现金预算往往只涉及某一个经营阶段的预算。

5. 预算控制的步骤

预算控制包括预算编制和预算执行。实施预算控制的步骤是：预算编制——预算执行——预算差异分析——分析总结——评价和考核预算控制的绩效。其中，预算编制是预算控制的主要方面，所以下面重点介绍预算编制的步骤。预算编制应采取自上而下、自下而上的方法，其一般程序如下。

(1) 确定制定预算的依据。一般来说，由销售部门按预测的计划期销售数量，根据已确定的目标利润编制销售预算；生产部门根据销售部门确定的销售预算及期初、期末存货量编制生产预算和制造费用预算；采购部门根据生产预算编制直接材料采购预算；人力资源管理部门根据计划期的生产任务、配备工人等编制直接人工预算；财务部门根据各部门的预算及经济活动情况，合理安排资金，编制有关费用预算、财务预算和专门决策预算。

(2) 在预测与决策分析的基础上，由预算领导小组拟定组织预算的方针、政策及组织的总目标与分目标(如利润目标、销售目标、成本目标)，制定组织总预算并下发到各有关部门。

(3) 层层分解、审议预算并上报。组织各生产业务部门按具体要求编制本部门预算草案，并报预算领导小组。由预算领导小组平衡、协商、调整各部门的预算草案，并进行预算的汇总分析。

(4) 确定预算方案，并将审查批准后的综合预算和各部门预算下达给各级各部门执行，组织贯彻落实。

6. 预算控制的方法

按照系统论的观点，任何控制系统都包括控制环境、控制目标和控制技术三个方面，预算控制系统也不例外。其中，控制技术是实现控制目标的手段，它包括特定的政策、计划、标准、机构和人员、程序、方法等内容。合理的控制程序和科学的控制方法是控制技术的两大重要组成部分，也是影响控制系统健全完善程度的重要因素。企业预算控制系统所采用的控制方法有很多，在此我们主要就几种常用的预算控制方法作介绍。

(1) 环境控制。企业的生产经营活动是在特定的环境中进行的，这些环境要素既包括企业外部环境如经济环境、政治法律环境、技术因素、社会文化观念和企业所在的产业环境与竞争环境，也包括企业内部环境如企业架构、资源分配、企业文化等，它们对企业管理者做出的决策均产生较大影响。环境控制要求管理者关注这些因素，并在必要的时候对企业控制系统做出调整。具体涉及以下几方面工作。

① 预算系统设计。企业预算控制系统设计不仅依靠管理者的个人观点和创造性思维，以及对有关企业要制定的战略问题所做出的科学判断，还有赖于他们对企业外部环境和内部形势的深入分析。通过对企业内外部环境进行分析，可以使企业明确自身面临的机会和威胁，了解企业所拥有的竞争能力、资源、内部优势和劣势及市场地位等信息。企业在此基础上完成企业愿景、理念、价值观的设计，并建立相应的目标体系。

② 环境变化管理。企业所面临的经济、产业及管理的环境都是改变的，企业的活动也应随之改变，这些变化因素包括行业环境的改变、新员工、新方法、新产品、新作业、新公司、新的信息系统、企业成长、企业重组、跨国经营等。企业需要通过对各种环境因素的状态及变化趋势进行分析，明确可以把握的机会和环境变化可能产生的威胁及相对于现实竞争者的优势和劣势等情况，建立有效机制，对此做出相应的反应。例如，通过预算机制实现对月、季、半年和全年计划执行的环境变化评估，每年对企业战略规划(如三年或五年)进行滚动式修订，在年度计划运行控制过程中及时跟踪环境的变化等。

③ 责任的分配与授权。通过预算管理系统将企业内全部活动合理有效地分配职责和权限，并为执行任务和承担职责的组织成员，特别是关键岗位的人员提供和配置所需的资源，确保他们的经验知识和职责权限相匹配，使所有员工知道他们的工作行为及职责的担负形式和认可方式，以便达成组织目标。

④ 企业文化建设与员工控制。企业文化是战略实施的重要手段。企业战略制定以后，需要全体成员积极有效地贯彻实施，依靠企业文化具有的导向、约束、凝聚、激励及辐射等作用，激发员工的热情，进而影响广大的顾客群体，这是企业战略实施很重要的手段。在战略形成后的实施过程中，企业文化的作用主要表现在两个方面：一是导向作用。在企业中往往并不是所有的员工都能在同一时间对企业新的发展战略、经营思路做到完全领悟，在这种情况下需要企业文化引导大家齐心协力往前走。二是约束功能。企业对员工的约束可以通过制度的管理，同时也需要一种文化的管理，通过共同的舆论导向、共同的行为模式，形成员工自觉的行动。

(2) 程序控制。程序控制也称控制程序，是指为保证目标实现，针对主要业务所设定的标准化程序或政策。预算控制作为一种程序控制手段，它以预算管理决策权限的划分和授权控制、预算审核、预算监控与内部审计等来全面落实控制事宜。

① 预算管理决策权限的划分是以公司治理为背景的，其目标确定、预算审核、预算执行和预算监督与考核等要体现决策——执行——监督三分立的治理规则，这是财务治理的根本要求。

预算管理委员会不论是作为董事会下属的决策支持机构，还是董事会授权的决策机构，都要超越公司经营层，体现决策与执行的分离。

② 预算管理必须通过授权来进行。所谓授权是指有关单位和岗位在处理业务时，必须得到相应的授权，经批准后才能进行。预算控制很好地处理了决策与管理两者间的关系，强调预算范围内的由预算责任单位的第一责任人自行处理业务，而不必进行分级控制；而相对于超出预算范围或者根本就没有列入预算范围内的经营活动与事项，一般通过预算调整或预算追加来处理，需要履行预算调整与追加的正规程序。从这点可以看出，预算是集权与分权的结合体，它以预算为界限来划分授权范围。为真正落实预算管理，企业内部必须明确预算审批权限和预算执行权限的划分规则，从而进一步落实各责任主体的管理责任。

③ 预算监控与考核体现独立性，以充分反映监督在控制中的作用。事实上，任何预算控制系统都离不开监督职能，而监督职能如果不具独立性的话，则无法保证控制系统运作的权威性。内部审计、人力资源部门的绩效考核等在进行预算监督考核时，都应坚持独立性，并保证制度本身的公平、公正与公开，从而使得被监督主体置于透明状态，只有这样才能保证预算管理在企业内部控制所发挥的高效管理作用。

(3) 目标控制。对某企业组织而言，不同的历史时期，其目标可能不同；不同的业务活动、职能部门，其目标也可能有所区别。同一历史时期，不同组织的目标也可能有相当大的差异。因此，目标的确定需考虑相关的各种因素的综合影响。确定科学合理的目标有两方面的作用：一是提供一个中心点，据此分配资源并拟订作业计划；二是提供一个尺度，作为评价进度与绩效的标准。

我们认为，作为管理系统重要组成部分的内部控制，其基本目标是为本组织预期目标的实现提供合理保证。与管理分权制相适应，内部控制的基本目标也分解为各管理层次、各管理职能机构的具体目标，两者之间应该是统一的、一致的：内部控制的具体目标不仅是对基本目标的分解，而且也是基本目标实现的保障。内部控制的目标可以有多种提法，只要与组织所处的社会经济环境相适应、与组织内部的管理分权相适应、能够为预期目标的实现提供合理保证，就可以认为是恰当的、可行的。预算管理通过战略规划和经营分析来确定年度可实现的经营计划与目标，通过目标分解来强化内部各责任预算单位的目标责任，并以此为依据强化内部预算监控与考核，以达到全面控制的目的。

(4) 制度控制。预算与预测不同，预算一经确定，在企业内部便具有法律效力。作为一种控制制度，预算本身不是目的，预算的目的是加强控制。而预算无论是作为目标控制或是程序控制，均是以规范、严格的制度方式实现的。

预算控制制度主要包括预算系统设计控制制度、预算执行控制制度和预算结果考评控制制度，由此来实现预算的事前、事中、事后的系统控制职能。

首先，预算控制通过对预算系统设计的制度控制，明确了不同责任主体在预算管理系统中的责任，揭示了这种责任的目标形成、表现形式及审校程序和方法等，从而使预算目标得以落实和细化，为目标控制提供良好的前提。

其次，预算控制通过一系列相应的制度，来强调和实现执行过程中的控制，重点包括：

① 授权制度。通过授权，使各责任单位的权力得以明确体现，这既是一种分权，又是以不失去控制为最低限度的。授权制度是权利控制者采用合理的方式，在以实现整体的利益为目标的前提下，明确各单位的责任。在此范围内，各预算单位既有权利，又有义务，做自己该做之事。这种激励与约束并存的制度控制极大地降低了控制成本。

② 重点预算执行控制。不管预算以何种形式进行控制均会耗费资源，均会导致成本发生。

控制点越多，控制成本越大；控制面越广，控制程度可能越低。因此，控制必须有重点，有核心。在预算执行过程控制制度中，我们特别强调企业战略、企业管理模式、行业特征等方面的情况不同，预算控制的重点也不同，采取这种方式可以达到事半功倍的控制效果。

③ 信息反馈与报告制度。执行过程控制的一个重要基础是必须有及时、相关的信息反馈作为支撑。没有有效的报告制度，预算控制乃至整个内部控制均将变成空话。

最后，预算通过科学的考评制度来实现其结果控制，并进一步强化预算管理的激励和约束机制作用。

7. 预算控制的优缺点

预算的实质是使用统一的货币单位为企业各部门的各项活动编制计划，因此它使得企业在不同时期的活动效果和不同部门的经营绩效具有可比性，可以使管理者了解企业经营状况的变化方向和组织中的优势部门与问题部门，从而为调整企业的活动指明方向。但如果管理者只着眼于预算目标而忽视组织的整体目标，预算管理则有可能偏离原来控制的目标方向，预算可能成为低效的管理部门的保护伞。

(1) 预算控制的优点。

① 它可以对组织中复杂纷繁的业务，采用一种共同标准——货币尺度来加以控制，便于对各种不同业务进行综合比较和评价。

② 它有利于明确组织及其内部各单位的责任，有利于调动所有单位和个人的积极性。

(2) 预算控制的缺点。

① 它有管得过细的危险。预算控制只能帮助企业控制那些可以计量的，特别是可以用货币单位计量的业务活动，而企业文化、企业形象、企业活力等则不适合用预算控制。

② 它有管得过死的危险。企业活动的外部及内部环境是在不断变化的，这些变化会改变企业获取资源的支出或销售产品实现的收入，从而使预算变得不合时宜。因此，缺乏弹性、非常具体、特别是涉及较长时期的预算，可能会过度束缚决策者的行动，使企业经营缺乏灵活性和适应性。

③ 它有让预算目标取代组织目标的危险。项目预算或部门预算不仅对有关负责人提出了希望实现的结果，也对他们得到这些成果而能够使用的费用规定了限度，这种规定可能使得主管们在活动中精打细算，小心翼翼地遵守不得超过支出预算的准则，而忽视了部门活动的本来目的。

④ 它有鼓励虚报、保护落后的危险。在编制费用预算时通常会参照上期已经发生过的本项目费用，同时，主管人员也知道在预算获得最后批准的过程中，预算申请多半是要被削减的。因此，他们的费用预算申报数要多于其实际需要数，特别是对于那些难以观察、难以量化的费用项目更是如此。费用预算总是具有按现额递增的习惯，如果在预算编制过程中，没有仔细地复查相应的标准和程序，预算可能会成为低效的管理部门的保护伞，达不到对费用支出有效控制的目的。

只有充分认识预算控制的优缺点，理解其有效性和局限性，才能在实际控制工作中有效地利用预算这种控制手段，并辅之以其他控制工具。

二、财务控制

企业的首要目标是获取一定的利润。在追求这个目标时，管理者都要借助费用进行控制。比如，管理者可仔细查阅每季度的收支报告，以发现多余的支出；也可能进行几个常用财务指标的计算，以保证有足够的资金支付出现的各种费用，保证债务负担不至于太重，并且所有的资产都得到有效利用。

预算是一种控制工具，财务预算为管理者提供了一个比较与衡量支出的定量标准，据此能够指出标准与实际花费之间的偏差。

然而，单独考虑反映经营成果的某个数据，往往不能说明任何问题。例如，企业本年度盈利100万元，某部门本期生产了5000个单位产品，或本期人工支出费用为85万元，这些数据本身没有任何意义。只有根据它们之间的内在关系，相互对照分析才能说明某个问题。比率分析就是将企业资产负债表和收益表上的相关项目进行对比，形成一个比率，从中分析和评价企业的经营成果和财务状况。利用财务报表提供的数据可以列出许多比率，常用的有两种比率类型为财务比率和经营比率。

1. 财务比率

财务比率通过不同的会计数据计算形成，通常以比值的形式出现。这种计算方法消除了企业规模的影响，既可以用来比较不同行业、不同规模企业之间的财务状况，也可以用来比较同一企业的各期变动情况。财务比率一般用三个方面的比率来衡量风险和收益的关系：偿债能力，反映企业偿还到期债务的能力；营运能力，反映企业利用资金的效率；盈利能力，反映企业获取利润的能力。这三个方面是相互关联的，例如，盈利能力会影响短期和长期的流动性，而资产运营的效率又会影响盈利能力。

常用的财务比率有以下三种。

(1) 流动比率。流动比率是企业的流动资产与流动负债之比，反映了企业偿还需要付现的流动债务的能力。一般来说，企业资产的流动性越大，偿债能力就越强；反之，偿债能力则越弱，这会影响企业的信誉和短期偿债能力。因此，企业资产应保持一定的流动性。资产若以现金形式表现，流动性最强。但要防止为追求过高的流动性而导致财务资源的闲置，以避免使企业失去本应得到的收益。按照国际管理流动比率等于2是安全的，下限为1，过高则意味着企业流动资产闲置，过低则意味着企业偿债能力不足。

(2) 负债比率。负债比率是企业总负债与总资产之比，反映了企业所有者提供的资金与外部债权人提供的资金的比例关系。只要企业全部资金的利润率高于借入资金的利息，且外部资金不会根本上威胁企业所有权的行使，企业就可以充分地向债权人借入资金以获取额外利润。确定合理的负债比率是企业成功举债经营的关键，国际通常认为负债比率位于50%以下较安全。

(3) 盈利比率。盈利比率是企业利润与销售额或全部资金等相关因素的比例关系，反映了企业在一定时期从事某种经营活动的盈利程度及其变化情况。常用的比率有销售利润率和资金利润率。

① 销售利润率。销售利润率是销售净利润与销售总额之间的比例关系，反映了企业从一定时期的产品销售中是否获得足够的利润。将企业不同产品、不同经营单位在不同时期的销售利润率进行比较分析，能为经营控制提供更多的信息。

② 资金利润率。资金利润率是指企业在某个经营时期的净利润与该期占用的全部资金之比。它是衡量企业资金利用效果的一个重要指标，反映企业是否从全部投资中实现了足够的净利润。同销售利润率一样，资金利润率也要同其他经营单位和其他年度的情况进行比较。

2. 经营比率

经营比率是与资源利用有关的几种比例关系，反映了企业经营效率的高低和各种资源是否得到充分利用。常用的经营比率有以下三种。

(1) 库存周转率。库存周转率是销售总额与库存平均价值的比例关系，反映了与销售收入相比库存数量是否合理，表明了投入库存的流动资金的使用情况。

(2) 固定资产周转率。固定资产周转率是销售总额与固定资产之比，反映了单位固定资产能够提供的销售收入，表明了企业资产的利用程度。

(3) 销售收入与销售费用的比率。这个比率表明单位销售费用能够实现的销售收入，在一定程度上反映了企业营销活动的效率。由于销售费用包括人员推销、广告宣传、销售管理费用等组成部分，因此还可进行更加具体的分析，比如测度单位广告费用能够实现的销售收入或单位推销费用能增加的销售收入等。

三、生产控制

1. 生产控制的内容

控制贯穿于生产系统运动的始终。生产系统凭借控制的动能，监督、制约和调整系统各环节的活动，使生产系统按计划运行，并能不断适应环境的变化，从而达到系统预定的目标。生产系统运行控制的活动内容十分广泛，涉及生产过程中各种生产要素、各个生产环节及各项专业管理。生产控制的内容主要有生产进度控制、制造系统硬件控制(设备维修)、库存控制、质量控制、成本控制等。

(1) 生产进度控制。生产进度控制是对生产量和生产期限的控制，其主要目的是保证完成生产进度计划所规定的生产量和交货期限，它是生产控制的基本方面。其他方面的控制水平，诸如库存控制、质量控制、设备维修等都对生产进度产生不同程度的影响。在某种程度上，生产系统运行过程的各方面问题都会反映到生产作业进度上。因此，在实际运行管理过程中，企业的生产计划与控制部门通过对生产作业进度的控制，协调与沟通各专业管理部门(如产品设计、工艺设计、人事、维修、质量管理)和生产部门之间的工作，可以达到整个生产系统运行控制的协调、统一。

(2) 制造系统硬件控制。制造系统硬件控制是对机器设备、生产设施等制造系统硬件的控制。其目的是尽量减少并及时排除物资系统的各种故障，使系统硬件的可靠性保持在一个相当高的水平。如果设备、生产设施不能保持良好的正常运转状态，就会妨碍生产任务的完成，造成停工损失，加大生产成本。因此，选择恰当的维修方式、加强日常设备维护保养、设计合理的维修程序是十分重要的。

(3) 库存控制。库存控制是使各种生产库存物资的种类、数量、存储时间维持在必要的水平上，其主要功能在于既要保障企业生产经营活动的正常进行，又要通过规定合理的库存水平和采取有效的控制方式，使库存数量、成本和占用资金维持在最低限度。

(4) 质量控制。质量控制的目的是保证生产出符合质量标准要求的产品。由于产品质量的形成涉及生产的全过程，因此，质量控制是对生产政策、产品研制、物料采购、制造过程及销售使用等产品形成全过程的控制。现在流行的质量管理方法有全面质量管理(Total Quality Management，TQM)、六西格玛(6σ)。全面质量管理就是一个组织以质量为中心，以全员参与为基础，目的在于通过让顾客满意和本组织所有成员及社会受益而达到长期发展目标的管理途径。六西格玛则是一种能够严格、集中和高效地改善企业流程管理质量的实施原则和技术，包含众多管理前沿的先锋成果，以“零缺陷”的完美商业追求，带动企业成本的大幅度降低，最终实现财务成效的显著提升与企业竞争力的重大突破。

(5) 成本控制。成本控制同样涉及生产的全过程，包括生产过程前和生产过程中的成本控制。生产过程前的成本控制，主要是在产品设计和研制过程中，对产品的设计、工艺、工艺装备、材料选用等进行技术经济分析和价值分析，以及对各类消耗定额的审核，以求用最低的成本生产出符合质量要求的产品。生产过程中的成本控制，主要是对日常生产费用的控制，其中包括材料费、各类库存品占用费、人工费和各类间接费用等。实际上，成本控制是从价值量上对其他各项控制活动的综合反映。因此，成本控制，尤其是对生产过程中的成本控制，必须与其他各项控制活动结合进行。

2. 生产控制的程序

生产过程包括三个阶段，即测量比较、控制决策、实施执行。控制目标一般由计划职能完成，但目前的实际情况是企业的控制意识很薄，认识也是模糊不清的，生产计划中控制目标的指标数和标准值都不齐全，因此也可以把制订标准作为基本程序之一。

(1) 制订标准。制订标准是对生产过程中的人力、物力和财力、产品质量特性、生产数量、生产进度规定一个数量界限。它可以用实物数量表示，也可以用货币数量表示，包括各项生产计划指标、各种消耗定额、产品质量指标、库存标准、费用支出限额等。控制标准要求制订得合理可行。制订标准的方法一般有以下几种：

① 类比法。参照本企业的历史水平制订标准，也可参照同行业的先进水平制订标准。这种方法简单易行，标准也比较客观可行。

② 分解法。即把企业层面的指标按部门、按产品层层分解为一个个小指标，作为每个生产单元的控制目标。这种方法在成本控制中起重要作用。

③ 定额法。即为生产过程中某些消耗规定标准，主要包括劳动消耗定额和材料消耗定额。

④ 标准化法。即以权威机构制订的标准作为自己的控制标准，如国际标准、国家标准、部颁标准和行业标准等。这种方法在质量控制中用得较多，也可用于制订工作程序或作业标准。

(2) 测量比较。测量比较是以生产统计手段获取系统的输出值，与预定的控制标准做对比分析，发现偏差。偏差有正负之分，正偏差表示目标值大于实际值，负偏差表示实际值大于目标值。正负偏差的控制论意义视具体的控制对象而定。如对于产量、利润、劳动生产率，正偏差表示没有达标，需要考虑控制。而对于成本、工时消耗等目标，正偏差表示优于控制标准。

(3) 控制决策。控制决策是根据产生偏差的原因，提出用于纠正偏差的控制措施。一般工作步骤如下。

① 分析原因。有效的控制必定是从失控的最基本原因着手的。有的从表象出发采取的控制措施也有成效，但它往往是以牺牲另一目标为代价的。造成某个控制目标失控的原因会有很多，所以要做客观的、实事求是的分析。

② 拟订措施。从造成失控的主要原因着手，研究控制措施。传统观点认为控制措施主要是调节生产输入资源，而实践证明这对于生产系统是远远不够的，还要检查计划的合理性，组织措施可否改进。总之，要全面考虑各方面的因素，才能找到有效的措施。

③ 效果预期分析。生产系统是个大系统，不能用实验的方法去验证控制措施。但为了保证控制的有效性必须对控制措施进行效果分析，有条件的企业可使用计算机模拟方法。一般可采用推理方法，即在观念上分析实施控制措施后可能会产生的种种情况，尽可能使控制措施制订得更周密。

(4) 实施控制。这是控制程序中的最后一项工作，由一系列的具体操作组成。控制措施贯彻执行得如何，直接影响控制效果，如果执行不力，则整个控制活动功亏一篑。所以，在执行中要有专人负责，及时监督检查。

3. 传统生产控制的缺点

生产计划的发展促进了制造性能的改善，但是还有许多问题没有解决，这主要是因为生产控制系统的问题。简而言之，传统的生产控制系统主要存在三方面的缺点：尽管用于计算机系统和数据处理的费用很高，但是计划和实际结果却差别很大；不恰当的性能数据报告，对生产周期、计划性能、库存几乎没有实际控制作用；计划与操作人员决策责任很小。

4. 优化生产控制的方法

制造企业总是存在相互矛盾的目标：市场和用户要求短的交货期和准时交货；生产部门希望有一定批量的负荷，并且通常希望生产设备有高的利用率；财务部门和生产部门都希望有最低的原材料、半成品和成品库存。然而，快速准时交货要求的与日俱增又改变了这些目标的权重。以前最受重视的是机床设备和人力的利用率，现在则更加强调同时满足用户交货期要求、最大的产出率和低库存。

短生产周期(短交货期)不仅增强了企业的竞争力，而且还会减少企业对部件和产品进行重新设计的风险，因为用户可以较早地为其订货确定最终的技术要求。企业为了提高竞争力同样需要有好的计划执行能力。由于计划的良好执行过程不会经常被为完成紧急任务而中断，因此对于企业来说，细致的调度具有平稳执行任务并提高效益的附加效果，所以企业都致力于减少库存。

追求低库存的原因有多种。一方面，对于许多企业，减少库存就减少了周转资金的积压，减少了企业贷款的费用，并且节省出来的周转资金可以用来购买先进的生产设备。例如：有一个机床厂利用系统化的方法在保持它的产量不变的情况下，8 年重视库存降低了 70%。另一方面，人们也认识到(主要是通过日本企业的成功)高库存隐藏了企业中许多问题，如超长的准备时间、不可靠的生产过程、低产品质量等。

四、审计

审计是常用的一种控制方法，它包括财务审计与管理审计两大类。财务审计是以财务活动为中心内容，以检查并核实账目、凭证、财务、债务及结算关系等客观事物为手段，以判断财务报表中所列出的综合的会计事项是否正确无误，报表本身是否可以信赖为目的的方法。通过这种审计还可以判明财务活动是否合法，即是否符合财经政策和法令。

根据审查主体和内容的不同，可将审计划分为三种主要类型。

① 由外部审计机构的审计人员进行的外部审计。外部审计是由外部机构(如会计师事务所)选派的审计人员对企业财务报表及其反映的财务状况进行独立的评估。其优点是可以保证审计的独立性和公正性。其缺点是审计人员对公司缺乏了解，对具体业务的审计困难；容易导致员工的抵制，增加审计难度。

② 由内部专职人员对企业财务控制系统进行全面评估的内部审计。内部审计提供了检查现有控制程序和方法能否有效保证达成既定目标和执行既定政策的手段。其优点是有助于推行分权化管理。其局限性主要有：需要大量的费用，特别是需要进行深入、详细审计时；需要对审计人员进行充分的技能训练；可能使员工心理上产生抵触情绪。

③ 由外部或内部的审计人员对管理政策及其绩效进行评估的管理审计活动。具体来讲，管理审计是检查一个单位或部门管理工作的好坏，评价人力、物力和财力的组织及利用的有效性，其目的在于通过改进管理工作来提高经济效益。

五、综合控制方法

除了以上常见的控制方法外，实际中还发展了很多综合性的控制方法，如平衡计分卡和标杆控制等。

1. 平衡计分卡

平衡计分卡是从财务、客户、内部运营流程、学习与成长四个角度将组织的战略落实为可操作的衡量指标和目标值的一种新型绩效管理体系，打破了传统的只注重财务指标的业绩管理思维和方法。平衡计分卡设计的四个方面分别代表企业三个主要的利益相关者：股东、顾客和员工。每个角度的重要性取决于角度本身和指标的选择是否与公司战略相一致，每一个方面都有其核心内容。

(1) 财务层面。财务业绩指标可以显示企业的战略及其实施和执行是否对改善企业盈利做出贡献。财务目标通常与获利能力有关，其衡量指标有营业收入、资本报酬率、经济增加值等，也可以是销售额的迅速提高或创造现金流量。

(2) 客户层面。在平衡计分卡的客户层面，管理者确立了其业务单位将参与竞争的客户和市场，以及业务单位在这些目标客户和市场中的业绩衡量指标。客户层面指标通常包括客户满意度、客户保持率、客户获得率、客户盈利率，以及企业在目标市场中所占的份额。

(3) 内部经营流程层面。在这一层面上，管理者要确认组织擅长的关键内部流程，这些流程帮助业务单位提供价值主张，以吸引和留住目标细分市场的客户，并满足股东对卓越财务汇报的期望，同时给员工带来经济收益。

(4) 学习与成长层面。在这一层面上，管理者需确立企业要创造长期的成长和改善必须建立的基础框架，确立未来成功的关键因素。平衡计分卡的前三个层面一般会揭示企业的实际能力与实现突破性业绩所必需的能力之间的差距。为了弥补这个差距，企业必须投资于员工技术的再造、组织程序和日常工作的理顺，这些都是平衡计分卡学习与成长层面追求的目标，如员工满意度、员工保持率、员工培训和技能等，以及这些指标的驱动因素。

平衡计分卡的优点在于：它从企业的四个方面来建立衡量体系，这四个方面是相互联系、相互影响的，最终保证了财务指标的实现。同时，平衡计分卡设下的考核指标既包括对过去业绩的考核，也包括对未来业绩的考核。

平衡计分卡也存在以下缺点：

① 实施的难度大。它要求企业有明确的组织战略，具有较高的企业管理水平。

② 指标体系的建立较困难。财务指标的创立比较容易，而其他三个方面的指标则比较难以收集，需要企业长期探索和总结。

③ 指标数量过多。平衡计分卡涉及财务、顾客、内部业务流程、学习与成长四套业绩评价指标，合适的指标数目是 20~25 个。其中，财务角度 5 个，客户角度 5 个，内部流程角度 8~10 个，学习与成长角度 5 个，这些都会增加考核的强度和难度。

④ 指标权重的分配比较困难。对企业业绩进行评价时要综合考虑上述四个层面的因素，这就涉及权重分配问题。更复杂的是，不但要在不同层面分配权重，而且要在同一层面的不同指标之间分配权重，而且权重的确定往往带有浓厚的个人色彩。

2. 标杆控制

标杆控制，是企业将自己的产品、服务、生产流程与管理模式等与同行业内或行业外的领袖型企业做比较，借鉴与学习他人的先进管理经验，改善自身的不足，从而提高竞争实力，追赶或超越标杆企业的一种良性循环的管理方法。作为一种学习先进经验的系统、科学、高效的学习方法，标杆管理和控制在当代企业管理中得到广泛的应用。

(1) 标杆控制的内涵。

标杆控制以最关键或最薄弱的因素作为改进内容，以此来提升企业的竞争力，从而挑战和赶超竞争对象。标杆控制的心理学基础在于人的成就动机导向，认为任何个人与组织都应设定既富有挑战性又具有可能性的目标，只有这样个人和组织才有发展的动力。

(2) 标杆控制过程。

标杆控制的实施需要一系列的步骤：

① 确定标杆控制的项目。标杆控制的项目一般是对企业竞争力影响最重要的因素，同时也是企业的薄弱环节。

② 确定标杆控制的对象和对比点。

③ 组成工作小组，确定工作计划。企业层次标杆控制活动的组成人员通常由决定竞争力因素的核心部门和能够识别专业流程优劣的人士参加。

④ 资料收集和调查。

⑤ 分析和比较，找出差距，确定最佳纠偏方法。

⑥ 明确改进方向，制定实施方案。在明确最佳做法的基础上，找出弥补自己和最佳实践之间差距的具体途径或改进机会，设计具体的实施方案，并进行实施方案的经济效应分析。

⑦ 沟通与修正方案。

⑧ 实施与监督。将方案付诸实施，并将实施情况不断和最佳做法进行比较，监督偏差的出现并采取有效的校正措施，以努力达到最佳实践水平，努力超过标杆对象。

⑨ 总结经验。在完成首次标杆控制活动后，必须对实施效果进行合理评判，并及时总结经验，对新的发展进行进一步的分析。

⑩ 进行再标杆循环。针对环境的新变化或新的管理需求，锚定下一次标杆控制的项目和对象。

(3) 标杆控制的缺陷。

① 标杆管理和控制容易导致企业的竞争战略趋同。标杆控制方法鼓励企业相互学习和模仿，因此在奉行标杆控制的企业中，可能会企图采取类似行动来改进绩效，在竞争的某个关键方面超过竞争对手。模仿可能使得企业之间相对效率差距日益缩小，这会导致各个企业在战略上趋向一致，各个企业的产品、质量、服务甚至销售渠道大同小异。在企业效率上升的同时，利润率在下降。

② 标杆控制容易使企业陷入“落后—标杆—再落后—再标杆”的标杆管理陷阱之中。如果标杆控制活动不能使企业跨越与领先企业的技术鸿沟，单纯为赶超先进继续推行标杆控制，反而会使其陷入繁杂的标杆管理陷阱中。

综合练习

一、名词解释

控制　预算控制　流动比率　负债比率　标杆控制　平衡计分卡

二、单项选择题

1. 注重于对已发生的错误进行检查改进属于(　　)。
   A. 前馈控制　B. 现场控制　C. 反馈控制　D. 直接控制
2. 在控制的基本过程中，衡量实际工作主要解决的问题是(　　)。
   A. 衡量什么　B. 制定标准　C. 如何衡量　D. A和C
3. 实施控制的关键性步骤是(　　)。
   A. 选择关键点　B. 拟定标准　C. 选择控制技术　D. 建立控制系统
4. 控制工作得以展开的前提是(　　)。
   A. 建立控制标准　B. 分析偏差原因　C. 采取矫正措施　D. 明确问题性质
5. 根据“治病不如防病，防病不如讲究卫生”这一说法，以下几种控制方式中最重要的是(　　)。
   A. 前馈控制　B. 现场控制　C. 反馈控制　D. 直接控制
6. 控制过程的第一步是(　　)。
   A. 进行预测　B. 科学决策　C. 分析判断　D. 确定标准
7. 进行控制时，首先要建立标准。关于建立标准，下列四种说法中正确的是(　　)。
   A. 标准应该越高越好　B. 标准应考虑实施成本
   C. 标准应考虑实际可能　D. 标准应考虑顾客需求
8. 能够有效地监督组织各项计划的落实与执行情况，发现计划与实际之间的差距，这一管理环节是(　　)。
   A. 领导　B. 组织　C. 控制　D. 协调
9. 即时控制通常又被称作(　　)。
   A. 前馈控制　B. 反馈控制　C. 作业控制　D. 现场控制
10. 控制系统是指由(　　)组成的具有自身目标和功能的管理系统。
   A. 控制主体、控制客体和控制载体　B. 控制实体、控制客体和控制媒体
   C. 控制主体、控制客体和控制目的　D. 控制主体、控制客体和控制过程
11. 财政收支预算在执行过程中几乎没有变动余地，这种预算属于(　　)。
   A. 弹性预算　B. 刚性预算　C. 收入预算　D. 支出预算
12. 管理控制工作的一般程序是(　　)。
   A. 建立控制标准、分析差异产生原因、采取矫正措施
   B. 采取矫正措施、分析差异产生原因、建立控制标准
   C. 建立控制标准、采取矫正措施、分析差异产生原因
   D. 分析差异产生原因、采取矫正措施、建立控制标准

13. 所有权和经营权相分离的股份公司，为强化对经营者行为的约束，往往设计有各种治理和制衡的手段，包括：

① 股东们要召开大会对董事和监事人选进行投票表决；

② 董事会要对经理人员的行为进行监督和控制；

③ 监事会要对董事会和经理人员的经营行为进行检查监督；

④ 要强化审计监督。

这些措施是(　　)。

A. 均为事前控制

B. 均为事后控制

C. ①为事前控制，②为同步控制，③、④为事后控制

D. ①、②为事前控制，③、④为事后控制。

三、判断题

1. 控制过程就是管理人员对下属行为进行评价考核的过程。(　　)

2. 控制职能贯彻管理的全过程。(　　)

3. 最佳的控制是防止问题的发生。(　　)

4. 组织在动态变化的环境中，为了确保实现既定的组织目标而进行的检查、监督、纠正偏差等管理活动，就是控制。(　　)

5. 盈利比率是企业利润与销售额或全部资金等相关因素的比例关系，反映了企业在一定时期从事某种经营活动的盈利程度及其变化情况。(　　)

6. 有效的控制只能针对关键项目，抓住活动过程中的关键和重点进行局部的和重点的控制，这就是控制的目标原则。(　　)

7. 坚持控制的经济性原则，一要有选择地实行控制，二要降低控制的各种耗费。(　　)

8. 有效的控制系统包括三个主要步骤，即制定标准、衡量工作绩效和分析偏差。(　　)

9. 产品质量控制是企业为生产理想产品、提供顾客满意的服务和减少无效劳动而进行的控制工作。(　　)

10. 前馈控制是一种管理者与被管理者面对面进行的控制活动。(　　)

四、简答题

1. 控制的类型有哪些？

2. 预算控制的步骤是什么？

3. 生产控制的内容是什么？

4. 平衡计分卡的优缺点有哪些？

5. 标杆控制的过程是什么？

五、论述题

论述控制的过程。

六、案例分析题

有颜公司的控制系统

有颜公司是由郑先生靠3000元起步创建起来的一家化妆品公司，开始只是经营指甲油，后来逐步发展成颇具规模的化妆品公司。郑先生于2004年身体患重病后，对公司的发展采取了两个重要措施：①制定公司向医疗卫生方面发展的目标；②高薪聘请陈先生接替自己的职位。陈先生上任后，采取了一系列措施，推行郑先生为公司制定的进入医疗卫生行业计划：在特殊医疗卫生领域开辟了一个新行业，并开设一个处方配药的药店，同时又开辟上述两个新部门所需产品的货源、运输渠道。与此同时，他在全公司内建立了一条严格的控制措施：要求各个部门制定出每月的预算报告；要求每个部门在每月初都要对本部门的问题提出切实可行的解决方案，每月定期举行一次由各部门经理和顾客代表参加的管理会议；要求各部门提交当月的主要工作目标和经济往来数目。同时，他特别注意资金回收率、销售边际及生产成本等经济动向，他也重视人事、财务收入和降低成本费用方面的工作。

实行上述措施以后，该公司获得了巨大的成功，到2014年公司的销售额达到了10亿元。然而，近来公司逐渐出现一些问题：2016年出现了公司有史以来的第一次收入下降、产品滞销、价格下跌。主要原因有：①化妆品市场的销售量已达到饱和状态；②该公司制造的高级香水一直未打开市场，销售情况没有预测的那样乐观；③网络销售的冲击，竞争者众多；④公司在国际市场上出现了不少问题：推销员的冒进、与经销商的矛盾、公司形象没有很好地树立等。

陈先生也意识到公司存在的问题，准备采取有力的措施，以改变公司目前的处境。他对国际市场进行了调整，不久公司开始研制新产品。他相信用了大量资金研制的医疗卫生工业品，不久便可以进入市场。

(资料来源：https://wenku.baidu.com/view/aa1890513169a4517723a3c7.html)

问题：(1) 陈先生在有颜公司里采取了哪些控制方法？

(2) 假设有颜公司原来没有严格的控制系统，陈先生在短期内推行这么多控制措施，其他管理人员会有什么反应？

(3) 就有颜目前公司的状况而言，陈先生应怎样健全控制系统？

第十四章 企业危机控制

【学习目标】

1. 熟悉危机的含义、特征；
2. 了解企业危机的类型；
3. 掌握危机控制的策略；
4. 掌握危机沟通的原则；
5. 熟悉危机沟通的步骤。

【导入案例】

某旅游城市遭遇信任危机

2017 年 1 月，某市女子被打毁容事件闹得沸沸扬扬。一位女网友深夜发微博，称自己去年 11 月 11 日在丽江某烧烤店就餐时，遭数名当地男子挑衅殴打，被碎酒瓶划脸毁容，男子离开时还抢走女子及同行朋友的财物、手机，并扬言不怕警察，随便告。网友们以微博为主要战场，几乎一边倒地向丽江有关官微发起了口诛笔伐。但某市有关部门的官微的回应，演绎了一次教科书式的失败危机公关，不仅没有挽回城市形象，反而助长了网友的谴责。

2 月上旬，该市警方的一个微信号在官微上转发了一条网络上抹黑被打女游客的传言，并在微博上指责受害人放荡、不值得同情的微博，同时@被打当事人。后来，该市警方首先是在微博上称账号异常，随后又改变说法，称是微博值班民警的个人行为，已经对当事人进行处分。

2 月下旬，当有网友评论说“永远不会去的地方就是该市”时，涉事区委宣传部官方微博竟回复“你最好永远别来！有你不多无你不少！”

事后，涉事区委宣传部官方在微博发布声明，否认自己发布了该条评论，称“截图之言并非我部所为，正在调查中”。一天后，该微博又发布回应，对涉事区委宣传部某副部长、外宣办某主任采取停职检查，并进行党纪立案。

群情激愤之下，某市的形象一落千丈。大众只会记得，该市不仅处理不好游客被打事件，甚至官方公然“污蔑”受害者，且官方在公共网上的言行与身份不符，内容前后变化太大，风格矛盾，承受不了网友们的负面评价，还公然“怼”网友。

(资料来源：https://wenku.baidu.com/view/aa1890513169a4517723a3c7.html)

问题：(1) 对于某市而言，此次危机管理为什么会失败？

(2) 新媒体时代，组织应如何进行危机管理？

第一节　危机的基本认知

企业在经营活动中总会面临各种各样的危机。企业面临危机时采用不同的危机策略和采取措施的时间点，将会给企业带来不同的后果。成功的危机处理不仅能成功地化解企业所面临的危机，还能转危机为机会。对于危机的成功处理，必须要在对企业危机充分认识的基础上进行。

一、危机的含义

美国《危机管理》一书的作者史蒂文•芬克(Steven Fink)说："危机就像死亡和纳税一样，是管理工作中不可避免的，所以必须随时为危机做好准备。"他在对全球500强企业的高层管理者进行的调查中发现，高达80%的被访者认为现代企业不可避免地要面临危机，有55%的被访者认为危机影响了公司正常运转。危机管理在现代社会中是各组织控制工作的重点之一。

人们一直试图全面而确切地对危机定义，但是实际上危机事件的发生却有着千变万化的现实场景，很难一言以蔽之。不同的学者对危机有着不同的定义。

- 赫尔曼(Charles F. Herm)：危机是指一种形势，在这种形势中，其决策主体的根本目标受到威胁且做出决策的反应时间很有限，其发生也出乎决策主体的意料。
- 福斯特(John B. Foster)：危机具有四个显著特征，即急需快速做出决策、严重缺乏必要的训练有素的员工、相关物资资料紧缺、处理时间有限。
- 罗森塔尔(Uriel Rosenthal)：危机对一个社会系统的基本价值和行为架构产生严重威胁，并且在时间性和不确定性很强的情况下必须对其做出关键性决策的事件。
- 里宾杰(Otto Lerbinger)：危机是对企业未来的获利性、成长及生存具有潜在威胁的事件。
- 胡百精：危机是由组织外部环境变化或内部管理不善造成的可能破坏正常秩序、规范和目标，要求组织在短时间内做出决策，调动各种资源，加强沟通管理的一种威胁性形态或状态。
- 张岩松和许峰：危机是对一个企业的既定系统构成严重威胁，要求企业及时做出决策和采取行动的情景状态。

综合各方观点，本书认为：危机是难以预测并会给企业带来严重负面后果的且被舆论高度关注的重大突发性事件。危机和其后果会极大地损坏企业、员工、产品、服务和财务状态、声誉等，使组织陷入困境。因此，在组织处理突发事件时，危机管理能力的高低在危机发生时非常重要。这一观点可从以下四点进行理解：①危机发生的后果会比一般事件要严重得多；②危机具有突发性的特点，往往出乎企业的预料，企业在实践中难以预测；③危机对企业的目标有破坏性，如果决策者不能及时处理，会带来难以估计的损失；④危机一旦发生，会引起舆论的高度关注，所以企业应及时处理。

二、危机的特征

(1) 突发性。突发性是危机最显著的特征之一，它出乎意料，令人猝不及防。危机一般是在组织毫无准备的情况下突然发生的。这些事件容易给组织带来混乱和惊慌，使人措手不及，如果对事件没有任何准备可能会给组织造成更大的损失。

(2) 不可预见性。组织所面临的危机往往是在正常情况下难以预料的，它在某种程度上具有不可预见性，给组织带来各种意想不到的困难。特别是那些组织外部因素造成的危机，如自然灾害、国家政策改变、生产安全事故等带来的冲击，都是组织无法提前预知的。

(3) 后果的严重性。无论是伤人损物的危机还是形象危机，对组织、社会都会造成相当大的损害。对组织来说，它不仅会破坏目前的正常生产秩序，使组织陷入混乱，而且会对组织未来的发展、经营带来更深远的影响，如生产事故造成员工的伤亡、对生态环境造成不可逆的破坏等，都会对组织或社会造成不良后果和损失。

(4) 舆论的关注性。当代社会，随着信息技术的发展，网络传播速度非常快，QQ、微博、微信等被大众广泛使用，组织中发生的危机常常会成为舆论关注的焦点或热点，同时也容易滋生谣言，组织需要快速处理危机。

三、危机与紧急事件、突发事件和风险的区别

1. 危机与紧急事件、突发事件的区别

紧急事件强调对事件处理的时间紧迫，突发事件强调事件发生的不可预测性，这两者都不能等同于危机。我们举一个例子来说明事件与危机之间的区别：一个机器的零件坏了，如果仅仅导致生产时间被拖延，那就是事件；但如果由此造成产品质量的严重问题，或者引发严重的安全事故，甚至引起倒闭，那就成为危机。也就是说，事件影响较小，是对企业的局部破坏；而危机则影响较大，会对企业造成根本性的毁坏。

2. 危机与风险的区别

所谓风险，是指发生对组织不利事件的可能性。对风险防范不善，造成的危害达到较大程度时，危机就会发生，即风险的存在是导致危机发生的前提。对风险进行有效的评估和管理，可以防范危机的发生。企业如果对各种风险熟视无睹，或者对于已经认识到的各种风险不采取有效的措施，今天的风险就会演变成明天的危机。因此，危机与风险的区别可以概述为两点：①风险是危机的诱因；②并非所有的风险都会引发危机，只有当风险所造成的危害达到一定程度时，才会演变为危机。

四、企业危机形成的原因

引发危机的因素大致包括企业的外部环境和内部环境两方面。

1. 外部环境因素

(1) 政治、法律因素，如行政命令、法令法规、国际关系、政治事件等。

(2) 社会文化因素，如消费者观念、新闻舆论等。

(3) 经济因素，如经济政策(价格、税收、信贷等)、竞争态势、资源供给、经济纠纷等。

(4) 自然因素，如台风、海啸、地震、瘟疫等自然灾害。这类危机不以企业的意志为转移，但会严重影响企业的经营活动。

企业要生存发展，必然要适应外部环境的变化。但如果外部环境的变化是突发性、致命性的，则会使企业措手不及，来不及做出反应就陷入危机。有时即使有时间做出反应，但由于受管理机制自身条件的限制无法做出正确的反应，这同样也会使企业陷入危机。外部环境的变化并不必然

导致危机。企业作为一个有生命的组织体，在企业管理的有效作用下，本身就具有反馈和应变机能。出色的企业管理可以预测和监控危机的产生和发展，使濒临绝境的企业起死回生；而无能的管理只会对危机束手无策，必然会将前途无量的企业断送掉。

2. 内部环境因素

(1) 组织管理因素，如管理能力、员工素质、决策过程、财务结构、公共关系、规章制度等。

(2) 技术因素，如产品设计、工艺过程、质量控制、设备状况等。

美国学者顿赫(Dunhe)和布拉斯德里(Bradstreet)分析：管理无能造成的破产企业数几乎占到美国总破产企业的 90%。管理无能的主要表现为：管理思想落后，管理体制不健全；决策失误，扩张过度引起的资产结构比例失调；技术工艺落后，产品品种、质量都不适应市场需求，竞争力很弱；存货过多、资金运转失灵等。所以，企业真正的危机在于企业内部经营管理的危机，是企业内部管理出现了问题，只是通过不同的外在形式表现出来而已。

五、企业危机的类型

由于环境的日趋复杂，社会分工不断细化，现代组织一般面临着比以前更多的危机，对各种危机进行归类，以保持对危机变化形式的预见性，对危机预控十分有益。新形势下的企业危机大概可以从以下几个方面去归类和细化。

(1) 非人为性的灾害。这类危机对政府组织所产生的影响十分巨大，例如龙卷风、洪水、飓风、地震及传染性疾病都极容易酿成企业危机。如 2018 年 8 月 24 日，由于非洲猪瘟疫情影响，温氏股份市值蒸发 175 亿。危机会产生极大的破坏性甚至引发社会动荡，有可能迫使企业陷入停顿或瘫痪状态，也可能造成企业型组织生产能力的部分或全部丧失，而这往往需要花费较长的时间才能恢复。所以，管理的问题与让人喘不过气的危机之间的区别取决于它是否能够被迅速修正和恢复。

(2) 负面影响的媒体报道。这类危机属于人为性危机中比较严重的一个典型类别，给政府或企业都会带来极大的破坏性，比如政治丑闻、领导人形象的歪曲报道及产品所造成的事故报道等。所以，当新闻媒体报道了一些令组织高层感到愤怒的新闻时，组织高层对此往往无能为力。发表在日报或杂志、电视台、广播电台上的具有负面影响的报道及系列报道都会导致一个组织一系列的危机。

(3) 误解和谣言的传播。一些想象、误解和谣言的传播，也会给组织带来危机。它们一般与组织的不合理行为、个别领导人的不当言论和对高层经理人某些行为的推测或组织经营上的失败有很大的关联。有一些也许只是无意伤害组织的微小问题，但有些是恶意的，值得组织引起警惕。

(4) 政府职能部门调查或罚款。任何司法机关进行的调查都容易造成利益相关方的恐慌而使组织陷入危机。一旦政府主管机构开始对组织可能出现的错误做法展开调查，这类危机就会隐约出现。初步的检查会引发对组织全面的调查，从而导致一些有严重影响的惩罚。

(5) 经济抵制、罢工。当一大群人由于某个牵涉组织或其产品的同一原因而聚集起来的时候，就会发生对企业型组织的经济抵制。对此管理不当，自然会产生危机，从而造成组织的经营滑坡，生产力下降，士气低落。

(6) 员工士气低下。这一点会对所有的组织产生影响，当问题严重到影响组织的生产力、盈利能力，甚至工作场所的安全时，就会引发危机。当员工感到工作有压力或不被信任时，其士气就会受到打击。某些员工甚至是所有的员工可能会对他们应该得到更好的待遇并在工作中受到赞赏等问题比较关心，他们也会强烈地希望能够与更多定期的、持续性的同组织管理层进行沟通。此外，组织的解雇行为、员工的重新安置和流失都会导致员工的焦虑，使员工丧失忠诚度，并对未来产生不稳定感。尽管存在轻重程度的区别，但实际上每个组织都会遇到这种危机。

(7) 安全事故。这是另外一种可能削弱对组织的信心、信任和信用的形式，如果不被企业管理层所重视，将会影响企业的长远发展。这些事故经常会发生在制造业组织和高风险的组织中，一些普通事故频率若被控制在一定范围内，很少会对企业产生长期的危害。但当某位员工或顾客因在组织内致残或死亡，或者是由于企业所犯错误及产品缺陷造成伤害，例如煤矿塌方、飞机失事等，这些事故扩散到一定程度就会转变成为危机。

(8) 企业面临的法律诉讼。每个企业都对诉讼很敏感，其来源往往是多方面的，被解雇的员工、顾客、投资方、竞争对手、社区居民等都可能会提起诉讼。特别是跨国企业可能面临着各种不同的法律环境，面临法律上的困境的可能性更大。

(9) 技术故障。在一些以生产高科技产品或提供高技术服务为主的组织里，技术方面的问题也能够引发危机，大多数的组织在这方面的脆弱性正呈逐渐增强的趋势。在计算机系统的日常使用中，病毒和应用程序中的一些问题可能会造成系统数据毁坏，甚至瘫痪。随着技术的不断进步，各种各样的组织都在充分利用技术进步所带来的优势，但对其的依赖性也越来越大，一旦技术中断，则会引发危机，比如，2018 年由于美方禁止中兴集团使用从美国进口的软件和硬件，曾一度将中兴集团推向危机的边缘。

(10) 领导成员的意外伤亡。这种情况是每个组织都必须考虑的，以保证组织在一旦发生此类危机时，能够迅速做出反应，使组织获得可持续的发展。每一个优秀组织都有其领军人物，是组织管理层的核心，特别是组织的首席运营官、执行副总裁、分支机构的副总裁，甚至是组织的高级销售人员。当这些主要领导人中的一位或几位因伤亡而出现职位真空时就会引发危机。

另外，当企业失去某位在组织销售总额中占有很大比例的重要客户，也会立刻引起危机。当员工、顾客、厂商、新闻媒体及其他的人开始对企业的运营情况产生怀疑之日就是危机发生之时，当企业信用受到质疑时，更会推动危机的恶化。

第二节　企业危机管理

普林斯顿大学的诺曼•R. 奥古斯丁(Norman R. Augustine)教授认为，每一次危机本身既包含导致失败的根源，也孕育着成功的种子。发现、培育以便收获这个潜在的成功机会，就是危机管理的精髓。而习惯于错误地估计形势，并使事态进一步恶化，则是不良的危机管理的典型。也就是说，如果处理得当，危机完全可以演变为“契机”。

危机管理是企业为应对各种危机情境所进行的规划决策、动态调整、化解处理及员工培训等活动过程，其目的在于消除或降低危机所带来的威胁和损失。

危机管理必须具备的条件称为危机管理要素，其主要包括以下几点。

(1) 配备专业的危机管理人才。只有配备专业的管理人员，对危机进行全面深入的研究，制定严密的预控措施和应对方案，才能实施有效的危机管理。

(2) 采取先进的危机预测手段和措施。开发或引进先进的危机预测手段，提高危机预测的科技含量，对于现代危机管理是十分必要的。

(3) 及时有效地消除、处理危机。提高对危机的应对能力和反应速度，最大程度地降低危机所带来的损失是十分重要的。

有关危机管理的过程，不同的学者进行了不同的界定，主要的模型有奥古斯丁的六阶段模型、罗伯特·希斯的 4R 模型、米特罗夫和皮尔木的五阶段模型。为简化起见，本书将危机管理分为三个过程：危机爆发前的预防管理、危机爆发时的应急处理、危机发生后的善后管理。

一、危机爆发前的预防管理

危机爆发前的预防管理包括危机预警和危机预控。危机预警是危机预控的基础。企业危机预警是根据企业危机前兆，查找导致前兆的根源，控制危险事态的进一步发展或将危险事件扼杀于萌芽状态，以减少危机的发生或降低危机危害程度的过程。企业危机预警的目的是减少危机的发生或降低危机的破坏程度，实现企业的持续经营。

危机预控是指根据监测和预警情况，对可能发生的危机事件进行预先的控制和防范，以防止危机的发生，或者减轻危机发生后的危害后果。

危机管理的重点就在于预防危机。正所谓“冰冻三尺非一日之寒”，几乎每次危机的发生都有预兆性。如果企业管理人员有敏锐的洞察力，能够根据日常收集到的各方面信息，对可能面临的危机进行预测，及时做好预警工作，并采取有效的防范措施，就可以避免危机发生或把危机造成的损害和影响减少。出色的危机预防管理不仅能够预测可能发生的危机情境，积极采取预控措施，而且能为可能发生的危机做好准备，拟订计划，从而从容地应付危机。

1. 危机预控的对象

危机预控的对象主要集中于组织的信息、人员、财务、危机预控处理活动、危机管理绩效水平。所有这些问题的解决，都有赖于危机管理机构与组织内部各部门的大力协作。

对信息资源的控制，是提高组织危机管理者决策的基础和起点，也是危机预控的主要内容。具体手段可以广泛应用计算机信息系统、各种内部报告、外部资料来进行分析。

危机活动中对相关人员的控制这一环节，必须与组织的人力资源部门协调解决，可以借鉴人员甄选、目标管理、职务设计、直接监督、培训、专业化、工作绩效考核、激励、组织文化等手段进行职员工作行为控制。

相对来说，危机期间组织财力是非常紧张的，危机管理者应该保证危机处理所必需的资金要求，合理安排资金的预算和使用。可见，危机管理者对危机中财务活动的控制，主要以费用控制作为表现形式。这一环节的控制需要得到领导层的批准和财务部门的配合。

危机预控处理活动中控制的重点主要体现在组织在危机应对能力方面的效果和效率上。常用的手段主要有：监督危机预控的计划性；动态修正危机管理预案；通过内部体制的完善，提高应对危机的人员素质和管理绩效等。

危机管理绩效水平是指组织应对危机时的效果和效率的综合反映，即以尽可能少的资源投入获得尽可能对企业有利的结果。

2. 危机预控的基本策略

危机预控的职能在于：提前对可能引起危机的各种诱因采取措施或对难以避免的危机做好准备，全部或部分地清除危机爆发的诱因，尽最大可能避免危机的爆发或减少危机爆发后的危害程度。对于不同种类的潜在危机，危机预控可以从以下几种策略中选择一种最适用的策略。

(1) 排除策略。有些危机爆发的诱因属于可控制因素，如果管理得当，完全可能在危机爆发之前事先清除危机爆发的这些诱因，将危机彻底排除。排除策略是最理想的危机预控策略，可以完全消除潜在危机的危害。排除策略的主要措施有以下几种。

① 远离危害程度较大的风险。远离危害程度较大的风险，可以使危机发生的概率变为零，危机不再发生。例如，对于航空公司而言，明确规定在何种气候条件下飞机不能起飞，可以有效地排除飞机失事的危机；通过移走易燃危险品，排除生产场所的隐患。

② 实施零缺陷管理。追求零缺陷、努力提高工作标准是排除危机的有效手段。制度不完善、要求不严格、无章可循、有章不循等原因所形成的管理不善是许多危机爆发的根源。而零缺陷管理致力于消除管理的各种弊端，要求管理者和员工都以将自己的事情做好为目标，以达到零缺陷为境界，有助于避免众多的因内部管理不善而引发的危机。

③ 设计良好的防范机制。将可能引发某种危机的诱因逐一列出，并针对不同的诱因有针对性地设计相应的防范措施，将危机诱因分别予以清除，可以达到排除危机的目的。

④ 迅速解决小问题或小错误。“千里之堤，溃于蚁穴”。在很多情况下，如果忽视小问题或小错误，不及时予以解决，小问题或小错误往往成为导火索，引发一场大危机。如果对小问题或小错误予以足够的重视，注意防微杜渐，则能够有效地避免危机的发生。

(2) 缓解策略。缓解策略是指在危机诱因不能完全被排除的情况下，通过各种措施将危机诱因控制在一定的限度和范围之内，尽可能减轻危机爆发后的直接危害程度，使危机的长期影响降到最低。在建筑物内设置防火墙，就是缓解策略的典型运用。由于难以做到完全排除火灾发生的隐患，在一幢大的建筑物内，可以使用防火材料砌墙，将整幢建筑物分隔为若干个独立的空间。一旦发生火灾，由于防火墙的分隔，火灾被控制在较小的空间范围内，难以向其他空间蔓延，可以减轻火灾所造成的损失。

(3) 转移策略。如果危机诱因无法排除或者缓解，或者危机诱因的排除或缓解具有不经济性，可以采取转移策略，将自身所面临的相应风险转移给其他机构或个人承担。转移策略的常见实施途径通常有以下几种。

① 保险。引发危机的风险可以通过保险来实现转移。通常可以通过保险进行转移的危机风险必须具备以下特性：A.该风险只有损失可能而无获利机会；B.非故意性，该风险并非故意行为所致；C.该风险具有偶然性，可能发生，也可能不发生，发生的时间、地点、损失程度等无法确切知道；D.该风险一旦发生，带来的损失重大，且损失可以客观衡量。

② 责任免除协议。许多医院在对病人进行手术之前，往往需要病人家属签字，以保证一旦由于意外或现代医学水平的限制而出现问题时医院或医生不承担责任。这种病人家属签字的做法，实质上具有责任免除协议的性质，通过履行这一手续，医院将手术可能造成的危险转由病人及其家属承担。对于企业而言，事先签订责任免除协议，可以避免一些危机的发生。

(4) 防备策略。所谓有备无患，对于那些无法排除、缓解或转移的危机诱因，为了减少危机一旦爆发的危害程度，有效的措施是对危机的爆发提前做好准备。尤其是对于那些由不可抗力的因素引发的危机而言，防备策略十分有效。

培养危机意识、开展危机教育等侧重于从人力资源方面对危机的爆发进行防备；建立危机管理小组、明确危机管理小组及其成员的职责、规定危机期间的沟通方式侧重于从组织结构方面对危机的爆发做好准备；制订危机管理计划侧重于从规章制度方面对危机的爆发做好准备。此外，还应为危机的爆发建立备份的计算机管理系统，储备相应的物资及足够的资金。

如2001年“9·11”事件的发生使许多美国公司陷入了困境，很长一段时间都难以复苏。但作为世贸大厦最大主顾之一的摩根斯丹利，却在事件发生后的第二天就对外宣布恢复正常工作状态，从而将“9·11”事件对公司的不利影响降到了最低程度。摩根斯丹利之所以能够做到这一点，就在于早在几年前它就制定了数据安全战略，斥巨资建设了远程数据防灾系统。在世贸大厦倒塌之前，摩根斯丹利所有重要的业务信息都完好无损地传送到了几英里之外的另一个办事处。

(5) 减少策略。有的危机可以回避，有的不可回避；有的可以转移，有的不可转移，或者只能部分转移；有些风险通过回避或转移是有利的，有些则是不经济的。对那些无法回避、转移，或者转移不经济的危机，就要接受危机，采取有力措施，减少危机发生的概率，降低损失。减少策略要在以下三个方面下功夫。

① 要努力消除或减少危机风险源。要消除危机的风险源，重点要针对不同类型的突发事件，采取有针对性的预防性措施，尽量抑制风险源或将风险消灭在萌芽状态。比如，火灾的预防就要在控制易燃易爆物质、电路的检查维修等方面采取措施。防止煤矿瓦斯爆炸、渗水等就要随时加强煤矿安全检查等。防止道路交通事故就要对交通设施情况进行细致的检查。总之，未雨绸缪是预防和控制风险最廉价的方式。

② 要改变或改善环境。任何危机的发生都是在一定的环境中形成的。环境有自然环境和人造环境两种。人们在短期内难以对自然环境施加影响，但是在一个较长时间里，可以改善自然环境。

③ 要避免发生连锁反应。危机风险的大小与环境关系密切。一般来说，所发生的危机与周围环境关联性越大，风险扩散的危险也会越大；反之，所发生危机与周围环境关联性不大，危机扩散的风险就会相对较小。因此，在进行风险的预防中，要高度重视危机风险与周围环境的关联性，要尽可能降低它们之间的关联性，以避免发生连锁反应。比如，在城市功能设计时，不能把有毒的化学物质的生产放在人口稠密的地区，而应该放在人口稀少的地区。又如，在铁路等重要交通要道周围不能有易燃易爆物品等。只有尽可能减少危机风险关联性，才能将危机的风险降低到最低限度。

3. 危机预防管理的具体措施

出色的危机预防管理不仅能够预测可能发生的危机情境，积极采取预控措施，而且能为可能发生的危机做好准备，拟订计划，从而从容地应付危机。危机预防要注意以下几方面的重点工作。

(1) 树立正确的危机意识。企业要居安思危，未雨绸缪，这是危机管理理念之所在。预防危机要伴随着企业经营和发展长期坚持不懈，把危机管理当作一种临时性措施和权宜之计的做法是不可取的。在企业生产经营中，要重视与公众沟通，与社会各界保持良好关系；同时，企业内部要沟通顺畅，消除危机隐患。企业的全体员工，从高层管理者到一般员工，都应居安思危，将危机预防作为日常工作的组成部分。全员的危机意识能提高企业抵御危机的能力，有效地防止危机产生。

(2) 建立危机预警系统。现代企业是与外界环境有密切联系的开放系统，不是孤立封闭体系。预防危机必须建立高度灵敏准确的危机预警系统，随时收集产品的反馈信息。一旦出现问题，要立即跟踪调查，加以解决；要及时掌握政策决策信息，研究和调整企业的发展战略和经营方针；要准确了解企业产品和服务在用户心目中的形象，分析掌握公众对本企业的组织机构、管理水平、人员素质和服务的评价，从而发现公众对企业的态度及变化趋势；要认真研究竞争对手的现状、实力、潜力、策略和发展趋势，经常进行优劣对比，做到知己知彼；要重视收集和分析企业内部的信息，进行自我诊断和评价，找出薄弱环节，采取相应措施。

(3) 成立危机管理小组，制订危机处理计划。成立危机管理小组，是顺利处理危机、协调各方面关系的组织保障。危机管理小组的成员应尽可能选择熟知企业和本行业内外部环境的人员，由有较高职位的公关、生产、人事、销售等部门的管理人员和专业人士参加。他们应富于创新、善于沟通、严谨细致、处乱不惊、具有亲和力，以便于总览全局，迅速做出决策。小组的领导人不一定非公司总裁担任不可，但必须在公司内部有影响力，能够有效控制和推动小组工作。危机管理小组要根据危机发生的可能性，制订出防范和处理危机的计划，包括主导计划和不同管理层次的部门行动计划两部分内容。危机处理计划可以使企业各级管理人员做到心中有数，一旦发生危机，可以根据计划从容决策和行动，掌握主动权，对危机迅速做出反应。

(4) 进行危机管理的模拟训练。企业应根据危机应变计划进行定期的模拟训练。模拟训练应包括心理训练、危机处理知识培训和危机处理基本功演练等内容。定期模拟训练不仅可以提高危机管理小组的快速反应能力，强化危机管理意识，还可以检测已确定的危机应变计划是否切实可行。

(5) 广结善缘、广交朋友。运用公关手段建设和维系公众关系，以获得更多支持者。

二、危机爆发时的应急处理

危机事件往往时间紧，影响面大，处理难度高。因此，危机处理过程中要注意以下事项。

(1) 沉着镇静。危机发生后，当事人要保持镇静，采取有效的措施隔离危机，不让事态继续蔓延，并迅速找出危机发生的原因。

(2) 策略得当。即选择适当的危机处理策略。危机处理策略主要包括以下内容。

① 危机中止策略。企业要根据危机发展的趋势，审时度势，主动中止某种危机损失。例如：关闭亏损工厂、部门，停止生产滞销产品。

② 危机隔离策略。由于危机发生往往具有关联效应，一种危机处理不当，就会引发另一种危机。因此，当某一危机产生之后，企业应迅速采取措施，切断危机同企业其他经营领域的联系，及时将爆发的危机予以隔离，以防扩散。

③ 危机利用策略。即在综合考虑危机的危害程度之后，造成有利于企业某方面利益的结果。例如：在市场疲软的情况下，有些企业不是忙着推销、降价，而是利用危机造成的危机感，发动员工提出合理化建议，进行技术革新，降低生产成本，开发新产品。

④ 危机排除策略。即采取措施，消除危机。消除危机的措施按其性质有工程物理法和员工行为法。工程物理法以物质措施排除危机，如投资建新工厂和购置新设备，来改变生产经营方向，提高生产效益。员工行为法是通过公司文化、行为规范来提高士气，激发员工创造性。

⑤ 危机分担策略。即将危机承受主体由企业单一承受变为由多个主体共同承受。如采用合资经营、合作经营、发行股票等办法，由合作者和股东来分担企业危机。

⑥ 避强就弱策略。由于危机损害程度强弱有别，在危机一时不能根除的情况下，要选择危机损害小的策略。

(3) 应变迅速。以最快的速度启动危机应变计划，力求在危机损害扩大之前控制住危机。如果初期反应滞后，就会造成危机蔓延和扩大。

(4) 着眼长远。在危机处理中，应更多地关注公众和消费者的利益，关注公司的长远利益，而不仅仅是短期利益。应设身处地尽量为受到危机影响的公众减少或弥补损失，维护企业良好的公众形象。2017 年 4 月 10 日，美联航一名亚裔乘客在芝加哥机场的航班上因“超售”问题被强行从座位上拖拽的视频，在网络持续发酵，引发网友大规模口诛笔伐。这段视频在网络上疯传，引发全球公愤。导致该公司股票市值蒸发近 10 亿美元。美联航官方发布了 CEO 的一份简短声明，但显然避重就轻，只提到对于“重新安置的乘客”的道歉，并没有对这位受伤的亚裔男子的道歉。随后该 CEO 在给公司员工的内部信中称员工是“好样的”，并指责被拖下飞机的乘客具有攻击性。邮件传出后进一步加深了公众对美联航的愤怒。迫于压力，4 月 11 日，他又发布了第二份声明，他郑重道歉，并承诺在 4 月 30 日之前完成此事件的调查；在美国广播公司《早安美国》节目中再次道歉，表示类似事件不会再发生。这才获得一部分公众的谅解。

(5) 信息通畅。建立有效的信息传播系统，做好危机发生后的传播沟通工作，争取新闻界的理解与合作，这也是妥善处理危机的关键环节，主要应做好以下工作。

① 掌握宣传报道的主动权，通过召开新闻发布会以及使用网络、微信等多种媒介，向社会公众和其他利益相关人及时、具体、准确地告知危机发生的时间、地点、原因、现状，公司的应对措施等相关的和可以公开的信息，以避免小道消息满天飞和谣言四起而引起误导和恐慌。

② 统一信息传播的口径，对技术性、专业性较强的问题，在传播中尽量使用清晰和不产生歧义的语言，以避免出现猜忌和流言。

③ 设立 24 小时开通的危机处理信息中心，随时接受媒体和公众访问。

④ 要慎重选择新闻发言人。正式发言人一般可以安排主要负责人担任，因为他们能够准确回答有关企业危机的各方面情况。如果危机涉及技术问题，应当由分管技术的负责人来回答。如果涉及法律，那么企业法律顾问会是最好的发言人。新闻发言人应遵循公开、坦诚、负责的原则，以低姿态、富有同情心和亲和力的态度来表达歉意，表明立场，说明公司的应对措施。对不清楚的问题，应主动表示会尽早提供答案。对无法提供的信息，应礼貌地表示无法告之并说明原因。

(6) 要善于利用权威机构在公众心目中的良好形象。为增强公众对企业的信赖感，可邀请权威机构(如政府主管部门、质检部门、公关公司)和新闻媒体参与调查和处理危机。

三、危机发生后的善后管理

危机发生后的善后管理主要是消除危机处理后的遗留问题和影响。危机发生后，企业形象受到影响，公众对企业会非常敏感，要靠一系列危机善后管理工作来挽回影响。

(1) 进行危机总结、评估。对危机管理工作进行全面的评价，包括对预警系统的组织和工作程序、危机处理计划、危机决策等各方面进行评价，要详尽地列出危机管理工作中存在的各种问题。

(2) 对问题进行整顿。多数危机的爆发与企业管理不善有关，通过总结评估提出改正措施，责成有关部门逐项落实，完善危机管理内容。

(3) 寻找商机。危机给企业制造了另外一种环境，企业管理者要善于利用危机探索经营的新路子，进行重大改革，危机可能会给企业带来商机。

总之，危机并不等同于企业失败，危机之中往往孕育着转机。危机管理是一门艺术，是企业发展战略中的一项长期规划。企业在不断谋求技术、市场、管理和组织制度等一系列创新的同时，应将危机管理创新放到重要的位置上。一个企业在危机管理上的成败能够显示出它的整体素质和综合实力。成功的企业不仅能够妥善处理危机，而且能够化危机为商机。

第三节 危机沟通

与一般的沟通不同，危机沟通是指通过沟通以解决危机为目的所进行的一系列化解与避免危机的行为和过程。危机沟通可以降低企业危机的冲击，并存在化危机为转机甚至商机的可能。危机沟通既充满了科学，同时也是一门艺术，既有特定的处理规律与原则，同时也要根据实际情境进行灵活处理。企业的危机沟通对象其实就是企业的利益相关者，即投资者、企业员工、工会、政府及社会中介组织、媒体、顾客、供应商、经销商、竞争者等。

一、危机沟通的原则

在危机沟通的原则上，有众多的说法。本书比较赞同北京关键点传媒集团董事长游昌乔提出的 “危机公关 5S 原则”， 这 5 项原则也适用于危机沟通中，5S 原则经中国版权保护中心审核并予以著作权登记获得知识产权保护。

1. 主动承担责任原则(Shoulder the Matter)

在企业危机发生后，公众往往会关心两方面的问题：一方面是公众利益问题，利益是公众关注的焦点，因此无论谁是谁非，企业应该承担责任。即使受害者在事故发生中有一定责任，企业也不应首先追究其责任，否则会各执己见，加深矛盾，引起公众的反感，不利于问题的解决。另一方面是感受问题，公众很看重企业是否在意公众的感受，因此企业应该站在受害者的立场上表示同情和安慰，并通过新闻媒介向公众致歉，解决深层次的心理、情感关系问题，从而赢得公众的理解和信任。实际上，公众和媒体往往在心目中已经有了自己的判断，对企业有了心理上的期望，企业只有按照公众的心理期望去做，公众才会感到满意。因此，企业绝对不能选择对抗，态度至关重要。

2012 年 8 月，一条“屈臣氏面膜疑致消费者死亡”的消息在网络上不胫而走。一时间，屈臣氏这家著名的个人护理连锁零售店被推上舆论的风口浪尖。在事件发生后的第一时间，屈臣氏主动承担责任。首先，立即将涉事面膜在全国实体店和网店全部下架，并将与疑致死消费者金女士的同批次面膜送到有关部门检测；其次及时采取行动与顾客家属取得联系，向他们表达了人道主义关怀，并积极取得他们的配合以将此事调查清楚；对于该女子的去世，公司深表同情与哀悼。

2. 真诚沟通原则(Sincerity)

当企业处于危机漩涡中时，企业已变成公众和媒介的焦点。企业的一举一动都将接受质疑，因此千万不要有侥幸心理，企图蒙混过关，而应该主动与新闻媒介联系，尽快与公众沟通，说明事实真相，促使双方互相理解，消除疑虑与不安。真诚沟通是处理危机的基本原则之一。这里的真诚指“三诚”，即诚意、诚恳、诚实。如果做到了这“三诚”，则一切问题都可迎刃而解。

(1) 诚意。在事件发生后的第一时间，公司的高层应向公众说明情况，并致以歉意，从而体现企业勇于承担责任、对消费者负责的企业文化，赢得消费者的同情和理解。

(2) 诚恳。一切以消费者的利益为重，不回避问题和错误，及时与媒体和公众沟通，向消费者说明事件的进展情况，重拾消费者的信任和尊重。

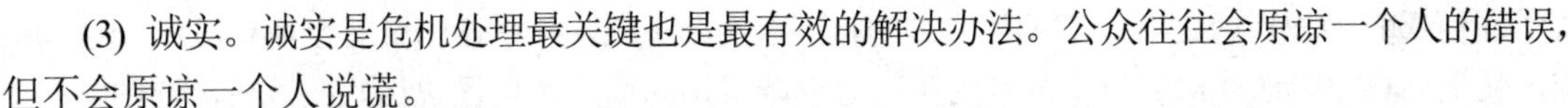

(3) 诚实。诚实是危机处理最关键也是最有效的解决办法。公众往往会原谅一个人的错误，但不会原谅一个人说谎。

上文中屈臣氏面膜危机发生后，屈臣氏主动与新闻媒体取得联系说明事实，在官方微博上第一时间发表了一封“致媒体函”，内容包括：屈臣氏珍珠臻致美白面膜符合中国化妆品卫生规范标准和要求，销售多年未见一起质量事故；屈臣氏本着对消费者负责的态度，已第一时间下架全部涉事面膜；屈臣氏与受害家属取得联系使之配合调查等。不仅如此，屈臣氏还积极向消费者发表声明，望广大消费者客观对待此事，并对恶意诽谤、散布谣言等行为做出警告。态度真诚，用事实说话，促使双方互相理解，消除疑虑与不安。

3. 速度第一原则(Speed)

好事不出门，坏事行千里。在危机出现的最初12~24小时内，消息会像病毒一样，以裂变方式高速传播，网络上或社会上充斥着谣言和猜测。企业的一举一动将是外界评判公司如何处理这次危机的主要根据。媒体、公众及政府都会密切关注公司发出的第一份声明。因此，公司必须当机立断，快速反应，果决行动，与媒体和公众进行沟通，从而迅速控制事态，否则会扩大突发危机的范围，甚至可能失去对全局的控制。危机发生后，能否首先控制住事态，使其不扩大、不升级、不蔓延，是处理危机的关键。

屈臣氏应对此次危机事件表现得非常积极。专家指出，因大众媒体的“议程设置”功能，对于公司在处理危机方面的做法和立场，舆论赞成与否都会立刻见于传媒报道。屈臣氏在上述事件发生的第二天，就在官方微博上发表了“关于屈臣氏珍珠臻致美白面膜事件致媒体函”的第一份声明。随后包括北京、上海、广州、福州、苏州等20几座城市的屈臣氏，都先后向媒体表示：该涉事面膜已经下架，并向消费者做出承诺，凡是购买屈臣氏珍珠臻致美白面膜的消费者可凭购物小票退货，如若遗失购物小票，按系统内价格退货。

4. 系统运行原则(System)

系统原理强调局部与整体的关系。企业在进行危机管理时必须系统运作，绝不可顾此失彼，企业里面对外只能发出一个声音，无论是高层领导，还是低层领导，无论是在何时、何地，声音都要一致，否则容易被外界认为不可信，必要时需要对员工进行培训，告知事情的真相，让员工帮助组织渡过难关。只有这样才能统一透过表面现象看本质，创造性地解决问题，化害为利。屈臣氏在处理危机时很到位：首先，当坏消息传出来时虽然震动业界，但是屈臣氏并未表现得惊慌失措，而是一如既往井然有序，企业表现得极其冷静，统一下架涉事面膜，统一员工的态度和口径。其次，积极与媒体、政府取得联系，对外公开表态。最后，针对事故的“症”，也是公众在乎的——面膜的“质量”，寻找“药”，主动将面膜送往检测机构，利用第三方权威机构的嘴来替自己说话等。有专业人士透露，屈臣氏的“公关态度”表现之所以一致、清晰，是因为员工是受过严格培训的。

5. 权威证实原则(Standard)

自己称赞自己是没用的，没有权威的认可只会徒留笑柄。在危机发生后，企业最好不要自卖自夸，要学会曲线救国，请重量级的第三者在前面说话，使消费者解除对自己的警戒心理，重获他们的信任。

屈臣氏较为积极地配合警方调查，主动将涉事面膜下架，并承诺消费者全额退款的一系列措施，又主动将面膜送往检测机构，利用第三方权威机构的嘴来替自己说话，在危机沟通中掌握了“主动权”。

二、危机沟通的步骤

危机沟通主要有以下几步。

(1) 制订危机沟通计划。当危机发生时，临时抱佛脚，会导致控制损失所需的时间和成本增至原来的 2~3 倍。如果提前做好沟通预案，组织只需要全盘策划一次，并且不断更新改良计划即可。企业需要根据企业实际预测会有哪些类型的危机发生，提前做好计划与防范措施，明确防控的重点。

(2) 成立危机沟通小组。组织在制订危机沟通计划时，要选派高层管理者组成危机沟通小组，明确小组成员每个人的职责和权限。危机沟通小组的最理想组合是由组织的首席执行官领队，并由公关经理和法律顾问作为助手。如果组织内部的公关经理不具备足够的危机沟通方面的专业知识，可以找顾问团队来辅助，小组其他成员应该是公司主要部门的负责人，如财务处处长、保卫处处长、人力资源部部长、生产主管、营销部经理等。

(3) 选定和培训发言人。企业需要选定 1~2 个人作为公司危机时期的发言人，首席执行官可以是发言人之一，但不一定是最主要的。一些首席执行官是很出色的业务能手，但面向公众的时候不一定健谈，形象也不一定符合公众的眼缘。

沟通技巧是选择发言人的首要标准之一。沟通不仅在于发表观点的人说了什么，更在于倾听的一方听到了什么；有些经理自以为能自如应付媒体，但是新闻报道的价值判断与企业想要表达的价值观往往存在差异，所以要避免误解的发生是发言人培训的第一要务。对发言人的培训，能让组织和员工学会如何妥善应对媒体，最大可能地使公众的说法或分析家的评论与公司的意愿相符。

那什么样的人适合担当发言人？或者新闻发言人应该具备什么样的素质要求？我们引用一个调查的数据来回答。2016 年，中国青年报社会调查中心通过问卷对 2002 人的一项调查显示，对于新闻发言人应具备的能力和素质要求，其中权威性占(63.7%)、良好口碑(53.2%)和决定权(51.8%)位列前三，其他依次为代表性(38.0%)、形象(32.8%)、深谙发布领域(29.0%)、口才(24.4%)。

(4) 明确信息沟通规则。公司任何员工都可能最先获取与危机相关的信息，这就需要建立危机通信“树状结构图”，并分发给每一个职员。该图可以准确说明面对可能发生或已经发生的危机，每个人应该做什么，与谁联络。除了有合适的主管人员之外，危机沟通小组中至少要有一名成员和一名候补成员在突发事件联络表中留下其办公室及家庭电话。除此之外，信息沟通时还要统一口径，公司上上下下对外统一说法，防止产生进一步的谣言。

(5) 确定关键信息。关键信息是指哪些人在关注公司的危机，他们中的领头人是谁？他们关注公司危机的目的何在？期望得到什么样的信息？同时，公司的底线是什么？能做出的让步有多大，希望达到的目标是什么？应该选择哪种沟通方式是最有效的？成本怎么样？如果沟通失败，会给公司带来什么风险？在确定这些细项后，要根据听众对危机情况的认识给予相关信息，做到简单明了，给每个听众的主要信息不要超过三条。

综合练习

一、名词解释

危机　危机管理　危机预警　危机预控　危机沟通

二、单项选择题

1. 危机与事件的最重要区别在于(　　)。
   A. 突发性　B. 紧急性　C. 舆论的关注性　D. 后果的严重性
2. 零缺陷管理属于(　　)中的有效手段。
   A. 危机排除　B. 缓解　C. 转移　D. 防备
3. 要求危机中的上下级言论一致属于危机沟通中的(　　)原则。
   A. 真诚沟通　B. 主动承担责任　C. 系统运行　D. 权威证实
4. 危机沟通小组最理想的是由(　　)领队。
   A. 公关经理　B. 首席执行官　C. 法律顾问　D. 发言人
5. 危机管理的重点在于(　　)。
   A. 快速处理　B. 不让危机传播　C. 预防危机　D. 选好发言人

三、多项选择题

1. 危机的特征包括(　　)。
   A. 突发性　B. 紧急性　C. 舆论的关注性
   D. 后果的严重性　E. 快速性
2. 危机的预防管理包括(　　)。
   A. 危机识别　B. 危机控制　C. 危机排除
   D. 危机预警　E. 危机预控
3. 危机沟通的原则是(　　)。
   A. 主动承担责任　B. 真诚沟通　C. 速度第一
   D. 系统运行　E. 权威证实
4. 危机沟通的步骤包括(　　)。
   A. 制订危机沟通的计划　B. 成立危机沟通小组
   C. 选定和培训发言人　D. 明确信息沟通规则
   E. 确定关键信息
5. 根据中国青年报社会调查中心的调查，新闻发言人应具备的能力和素质要求中，位列前三的是(　　)。
   A. 形象好　B. 权威性　C. 口才好
   D. 决定权　E. 良好口碑

四、简答题

1. 企业危机的类型有哪些?
2. 危机预控的基本有哪些?

3. 危机预防管理的具体措施有哪些?
4. 危机处理过程中的注意事项有哪些?
5. 危机的善后工作有哪些?
6. 危机沟通的步骤是什么？

五、论述题

1. 论述危机形成的原因。
2. 阐述危机沟通的原则。

六、实训题

收集一家公司的危机事例，并进行以下实训：

(1) 收集 2015—2018 年中这家公司的危机事例;

(2) 分析这家公司为何身陷如此困境;

(3) 深度剖析这家公司在危机事件处理中的成败;

(4) 请为这家公司走出困境设计相应的公关方案;

(5) 以小组为单位制作案例分析 PPT。

第十五章 创新管理

【学习目标】

1. 掌握熊彼特关于创新的观点；
2. 了解创新的分类；
3. 熟悉市场创新、组织创新；
4. 掌握技术创新；
5. 了解管理创新。

【导入案例】

格力：用创新引领未来

在市场需求不足、制造业面临重重困难的大背景下，格力的业绩却好得惊人：2015年利润率达12%左右，纳税额150亿元。这一切都源自于格力的自主创新。格力电器董事长董明珠认为，在2000年以前的10年中，格力所做的工作与大多数企业一样——贴牌生产。在2000年后的10年里，格力虽然有了专利技术，但是技术含量并不高。“在这之前，格力靠的是以质取胜，直到2011年以后才有了真正属于自己的核心技术。”董明珠所说的核心技术是格力的研发团队针对其支柱产业空调所获得的一系列专利技术，其中最著名的莫过于突破了传统空调无法在极冷极热环境中使用的“双级变频压缩机技术”。

不仅是空调，格力在智能家电制造领域也迈出了坚定的步伐。−5℃不结冰的晶弘冰箱“颠覆”了消费者的常识；以电磁技术三维立体加热的大松电饭煲蒸出了比日本电饭煲口感更好的米饭；利用空气压缩技术实现加热的空气能热水器……甚至在医疗领域，格力独家研发的分子击断技术半小时就能够杀灭98%以上的病毒。在董明珠看来，“创新不仅能够满足市场需求，更能创造市场需求，挖掘消费者自己都不知道的需求”。

如今，格力已累计申请专利20738项，其中发明专利6811项，生产出20个大类、400个系列、12700多种规格的产品，远销全球160多个国家和地区，全球用户量超过3亿。在业界有着“黄埔军校”之称的格力，被“挖”走的技术人才不计其数。但在董明珠看来，很多技术人才失去了格力提供的创新环境和便利，也就失去了被挖走的价值。“这样的例子太多了”，董明珠的自信源自于格力的一项对研发全力支持的制度：无上限研发投入。事实上，格力在技术研发和设备上的投入早已无法用数字来计算了。研发速度快才能更快地更新产品，这与强大的实验能力分不开。现在格力用于研发商用空调群落系统的实验室就有700多间，连美国同业协会在参观格力实验室时都惊叹：格力焓差数据实验室的数量全球居首。

(资料来源：http://finance.huanqiu.com/roll/2016-05/8862753.html)

问题：(1) 格力成功的关键是什么?

(2) 企业技术上的创新是否一定能带来企业的成功?还需要什么支撑条件?

第一节 创新概述

在市场竞争条件下，企业取胜的一个重要因素是创新。按照美籍奥地利裔经济学家、美国哈佛大学教授约瑟夫•熊彼特(Joseph A. Schunmpeter)的观点，经济活动有两种类型：一种是经济循环，在这种状态下，企业的总收入等于总支出，整个生产过程循环往复，周而复始，企业没有发展；另一种是经济发展，企业的基本动力便是创新，创新与发展互为动力，才能促进企业的胜出。

一、创新的内涵

对于创新比较系统的定义是由熊彼特于 1912 年在《经济发展理论》中提出的。他认为创新(innovation)并不是一个技术概念，也不是单纯的技术上的新发明，而是一个经济概念，是经济生活中出现的新事物。创新是把生产要素的新组合引入生产体系中，即：“建立一种新的生产函数”，其目的是获取潜在利润。创新是打破旧的力量，达成新的均衡的力量，从而推动经济的发展。创新是经济发展的根本动因。熊彼特把创新定义为企业家的职能，并认为企业家之所以能成为企业家，并不是因为其拥有资本，而是因为他拥有创新精神并实际地组织实施了创新。

根据熊彼特的观点，一个国家或地区经济发展速度的快慢和发展水平的高低，在很大程度上取决于该国或该地区拥有创新精神的企业家的数量，以及这些企业家在实践中的创新努力。正是由于某个或某些企业家的率先创新，众多企业家的迅速模仿，才推动了经济的发展。

熊彼特的创新，包括五个方面：①生产一种新的产品；②采用一种新生产方法；③开辟一个新的市场；④掠取或控制原材料和半成品的一种新来源；⑤实现一种新的工业组织，或打破一种垄断地位。

除了熊彼特提出的五种创新，现代企业管理又出现了制度创新和管理创新。事实上，企业的创新活动并不局限于以上五种，这些只是企业家获得超额利润的内在因素。除此之外，还有外在因素，诸如政府经济政策、经济法规等的变化，也可能使得原来的均衡状态被打破，即便企业家不采取任何行动。

熊彼特之后，彼得•德鲁克于 1976 年在其著作《创新与企业家精神》中指出，创新就是通过改变产品和服务为客户提供价值和满意度，并将企业可以系统化的创新机遇来源进行如下分类：意料之外的事件，不可协调的事件，基于程序需要的创新，没有被注意到的产业或市场结构的变化，人口统计数字的变化，产业结构与市场结构变化，新知识(包括科学与非科学的知识)七种。前四种存在于产业结构与企业内部，后三种是产业结构与企业外部的变化。显然，德鲁克考虑了来自企业外部的创新机遇，他进一步提出了实践创新管理的六项原则：

① 分析创新机遇的各种来源，这是有目的、有计划的创新的开始。

② 走出去观察、询问和倾听，研究潜在用户的期望价值观念和需求。

③ 有效创新管理必须简单集中，它应该只做一件事。

④ 有效的创新，开始时要小，只做一件具体的事。

⑤ 创新一开始要以充当行业内的领导者为目标，争取成为标准的设计者，并决定新技术和

新产业部门的方向。

⑥ 创新需要才干、机智和知识，但是更需要努力和专心致志的工作。

但是，这两位外国学者对于创新的定义都仅仅局限于产品创新、工艺创新、生产要素创新、组织创新等企业内部的创新。除此之外，我们所理解的创新还包括市场结构创新、制度创新等企业适应外部环境变化的创新活动。

由此，我们可以对本章将要讨论的创新概念定义为：创新是指企业在内部生产经营过程中或市场制度等外部环境变化的情况下，建立新的生产函数，或将各种经济要素进行新的组合的行为。这种行为有时会产生新产品或者新服务，有时会产生新的组织营运方式，有时会产生新的市场营销手段。

二、创新与维持的关系

什么是维持？维持是指从事与保持现有技术管理及作业标准的活动，以及支持这些标准所需的培训，它是将已取得的创新成果固化的一个过程。其目的是保证工作的有效性，防止滑坡与倒退。在维持的功能下，管理部门要执行工作的指派，使每一个人都能依照标准的操作程序来工作。

强调维持的重要性是在于它往往被人们认为不重要。维持需要人们去遵照和重复，难以产生成就感，因此难以受到重视。在旧有观念里，其重要性难与创新相提并论，但事实告诉我们，它对工作的协调性和结果的一致性却异常必要。它是一个将创新运用于实际，并取得成效的必然过程。

创新与维持是事物发展的两个方面，由于工作职能、职责的不同，它们在不同的人员类别中的侧重比例各不相同。从高层管理、中层管理、一般干部到操作人员，他们的工作重心从创新逐渐转为维持；但在企业的整个工作中却谁也离不开谁，维持处于基础与支撑的地位，创新是为了提高与完善。

维持不是永远保持不变，只是一段时间内的相对稳定。它形成的平台是为前一个创新做支撑，为下一个创新做准备。创新与维持，通过不断的重复，就形成了企业发展的阶梯。

维持是保障企业正常运转的基础，由于现代企业生产经营的外部环境的复杂变化，创新成为必然。企业要在竞争中取得持久的竞争优势，如组织规模的扩大、市场份额的提高、企业运作及管理水平的提高等都必须不断创新。虽然企业的创新活动能够带来丰厚的回报，然而一味地追求创新也是有风险的。高效的管理加维持与创新有效结合，在保障企业能正常运转的前提下，加入创新元素，使企业富有朝气与活力，从而推动企业的健康发展。

三、创新的分类

1. 根据创新内容进行分类

根据熊彼特关于创新的五个方面的观点以及我国学者加入的内容，创新分为产品创新、工艺创新、市场创新、材料创新、商业模式创新、制度创新和管理创新等。

(1) 产品创新指引入新的产品。产品创新是通过新技术改善产品的功能或者设计制造全新的产品，以吸引顾客，推向市场并获得利润。

(2) 工艺创新是指在技术创新的基础上采用新的生产方法。企业从事的两类主要创新活动就是产品创新和工艺创新。工艺创新并非在最终产品上进行创新，而是在生产过程中采用新的生产技术和制造程序，以提高企业的生产效率，降低产品的价格或提高产品的利润空间。

(3) 市场创新是指开辟新的市场，包括地域市场开发、未被完全满足的市场领域开发和全新产品的市场开发三种形式。

(4) 材料创新是指获取新的原材料、开辟新的材料来源、开发和利用成本更低的材料以替代成本高昂的材料、提高材料的质量、改进材料的性能等。

(5) 商业模式被认为是企业获取利润的生产函数，是产品、市场、生产方法、生产材料的组合。从系统观的视角来看，商业模式创新可以界定为企业各种交易活动的新组合体系，这种体系结构以为企业创造新的价值为目的，代表企业、供应商、潜在竞争对手及客户所组成的创新网络体系。德鲁克认为，当今企业之间的竞争，已经超越产品或技术之间的竞争，上升到了商业模式之间的竞争。

(6) 制度创新是指组织内部运营、管理、人际关系等的新规则和新制度。按照制度创新的主体不同，可以将制度创新分为企业强制性制度创新和需求引导性制度创新。

(7) 管理创新是指企业内部实施的比现行管理更为有效的资源整合方式，其目标是降低企业内部各部门之间的交易费用，其对象包括企业内部的人力、财力、物力等各种资源，还包括新的管理思想、管理实践、管理过程或管理原则等。

2. 根据创新强度进行分类

根据技术创新过程中技术变化强度的不同，技术创新可分为渐进性创新和突破性创新。

(1) 渐进性创新，又称为持续性创新，是指在一个相当长的时期内，企业在原有的技术轨迹上，对产品或工艺流程等进行程度较小的改进和提升，持续不断地推出和实施创新活动，不断地创造经济效益的过程。渐进性创新强调技术、工艺等的延续和过程的持续，创新活动在时间上、效益上和企业发展上都是平稳、持续且上升的，不存在突然变化。

(2) 突破性创新，又被称为破坏性创新，即突破原有技术轨迹，导致投入、产出或者流程根本性或者显著改变的创新。突破性创新建立在一整套不同的知识或规则之上，对产品性能的主要指标有很大改变，激发了市场的潜在需求，决定新的市场规则和竞争格局，给市场中的其他企业带来巨大冲击，甚至导致整个行业重新洗牌。

3. 根据创新合作模式进行分类

在创新合作模式上，按照企业所使用的资源归属，创新可以分为封闭式创新、协同创新和开放式创新三种模式。

(1) 封闭式创新，是指企业主要依靠自身的资源和力量进行创新，与外界的合作可以看作是零。随着知识创造和知识扩散的速度加快，以及人才流动、风险资本的盛行，封闭式创新模式受到了挑战。不可否认，与其他企业合作开发新产品是形成企业竞争优势的一种重要的方法，但企业却很少与其他企业共享创新成果。这种强烈依靠自我的创新模式被亨利·切斯布鲁(Henry Chesbrough)称为“封闭式创新”。

(2) 协同创新。第二章曾经提到安索夫是第一个提出协同(Synergy)思想的人，认为“协同效应是一种系统的关联效应”。根据“1+1>2”的系统原理，协同创新是指大系统和与创新相关的子系统之间进行的有机配合，通过复杂的协同、联合过程相互作用，产生超越单要素的整体协同效应。

(3) 开放式创新，是指企业在创新活动的过程中，整合、利用内部和外部资源进行创新，在价值链的各个环节与合作伙伴展开互利合作。企业选择与大学、研究机构、联盟企业、竞争者等外部组织联系，开展开放式的合作创新。进入21世纪以来，开放式创新已经成为管理学理论应用的一个热点课题。许多企业将开放式创新的概念运用于企业经营与组织管理实务中，形成了开放式创新的企业经营新模式，已经成为企业经营管理实践中非常值得关注的问题。

第二节　技术创新

企业创新活动主要涵盖技术创新、市场创新、组织创新和管理创新这五个相互区别又相互联系的领域。技术创新是企业创新活动的重要领域，特别是在知识经济背景下，通过技术创新形成专利垄断已成为企业胜出的武器之一。

一、技术创新的含义

自熊彼特提出创新的概念之后，索罗(S. C. Solo)提出技术创新成立的两个步骤：新思维来源和以后阶段的实现发展，这个两步论被认为是技术创新概念界定研究上的里程碑。

1962年，伊诺斯(J.L.Enos)首次直接明确地给出技术创新的定义：技术创新是几种行为综合的结果，这些行为包括发明的选择、资本投入、保证组织建立、制订计划、招用员工和开辟市场等。而林恩(G. Lynn)则认为技术创新是始于对技术的商业潜力的认识，而终于将其完全转化为商业化产品的整个行为过程。

曼斯费尔德(E. Mansfield) 对技术创新的定义只限定在产品创新上，他认为产品创新是从企业对新产品的构思开始，以产品的销售和交货为终结的探索性活动。弗里曼(C. Freeman)在1973年提出技术创新是指技术的工艺的和商业化的全过程，并导致新产品的市场实现和新技术工艺与装备的商业化运用。他在1982年明确指出，技术创新就是指新产品、新过程、新系统和新服务的首次商业化转换。

美国国家科学基金会(NSF)认为技术创新是将新的或改进的产品过程或服务引入市场，明确地将模仿和不需要引入新技术知识的改进作为最低层的两类创新划入技术创新定义范畴中。

20世纪80年代中期，缪塞尔(R. Mueser) 对多年来关于技术创新的概念和定义的多种表达进行了综合：当一种新思想和非连续性的技术活动，经过一段时间后，发展到实际和成功应用的程序就是技术创新。在此基础上将技术创新重新定义为：技术创新是以其构思新颖性和成功实现为特征的有意义的非连续性事件。这一定义突出了技术创新在两个方面的特殊含义：一是活动的非常规性，包括新颖性和非连续性；二是活动必须获得最终的成功实现。这一定义比较简练地反映了技术创新的本质和特征，但至今国内外仍未形成严格统一的技术创新定义。

本书比较支持技术创新是指新产品或新工艺的第一次商业运用的观点。

二、技术创新的决定力量

根据技术创新理论的代表人物莫尔顿·卡曼(Moulton Kaman)和南赛·施瓦茨(Nancy L. Schwartz)的研究，决定技术创新的因素有以下三个。

(1) 竞争程度。技术创新可以降低企业成本，提高产品质量和经济效益。因此，每个企业只有不断进行技术创新，才能优胜劣汰，更好地发展。

(2) 企业规模。企业规模的大小一方面影响技术创新的能力，因为技术创新需要一定的人力、物力和财力，并承担一定的风险，规模越大，这种能力越强。另一方面，企业规模的大小影响技术创新所开辟的市场前景的大小，一个企业规模越大，它在技术上的创新所开辟的市场也就越大。

(3) 垄断力量。垄断程度越高，垄断企业对市场的控制力就越强，别的企业难以进入该行业，垄断厂商技术创新得到的超额利润就越能持久。比如，汉唐对纺织技术、造瓷技术、种茶技术的垄断，使得中国的一斤茶叶、一匹丝绸、一套瓷器可以从欧洲换回大量的真金白银，而且欧洲王室以使用中国商品为荣。

但是技术创新水平与垄断程度并不成正比，根据莫尔顿•卡曼和南赛•施瓦茨的观点："中等程度的竞争"即垄断竞争下的市场结构最有利于技术创新。在这种市场结构中，技术创新又可分为两类：一是垄断前景推动的技术创新，指企业由于预计能获得垄断利润而采取的技术创新；二是竞争前景推动的技术创新，指企业由于担心自己目前的产品可能在竞争对手模仿或创新的条件下丧失利润而采取的技术创新。

除此之外，技术创新也需要良好的宏观环境。政府稳定经济，减少经济波动，企业才有信心投入资金进行技术创新，以获取高额利润。此外，国家还应从财政、信贷、公共投资等方面保证技术创新的资金供应。

三、技术创新的程序

对技术创新过程的认识和划分，目前国内外学者从不同的角度形成不同的看法。既然技术创新是一个新产品或新工艺的第一次商业运用，那么技术创新过程也必然是一个从新的产品或工艺创意到真正商业化的过程。结合国内企业技术创新运行过程的实际情况，可以把技术创新过程划分为以下六阶段。

(1) 创意思想的形成阶段。创意思想的形成主要表现在创新思想的来源和创新思想形成环境两个方面。创意思想可能来自科学家或从事某项技术活动的工程师的推测或发现，也可能来自市场营销人员或用户对环境或市场需要或机会的感受，但是这些创意要变成创新还需要很长时间。人造纤维从创意到创新大约用了200年，计算机是100年，而航天飞机更长。创新思想的形成环境主要包括市场环境、宏观政策环境、经济环境、社会人文环境、政治法律环境等。

(2) 研究开发阶段。研究开发阶段的基本任务是创造新技术，一般由科学研究(基础研究、应用研究)和技术开发组成。企业从事研究开发活动的目的很实际，那就是开发可以或可能实现实际应用的新技术，即根据本企业的技术、经济和市场需要，敏感地捕捉各种技术机会和市场机会，探索应用的可能性，并把这种可能性变为现实性。研制出可供利用的新产品和新工艺是研究开发的基本内容。研究开发阶段是根据技术、商业、组织等方面的可能条件，对创新构思阶段的计划进行检查和修正。有些企业也可能根据自身的情况购买技术或专利，从而跳过这个阶段。

(3) 中试阶段。中试是中间性试验的简称，是科技成果向生产力转化的必要环节，成果产业化的成败主要取决于中试的成败。科技成果经过中试，产业化成功率可达80%；而未经过中试，产业化成功率只有30%。中试阶段的主要任务是完成从技术开发到中试生产的全部技术问题，以满足生产需要。小型试验在不同规模上考验技术设计和工艺设计的可行性，解决生产中可能出现的技术和工艺问题，是技术创新过程不可缺少的阶段。

(4) 批量生产阶段。按商业化规模要求把中试阶段的成果变为现实的生产力，产生出新产品或新工艺，并解决大量的生产组织管理和技术工艺问题。

(5) 市场营销阶段。技术创新成果的实现程度取决于其市场的接受程度。本阶段的任务是实现新技术所形成的价值与使用价值，包括试销和正式营销两个阶段。试销具有探索性质，探索市场的可能接受程度，进一步考验其技术的完善程度，并反馈到以上各个阶段，予以不断改进与完善。市场营销阶段实现了技术创新所追求的经济效益，完成技术创新过程中质的飞跃。

(6) 创新技术扩散阶段。创新技术扩散阶段意味着技术被赋予新的用途，进入新的市场。如雷达设备用于机动车测速，微波技术用于微波炉的制造。

在实际的创新过程中，各阶段的划分不一定十分明确，各个阶段的创新活动也不仅仅是按线性序列递进的，有时存在着过程的多重循环与反馈，以及多种活动的交叉和并行。

第三节　市场创新

技术创新主要是从企业内部进行工艺技术的改进和变革，而市场创新则是从企业外部环境的角度来分析市场上存在的创新机会和挑战，随之进行企业营销模式的变革，从而开发出适应新的市场环境的新产品和新服务。

我国的制造业包括传统产业、科技产业和生产性服务业在内，起初源于 OEM(Origin Entrusted Manufacture，贴牌生产或原始设备制造商，俗称“代工”)形态。而随着技术的提升与质量管理系统的引入，进而发展到注重研究开发与设计的 ODM(Original Design Manufacture，原始设计制造商)形态。为应对全球化市场的战略布局，需要再发展到注重自我研究，开发与创新设计自我品牌营销的 OBM(Orignal Brand Manufacture，原始品牌制造商)形态，以及 GLM(Global Logistical Management, 全球运筹管理)形态。

在 21 世纪，企业越来越强调价值链、关键链、供应链与需求链管理，以提高产品的附加价值、顾客价值与员工价值。为使市场与产品进行再定义、再定位，企业需要朝着创意与创新方向发展，进而真正发展为 OBM 与 GLM 形态，掌握市场和顾客的发展潮流与趋势，以增加全球市场的竞争优势。

一、市场创新的内涵

消费者随着教育程度和可自行支配消费能力的提高，对感性体验越来越重视，以至于所消费的商品和服务越来越丰富，对所需求的服务水准也更加挑剔，促使市场运作方式发生相当大的变化。所以在这个全球化的时代里，不论是面向国内市场，还是国际市场，企业必须充分认知市场，创造市场，掌握市场与适应市场的运作方式。事实上，每个企业均已通过各种不同的渠道进入全球市场，每天都要面对来自世界各个国家和地区的商品或者服务的竞争。企业的领导人与策略创新者，必须正视这种无所不在的来自于全球市场的竞争力量日益激烈的竞争趋势。

以服务业为例，受新经济时代信息通信与网络科技工具以及电子商务策略的影响，服务行业必须注重对消费者的了解，注重顾客满意度。电子商务策略显然忽略了消费者的行为心理和购买时情境的影响，所以在现代市场竞争环境中，运用科技营销的策略将会变为新整合营销，也就是营销需要将新科技与传统工具相结合，并考虑到消费者的各种消费、参与和购买活动及背景的影响。

传统的4P(产品、价格、渠道、促销)营销策略组合，在很大程度上都由企业控制，并且为企业提供了一定的创新可能。产品创新能够带来新的或改善的产品和服务，也可能改变市场竞争的基础；产品创新，为溢价提供空间；服务创新能够导致价格领先；物流创新将影响消费者获得产品和服务的方式，包括分销渠道和销售地点的性质；媒体创新则会为促销提供新的机会。

通过采用一种新的产品设计、新的原材料、新的生产工艺、新的广告创意、新的产品包装、新的品牌商标、新的营销渠道、新的促销方式、新的合作方式及其他新的市场要素，企业便可以改变现有产品的市场特性及其销售状况，或者开发出新的产品，开辟出新的市场。由此，我们把市场创新定义为：市场创新即通过改变现有产品的市场特性和营销方式，开发出新的产品、开辟出新的市场。

二、战略营销和战术营销

我们要区别战略营销和战术营销的概念，战略营销是讨论关于企业是否进入某个新市场，而战术营销则主要考虑差别化现有的产品和服务及这些产品的外延问题。

产品营销的基本创新战略主要有三种，即产品低成本领先、产品差异、产品集中战略。产品战略的选择对产品开发和过程开发影响显著，因此在耐用消费品市场上，如汽车、消费性电子产品和白色产品，我们都可以看到一个产品系列，在这个产品系列中的每一种产品都对应不同的绩效和价格组合，以及不同的产品创新和工艺创新组合。根据波特提出的竞争战略模型，那些没有在成本和质量之间做出选择的企业，只能获得极低的利润。

企业必须在两种市场战略之间做出选择，一种是做创新领导者，企业以技术领先为标志，着眼于成为第一家进入市场的企业。这要求企业具有强大的创新和风险承受能力，要求企业将相关新知识的主要来源与消费者的需求和反应，紧密联系在一起。另一种则是做创新跟随者，企业以模仿技术领先者的经验为基础，着眼于成为新进入市场的企业，这要求企业具有强大的竞争者分析能力和理解力，要求企业具有逆向工程能力(例如为了了解竞争对手如何生产、如何制造及它们吸引消费者的原因而对竞争者的新产品进行测试、评估和取样)，以降低成本，并且在制造过程中不断学习以提高组织适应能力。

由于现在市场环境的变化，如信息技术的广泛应用，使得很多标准的市场营销工具和技术在应用于新颖或复杂的新产品或服务的商业化和开发中时，具有局限性。例如，识别和评估新产品的特性，识别和评估新市场和新业务，促进新产品和服务的购买和使用时，像联合分析这样的营销工具，只适用于分析现有产品及产品外延的变量，对于识别新产品应用的作用不大。同样，市场细分工具仅在相对成熟清晰的产品和市场中适用，但对于新进的还不清晰的市场分析作用有限。传统上，我们根据消费者或者用户的特性，将用户划分为消费品用户和工业品用户，而在复杂的新产品和服务的创新过程中，开发者和用户之间的关系及创新的特性对于创新成功更为关键，用户在很多新兴的产品或服务的成功开发中占有重要的地位。

三、创新营销技术

在应用营销技术之前，我们必须对市场和技术的成熟度有一个清楚的认识。技术成熟度和市场成熟度分别作为两个维度表明不同的现象，提出不同的问题，需要用不同的技术推动不同象限所代表的开发和商业化过程。

1. 差别化

技术和市场都处于成熟状态时，创新的重点在于改进现有技术的使用，满足顾客需要。差别化是指在特定市场中产品之间相互区别的程度，如果市场中产品的相对质量不存在差异或者差别很小，则该产品的市场利润率也将很低。反之，如果某种产品在相对认知质量或其他产品特性上与竞争者存在差别，这意味着该产品在任何市场条件下均具有很高的竞争力。

2. 组合化

组合化是指使用和组合现有技术来开发新产品、服务或新的应用方式，在这种情况下，企业服务于特定的市场环境，并且与顾客保持紧密的联系。创新通常来源于潜在用户的参与和合作。

组合性产品是指将现有技术进行组合，针对新的市场和应用开发新产品。在这种情况下，关键的问题在于识别和创造新的细分市场。市场细分或买方市场细分是识别购买行为充分相似的消费者群体的过程，因为这样企业就可以以相同的方式对他们进行市场营销。市场细分的过程是，首先分析消费者的购买行为，然后利用因素分析来识别影响购买行为的最关键变量，最后再应用聚合分析创造能够识别出没有得到满足的消费者需求的细分市场。市场细分的原则普遍适用于消费品市场和工业品市场，但市场细分的过程和基础要视具体情况而定。

3. 技术化

开发出新技术以满足成熟市场中的顾客需求，竞争的焦点在于产品的性能，而不是质量或者价格，创新主要由开发者驱动。

技术型产品是将技术应用于现有产品或相对较成熟的市场。在技术型产品的营销过程中，关键点是在现有的技术应用中识别出那些具有成本或性能优势的应用。对于高技术产品来说，仅仅在技术性能上进行比较是远远不够的，传统的细分市场不能揭示出新技术代替原有技术的机会。潜在顾客寻求原有产品的替代产品可能基于以下两个原因：替代拥有更低廉的价格、更优越的性能和更高的可靠性，或者仅仅由于流行趋势的变化。在这种情况下，识别潜在应用方式和目标顾客的过程包含以下两个阶段：技术识别和行为识别。技术识别阶段，通常调查一组潜在用户，并辨别出他们需求中的相同之处和区别；行为识别阶段，则是针对有相似行为和需求的顾客进行调查，最后将这两种分析结果结合起来，对目标用户和目标市场进行定义，并从商业化角度进行评估。

4. 复杂化

技术和市场都是新颖的，并共同向前发展。在这种情况下，新技术的应用没有明确的界定，通常由开发者和领先用户合作开发出新的应用，多媒体产品和服务的开发就是市场和技术共同发展的例子。

复杂产品或系统是市场营销中的一个特殊的例子，因为复杂产品的技术和市场都不明确，所以复杂产品的技术和市场会随着开发者与潜在用户之间的互动而共同演进。需要注意的是，技术复杂性并不等于市场复杂性，反之亦然。例如，从技术角度上讲，民用客机的开发是一个复杂的过程，而从市场的角度讲，民用飞机市场已经得到清楚的界定，而且潜在用户也容易识别。这里我们仅关注那些技术和市场都很复杂的产品，如电信多媒体和药品。

由于存在市场边界的界定问题，所以对市场的成熟度做出评估非常困难。我们根据市场真实的增长率，可以较准确地估计出产品所处的生命周期阶段，从而可以相应推断出市场的成熟度。

一般来说，高的市场增长率伴随着高研发成本、高营销成本、高的生产扩容投资和较高边际收益。有关企业尚在研发之初推出的新产品数量和反应下的财务指标之间存在显著的相关信息。当市场成熟度增加的时候，产品和服务的差异性减少，利润率下降，此时竞争转向价格方面。

四、 开放式创新

在企业发展史中，管理研究者和管理实践者总是力图将企业的创新与组织内部的研发能力和创新能力紧密地结合起来，并将其视为创新的关键环节。传统的方式是探索性新产品均来自于组织内部的研发部门，并通过企业自己的工艺、工程部门进一步完善成为创新性产品，最后依靠企业自己的市场营销部门和自己的销售渠道将这些创新性产品推向市场。

亨利·切斯布鲁(Henry Chesbroug)通过调查研究后发现，很多世界级大公司，如宝洁(Procter & Gamble)、电子游戏业巨头日本任天堂株式会社(Nintendo)、通用汽车公司(GM)等，都已经开始将若干比例的产品创新工作，通过全球联结的开放式创新平台，征求外界的创新与创新的研发提案，而且也都获得不错的成效。实践表明，这些新来者自己不具有基础研究能力，却具有很强的创新能力。他们善于利用不同的方式获得进入市场的新创意，在其他公司研究的基础上进行创新。企业创新过程的核心是企业研究具有商业潜力的新创意，而开放式创新的核心则是企业在创新过程中怎样利用外部知识和创意。开放式创新体现了企业寻求的外部创新资源的种类与数量。在科学技术高速发展的当今，开放式创新已经成为竞争的必然，是企业产品创新能力提高的新方式。

事实上，多数拥有创新声誉的企业巨头，它们最好的点子是借鉴而来的，或者说是通过开放式创新而来的。与流行的说法相反的是，亚马逊(Amazon)并没有发明网上书店，宝洁(Procter & Gamble)的帮宝适(Pampers)也不是第一种一次性尿布。同样，通用电气(General Electric)也没有发明断层扫描仪(CT Scanner)，但却创建了断层扫描仪市场。以上三个例子中，他们都不是产品的发明者，但都借助市场创新成为行业的翘楚。

第四节 组织创新

企业系统的正常运行，既要求具有符合企业及其环境特点的运行制度，又要求具有与之相应的运行载体，即合理的组织形式。因此，企业制度创新必然要求组织形式的变革和发展。本节将分析制度创新和新的企业形态两个方面的内容。

一、制度创新

1. 制度创新的内容

社会的经济制度结构可分为产权制度、企业制度、市场制度、宏观管理制度四个子系统。社会经济制度的创新，涵盖的范围不仅包括微观层次的企业组织创新，还包括宏观经济管理体系、市场体系、社会保障体系等方面的综合性配套改革。狭义的制度创新是指在现有的企业宏观环境、微观环境和社会环境下，通过创建新的更为有效的行为制度、规范体系，来实现社会和企业的持续发展和变革的创新。

2. 企业制度创新

企业制度创新是指通过组织制度改造来提高竞争优势的活动。企业制度包括企业的各类规章守则、行为规范等，企业制度是一个多层次制度体系，它包含企业产权结构、组织结构和管理结构。企业按照最初设计形成的制度运行，随着生产的发展，生产规模的扩大，产品的不断更新以及员工人数的激增，最初的日常工作制度设计可能已经不适合现有企业。例如，对某部门的工作职责和界限描述的区分不再明确；又如，企业发现某个新产品的生产流程完全改变，产品线的日常工作制度同原来的设计产生较大的出入，企业需要设计出符合新产品生产的新规章，可能包括工作计划操作规范、产品质量标准等一系列规章，这些规章最终形成企业新的管理制度。

有时企业在运营的过程中会发现对某工作流程中的一个环节进行优化会大大改善企业的经营效率，那么就会修改与之相应的工作制度，这属于企业制度创新的一种情况。这种创新为企业的创新活动提供制度支持和保障，有利于对创新的成果加以标准化和规范化。

3. 我国企业制度创新

中国传统企业制度形式单一，不符合生产力发展状况和要求。从国有企业制度来看，本身也存在着深刻的矛盾，这导致了我国国民经济和国有企业缺乏活力，效率低下。传统的企业制度越来越不能适应社会主义市场经济发展的要求，由此决定了我国企业制度不仅要对企业管理方式进行改革或政策调整，还要从调动整个国民经济的活力出发，对整个企业制度进行根本性的创新。

我国的国情决定了我们不能完全照搬西方模式。我国国有企业制度创新包括产权制度创新、国有资产管理体系创新、激励与约束体制创新三个方面的内容。

(1) 产权制度创新。国有经济制度创新的核心是产权制度的创新，产权是一组财产和权力的总称。企业财产所有权可以分为终极所有权和法人财产权。在保留终极所有权不变的前提下，出现了转让占有支配处置财权的各种经营方式，进行法人财产权的独立运作。利用这一机制，国有企业财产可以实现终极所有权与法人财产权的分离，从而理顺产权关系，改变传统的国家所有，国家经营的国有企业制度。

国有企业财产终极所有权和法人财产权的分离，明确界定了企业资产运行中不同主体的地位和权责利关系，使产权关系得以界定划分，进一步促使产权明晰化、具体化、分散化和多元化，由此肯定企业的完全独立性。割断企业与政府的行政隶属关系，这样政府作为企业财产终极所有者，通过法人治理结构行使职权，不再直接经营管理企业，企业完全自主经营，自负盈亏，按照市场需求组织生产、进入市场，在竞争中优胜劣汰。

(2) 尝试通过国有资产管理中的四重委托-代理关系实现国有资产管理体系创新。《新华文摘》2017 年第 7 期转载了北京大学学者王曙光、徐余江撰写的论文《混合所有制经济与国有资产管理模式创新》，本书认为可借鉴他们的观点实现国有资产管理体系创新，即通过顶层构建一元终极所有者、中间层塑造人格化积极股东、底层实行市场化运作、国有资产红利分配的系统解决机制，以实现国有资产管理体系的现有突破。

(3) 完善公司法人治理结构，建立经营者激励机制和约束机制。科学的法人治理结构是形成有效制衡机制、保证现代企业有效运转的制度基础。目前在建立现代企业制度过程中，许多国有企业没有严格按照《中华人民共和国公司法》建立起规范的法人治理结构，有的企业董事会监事会不能起到应有的监督作用，甚至形同虚设，这些都是要改革的重点内容。

二、企业组织新形态——虚拟企业

1992年，威廉姆·戴维陶(William Davidow)和迈克尔·马隆(Michael Malone)出版了《虚拟公司》(*The Virtual Corporation*)一书，总结了由于信息技术普遍应用，能提供虚拟产品并进行彻底改造的企业组织——“虚拟企业”(Virtual Enterprise)。这一出现和发展过程在世界上引起了对虚拟企业这种观念的重视，引发了管理上的一场新变革。

1. 虚拟企业的概念

传统上理解虚拟是指某物所拥有的力量或能力来自他物，最早使用于计算机方面。一开始大家都是单独使用自己的计算机，但当计算机每秒执行指令的速度大大提高后，就出现了一台主机联结若干台终端的使用方式。由于主机的功能很强，每台终端前的使用者都认为自己在单独使用一台计算机，这就是一种虚拟现实，即虽然几个使用者同时使用一台计算机，但对每个用户来讲他都拥有一台任何时间都可以单独使用的计算机。

虽然人们认为“虚拟”一词带有不真实的含义，但是虚拟的资源却可以是非常真实的。对企业来说，虚拟的东西虽然没有实际或明确的表现，但却能够与实体资源一样有效，它是可以得到并能应用的资源。

我国学者王众托认为虚拟企业是一种崭新的企业组织形式，它是由不同的企业(或其中一些部门)按特定任务要求而临时组建的企业，它没有固定不变的组织系统，没有看得见的有形公司，但却是一个经济实体，任务完成后就宣告解散。这种企业具有很强的灵活性和柔性，通常以项目为中心设立企业，并结合市场需求整合各种资源，而且容易操作。企业中的各个价值链部分可以随市场需求的变动情况增加、调整或撤并，而且这种企业结构简单、精练，可以通过契约的方式将大多数活动进行外包，有利于提高企业的效率。

虚拟企业是建立在现代通信技术，尤其是 Internet 技术的基础上，超越国界的一种企业运作模式，是企业发展的必然趋势。它是为适应快速、多变的市场需求，制造商联合供应商、经销商、顾客，以共同及时地开发、生产、销售多样化、用户化的产品的一种企业模式。从资源配置的角度来看，虚拟企业是一个资源整合体，这些资源来自不同的企业成员并被整合，具有“1+1>2”之功效。

2. 虚拟企业的特点

虚拟企业与传统企业相比，具有明显的不同，但它又是在传统企业的基础上经过优化而产生的。虚拟企业具有以下特点。

(1) 虚拟企业几乎没有边界，企业之间、企业与供应商之间、企业与用户之间的关系根据需要随时进行组合、不断地改变。为了提供虚拟产品，必须根据用户的不同需要即时生产产品，用户要参与产品的设计。设计、制造、销售等传统企业功能的界限日益模糊。

(2) 虚拟企业内部的组织结构和岗位责任经常要变化，企业与顾客、供应商、销售商密切互动，共享信息与设备等。彼此之间构成了网络，发挥各种不同的功能，并随环境进行调节，企业组织结构具有高度弹性。

(3) 虚拟企业对员工的能力要求较高，员工需要主动工作和具备良好的技能，需要能充分运用信息以迎接环境变化的挑战，能够与管理部门、用户、供应商、销售商乃至社会和政府部门充分合作。

(4) 虚拟企业综合运用了现代科学的最新成果，特别是信息技术与现代制造技术的结合，计算机辅助设计和制造、产品的开发设计、生产的管理，利用计算机网络联结用户、供应商和销售商，极大地提高了企业生产效率，使企业能够在激烈的市场竞争中保持竞争优势。

3. 虚拟企业的运作平台

在市场竞争日趋激烈的态势下，在现代科学技术迅速发展的推动下，企业实现虚拟化成为一种必然趋势。虚拟企业的运作平台包括以下四个方面。

(1) 信息平台。虚拟企业是信息时代的产物，只有充分利用先进的信息技术与设施，虚拟企业才能对顾客需要做出及时的反应。虚拟企业是准市场企业，兼具中等程度的企业与市场特性，通过大量的双边规则与其他企业发展联系。企业活动在很大范围甚至全球范围内开展，需要信息高效快速传递，否则分散化的工作关系无法有效协调。

(2) 知识网络。知识是信息的内容，信息是知识的显化。知识网络是指通过信息网络将各具核心能力的企业连接起来，构成“核心能力”网络。虚拟企业既要利用企业内部的知识网络，更要将内部网络与其他虚拟企业的知识网络连接，形成一个全球范围内的知识网络。知识网络的出现，使传统的线性创新模式被新的创新模式所取代，通过科学、工程、产品开发、生产、营销之间的反馈环路和边界的交互作用来创新。

(3) 物流网络。传统企业中物流的承担者包括商品市场与要素市场，其交易成本很高，运作速度也很慢。在商品市场中，一般由商业流通系统承担市场的功能，通过一级批发商、二级批发商……零售商将产品传递到顾客手中。生产企业根据市场需求信息来组织生产经营活动，而这些信息首先由零售商从顾客那里得到，再向上一级机构传递，一直到生产企业。生产企业采取直销模式，也无法从根本上摆脱原来商品流通体系的影响。在每次信息传递中，难免失真、失效，使得物流系统长期在低效率下运转。

但虚拟企业有效运作是建立在物流网络基础上的，它能根据经济项目选择合作对象，形成暂时起作用的知识网络；并根据该经济项目客户对象的主要特征，选择物流的核心企业，将它们纳入准备运转的知识网络；它能在知识网络内建立契约网络，从而形成物流网络，克服传统企业物流网络中的低效率运转。

(4) 契约网络。知识网络和物流网络的形成，都离不开契约网络。虚拟企业既不是单纯企业，又不是单纯市场，而具有“半企业、半市场”的特征。虚拟企业与其他机构的契约网络的建立是在对合作对象的核心能力是否具有互补关系的基础上，首先形成骨架性的契约网络即一级网络，然后在此架构下由任何一个企业向下继续发展次级契约网络来完成的。契约网络的维护主要不是靠制度规范、谈判等手段对契约进行调整，而是靠彼此之间的真诚信任来维持长期合作关系，否则难以保证虚拟企业低成本运作特征。

信息网络、知识网络、物流网络、契约网络四个平台构成虚拟企业运作的整体平台。知识网络、物流网络的建立以信息网络、契约网络为基础；物流网络、知识网络又使信息网络、契约网络本身具有实际运用价值；契约网络的形成也需借助信息网络。四个网络具有一定的重叠关系，知识网络与信息网络有重叠，契约网络内含在物流网络与知识网络之中。

总而言之，虚拟企业的出现改变了传统企业追求“大而全”的结构形式，通过契约合作方式，强化合作方的权利与责任，有利于企业发挥核心优势，能够集中于自身最优势的业务，在我国人力成本高昂的今天，对企业生产效率的提高和生产成本的降低有着非凡的意义。

第五节　管理创新

由于经济发展、技术进步和市场竞争，企业的生存与发展过程将会不断出现亟待解决的问题，从而推动了企业的管理创新。管理创新的成功实施可以使企业的技术创新、市场创新、组织创新更好地发挥作用。

一、管理创新的定义

管理创新是一种与技术创新有着密切关系而又有着独特作用与内容的创新形式。管理创新是指创造一种新的更有效的资源整合范式，这种范式既可以是新的有效整合资源以达到企业目标和责任的全程式管理，也可以是目标制定等方面细节性的、局部性的管理。管理创新在现代企业中所起的作用主要体现为：提高企业经济效益；降低交易成本；稳定企业、推动企业发展；拓展市场、帮助竞争；有助于企业家阶层的形成。

管理创新将改变管理者做事的方式，并提高组织的绩效。管理方面的重大进步往往导致竞争力的转移，给领先的企业带来持续的竞争优势。管理创新要转化为竞争优势，至少需要具备以下三个条件之一：

(1) 创新的根据是新颖性管理原理，对于一些传统的信条进行了挑战。

(2) 创新是系统化的，包括流程和方法。

(3) 创新不懈，随着时间变迁而不断取得进展。

二、管理创新的任务与工作

管理创新本身是由于企业要解决经济发展、技术进步所导致的生存与发展的问题而产生的，管理创新的有效实施可以使企业的技术创新、组织创新、市场创新的功效得以更好地提高。

管理创新的任务在于：不论大型或小型组织，战略调整的步伐都将大幅加速；让创新成为每人每天的工作；为员工创造愿意全身心投入的工作环境，从而激发员工发掘自己的最大潜能；高效率实现组织目标。要想完成这些任务，企业要重点做好以下四个方面的工作。

(1) 构建共同目标。改变思维定式或重新审视调整公司业务，需要清晰地树立一个新的愿景。值得注意的是，愿景必须清晰地表达组织的共同目标。高层管理层的承诺是成功的创新活动所必需的，重要的是将这一概念转化为组织的机制，使得管理层能够参与、支持创新。创新具有不确定性，其所带来的回报也不会很快，需要耐心投资，所以管理层的支持是非常重要的。

(2) 重视战略新选择。现代企业若想在市场上获胜，首先是选择那些能够为企业提供长期盈利可能的产业，然后才是在市场中企业资源的整合上如何努力的问题。所以企业的战略选择非常重要，尤其是创新战略的制定和选择。公司高层必须对一些战略选择进行投资组合，并且必须抵制过早地将投资集中于一两个“必然成功”的项目中的诱惑，只有大胆尝试，谨慎投资，才能获得较好的平均投资回报率。

(3) 建立合理的资源分配体系。变革的真实阻力并不是因为缺少战略备选方案，而在于公司缺少资源分配的柔性，具体表现在企业的资产运作方面。资产运作是指动用资产以达到一定目的的过程，这里的资产不同于资本。资产是指企业由于过去的活动所形成的、现在拥有或掌握的、能够以货币计量的，并在未来能够产生效益的经济资源或财产。企业的资产在运作过程中更快地得到增值，从而使得资产的配置效率提高。在企业的经营实践中，战略目标的变动、企业所处环境的变动等都要求企业的资产作相应的运作。企业在进行资产运作时，往往会受到旧有思维模式的束缚，往往偏向于拒绝将资源重新进行分配，不愿将资金和人力投向新项目。

(4) 回归人本管理。人本管理作为管理创新的重点之一，一方面是因为人力资本将在企业众多资本要素中扮演越来越重要的角色；另一方面，人们更加重视自己本身的发展。重视人在经营生产中的作用是人本管理的核心所在。人本管理包括运用行为科学重塑人际关系，增加人力资本，提高劳动力质量；改善劳动管理，充分利用劳动力资源；推进民主管理，提高劳动者的参与意识；建立企业文化，培育企业精神。

三、互联网背景下管理创新新课题——跨界经营

互联网技术及其衍生技术，帮助企业实现了能力的延伸，对企业能力的提升至少包含四个方面。

(1) 云计算、大数据分析等新技术提高了企业信息获取和整合能力。

(2) 互联网加强了企业与消费者的互动而提高了企业的市场感知能力。

(3) 企业信息透明化、企业间联系数字化增强了社会网络的关系能力。

(4) 通过对移动互联网超大体量数据的实时处理与运用而产生的超前预测能力。

通过互联网技术，实体经济中的企业与互联网企业、其他企业建立了紧密的联盟关系，并利用互联网技术改变传统企业的价值创造方式，企业因此出现多种新的经营模式和新的企业形态。

严格来讲，跨界经营是跨越两个不同领域、不同行业、不同文化、不同意识形态等范畴而产生的一个新行业、新领域、新商业模式、新风格等的一种企业战略行为。跨界经营对于一个品牌最大的益处是让原本毫不相干甚至矛盾、对立的元素，相互渗透，相互融会，从而产生新的市场机会。当年索尼(Sony)还沉浸在数码成像技术领先的喜悦中时，突然发现原来全世界数码相机卖得最好的不是它，而是做手机的诺基亚(Nokia)，诺基亚成为当时成功的跨界者。中国移动、中国电信和联通在移动通信市场上打斗了多年，有一天蓦然回首，才发现了通信市场的老大居然是腾讯的微信，微信成为移动通信的跨界者。滴滴打车通过一个简单的 App，将乘客和出租车司机直接对接，短短几个月便让传统的“电话招车平台”消亡。应该看到，“跨界经营”实质是实体产业价值链环节分解并与互联网价值链“跨链”重组的共生现象，是两条原本独立的价值链条的若干个价值创造环节进行融合，从而创造出新产品、新技术或新的商业模式，强调企业借助互联网价值链中的价值创造要素，重新排列和整合自身价值创造过程，并由整合所带来的新技术、新产品和新商业模式在原产业中创造出全新的价值创造方式，对原有产业及市场基础进行“创造性破坏”(creative destruction) 而增强企业竞争力。

就实践来看，基于互联网技术的跨界经营主要有三种类型。

(1) 互联网产业与传统制造业跨界融合，指互联网企业跨界复杂产品制造领域，如今天的智能手机、未来的智能汽车及智能化的装备制造业等，这类跨界通过赋予原有产品新的附加功能和使用价值，形成融合型的价值创造体系。

(2) 互联网产业与传统服务业跨界融合，如互联网金融、在线旅游、在线教育等，互联网成为提升和引领传统服务业的新动力，并促进传统服务业的高附加值化。

(3) 互联网产业与现代商业体系跨界融合，典型的例子有团购软件、电商零售业、线下到线

上模式。由于商业体系本身具有分散化、模块化、交易结构清晰的特征，因此这是经营难度最小的一种跨界现象。此种类型的跨界难以创造出新的技术和产品，但极易创造出全新商业模式而提升商业效率。值得注意的是，互联网具有去中心化、去中介化的功能，未来的商业体系可能存在逆向整合的趋势，向制造零售业转型。

综 合 练 习

一、名词解释

创新　开放式创新　突破性创新　管理创新　跨界经营

二、单项选择题

1. 第一个系统定义“创新”的是(　　)。
   A. 索罗斯　B. 熊彼特　C. 伊诺斯　D. 弗里曼
2. GLM 的中文全称是(　　)。
   A. 贴牌生产　B. 原始设计制造商
   C. 原始品牌制造商　D. 全球运筹管理
3. 依靠自我进行的创新模式被称为(　　)。
   A. 封闭式创新　B. 开放式创新　C. 突破性创新　D. 渐进性创新
4. 虚拟企业采用的主要组织结构是(　　)。
   A. 直线职能制　B. 矩阵制　C. 动态网络结构　D. 事业部制

三、多项选择题

1. 熊彼特的创新包括(　　)。
   A. 生产一种新的产品　B. 采用一种新生产方法
   C. 开辟一个新的市场　D. 掠取或控制原材料和半成品的一种新来源
   E. 实现一种新的工业组织或打破一种垄断
2. 虚拟企业的特点是(　　)。
   A. 几乎没有边界　B. 组织结构和岗位责任经常变化
   C. 对员工的要求较高　D. 综合运用现代科学的最新成果
   E. 比较虚无
3. 虚拟企业的平台包括(　　)。
   A. 人际网络　B. 知识网络　C. 物流网络
   D. 契约网络　E. 信息平台
4. 管理创新的工作有(　　)。
   A. 构建共同目标　B. 重视战略新选择
   C. 建立合理的资源分配体系　D. 回归人本管理
   E. 以利润为中心

5. 市场创新包括(　　)。
   A. 地域市场开发　　B. 未被完全满足的市场领域开发
   C. 全新产品的市场开发　　D. 维持一个产品市场
   E. 市场份额的保持
6. 技术创新的三个决定力量是(　　)。
   A. 企业资金　　B. 竞争程度　　C. 企业规模
   D. 垄断力量　　E. 人才

四、简答题

1. 熊彼特关于“创新”的五个方面的内容是什么？
2. 技术创新程序是什么？
3. 虚拟企业的特征有哪些？
4. 管理创新的工作内容是什么？

五、论述题

1. 论述创新营销技术的内容。
2. 论述虚拟企业的运作平台。

六、案例分析题

3M 公司：比苹果更有创新精神的公司

也许很多人对 3M 公司并不熟悉，但全球有 50%的人每天直接或间接用到它们的产品，诸如办公室的便利贴、汽车防爆膜、抗“非典”的医用口罩、手机电脑上的屏幕增亮膜，还有百洁布、透明胶带、录音磁带、脚踏地垫、反光公路牌等，都是这家公司的产品。

3M 成立于 1902 年，成立以来发明了 69000 多种新产品，2008 年平均 3 天生产一项新产品，到 2011 年已经缩短为平均每 2 天推出 3 个新产品。2010 年全球销售额达到 266.62 亿美元，纯收益 40.85 亿美元。

创新也许不是件难事，难的是创新百年。因此我们不禁要问，是什么造就了这家公司传奇般的持续创新呢?

3M 公司拥有强大的技术开发队伍，在全球共拥有 70 多个实验室，7350 位研发人员，年营收总额的 7%用于研发费用。但硬性的研发投入在科学技术受到无比重视的今天已不是什么稀罕事，3M 的创新源泉其实是“视革新为成长方式，视新产品为生命”的企业战略和文化，并在公司运作的每一方面得到落实。

(1) 对创新充分授权，赋予支持。在 3M 的价值观里，几乎任何新产品构想，只要合乎公司财务上如销售增长、利润等衡量标准，不管它是否属于该公司从事的主要产业范围内，公司都乐于接受。3M 有一个著名的“15%规则”，是指团队中的任何人都可以用 15%的工作时间去做与职责无关的任何事情来激发创意，比如上网、读书、游泳、钓鱼。当然，这并不是对每个人的工作时间进行了严格限制并确定好哪些是属于“15%”的时间，而是在倡导一种创新与日常工作的互动关系。发明便利贴的员工就是运用“15%规则”锲而不舍地进行黏着剂研究，才有了之后风靡全球的黄色小贴纸。而且，3M 有着为显现出成功征兆的新产品提供孵化的机制，公司会组织一个由构思的开发者以及来自生产、销售、营销和法律部门等各方面人员组成的风险小组。小组成员一起致力于产品发展，直到其成功或失败，然后回到各自原先的岗位上。

(2) 容忍失败，鼓励员工坚持到底。3M 公司里对新产品开发失败有一个很形象的比喻：“亲吻青蛙”，为了发现王子，你必须与无数个青蛙接吻。在 3M 曾有人想设计交通标志牌上不粘灰尘的涂料，但发明出来之后，一下雨涂料就被冲掉了。在一般情况下，这个发明就算失败了，但 3M 并没有叫停这个项目，而是鼓励继续跟进。结果这个涂料应用在医疗手术的眼镜中，每次手术前往眼镜上喷一下，眼镜就不会沾水汽，手术完后洗掉也没关系。再比如，当年太阳能电池板上的覆膜发明出来时，能解决下雨天光电转换下降的问题，但彼时太阳能电池板还没被广泛应用。可 3M 看好这一产品，耐心地等待产品普及的那一天。

(3) 利用创新的沟通方式和人力组织。对于大多数公司来说，创意从提出到实施是一个漫长的过程，在这个过程中，保证创意不被扼杀是一件艰难的事。甚至，一个好的创意刚刚出口，可能就被顶头上司否定。第一次提出创意的情形将可能决定一个员工在这个公司的终身发展。3M 的内部机构设置扁平化，每一个员工都可以随时同他的上司沟通创意，也可以和最高的领导人去当面称述。领导人的门随时对每一个员工敞开，中间没有一个固定的流程。如果产品开发小组的工作人员提出一项新构想，遭到上司的拒绝，可以依据规章制度，转向另一个部门申请，若是再度吃到闭门羹，还可再转向其他部门申请。即使四处碰壁，公司还有个最高法庭“创新事业发展部门”，供他们提出最后的申诉。为了配合这套制度，3M 对于人力的调动非常富有弹性。例如，甲小组工作人员的构想，一旦被乙小组的经理所采纳，那么这位工作人员便可随着他的构想一起转移到乙小组工作。

(4) 对于创新的积极奖励。开始创新时的一位基础工程师，当他创造的产品进入市场，他就变成了一位产品工程师；当产品销售额达到 100 万美元时，他的职称、薪金将有重大改变；当销售额达到 2000 万美元时，他已成了“产品系列工程经理”；达到 5000 万美元时，便成立一个独立产品部门，他担任部门的开发经理，这一奖励制度促使员工能保持孜孜不倦的创新力。最后需要提及的是，3M 采取“逆向战略计划法”，即“先有解决问题的办法后有问题”的创新模式，先从一个核心技术的分支开始，然后再为这种技术寻找可以应用的市场，从而开创出一种新产业的“蓝海战略”。这样就有两个问题：一是如何保证新产品能为市场广泛接受；二是如何解决新商品成功商业化后被模仿的问题。新产品开发的每一个时期，3M 都会对顾客偏好重新进行评估，营销人员和科技人员在开发新产品的过程中会紧密合作，研发人员也会积极参与制定整体营销战略。这使得 3M 能够“洞悉市场先机”，创新力以惊人的速度被转化为产品。而在 3M 新产品成功热卖，模仿者亦步亦趋，产品利润变薄之后，3M 便会果断决定是否退出，将人力和资金放在其他创新产品上。而能做到这点的基础是 3M 拥有 40 个产品部门，涉及领域包括工业、电子、电气、通信、交通、汽车、航空和家庭消费品等多个行业，任何时候都有 1500 个产品在研究，因此整个产品体系能够不断推陈出新，始终是 3M “吃肉”，模仿者“喝汤”。

(资料来源：http://blog.sina.com.cn/s/blog_44cc97c10102w15z.html)

问题：(1) 3M 公司管理创新的措施有哪些？

(2) 3M 公司中员工创新的动力来自哪里？

参 考 文 献

[1] 李培林，杜智勇，李益民. 管理学[M]. 北京：北京大学出版社，2017.
[2] 陈阳，禹海慧. 管理学[M]. 北京：北京大学出版社，2013.
[3] 程云喜. 管理学[M]. 北京：清华大学出版社，2015.
[4] 周三多. 管理学[M]. 北京：高等教育出版社，2014.
[5] 王作军. 管理学[M]. 重庆：西南师范大学出版社，2016.
[6] 马瑛. 管理学[M]. 大连：大连理工大学出版社，2014.
[7] 赵春燕. 管理学[M]. 大连：华南理工大学出版社，2017.
[8] 方振邦. 管理学基础[M]. 北京：中国人民大学出版社，2011.
[9] 肖华茂. 管理学[M]. 武汉：武汉大学出版社，2016.
[10] 王凤彬，李东. 管理学[M]. 5版. 北京：中国人民大学出版社，2016.
[11] 刘刚. 管理学[M]. 北京：中国人民大学出版社，2016.
[12] 汪克夷，刘荣，齐丽云. 管理学[M]. 北京：清华大学出版社，2010.
[13] 潘开灵，邓旭东. 管理学[M]. 2版. 北京：科学出版社，2017.
[14] 哈罗德·孔茨，海因茨·韦里克. 管理学[M]. 10版. 北京：经济科学出版社，2003.
[15] 罗珉. 管理学原理[M]. 2版. 北京：科学出版社，2016
[16] 斯蒂芬·P. 罗宾斯，玛丽·库尔特. 管理学[M]. 北京：中国人民大学出版社，2012.
[17] 方计国，孙曼林. 当代管理精要——理念流程和方法[M]. 哈尔滨：哈尔滨工程大学出版社，2012.
[18] 喻旦辉. 管理学[M]. 广州：中山大学出版社，2006.
[19] 王霁. 实用管理学基础[M]. 北京：中国人民大学出版社，2018.
[20] 霍晓艳，杜衍姝，管理学基础[M]. 北京：清华大学出版社，2018.
[21] 郭占元. 管理学理论与应用[M]. 北京：清华大学出版社，2017.
[22] 张国平，曹旭平. 管理学原理[M]. 北京：清华大学出版社，2017.
[23] 孔月红，刘长利，胡丽娟. 管理学基础[M]. 长春：吉林大学出版社，2017.
[24] 冯国珍. 管理学[M]. 上海：复旦大学出版社，2017.
[25] 刑以群. 管理学[M]. 北京：高等教育出版社，2017.
[26] 金环，李专. 管理沟通[M]. 上海：上海交通大学出版社，2017.
[27] 冯友兰. 中国哲学简史[M]. 涂又光，译. 北京：北京大学出版社，1996.
[28] 罗国杰. 伦理学[M]. 北京：人民出版社，2014.
[29] 赵晶媛. 技术创新管理[M]. 北京：机械工业出版社，2010.
[30] 游昌乔. 危机公关：中国危机公关典型案例回放及点评[M]. 北京：北京大学出版社，2006.
[31] 张春霞，徐秀玉. 管理学基础与实务[M]. 北京：清华大学出版社，2017.
[32] 荆炜，周清，郝金磊. 人力资源管理与开发[M]. 北京：清华大学出版社，2016.
[33] 尤建新，邵鲁宁. 企业管理概论[M]. 北京：高等教育出版社，2015.